2022年度最高人民检察院重大课题“涉案企业合规改革刑事实体法立法研究”成果

CORPORATE
COMPLIANCE

企业合规中国化的民行刑体系性立法

刘艳红　主　编
王志远　于国旦　杜春鹏　副主编

法律出版社 LAW PRESS·CHINA
北京

图书在版编目(CIP)数据

企业合规中国化的民行刑体系性立法 / 刘艳红主编
. -- 北京 : 法律出版社, 2022(2022.12 重印)
ISBN 978-7-5197-7227-7

Ⅰ. ①企… Ⅱ. ①刘… Ⅲ. ①企业法-立法-研究-中国 Ⅳ. ①D922.291.91

中国版本图书馆 CIP 数据核字(2022)第 197808 号

企业合规中国化的民行刑体系性立法
QIYE HEGUI ZHONGGUOHUA DE MIN XING XING TIXIXING LIFA

刘艳红 主编

责任编辑 王 珊
营销编辑 徐 印
装帧设计 李 瞻

出版发行 法律出版社
编辑统筹 学术·对外出版分社
责任校对 李慧艳
责任印制 陶 松
经 销 新华书店

开本 710毫米×1000毫米 1/16
印张 26.75 **字数** 422千
版本 2022年11月第1版
印次 2022年12月第2次印刷
印刷 天津嘉恒印务有限公司

地址:北京市丰台区莲花池西里7号(100073)
网址:www.lawpress.com.cn
投稿邮箱:info@lawpress.com.cn
举报盗版邮箱:jbwq@lawpress.com.cn

销售电话:010-83938349
客服电话:010-83938350
咨询电话:010-63939796

书号:ISBN 978-7-5197-7227-7
定价:98.00元

凡购买本社图书,如有印装错误,我社负责退换。电话:010-83938349

主 编 简 介

刘艳红，中国政法大学刑事司法学院院长、《政法论坛》主编、中国政法大学钱端升讲座教授、博士生导师。教育部“长江学者奖励计划”特聘教授、全国十大杰出青年法学家、享受国务院政府特殊津贴专家、国家百千万人才工程入选者暨国家级“有突出贡献中青年专家”。兼任国务院学科评议组委员、教育部教指委委员、最高人民法院司法大数据研究基地主任、最高人民检察院企业合规检察研究基地主任等。主持国家重点研发计划“社会治理与智慧社会科技支撑”重点专项2021年度“揭榜挂帅”项目“立法公众意见综合分析及法律条文智能审查技术研究”；主持国家社科基金项目等各类项目30余项，其中国家社科基金重大招标项目2项。曾获教育部人文社会科学优秀成果一等奖、第八届钱端升法学研究成果奖一等奖、江苏省哲学社会科学优秀成果一等奖等奖项。在《中国社会科学》《法学研究》《中国法学》等期刊发表论文200余篇；出版学术专著“实质刑法系列”《开放的犯罪构成要件理论研究》《实质刑法观》《实质犯罪论》《实质出罪论》；著作《网络犯罪的法教义学研究》入选国家哲学社会科学文库，并入选2022年度国家社科基金中华学术外译项目推荐书目；另出版《法律人的谋生与谋道》《行政刑法一般理论研究》《反腐败国家立法体系战略问题研究》等著作近10部。主编教材《刑法学》（上、下）（北京大学出版社2022年版）。

前　言

由最高人民检察院部署推进的涉案企业合规改革，是习近平法治思想的生动实践，是一场具有原创性、标志性、引领性意义的制度创新。涉案企业合规改革经过两批试点积累了丰富的实践经验，但也暴露出刑事立法规范支撑力度严重不足的问题。当前正值本项改革向全国检察机关全面推开的关键历史节点，加快推动涉案企业合规的刑事立法完善研究，提出建立立足本土、面向实践的涉案企业合规司法制度，成为关涉企业合规改革最终成效的重大课题。《企业合规中国化的民行刑体系性立法》一书在全面总结涉案企业合规改革试点经验做法的基础上，系统梳理、归纳了涉案企业合规存在的立法问题，参考国外立法例并结合中国实践，提出包括刑法、刑事诉讼法、行政法、经济法、民商法在内的系统性立法建议。全书分为涉案企业合规刑法立法建议、涉案企业合规刑事诉讼法立法建议、涉案企业合规民行刑体系性立法建议、涉案企业合规有效性标准立法建议四大板块，系统阐释"多法联动"的涉案企业合规改革立法方案，统筹推动形成企业合规法律体系化格局，为构建中国特色企业合规法律制度提供有益参考。

第一，涉案企业合规刑法立法建议分为《刑法》总则立法建议和《刑法》分则立法建议两大部分。

《刑法》总则立法建议包括：(1)对第30条"单位负刑事责任的范围"进行修正，提出将单位犯罪事前合规作为出罪依据以及将组织体责任论作为单位犯罪归责原则及出罪依据两种立法方案;(2)在第31条“单位犯罪的处罚原则”之下增设第2款,规定合规整改作为法定从宽量刑情节以及单位、责任人分离处罚原则;(3)在第37条之一“从业禁止”之下增设第2款,规定单位从业禁止;(4)在第52条“罚金数额的确定根据”之下增设第2款,规定合规整改情况作为单位罚金刑的裁量依据;(5)在第66条“特别累犯”之下增设第2款,规定合规特别累犯;(6)在第67条“自首与坦白”之下或在第37条之下增设合规整改的从宽处罚,提出合规整改从宽量刑和合规整改出罪两种立法方案;(7)在第76条“缓刑考验合格的处理”之下增加1条,规定合规缓刑制度。

《刑法》分则立法建议包括:(1)在第135条、第135条之一、第137条、第138条、第139条等采取单罚制的安全事故犯罪之下统一增设从业禁止及合规整改的免责事由;(2)在第168条国有公司、企业、事业单位人员失职罪,国有公司、企业、事业单位人员滥用职权罪之下增设合规管理人员失职罪、合规管理人员滥用职权罪;(3)在第201条逃税罪之下增设第5款,将单位合规整改验收合格作为不予追究单位刑事责任的条件;(4)修正第286条之一拒不履行信息网络安全管理义务罪的构成要件,将拒不进行合规改正或者合规整改无效作为该罪的构成要件,并增设第286条之二拒不履行重要数据安全保护义务罪;(5)在第393条单位行贿罪之下增设公司、企业或其他单位预防行贿失职罪。

第二,涉案企业合规刑事诉讼法立法建议提出在《刑事诉讼法》第五编中增加一章“企业合规案件诉讼程序”,作为第五编的第二章,置于“未成年人刑事案件诉讼程序”之后。具体建议包括:(1)第288条“企业合规案件强制性措施的限制”,提出对于涉及企业合规案件,审慎采取查封、扣押、冻结等措施并严格限制逮捕措施,减少对涉案单位正常运行的影响;(2)第289条“企业合规附条件不起诉的适用”,提出企业合规附条件不起诉的前提条件、实质标准以及排除性规定;(3)第290条“企业合规整改的适用”,提出合规整改的监管人选任、监管职责、监管考验期等内容;(4)第291条“企业合规整改的法律后果”,提出不起诉以及撤销附条件不起诉提起公诉的条件,明确了合规整改效果和行政处罚的衔接机制;(5)第292条“单位和责任人员的分离追诉”,提出检察机关对单位及责任人员分离追诉的规范设计以及检察机关合规从宽量刑建议权。

第三，涉案企业合规民行刑体系性立法建议，在归纳环保合规、工程安全合规、数据安全合规、反商业贿赂合规、反洗钱合规等常见企业合规类型的基础上，以立法完善的体系性、针对性和协同性原则为指导，提出《行政处罚法》《公司法》《反垄断法》《反不正当竞争法》《环境保护法》《安全生产法》《税收征收管理法》《商业银行法》《证券法》《对外贸易法》《出口管制法》《个人信息保护法》《数据安全法》《民法典》等20部法律46项条文的立法修正建议。

第四，涉案企业合规有效性标准立法建议聚焦涉案企业合规整改有效性的建设、评估、审查标准，提出涉案企业合规有效性标准应包含有效制度修复标准和有效合规计划标准。有效制度修复标准要求涉案企业在查明深层制度缺陷的基础上进行针对性制度修复，审查要点在于涉案企业识别管控漏洞的准确性和深度，以及修复措施的针对性和彻底性。有效合规计划标准涵盖从合规体系设计到合规运行效果的全过程：合规体系设计作为形式标准，包括风险导向、要素完备、全面覆盖三项基本要求；合规运行效果作为实质标准，要求检察机关和合规监管人运用多样化审查方法对合规体系诸要素的运行有效性作出评估。此外，根据改革实践中专项合规计划有效性标准和中小企业合规有效性标准的特殊需求，本书还吸纳了中小企业合规有效性标准的合理确定方案，以及专项合规有效性指标体系的分级评定办法。

本书作为中国政法大学刑事司法学院暨最高人民检察院（中国政法大学）企业合规检察研究基地的研究成果，系统阐释了企业合规中国化的民行刑体系性立法方案，不仅广泛考察了企业合规立法的全球态势，而且结合我国涉案企业合规改革实践和法律体系特色，作出立法依据和立法理由的深入说明。因此，本书既可以作为立法部门推进企业合规体系性立法的决策参考，也可以作为检察机关开展企业合规制度建设和案件办理的参照文本，还能够为企业合规学术研究提供丰富的理论素材。本书编写得到了张家港市人民检察院、中国中小企业协会等机关团体的大力支持，在此表示感谢。期待本书的付梓能够助力涉案企业合规改革，切实推动企业合规体系性立法进程，为企业合规在中国的发展和发达贡献力量。

目　录

第一章　涉案企业合规刑法立法建议

第一节　企业合规不起诉改革的刑法教义学根基

近年来，最高人民检察院站在服务保障经济社会高质量发展、营造法治化营商环境、促进民营企业依法依规经营的政治高度，主导推进了如火如荼的企业合规改革。作为一场极具开拓性和创新性的重大刑事司法改革活动，企业合规改革的制度构造在经历两轮地方试点之后逐步清晰，其本质即为检察机关积极发挥刑事司法和社会治理职能推动企业建立合规管理体系的合规激励改革。虽然检察机关在改革试验中探索了合规不批捕、合规不起诉、合规宽缓量刑建议等多种激励方式，甚至还考虑到企业在获得司法机关的合规从宽处理后仍然可能遭受严厉的行政处罚，因而与行政机关联动推出合规从宽处罚的刑行衔接机制，但从激励效果和社会反响来看，企业合规改革的核心构造仍然是合规不起诉制度改革。合规不起诉的基本原理是合规整改不起诉，以是否引入第三方组织负责监督考察涉案企业的合规整改为标准，可以分为检察机关自行监管模式和第三方监督评估模式。截至 2022 年 7 月，全国检察机关已办理合规案件 2382 起，其中适用第三方监督评估机制的案件有 1584 起；对整改合规的 606 家企业、1159 人依法作出不起诉决定。[①]

随着合规不起诉改革的蓬勃兴起，尤其是试点地区和案件范围的不断延拓，相关制度和理论储备不足的问题相继凸显。例如，我国企业的现代化治理结构普遍失活，股东会、董事会、监事会无法相互制衡，缺乏企业合规体系有效运转的公司法基础；企业附条件不起诉制度尚未建立，导致合规监督考察制度的适用范围局限于相对不起诉案件，诸多试点地区不敢将合规不起诉扩展至可能判处 3 年有期徒刑以上刑罚的单位犯罪案件。但是，使合规不起诉改革陷入重大理论困境的根本缘由，还在于其薄弱的刑法教义学根基。首先，企业合规在我国犯罪论体系中的地位尚不清晰，我国刑法既未将合规规定为刑法义务，也未使合规成为犯罪阻却事由。其次，企业合规亦非法定刑罚减免情节，在转嫁责任的语境下，单位基于合规方面的努力减免责任刑变得十分困难，合规计划的建立充其量只能作为酌定从轻处罚情节而影响预防刑裁量，这种微弱的宽缓效果显然不足以为合规不起诉提供理论支撑。再次，即便通过刑事立法扫清合规融入犯罪论和刑罚论体系的障碍，也无法解答合规不起诉改革正当性的关键问题，即多数涉案企业并未在事前建立有效合规计划，却能在刑事追诉过程中以合规整改换取检察机关的不起诉决定，这种事后合规出罪机制对刑法基本原则的冲击仍然无法消除，且会随着改革推进至重大单位犯罪案件而越发剧烈。最后，企业获得合规不起诉之后，企业合规基本理论强调"放过企业，严惩责任人"，但传统理论认为此时单位犯罪已经不复存在，所谓"皮之不存，毛将焉附"，如何处置责任人成为新的教义学难题。

合规不起诉改革面临的刑法教义学困境应当通过教义学研究加以纾解，这也为重新检视和发展单位犯罪刑法教义学创造了难能可贵的契机。而诸如制度功能、刑事政策、立法论等研究路径虽然能够在一定程度上夯实合规不起诉改革的价值和制度基础，但都因迂回曲折或浅尝辄止而难以产生具备足够解释力的理论成果，无法承担起为本次改革提供教义学依据的重任。本书认为，合规不起诉改革的犯罪论根基在于单位犯罪的分离构造理论，在重塑单位犯罪基本构造和归责原则的基础上，企业合规

---

① 参见戴佳、赵晓明：《检察机关去年起诉单位犯罪数量明显下降》，载《检察日报》2022 年 7 月 27 日，第 1 版。

得以顺利引入单位犯罪的入罪、出罪和追诉三大环节，单位和责任人实现了分离入罪、分离出罪和分离追诉；合规不起诉改革的制裁论根基在于超越刑罚的实质制裁理论，企业通过合规整改程序完成浴火重生式的自我革命，除了需要付出大量经济成本以外，在治理结构、商业模式、组织人事等方面的改造和撤换更意味着企业承受了相比于罚金刑的财产处罚更加严厉的刑事制裁。

一、合规不起诉研究的反教义学化趋势

当前的合规不起诉制度研究也许考虑到改革尚处于探索阶段，于是尝试从制度功能、刑事政策、立法论等多个维度揭示该项改革的正当价值和完善路径，而鲜少直面合规不起诉的教义学困境，呈现明显的反教义学化趋势。对这些研究成果有必要作出阶段性梳理和总结，以便在此基础上展开关于合规不起诉教义学根基的讨论。

（一）合规不起诉改革制度功能的研究

在制度功能的研究中，合规不起诉的价值基础并非源自教义学内部，而是奉行功利主义哲学，以合规不起诉改革的功能、价值、效果进行正当性证成，揭示了改革的目的和动因。这一研究主要围绕营商环境的优化与民营企业的特殊保护、国家治理能力现代化与检察机关积极参与社会治理、单位犯罪治理模式的转型与最优犯罪预防三方面的问题而展开。

一是营商环境的优化与民营企业的特殊保护。“起诉一个企业，等于宣告其死刑”，合规不起诉制度的兴起肇因在于避免刑罚的“水波效应”，即起诉和惩罚单位不仅会给企业带来商业伙伴流失、生产经营停滞、上市资格被取消、营业执照被吊销等灾难性的附带后果，而且会严重损害公司的投资者、雇员、养老金领取者、客户等无辜的第三人的利益。从优化营商环境、保护民营企业、激发市场经济活力的角度出发，检察机关自定位为服务保障民营经济健康发展的“老娘舅”，[①]大力推进企业合规不起诉

① 参见邱春艳：《以企业合规做实对民营企业的依法“平等”保护——第三届民营经济法治建设峰会上的“检察好声音”》，载《检察日报》2021年9月4日，第1版。

改革。二是国家治理能力现代化与检察机关积极参与社会治理。检察机关推行的合规不起诉制度,属于充分发挥检察职能引入刑事合规机制来参与社会治理的最新探索。① 检察机关从单纯的犯罪追诉者变成企业治理结构的改造者,企业在检察机关的推动下搭建起具有犯罪预防功能的现代合规管理体系,营造合法合规经营的企业文化,实现违法违规行为的自我防范、自我监控、自我整改,社会治理方式完成从国家外部压制型规制转向企业内部管理型治理的现代化跃升,由此促进国家治理体系和治理能力现代化。三是单位犯罪治理模式的转型与最优犯罪预防。合规不起诉被认为是企业犯罪治理的新模式。传统的企业犯罪治理模式单一,负面效果明显。针对企业犯罪的策略,预防远比惩治重要。② 将合规计划纳入企业犯罪治理体系可以规避风险社会中"创新就可能犯罪"的风险,因为它是出罪与入罪处理的中间路线,通过综合衡量多方面利益,体现了以企业自治为基石的特殊预防理论。③ 作为一种预防性法律规则,合规计划推动了企业犯罪的规制视角由事后规制转向事前预防,同时也更聚焦于通过激励而非威慑的规制策略,引导企业进行自我管理和犯罪预防。④

(二)合规不起诉改革刑事政策的研究

在吸收制度功能研究成果基础上,刑事政策研究进一步在刑事司法层面探索合规不起诉制度的合理性与正当性,试图通过单位犯罪的刑罚宽缓主义需求在教义学之外寻找政策依据。这一研究主要围绕司法轻缓化的趋势、少捕慎诉慎押的刑事司法政策和宽严相济的刑事政策而展开。

一是司法轻缓化的趋势。有学者总结世界范围内单位犯罪暂缓起诉协议制度的兴起,认为企业犯罪已经度过了实体立法数量增加、司法打击

---

① 参见陈瑞华:《刑事诉讼的合规激励模式》,载《中国法学》2020 年第 6 期;周佑勇:《契约行政理念下的企业合规协议制度构建——以工程建设领域为视角》,载《法学论坛》2021 年第 3 期。

② 参见孙国祥:《企业合规改革实践的观察与思考》,载《中国刑事法杂志》2021 年第 5 期。

③ 参见马明亮:《作为犯罪治理方式的企业合规》,载《政法论坛》2020 年第 3 期。

④ 参见万方:《合规计划作为预防性法律规则的规制逻辑与实践进路》,载《政法论坛》2021 年第 6 期。

力度增强的时期，进入司法轻缓化阶段。[①] 我国已通过一系列政策性文件，从企业产权保护和企业家人身权利保护两方面落实司法轻缓化，而合规不起诉改革的推行更是顺应司法轻缓化的时代产物。二是少捕慎诉慎押的刑事司法政策。随着2021年中央全面依法治国委员会将少捕慎诉慎押刑事司法政策列入年度工作要点，少捕慎诉慎押从刑事司法理念上升为刑事司法政策。合规不起诉改革与少捕慎诉慎押政策相伴而生，使"厚爱"与"严管"相结合。检察机关通过合规不起诉制度对依法可不捕、不诉、不判实刑的涉案企业及责任人，不是"一放了之"，而是积极推进试点地区涉案企业合规管理工作，促其践行可管控的整改措施，深化诉源治理。[②] 三是宽严相济的刑事政策。有学者认为刑事合规属于一种预防型刑事政策，能够软性地倡导、鼓励企业治理朝着合规的方向努力，为重刑主义下的单位犯罪"松绑"，所发挥的企业治理效益是事半功倍的。[③] 还有学者认为企业合规改革与宽严相济的刑事政策高度契合，合规具有有利于预防和惩治犯罪、贯彻宽严相济刑事政策、优化司法资源配置、化解社会矛盾、促进社会治理等价值。[④] 也有学者认为对涉案企业责任人的处理仍然应当是宽缓化的，即虽然不能不加区分地随同企业作不诉等宽大处理，但也不能像欧美国家那样予以严惩，而应坚持少捕、慎诉、慎押的原则。[⑤]

（三）合规不起诉改革立法论的研究

合规不起诉改革在近年来的各项刑事司法改革中尤其具有探索性和前瞻性。在教义学的理论准备不足而企业合规又尚未纳入现行法律体系的情况下，合规不起诉改革研究很容易滑向立法论。这一研究主要围绕

---

① 参见陈学权、陶朗逍：《企业犯罪司法轻缓化背景下我国刑事司法之应对》，载《政法论丛》2021年第2期。

② 参见范跃红、丁婕：《浙江：少捕慎诉慎押促进诉源治理》，载《检察日报》2021年10月28日，第1版。

③ 参见李翔：《企业刑事合规的反思与合理路径的构建——基于我国单位犯罪原理的分析》，载《犯罪研究》2021年第5期。

④ 参见孙国祥：《单位犯罪的刑事政策转型与企业合规改革》，载《上海政法学院学报》2021年第6期。

⑤ 参见朱孝清：《企业合规中的若干疑难问题》，载《法治研究》2021年第5期。

刑事诉讼法和刑法的修改而展开。

一是在刑事诉讼法的修改方面，学界普遍建议增设单位犯罪附条件不起诉制度，以解决当前开展合规附条件不起诉制度“于法无据”的问题，并从制度模式、适用范围、适用标准、协议内容等方面提出立法建议。在立法体例上，有学者主张增设个别条文，如在《刑事诉讼法》第182条之后增加第182条之一和第182条之二，对企业附条件不起诉的适用条件、考察程序等作出规定。[①] 也有学者认为应设立单位犯罪特别程序，在《刑事诉讼法》“特别程序”一章，针对企业犯罪建立独立的暂缓起诉程序。[②] 二是在刑法的修改方面，学界普遍认为应当将合规引入单位犯罪构成，具体包括两个步骤。第一步是扩大单位犯罪处罚范围，将“严格责任”引入刑法。例如，扩大单位犯罪的罪名范围；将单位刑事责任的范围扩展至《刑法》分则所有罪名；单位未进行有效合规治理的，推定单位具有犯罪故意；因单位未适当履行预防义务而导致危害结果发生的，推定单位具有犯罪过失；对犯罪单位确立较之行政处罚更为严厉的刑事处罚；等等。第二步是将企业合规确立为企业无罪抗辩事由和法定的减轻处罚情节。例如，单位进行有效合规治理的，可以从轻、减轻或者免除处罚。[③]

（四）总结：前期研究的反教义学化趋势明显

学界关于合规不起诉制度的研究已经从最初的暂缓起诉协议、不起诉协议、基于公共利益的司法协议等域外制度介述和比较法分析，开始转向关注本土司法改革经验和问题的原创性研究。制度功能的研究为合规不起诉制度奠定了价值基础，这对于改革的顺利开展至关重要。合规不起诉改革只有在正当性得到广泛肯认的前提下，才能凝聚司法机关、涉案企业、社会公众等各方主体的合力，获得源源不断的生机和活力。刑事政策的研究揭示合规不起诉改革的运行规律和政策基础，澄清了涉企案件宽缓主义处理的政策来源，有助于消除对企业和企业家作出不起诉处理的质疑，并对改革实践具有指导意义。立法论研究旨在提出修法建议。

---

① 参见李勇：《企业附条件不起诉的立法建议》，载《中国刑事法杂志》2021年第2期。

② 参见陈学权、陶朗逍：《企业犯罪司法轻缓化背景下我国刑事司法之应对》，载《政法论丛》2021年第2期。

③ 参见周振杰：《企业合规的刑法立法问题研究》，载《中国刑事法杂志》2021年第5期。

合规不起诉改革的成熟经验最终将通过修改刑事诉讼法和刑法加以吸收固定,适时开展立法论研究确有其必要性。

但是,合规不起诉改革已经进入深水区,目前正处于向纵深探索的关键阶段,在全国各地铺开试点的目的就在于鼓励制度创新、形成百花齐放的改革局面,而不过早地受制于特定模式和制度安排。与此同时,最高人民检察院高度重视改革的合法性问题,三令五申要求改革应当于法有据,应当在现有法律框架内探索推进。最高人民检察院第四检察厅负责人强调,检察机关办理涉案企业合规案件,任何时候都要严格依法,绝不能搞"法外开恩",要准确理解企业合规制度的原则精神,认真贯彻宽严相济刑事政策和少捕慎诉慎押刑事司法政策,在保护企业合法权益的同时,促进企业合规守法经营,预防和减少企业违法犯罪,实现司法办案政治效果、法律效果、社会效果的有机统一。[①] 面对试点中涌现的新型制度,尤其是面对重大单位犯罪案件合规不起诉、企业附条件不起诉等改革需求,依靠制度功能、刑事政策、立法论的研究都无法实现改革探索和严格依法的有机统一。这些研究或许在一定程度上可以提供理念和政策的正当性支持,但无法提供合法性依据。由于尚未产生成熟的改革经验,现阶段开展立法论研究也显得操之过急。法教义学理论供给的缺乏,已经严重阻滞了合规不起诉改革的继续推进。与此同时,本次改革也为刑法教义学,尤其是单位犯罪教义学提供了难得的理论发展契机。只有以教义学方法直面合规不起诉的教义学困境,才能产生具有指导力和解释力的理论成果。

二、合规不起诉改革的刑法教义学困境

合规不起诉改革在我国的兴起或多或少受到美国暂缓起诉协议和不起诉协议制度的启发。美国《联邦起诉商业组织的原则》规定检察官在决定起诉一家企业时需要考虑犯罪的性质及严重程度、企业内不法行为的普遍性、企业实施类似犯罪行为的历史、企业的合作意愿、违规时和指

---

① 参见孙风娟:《保护企业合法权益促进企业合规守法经营》,载《检察日报》2021 年 12 月 16 日,第 1 版。

控时企业合规计划的充分性和有效性、及时主动披露犯罪行为、补救措施、犯罪附带后果、对责任人的起诉等十项要素。[①] 而且,检察官在决定何时起诉、起诉何人、以何种方式起诉、是否对违反联邦刑法的行为提起公诉方面有很大的自由裁量权。[②] 因此,起诉协议制度在美国的发展几乎没有法律障碍。只要企业通过合规整改展示了充分的合作意愿,完成配合调查、补救挽损以及重建合规计划的改造活动,即便以《联邦起诉商业组织的原则》的标准加以衡量,也足以获得不起诉决定。相反,我国必须在刑事成文法的框架下推行合规不起诉改革,检察官自由裁量权受到严格限制,以罪刑法定原则为核心的刑法规范更是不可逾越的底线。合规不起诉的教义学困境已经成为制约改革继续向纵深推进的最大障碍。

(一)重罪不诉引发罪刑法定原则的危机

对于轻微单位犯罪案件,涉案企业在犯罪情节轻微、认罪认罚、积极开展合规整改等情节的共同作用下,可以在现有法律框架内获得相对不起诉,理论争议并不大。然而,这在一定程度上也使企业合规的刑罚宽缓效果无法得到独立体现,合规不起诉被限制在相对不起诉的范围内。这引发了一位省级试点院副检察长的困惑:“既然企业本身犯罪情节轻微,符合相对不起诉的条件,又何必大费周章、耗时耗力搞合规呢?刑事激励不足,造成了不少企业合规热情不高、合规动力不足的局面。”[③]可见,要想真正发挥合规不起诉改革的激励效果,面向重大单位犯罪案件的合规考察及不起诉试验势在必行。实践中,上海、江苏、深圳等多地试点机关已经开始探索将国有企业、上市公司、拟上市公司等大型企业涉嫌的重大单位犯罪案件纳入合规考察对象,并在多个案例中作出不起诉决定。例如,在最高人民检察院发布的第二批企业合规典型案例中,上海J公司、朱某某在未获得商标权利人许可的情况下,组织公司员工生产、销售假冒注册商标的商品,涉案金额达560万余元,最终经过合规整改程序获得不

---

① See United States Attorneys' Manual § 9－28.300 (U. S. DEP' T OF JUST. 2018).

② See United States Attorneys' Manual § 9－28.300 (U. S. DEP' T OF JUST. 2018).

③ 邱春艳:《从讲政治的高度共同推进企业合规工作——最高检调研组赴江苏张家港调研企业合规改革试点》,载《检察日报》2021年5月17日,第1版。

起诉决定。[①]

重罪案件的合规不起诉试验引发了罪刑法定原则的危机。晚近以来,随着刑事和解不起诉、认罪认罚不起诉、未成年人附条件不起诉等制度的确立,刑事诉讼法酌定不起诉条款的内涵逐渐丰富。但无论如何发展,"犯罪情节轻微,依照刑法规定不需要判处刑罚或者免除刑罚"的罪刑法定原则要求始终得到严格遵守,酌定不起诉的微罪不起诉性质从未发生改变。刑事和解、认罪认罚等程序法事实无一例外都被确定为量刑宽缓情节,只有在满足罪行轻微的条件之后方能作出不起诉决定。反观重罪案件的合规不起诉,刑法既未将合规整改确定为量刑宽缓情节,也未赋予其犯罪阻却事由的功能,企业在刑事追诉程序中建立有效合规计划的情节并不能否定行为本身的违法性。在涉案企业符合全部犯罪构成要件、造成严重甚至特别严重的法益侵害后果、具备完整的刑事违法性之后,检察机关办理案件不再具有针对轻微犯罪的起诉裁量权,此时作出的合规不起诉决定被认为是对罪刑法定原则的僭越和破坏。这也启示我们,单位犯罪合规不起诉的教义学根基需要在罪行轻微和相对不起诉之外寻找。

(二)整改出罪导致并合主义刑罚的失衡

学界从单位犯罪归责原则由转嫁责任转向自己责任的视角,对企业事前建立合规计划的刑法效果展开了较为深入的研究,从企业文化责任论、企业独立意志理论、客观的中心归责论等不同的单位犯罪责任理论出发,最终指向事前合规具有切割单位责任和责任人责任的功能,据此得出"企业合规不起诉是企业自身责任论的必然结果"的结论。[②] 但是,合规不起诉是一种在刑事诉讼程序中,通过合规整改,事后建立合规计划并获得不起诉决定的机制。企业通过合规整改完成认罪认罚、补救挽损、修复制度漏洞和管理隐患、建立专项合规管理体系等工作,[③]换取检察机关的宽大处理决定。

---

① 参见孙风娟:《最高检发布第二批企业合规典型案例》,载《检察日报》2021 年 12 月 6 日,第 1 版。

② 参见陈瑞华:《企业合规基本理论》,法律出版社 2020 年版,第 200 页。

③ 参见陈瑞华:《企业有效合规整改的基本思路》,载《政法论坛》2022 年第 1 期。

根据诉讼法学者的观点，合规不起诉体现了协商性司法的特征，具有“程序出罪”的性质。[①] 刑法学者则转而从刑罚论出发试图寻找其教义学基础。一般认为，企业进行认罪认罚、补救挽损、建立合规计划的合规整改努力能够起到调节预防刑的作用。首先，认罪认罚本身就是刑事诉讼法确立的从宽处罚情节，不过其从宽幅度介于坦白和自首之间，不具有减轻处罚情节的，认罪认罚只能具有从轻处罚的效力。其次，补救挽损是一种法益修复机制，法益修复是合规不起诉的重要理论依据之一。深圳市龙华区人民检察院在初期探索合规不起诉制度时就将其命名为“法益修复考察制度”。[②] 企业采取的赔偿被害人、缴纳违法所得和罚款、消除受损的社会秩序、修复被污染的环境等措施，都可以作为酌定从宽处罚情节。最后，合规计划作为一套企业防控合规风险的治理结构，通过涉案企业内部合规政策和员工手册、合规组织、合规管理流程体系的建立，成为最优的企业犯罪预防方法，因而具有减小甚至消除犯罪预防必要性的效果。

刑法的责任主义原则和现代刑罚的并合主义原理，要求在确定责任刑的基础上考虑预防刑裁量。基于消极的责任主义和责任刑只确定刑罚上限的“点”的理论，当预防必要性足够小时，理论上可以将并合主义刑罚调节至较低水平，甚至实现免除处罚。有些企业犯罪本身可罚性较小，此时，如果企业及时采取有效措施建立合规体系预防有害结果的发生，即便不起诉，也不会影响公民的法正义感情。但是，预防刑的裁量空间必须得到基本的限制。根据罪责刑相适应的基本要求，报应主义的责任刑在大多数情况下应当拥有宣告刑中的一席之地，预防刑裁量出罪需要满足较为严苛的条件。而合规整改中的认罪认罚、补救挽损等条件一般都只能作为从轻处罚情节，涉案企业究竟能否在刑事诉讼中建立有效合规计划，以及有效合规计划究竟能够在预防再犯方面发挥多大的实际效果，目前看来也不无疑问。在对单位犯罪大规模适用合规不起诉的改革背景下，仅仅依靠预防刑裁量为合规整改出罪提供依据，而不当削弱甚至消解

---

① 参见陈卫东：《从实体到程序：刑事合规与企业“非罪化”治理》，载《中国刑事法杂志》2021 年第 2 期。

② 参见韦磊、李薇：《深圳龙华：建立法益修复考察期制度推动企业合规整改》，载《检察日报》2021 年 6 月 21 日，第 2 版。

责任刑的处罚功能，势必违反罪刑均衡原则，导致并合主义刑罚的失衡，引发公众关于对涉案企业“法外开恩”“花钱买刑”的强烈质疑。而且，一旦合规不起诉的适用范围扩展到重大单位犯罪案件，预防刑的调节能力减弱，如果并合主义刑罚失衡的问题得不到解决，合规整改出罪的正当性将会面临更大的危机。

（三）追诉责任人对单位犯罪结构的破坏

合规不起诉的对象是仅限于涉案企业，还是能够及于涉案企业家，引发了理论界和实务界的重大分歧。理论界普遍认可“放过企业，严惩责任人”是合规不起诉的基本要求，认为合规不起诉制度应当只针对企业，而非涉案企业家。“最主要的理由是企业合规制度引入刑事法的初衷和动力是区分企业责任和个人责任，并将合规作为企业出罪或减轻处罚的抗辩理由。”[①]换言之，企业建立合规体系并不能减免涉案企业家的责任，也不能预防具有独立自主意志的企业家再犯罪。“西方国家企业合规的理念是，在企业活动涉嫌犯罪的时候，通过企业合规，放过企业，但不放过企业家；而我国检察机关目前借助企业合规所欲的目标是，既放过企业又放过企业家。这种目标，与企业合规的理念冲突，也有违反罪刑法定原则之嫌。”[②]

然而，在改革实践中，合规不起诉制度诞生伊始就与对企业家的宽大处理紧密相关，被视为对涉案企业负责人依法不捕、不诉、不判实刑的“后半篇文章”。[③] 检察机关普遍采取“既放过企业，又放过企业家”的方式，甚至异化为“放过企业家，顺带放过企业”的企业家从宽改革，暴露出为“脱罪”而改革的功利化倾向。[④] 从公司治理结构的角度看，这主要是因为我国企业的生存发展过度依赖企业家，导致严惩企业家在客观上可能

---

① 参见李玉华：《企业合规不起诉制度的适用对象》，载《法学论坛》2021年第6期。

② 黎宏：《企业合规不起诉：误解及纠正》，载《中国法律评论》2021年第3期。

③ 最高人民检察院《关于开展企业合规改革试点工作方案》提出，开展企业合规改革试点工作，是指检察机关对于办理的涉企刑事案件，在依法作出不批准逮捕、不起诉决定或者根据认罪认罚从宽制度提出轻缓量刑建议等的同时，针对企业涉嫌具体犯罪，结合办案实际，督促涉案企业作出合规承诺并积极整改落实，促进企业合规守法经营，减少和预防企业犯罪，实现司法办案政治效果、法律效果、社会效果的有机统一。

④ 参见胡东林、赵宝琦：《推进企业合规工作应重点把握三个维度》，载《检察日报》2021年5月19日，第3版。

造成企业生产经营无法维系,从而使放过企业变得毫无意义。因此,实务人员普遍认为,必须正视我国企业和企业家相互高度依赖的现实情况,在区分责任的同时,兼顾对企业和企业家的保护。①

理论界和实务界的上述分歧并非不可调和。这是因为合规不起诉改革事实上具有双重构造,即同时包含了对于涉案企业的合规整改不起诉和对于涉案企业家的罪行轻微不起诉。如果照此将二者的不起诉依据分而视之,就能够顺理成章地实现对企业和企业家的同步保护。而在涉案企业家拒不认罪或者重大单位犯罪的场合无法对企业家适用相对不起诉,就只能对通过合规整改的企业作出合规不起诉,实现"放过企业,严惩责任人"。但是放过企业、单独起诉企业家面临着单位犯罪结构方面的教义学障碍。通说认为,单位犯罪是一个不可分割的整体。"法人成员是否负刑事责任,并不是追究法人刑事责任的必要条件,恰恰相反,法人构成犯罪,才是追究法人内部成员(自然人)刑事责任的依据和必要前提。"②换言之,"单位犯罪以双罚制为主,个人的刑事责任是以单位构成犯罪并且追究刑事责任为前提,单位不构成犯罪,不承担刑事责任,当然不存在单位中的主管人员和直接责任人员作为个人承担刑事责任的问题"。③一旦对企业适用合规不起诉,即意味着单位犯罪刑事责任的消灭,单位不构成犯罪则无法追究责任人单位犯罪的刑事责任。转而对责任人以自然人犯罪定罪处罚也不可取,毕竟单位犯罪中责任人的处罚应当相较于自然人犯罪更为轻缓,而且并不是所有单位犯罪都可以还原为责任人的自然人犯罪。单位犯罪结构和双罚制带来的捆绑责任已严重阻碍合规不起诉改革向大型企业和重罪案件推进,成为研究者必须直面的教义学难题。

三、合规不起诉改革的犯罪论根基:改造单位犯罪构造

合规不起诉改革面临的教义学困境源于单位犯罪理论的结构性缺

---

① 参见李小东:《涉案企业合规建设"深圳模式"的探索与实践》,载《人民检察》2021年第20期。

② 何秉松:《法人犯罪与刑事责任》,中国法制出版社2000年版,第486页。

③ 张军等:《刑法纵横谈(总则部分)》(增订版),北京大学出版社2008年版,第311～312页。

陷。单位犯罪从入罪、出罪到追诉环节都存在单位和责任人相互捆绑、一损俱损的突出问题，迫切需要在理论上改造单位犯罪构造，实现单位和责任人的彻底分离。本来，我国单位犯罪的体量已经十分庞大，刑法罪名体系中超过1/3的罪名中规定了单位犯罪。而且，根据全国人民代表大会常务委员会《关于〈中华人民共和国刑法〉第三十条的解释》(2014年4月24日第十二届全国人民代表大会常务委员会第八次会议通过)的规定，"公司、企业、事业单位、机关、团体等单位实施刑法规定的危害社会的行为，刑法分则和其他法律未规定追究单位的刑事责任的，对组织、策划、实施该危害社会行为的人依法追究刑事责任"，单位犯罪处罚范围再度大幅扩张。法无明文规定的单位犯罪有罪论导致"规范隐退"的同时也确立了单位犯罪分离入罪的机制，①未来只要犯罪行为符合单位犯罪成立条件，无论刑法是否明文规定为单位犯罪，都可能对责任人定罪处罚。单位犯罪漫无边际的扩张趋势更加剧了对单位犯罪分离构造进行教义学重塑从而使其回归实质理性的现实需求。

根据实质刑法观，刑法只处罚值得处罚的行为。亦即只有某种行为达到应受刑罚惩罚的程度，才能具有实质违法性。② 同样地，刑法只处罚值得处罚的行为人，在行为人实施严重侵害或危及法益行为的基础上，只有具备非难可能性和实质处刑必要性，才能动用刑法对其判处刑罚。③因此，行为主体可谴责性的实质判断成为单位犯罪分离构造的教义学根基。首先，单位和责任人应实现不同归责原则下的分离入罪，单位承担以合规责任为内容的组织责任，责任人则仍然承担传统的行为责任或罪过责任。其次，单位和责任人应实现分离出罪，单位可以通过开展合规整改、消除不合规的组织状态而出罪，责任人无法消除行为或罪过，只能依据罪行轻微获得相对不起诉。最后，单位和责任人应实现分离追诉，单位被合规不起诉后，对责任人无法微罪不诉的，应当以单位犯罪追究其刑事责任。

---

① 参见刘艳红：《"规范隐退论"与"反教义学化"——以法无明文规定的单位犯罪有罪论为例的批判》，载《法制与社会发展》2018年第6期。

② 参见刘艳红：《实质刑法观》(第2版)，中国人民大学出版社2019年版，第159页。

③ 参见刘艳红：《实质犯罪论》，中国人民大学出版社2014年版，第126页。

(一)单位和责任人的分离入罪

我国刑法对于单位犯罪的构造并不明确。《刑法》第30条规定:“公司、企业、事业单位、机关、团体实施的危害社会的行为,法律规定为单位犯罪的,应当负刑事责任。”这一单位犯罪概念回避了单位犯罪的内部构造问题。单位虽然可以作为犯罪主体,但是并没有脱离单位成员作出行为的能力,即便采取法人实在说的立场,单位实施的危害社会的行为在客观上也必须由特定成员代表作出。对此,通说采取“三要素说”,认为危害社会的行为满足以单位名义、为单位利益、体现单位意志三个条件即可成立单位犯罪,这一归责原则也称为企业决策责任论。该理论具有一定合理性,也已经为某些司法机关所接受。但是,其实则没有明确的法律依据,甚至还有其他的归责原则。例如,《全国法院审理金融犯罪案件工作座谈会纪要》采取“二要素说”,规定“以单位名义实施犯罪,违法所得归单位所有的,是单位犯罪”。

在合规引入我国之前,“三要素说”是在单位责任和单位成员责任相互捆绑、套用自然人犯罪的主客观构成要件考察单位犯罪的情况下,为贯彻主客观相统一原则、限缩单位犯罪的处罚范围所提出的单位犯罪构成理论。但是,如果坚持考察单位犯罪的客观要件和主观要件,单位犯罪无疑是违反罪责自负原则的。因为“三要素说”确立的单位责任归根结底是一种转嫁责任,单位成员才是实际实施犯罪行为的唯一主体,单位却被追加为共同的责任主体而因成员行为受到刑事处罚。此外,“三要素说”也没有为合理确定单位犯罪成立范围带来帮助,“体现单位意志”的判断标准十分模糊,造成实践中缺乏统一标准、单位犯罪认定较为恣意混乱的局面。如果以“二要素说”认定单位犯罪,构成单位犯罪只需满足以单位名义、为单位利益两大条件即可,就会滑向美国的替代责任原则,成为一种完全的转嫁责任,虽然单位责任不再受主客观相统一等自然人责任认定规则的限制,但是也没有提供独立考察单位责任的空间,这种“严格责任”导致单位责任范围过大。在引入合规责任之后,单位犯罪的结构问题迎刃而解,单位责任与单位成员责任发生分离。

第一,单位责任是一种合规责任。企业责任本质上属于合规责任,它不同于基于个人行为的道义责任或规范责任,它是一种组织责任。组织责任论的目的是摆脱转嫁责任的束缚，独立考察企业的刑事归责问题，目前形成了两种基本模式：一是主客观相统一模式，二是客观的中心归责模式。主客观相统一模式是仿照自然人犯罪的主客观要件，拟人化地考察企业的主观意志和客观行为。其中的代表性理论是企业独立意志理论，该理论主张独立考察企业的主观意志和客观的合规管理行为，如已尽合规管理义务，则说明企业既没有犯罪故意，也没有犯罪过失，从而实现出罪。如此一来，单位犯罪便有单位和自然人两个犯罪主体、两个刑罚主体，单位责任的分离就有了依据。① 客观的中心归责模式认为判断单位主观意志缺乏心理学基础，故放弃拟人化地考察单位主观责任，主张单位犯罪只需要将危害后果归责于单位即可，判断的核心要件是单位是否违反了特定的刑事义务，判断方式是单位内部的决策程序和治理结构是否会导致危害后果的发生。② 企业文化责任论是一种典型的中心归责模式，即通过考察单位的层级结构、企业目标、企业的教育体制等，来判断企业文化是否促成了违法行为的发生。③ 除此以外，在以单位名义、为单位利益的传统替代责任理论中加入合规要件作为犯罪阻却事由之后，也具有组织责任论的中心归责模式特征。因此，合规的引入并非以组织责任论为前提，但无论此前是否独立考察单位责任，一旦确立合规责任，就转型成为一种组织责任，而不再是替代或转嫁责任。

第二，单位成员责任是一种传统的行为责任、道义责任、罪过责任。传统的单位犯罪理论不仅导致单位责任来自单位成员责任的转嫁，“双罚制”的处罚模式也使单位成员责任受到单位责任的牵连，单位犯罪一经成立，单位负责人、部门负责人、直接实施犯罪行为的雇员等大量单位内部成员都可能作为责任人受到刑事追究。传统的单位犯罪结构理论将单位犯罪视为人格化的社会系统，认为单位犯罪是一个犯罪行为，但具有两个犯罪主体、两个刑罚主体。④ 该理论在认定违法行为时将单位和单位成

---

① 参见陈瑞华：《企业合规基本理论》，法律出版社 2020 年版，第 206 页。

② 参见时延安：《合规计划实施与单位的刑事归责》，载《法学杂志》2019 年第 9 期。

③ 参见黎宏：《合规计划与企业刑事责任》，载《法学杂志》2019 年第 9 期。

④ 参见叶良芳：《论单位犯罪的形态结构——兼论单位与单位成员责任分离论》，载《中国法学》2008 年第 6 期。该文还列举了一些将单位犯罪视为一个犯罪行为、一个犯罪主体、两个处罚主体的结构理论，如复合主体论等。这些理论以单位犯罪是一个犯罪主体为前提，因此都不能解决一个问题，即单位成员不是犯罪主体，其独立性和从属性是相冲突的，那么，其又如何能够承担单位犯罪的责任？显然，上述主张都自相矛盾地承认了单位和单位成员是并列的犯罪主体。

员加以整合,既然如此,犯罪主体和刑罚主体就应限定于独立的法人,但该理论在认定犯罪主体和刑罚主体时又将二者进行拆分,因而陷入理论上的混乱。有学者提出将组织体刑事责任论与自然人刑法理论加以整合的思路,在客观方面要求单位成员在单位业务活动中实施了违法犯罪行为,在责任方面要求单位必须具有主观罪过,即具体犯罪所要求的故意、过失乃至特定目的。[①] 这其实也是一种整体犯罪结构理论,同样只能解决单位责任的组织责任化问题,而无法为单位成员责任的独立判断提供助益。

单位犯罪中的单位成员,包括直接负责的主管人员和其他直接责任人员。《全国法院审理金融犯罪案件工作座谈会纪要》规定,“直接负责的主管人员,是在单位实施的犯罪中起决定、批准、授意、纵容、指挥等作用的人员,一般是单位的主管负责人,包括法定代表人。其他直接责任人员,是在单位犯罪中具体实施犯罪并起较大作用的人员,既可以是单位的经营管理人员,也可以是单位的职工,包括聘任、雇佣的人员。对单位犯罪中的直接负责的主管人员和其他直接责任人员,应根据其在单位犯罪中的地位、作用和犯罪情节,分别处以相应的刑罚”。这实际上说明,单位犯罪中的责任人处罚,应当以自然人的罪刑轻重为裁量标准,责任人之所以受到处罚,也并不是因为其具有法定代表人或者企业高管的身份而受到单位责任的转嫁,而是在单位犯罪中起到决定、批准、授意、纵容、指挥等作用,或者直接实施了具体犯罪行为,承担的是行为责任。

因此,应当将单位责任和单位成员责任进行彻底分离,将单位犯罪视作两个行为、两个犯罪主体、两个处罚主体的聚合犯罪。其中,对于单位犯罪中的单位,可以采用组织责任理论予以判断:以单位成员实施的社会危害行为为基础要素,以单位建立合规计划的组织管理行为为中心归责要素,一旦社会危害行为通过中心归责理论归咎于单位,无须再考察单位

---

① 责任方面,一是单位决策人员或者经其授权的人,在其职务范围之内,决定实施某种违法行为的,推定单位具有故意;二是在单位的营业目标、政策方针、科层结构、处罚措施中,有鼓励、纵容或者默许其组成人员违法犯罪的内容时,推定单位具有故意;三是单位选任不恰当的岗位人选,采用有先天缺陷的工艺操作流程,或者应当建立相关制度而没有建立,或者尽管建立了相关制度却疏于执行的场合,可以推定单位具有过失;四是可以通过客观外在要素的变化来推定单位是否具备具体犯罪所要求的特定目的。参见黎宏:《组织体刑事责任论及其应用》,载《法学研究》2020 年第 2 期。

成员最终构成犯罪与否,单位即作为独立的犯罪主体和处罚主体承担刑事责任。对于单位犯罪中的单位成员,应当依据自然人犯罪的传统责任理论加以认定:单位成员因为对单位犯罪起到决定、批准、授意、纵容、指挥的作用(直接负责的主管人员)或者参与实施犯罪行为(其他直接责任人员)而承担刑事责任。换言之,只有在能够确定实施上述行为的具体责任人时,才能够追究其单位犯罪的刑事责任。

(二)单位和责任人的分离出罪

既然单位和责任人的入罪原理具有实质差异,并且通过对单位犯罪结构理论的改造实现入罪的分离,那么,单位和责任人的分离出罪也就顺理成章了。一言以蔽之,单位犯罪中的单位出罪是一种合规出罪,而单位成员出罪则只能依据罪行轻微出罪。

单位出罪的本质是合规出罪。在事前合规出罪方面,企业建立合规计划可以成为犯罪阻却事由。如果采取企业独立意志理论,那么,企业合规计划可以作为主观构成要件的阻却事由,表明企业没有犯罪故意或者犯罪过失。如果采取客观的中心归责理论,企业因未建立合规计划、未加强风险管理创设了法所不容许的风险而入罪,企业合规计划也可以阻断对单位主体的归责。

在事后合规出罪方面,合规不起诉出罪也具有教义学基础。这是因为,单位责任与自然人责任的构成存在本质差异。不同于责任人的行为责任,单位的合规责任是一种持续的状态责任:企业因为缺乏合规管理的组织架构和企业文化而处于合规否定性评价的状态,这种状态的存续使单位成员实施的危害社会行为被归责于企业。只要企业在法院作出有罪生效判决之前进行有效合规整改,建立合规的治理结构和企业文化,改变合规否定性评价的组织状态,就可以认为消除了对企业进行中心归责的要素,从而获得不起诉决定。以危害社会行为的发生为标准划定事前或事后,其实是自然人犯罪中以行为作为归责基础所创设的概念,对于单位责任而言,归责基础并不在于行为或罪过,因而也就无所谓事前或者事后,即只要满足了有效合规的要件,就能够阻断归责、消除责任。同样地,自然人因为行为和罪过入罪,也可以因为事前或事后消除行为和罪过而出罪,只不过自然人很难提供消除罪过的有力证据,更无法在事后消除行为，只能通过补救措施进行退赃挽损。

因此，合规出罪的效力无法及于单位成员，单位成员的出罪只能是罪行轻微出罪，即依据《刑法》第 13 条和相对不起诉、认罪认罚不起诉、刑事和解不起诉、附条件不起诉等方式予以微罪不诉。应当说明的是，对单位的合规不起诉并不意味着否定单位犯罪的成立，而只是针对单位犯罪这一聚合犯罪形态中的单位主体予以出罪，单位成员作为并列的犯罪主体并没有被当然免除单位犯罪刑事责任。单位成员的归责原则决定了其只能依据决定、批准、授意、纵容、指挥或实际参与单位犯罪，经过独立的主客观要件认定而承担责任，因而也就只能因主客观要件不成立或罪行轻微而出罪。换言之，单位开展的合规整改活动不能免除单位成员的刑事责任，企业合规只是一种针对企业的风险防范治理体系，对于具有独立意识和自主行动能力的责任人而言，企业合规无法达到特殊预防的效果。总之，对责任人仍然应当按照单位犯罪追究刑事责任。

(三)单位和责任人的分离追诉

在对单位和单位成员实现入罪和出罪的分离、对单位主体进行合规不起诉予以出罪之后，就需要面对独立追究单位成员刑事责任的问题，实现单位和单位成员的分离追诉。最高人民法院《关于适用〈中华人民共和国刑事诉讼法〉的解释》(法释〔2021〕1 号)第 340 条规定："对应当认定为单位犯罪的案件，人民检察院只作为自然人犯罪起诉的，人民法院应当建议人民检察院对犯罪单位追加起诉。人民检察院仍以自然人犯罪起诉的，人民法院应当依法审理，按照单位犯罪直接负责的主管人员或者其他直接责任人员追究刑事责任，并援引刑法分则关于追究单位犯罪中直接负责的主管人员和其他直接责任人员刑事责任的条款。"该规定为分离追诉提供了直接的规范依据，即追究责任人的单位犯罪刑事责任虽然以单位犯罪的成立为前提，但并不以单位的追诉为前提。一旦认可合规不起诉只是对于单位追诉的放弃，而非对于单位犯罪成立本身的否定，就不难实现责任人单位犯罪责任的单独追究；只要单位犯罪聚合形态在一定期间内形成，就可以对单位和单位成员分别作出责任追究和不起诉处理。

检察机关在进行分离追诉时，一方面要审慎确定责任人的范围。并非所有单位犯罪中，企业的法定代表人、董事长、总经理等高管都会成为责任人而构成犯罪。责任人的确定必须遵循主客观相统一原则,独立考察各单位成员的主客观要素,即是否存在决定、批准、授意、纵容、指挥、实际实施犯罪的主观故意、过失和客观行为。另一方面,考虑到我国企业对于企业家存在较强的依赖性,要贯彻"少捕慎诉慎押"的刑事司法政策,充分行使起诉裁量权,运用罪行轻微出罪的原理,对犯罪情节轻微、依照刑法不需要判处刑罚的责任人,考虑予以相对不起诉,并且对于作为主管人员的企业家和作为其他责任人员的企业员工一视同仁地适用不起诉制度。但对于犯罪情节严重、法定刑为 3 年有期徒刑以上刑罚或者拒不认罪的责任人,应当以单位犯罪予以追诉。

总之,通过单位犯罪分离构造的确立,一些合规不起诉改革中的教义学困境得以化解。首先,合规不起诉的效力范围仅限于单位,而不及于单位成员。其次,合规不起诉的案件范围包括轻微单位犯罪和重大单位犯罪,重罪案件的合规不起诉具有教义学基础。最后,单位成员的单独追诉并不会导致单位犯罪结构的破坏,企业合规不起诉并不意味着单位犯罪的消灭,单位犯罪的聚合形态允许分别进行责任追究,不会违反罪刑法定原则。

四、合规不起诉改革的制裁论根基:实质制裁论

通过单位犯罪分离构造的确立,单位出罪具备了正当性根据。但是,最高人民检察院推进企业合规不起诉改革的基本理念是坚持"严管"与"厚爱"相结合,如果合规不起诉不能够发挥一定的制裁效果,则仍然无法打消公众对于本次改革正当性的质疑,而且也会使企业在经营过程中更加无所顾忌,继续"野蛮生长",其所建立的合规计划大概率将流于形式,无法发挥风险防控和犯罪预防效果。因此,合规不起诉要求确立一种实质制裁理论,即对涉案企业予以合规出罪的同时,需要通过非刑罚手段发挥超越刑罚的制裁效果。实质出罪论的基本原理要求"形式入罪,实质出罪",即入罪坚持形式解释,法有明文规定的才能定罪量刑;出罪坚持实质解释,将法虽有明文规定但不值得进行刑事处罚的行为或者不属明文

规定而不能处罚的行为排除在刑法处罚范围之外。[①] 同理，实质制裁论要求刑罚制裁手段的发动秉持谦抑主义，鼓励多元化刑事制裁方式的选择适用，在行为人已经受到程度相当甚至更为严厉的实质制裁，或者采用非刑罚制裁方式将取得更好的制裁效果时，刑罚制裁应让位于非刑罚制裁。

实质制裁论认为合规计划建设的本身就具有较强的制裁性。在美国，打造有效合规计划作为《联邦量刑指南》(U. S. Sentencing Guidelines Manual)规定的"合规缓刑"机制，意味着合规能够成为一种刑罚执行方式。如果法官在作出判决时，该组织有 50 名以上员工，或属于法律特殊要求建立有效合规计划的组织，并且该企业没有建立符合要求的合规计划，那么，应对其判处 5 年以下的缓刑期。在缓刑期间，由法官或其任命的合规监管人监督企业建立合规计划，如果这些企业不能实现有效合规，则将被处以更高额的罚金。[②]《联邦量刑指南》于 2014 年修订后更是明确指出，即使企业在法院判决作出时已有合规计划，也可以通过对其判决"合规缓刑"的方式要求其完善合规计划，只要法官认为"这样的内部整改对于确保组织体降低再犯风险具有必要性"。[③] 虽然《联邦量刑指南》的司法强制力已被推翻，但"合规缓刑"早已成为法官们公认的企业特别刑种。根据美国学者的统计，在 2017 年美国联邦法院判决的 131 起企业有罪案件中，有 82 起案件适用了"合规缓刑"。[④] 这本质上是因为随着市场经济和企业现代化的发展，经济类制裁已难以独立实现刑罚的犯罪预防目标，需要以行为类制裁补充其威慑力。因此，合规作为企业的行为类制裁应运而生，后续发展出的各类合规出罪或合规从宽程序的正当性，本质上都与这种制裁性密切相关。在合规不起诉制度中，企业需要结合案由进行合规整改，打造专项合规计划，这一过程发挥了超越刑罚的制裁性，主要体现在以下方面。

---

① 参见刘艳红：《实质出罪论》，中国人民大学出版社 2020 年版，第 228 页。

② See USSG Chapter 8 D. 1. 1 (a) (3).

③ See USSG Chapter 8 D. 1. 1 (a) (6).

④ See Emily M. Homer, *Examining Corporate Blameworthiness in Relation to Federal Organizational Sentencing for Probation and Corporate Monitors*, Electronic Theses and Dissertations (January 2020), https://ir. Library. Louisville. edu/etd/3410/.

第一,合规整改过程需要投入大量人力、物力、财力和时间成本建立有效合规计划。根据企业合规基本理论,有效合规计划是由合规政策和员工手册、合规组织体系、合规管理流程体系组成的复杂治理结构。其中,合规管理流程体系在违法行为的预防流程、监测与识别流程、违法行为发生后的应对流程等方面,包括合规风险评估、合规培训、合规尽职调查、合规巡视、内部举报、合规审计、合规内部调查、合规奖惩、持续改进等十余项机制要求。合规计划的建设成本是巨大的。以合规组织体系为例,有效的合规组织体系一般包括四个部分:一是董事会下设的合规管理委员会;二是具有高级管理人员地位的首席合规官;三是专司合规管理的合规部;四是在企业各部门,以及分公司、子公司等分支机构内设置的合规部门与团队,即使是在最小的业务单元中也要设置合规专员,共同组成自上而下、垂直领导的合规组织体系。因此,企业投入的经费额度在公司利润中的占比往往成为判断合规计划有效性的基础性条件,企业需要准备充足的财政预算组建合规团队、实施合规管理流程。根据企业规模的不同,合规建设的具体资金和人员需求不尽相同,但这笔金额至少会远远超过定罪后所判处的罚金数额。

第二,合规整改通常需要企业向检察机关、第三方组织、合规顾问等主体支付服务费用。虽然我国对合规不起诉改革尚无明确规定,但域外经验和国内理论都认为,合规整改的相关费用应当由企业全面承担。一方面,企业需承担合规监管的费用,即由其支付检察机关在履行合规监管职责的过程中产生的开销。在那些适用第三方监督评估机制的案件中,企业还需承担第三方组织履行监督、考察、评估等职能所产生的费用。这类合规监管的费用在域外动辄高达数千万美元。虽然目前我国各合规不起诉改革试点都没有出台明确的费用标准,但也都认同该费用应当不低于合规服务行业的市场价格,这样才能吸引人才参与进来,防止第三方监管流于形式。另一方面,企业需承担自身聘请合规顾问的成本。在合规整改的过程中,合规监管人只担任专家的角色,其工作以审查企业自主进行的合规整改活动为核心,不会深入指导和参与合规整改,更不会为企业如何进行整改提供详细的法律意见。因此,企业一般需聘请外部律师作为合规顾问,具体地指导和帮助企业进行合规情况初查、拟订合规整改计划、撰写合规整改报告等。这一安排根源于合规整改工作具有的高度专业性，合规顾问服务的收费通常远高于刑事案件的辩护代理费用，甚至可能高达数百万元。这两种费用相结合，企业在合规整改中需支付的直接开销不容小觑，甚至远高于案件的预期罚金刑数额。

第三，合规整改过程需要改造企业治理结构和商业模式。有效合规计划需要现代公司治理结构作为基础性条件，我国公司治理普遍存在两权分立不足、组织化水平低下、权力集中于股东会、依据公开透明的信息进行交往并不占据主导方式等问题。① 企业在合规整改时首先需要改变实际控制人“一言堂”的治理方式，激活现代公司治理结构，这类措施可能包括改组董事会、引入外部独立董事、重组监事会等。其次，合规计划的本质是一套防控合规风险的公司治理方式，搭建上述组织体系和管理流程就是在建立合规治理的组织和结构，而这对于传统公司治理理念和结构的影响是刺破式和颠覆式的，企业需要在检察机关的推动下开展一场“自我革命”。尤其是要求合规对于经营治理和业务治理产生监督、审计、管理功能，例如，建立违法违规业务的合规一票否决机制，使一些收益可观但是存在合规风险的业务无法得到开展，给企业带来利润损失。最后，打造专项合规计划还要求企业改变现有的商业模式，在立即停止涉罪经营模式，并对其进行全面诊断和剖析的基础上，考虑通过转变业务领域、调整经营范围、更换竞争赛道等方式，避免实施新的违法违规行为，这对于企业而言具有超越罚金刑罚的制裁性。

第四，合规整改过程需要处理企业内部的违规责任人，甚至撤换公司董事长及管理层。在全球范围内，及时处置责任人都是企业获得宽大处理的必要条件，企业需要对导致违法违规事件发生的直接责任人员、主管责任人员、合规管理责任人员作出处理，采取调离工作岗位、免除职务、解除雇佣关系等内部惩戒措施。责任追究上不封顶，即便主要责任人员是公司董事长或者实际控制人，也一样要将其剔除出管理层，必要时送交执法机关对其进行行政处罚或刑事责任追究，以消除违法违规的“人”的因素。企业因为处置责任人导致管理层空缺而无法运转，甚至可能由检察机关委托相关机构进行托管。如此大规模、高规格的人事制裁，给企业带来极大的制裁效果，具有“断臂求生”的效力。

---

① 参见邓峰：《公司合规的源流及中国的制度局限》，载《比较法研究》2020 年第 1 期。

五、结语

合规不起诉制度的教义学困境在改革的不断探索和深入过程中逐渐凸显。如果仅将改革范围限定于轻微单位犯罪案件,合规不起诉依附于微罪的相对不起诉而存在,甚或否定企业合规的从宽功能,将合规整改视为对企业的严管机制,则改革固然不会面临太大的教义学障碍,但也相当于宣告了本次改革的无疾而终,不仅没有建立起与国际接轨的合规不起诉机制,而且错失了单位犯罪教义学发展的宝贵机遇。面对改革实践强烈的理论需求,尤其是重罪案件适用合规不起诉、企业与企业家追诉的分离等冲击传统刑法教义学的改革需要,刑法研究应当在坚守罪刑法定基本原则的基础上勇于理论创新,尝试摆脱陈旧教义的束缚,为这项有利于社会公共利益维护和市场经济健康发展的改革贡献智力支持。

合规不起诉改革具有丰厚的教义学根基。在犯罪论维度,单位犯罪的分离构造针对单位和责任人创设了各自独立的责任追究路径,单位以合规责任入罪,以合规整改消除中心归责而获得合规不起诉;责任人以行为责任入罪,以罪行轻微而获得相对不起诉,在重大单位犯罪的合规不起诉中,单位犯罪的聚合形态并未被破坏,对责任人仍然可以单位犯罪追究刑事责任。在制裁论维度,企业在合规不起诉制度中投入大量的人力、物力、财力进行合规计划建设,并且完成治理结构和商业模式的改造、对违法违规责任人进行实质处理,合规整改作为非刑罚制裁方式具有超越罚金刑的严厉性和制裁效果,这也成为企业合规不起诉制度正当性的重要依据。

第二节　涉案企业合规刑法立法建议及逐条解析

由最高人民检察院领导推进的涉案企业合规改革,是习近平法治思想的生动实践,是一场具有原创性、标志性、引领性意义的制度创新。涉案企业合规改革经过两批试点积累了丰富的实践经验,但也暴露出刑事立法规范支撑力度严重不足的问题。正值本项改革向全国检察机关全面推开的关键历史节点,加快推动涉案企业合规的刑事立法完善研究,提出建立具有中国特色的涉案企业合规司法制度,成为当下关涉企业合规改革最终成效的重大课题。在全面总结涉案企业合规改革试点经验做法的基础上,本书系统梳理、归纳了涉案企业合规存在的立法问题,参考国外立法例并结合中国实践,提出涉案企业合规刑法立法建议 12 条,具体如下:

涉及《刑法》总则的立法建议包括:(1)对第 30 条"单位负刑事责任的范围"进行修正,提出将单位犯罪事前合规作为出罪依据,以及将组织体责任论作为单位犯罪归责原则及出罪依据两种立法方案;(2)在第 31 条"单位犯罪的处罚"之下增设第 2 款,规定合规整改作为法定从宽量刑情节以及单位、责任人分离处罚原则;(3)在第 37 条"从业禁止"之下增设第 2 款,规定单位从业禁止;(4)在第 52 条"罚金刑的确定依据"之下增设第 2 款,规定合规整改情况作为单位罚金刑的裁量依据;(5)在第 66 条"特别累犯"之下增设第 2 款,规定合规特别累犯;(6)在第 67 条"自首与坦白"之下或在第 37 条之下增设合规整改的从宽处罚,提出合规整改从宽量刑和合规整改出罪两种立法方案;(7)在第 76 条"缓刑考验合格的处理"之下增加 1 款,规定合规缓刑制度。

涉及《刑法》分则的立法建议包括:(1)在第 135 条、第 135 条之一、第 137 条、第 138 条、第 139 条等采取单罚制的安全事故犯罪之下统一增设从业禁止及合规整改的免责事由;(2)在第 168 条国有公司、企业、事业单位人员失职罪、国有公司、企业、事业单位人员滥用职权罪之下增设合规管理人员失职罪、合规管理人员滥用职权罪;(3)在第 201 条逃税罪之下增设第 5 款,将单位合规整改验收合格作为不予追究单位刑事责任的条件;(4)修正第 286 条之一拒不履行信息网络安全管理义务罪的构成要件,将拒不进行合规改正或者合规整改无效作为该罪的构成要件,并增设第 286 条之二拒不履行重要数据安全保护义务罪;(5)在第 393 条单位行贿罪之下增设公司、企业或其他单位预防行贿失职罪。

本立法建议稿的主要特色体现为:

一是兼具理论性和实务性。立法建议将合规作为单位犯罪的出罪事由或犯罪阻却事由、增设单位犯罪的资格罚以及不履行合规管理义务犯罪等,依赖于组织体责任论、行刑衔接、监督过失等理论的革新与引领。同时,高度关注实践问题,针对实践中较为突出的"纸面合规"问题,提出了合规特别累犯、单位从业禁止、单罚制下单位强制合规义务等制度，以增强合规的威慑力和可持续性。

二是兼具系统性和针对性。基于体系自洽和法秩序的统一性的立法理念，注重实体法和程序法的协同并给予"双法联动"，如在单位与责任人的分开处罚上实现了实体法与程序法的相互呼应，彻底扫除企业合规融入刑事法的规范障碍。同时，考虑到刑事实体法立法更加深入地触及涉案企业合规改革的原理和根基，更具理论深度、立法难度和现实紧迫性，故而刑法立法又是本立法建议的重点内容，在单位犯罪的犯罪论、刑罚论、出罪机制以及具体各罪上，全面关注了涉案企业合规问题。

三是兼顾创新性与稳定性。针对事前合规的犯罪阻却事由、合规特别累犯、合规管理失职类犯罪等方面的立法建议具有创新性，同时充分考虑到保持既有刑法理论和体系稳定性的需要，对立法建议的可行性进行了充分论证，特别是针对重要的单位归责条款（第30条）、合规整改出罪条款（第67条），分别提出了偏重创新性和稳定性的两种立法方案。

一、修正《刑法》第30条【单位犯罪合规出罪及责任分离】

涉案企业刑事合规制度构建的实体法依据在于单位犯罪的犯罪论体系的更新发展，涉及《刑法》第30条单位犯罪刑事责任条款的修正完善。作为涉案企业刑事合规制度构建的基础性条款，单位犯罪刑事责任条款的修改会对以单位决策论为主导的传统单位犯罪归责理论产生冲击。为确保理论的融合性和立法的可行性，本条特设置了两种立法修正方案，供立法者参考：方案一保留了单位决策论作为单位犯罪的归责原则，并将组织体责任论作为单位犯罪的出罪依据；方案二则采用组织体责任论作为单位犯罪的归责原则与出罪依据。

（一）《刑法》第30条立法建议（方案一）及解析

1. 立法条文

（1）立法原文

第三十条　【单位负刑事责任的范围】公司、企业、事业单位、机关、团体实施的危害社会的行为，法律规定为单位犯罪的，应当负刑事责任。

(2)立法新增条文【单位犯罪合规出罪及责任分离】

在《刑法》第三十条增设一款,作为第二款:依照前款规定,单位对预防犯罪发生进行有效合规管理的,单位不负刑事责任。依照本款规定不构成单位犯罪的,直接负责的主管人员和其他直接责任人员的刑事责任依照自然人犯罪处理。

2. 立法依据

(1)域外立法考察及评价

①域外立法考察

《刑法》第30条涉及法人犯罪归责原则。在世界范围内,法人承担刑事责任的归责模式主要有三种:一是替代责任。英国在19世纪将民事领域内雇主或委托人为雇员或代理人侵权行为承担责任的"替代责任"引入了刑事领域。替代责任因无需证明公司的犯罪意图,仅通过客观行为就可以归责,具有实用性和威慑性,被大量运用于公害犯罪;其缺陷在于,完全不考虑法人的过错而让其承担刑事责任,与责任主义相冲突。二是等同责任。针对替代责任原理的弊端,从法人人格原理衍生出了等同原则(亦称同一视原则),将有权代表公司的高层管理人员视为公司本身,其行为和犯意等同于公司的行为和犯意,从而形成了等同责任。在等同责任的基础上,又形成了代表责任,即由"法人机关或代表"实施的犯罪行为才能由法人承担刑事责任。三是组织体责任。组织体责任是建立在法人结构功能缺陷而成立法人独立过错的基础上,又可分为企业文化论和企业结构论两种具体责任形式。前者认为公司政策、制度、文化代表了一种公司态度,是公司承担刑事责任的罪责基础;后者认为企业组织结构、活动方针和意思决定过程等方面存在结构性的违法,即可确定存在与违法行为对应的犯罪意思。在上述归责原理基础上,目前关于法人刑事责任的归责及合规出罪模式,代表性成文法国家在刑法总则中的相关立法规定如下:

A. 意大利

意大利《关于法人、公司、协会及非法人组织行政责任的法令》(第231/2001号法令)第5条、第6条和第7条规定了法人犯罪归责原则。

第5条　企业责任

1. 对于以下人员为企业利益或好处而实施的犯罪行为,企业应当承担责任：

(a)在企业或在具有财产和职责自主权的组织机构中，担任代表，具有行政、管理职责或行使实质上管理和控制职责的人；

(b)受(a)项所述人员的指导或监督的人。

2.如果第1款所述人员的行为完全是为了自己或第三方的利益，则该企业或组织机构不承担责任。

第6条　企业高管与合规方案

1.若犯罪由第5条第1款(a)项主体所实施，但企业能够证明存在以下情形的，不承担责任：

(a)在行为实施前，企业管理机构已经采用并有效实施了预防此类犯罪发生的合规计划；

(b)对合规计划遵守、运行的监督职责以及合规计划的更新职责，已经委托给具有独立自主权和控制权的企业内部机构；

(c)行为人以欺诈规避合规计划并实施犯罪的；

(d)前述(b)项中所提及的机构不存在缺乏监督或监督不足的情况。

第7条　受管主体与企业合规方案

1.在第5条第1款(b)项规定的情况下，如果因(担任代表，具有行政、管理职责或行使实质上管理和控制职责的人)未遵守管理或监管义务而导致犯罪，则该企业应当负责任。

2.在任何情况下，如果企业在犯罪之前已经采取并有效实施了防止此类犯罪发生的合规方案，则不属于未遵守管理或监管义务的情形。

B.西班牙

西班牙《刑法典》第31条规定了法人犯罪的归责原则。

第31条

法人的实质或名义上的管理者、该法人的法定代理人或当然代表，应对以其代表的机构或个人所实施的犯罪行为承担个人刑事责任，即便该法人不具备实施犯罪或过失所应当具有的条件、特性或关系。

第31条之二

1. 在本法规定的以下两种情况下,法人应当承担刑事责任:

(a)法定代理人或被授权代表法人实体做出决定或者行使其组织或管理职能的人,作为个人或者该法人实体成员实施的为了企业法人利益以及直接或者间接有利于企业法人的犯罪行为;

(b)获得前款人员授权的个人,由于授权者未能履行应尽的监督、管理和控制职责,而在履行公司的职责过程中所实施的为了代表企业法人以及直接或间接有利于企业法人的犯罪行为。

2. 前款所述犯罪,在以下情形下,免除法人刑事责任:

(a)董事会在犯罪行为发生之前,采取并执行了合适预防此类犯罪的组织管理和控制模式;

(b)委托有独立自主权和控制权的监管机构,监督预防机制的正常运行;

(c)犯罪人采取欺骗方式,避开了组织的预防机制;

(d)合规监督机构没有不履行或懈怠履行监督、管理和控制职责的情形。

在上述情形只能部分认定的情形下,可以进行减轻处罚。

C. 法国

法国在刑法中没有将合规作为法人归责原则中的考量因素,而是将其规定为特殊的刑罚措施。法国是欧盟范围内较早承认法人刑事责任的国家,1994年法国《刑法典》第121-2条规定,"除国家之外,法人依照第121-4条至第121-7条区分之情况,对其机关或者代表为其利益所实施的犯罪负刑事责任"。[①] 该规定在等同责任的基础上确立了代表人责任,即只有在法人代表(法人决策机关或自然人代表)为了法人利益而实施犯罪时,才能将其归责于法人。该归责原则也被意大利、西班牙等其他欧洲国家所沿用。不同于其他国家对刑法总则中法人犯罪条款的修正,法国通过建立强制性合规制度,将组织体责任融入刑罚体系中,在刑法中

① 朱琳:《最新法国刑法典》,法律出版社2016年版,第7页。

规定了针对特定腐败犯罪的强制合规附加刑。2016 年 12 月 9 日《透明度、反腐败和经济生活现代化法》(《萨潘第二法案》,La Loi Sapin Ⅱ)第 18 条对《刑法典》做出重要修订,创新性地将合规计划(programme de mise en conformité)引入法国刑罚体系,在《刑法典》第 1 卷(总则)第 3 编(刑罚)第 1 章(刑罚之性质)第 2 节(法人适用之刑罚)第 1 小节(重罪及轻罪刑罚)第 131－37 条至第 131－39－1 条之后,新增第 131－39－2 条,规定法人应对特定轻罪承担刑事责任,则可判处合规计划之刑罚。

第 131－39－2 条

Ⅰ.如果法律规定能对法人提起诉讼,轻罪可处以如下刑罚:在法国反腐败局监管之下,在最长 5 年期限之内,提交一份合规计划,旨在确保第Ⅱ款规定的措施和程序在法人内部存在并得以实施。

Ⅱ.第Ⅰ款中规定的刑罚包括实施如下措施和程序的义务:

1°行为准则,界定并说明可能被视为贿赂或利用影响力交易的不同类型的行为。

2°内部警报系统,旨在收集雇员关于存在违反法人行为准则的行为或情况的举报。

3°定期更新的风险绘图资料,旨在识别、分析和排列以刺激法人贿赂为目的的外部风险,尤其是根据活动部门和法人经营业务的地理区域。

4°评估程序,就风险绘图方面的情况针对客户、一级供应商和中介机构而进行。

5°内部或外部的会计监督程序,旨在确保账簿、记录和账户不被用于隐瞒贿赂或影响力交易。这些监督可以由法人的会计和财务监督部门执行,也可以根据《商法典》第 823－9 条在账户认证审计时诉诸外部审计员。

6°培训系统,针对最容易受到贿赂和影响力交易风险的高管和职员。

7°纪律制度,允许违反法人行为准则时对法人的雇员予以制裁。

第131－39－2条所指的特定轻罪包括:《刑法典》第433－1条个人行贿罪、第433－2条利用影响力交易罪、第434－9条第2款司法人员受贿罪、第434－9－1条第2款向司法人员行贿罪、第435－3条向国外公职人员行贿罪、第435－4条向对国外公职人员有影响力的人行贿罪、第435－9条向国外司法人员行贿罪、第435－10条向对国外司法人员有影响力的人行贿罪、第445－1条非公职人员行贿罪、第445－1－1条向体育比赛运动员行贿罪、第445－2条非公职人员受贿罪、第445－2－1条体育比赛运动员受贿罪。对于被判处强制合规的企业,为确保合规的执行,《萨潘第二法案》进一步规定了不履行强制合规义务的不利后果,即在法国《刑法典》第4卷(危害民族、国家及公共秩序之重罪和轻罪)第3编(危害国家权威罪)第4章(妨害司法罪)第3节第3小节(其他妨害刑事司法权威罪)中,新增第434－43－1条规定:"被判处第131－39－2条规定刑罚的法人机关或代表未能采取必要措施或妨碍有效履行该刑罚义务的,将被处以2年监禁和5万欧元罚金。对于因本条第1款规定的罪行而被追究刑事责任的法人所处的罚金数额,可增至该法人被定罪并被判以第131－39－2条刑罚的罪行所判决的罚金数额。被判承担刑事责任的法人也得因其被定罪并被处以该刑罚的罪行而受到所有其他刑罚。"①此外,《萨潘第二法案》第18条同时对法国《刑事诉讼法典》第764－44条做出修订,建立了具有暂缓起诉性质的公共利益司法协议制度(Convention Judiciaire d'Intérêt Public)。公司因私人和公共腐败、洗钱、欺诈行为而受到起诉时,检察机关可以与公司签订和解协议,并由法官批准该协议。根据和解协议要求,公司进行合规整改(期限3年),并支付潜在受害人的损失。在协议规定的期限内,法人履行协议规定的义务,检察官不得提起公诉。若在协议规定的期限内,被调查法人并未充分履行规定义务,则检察官得提起公诉。

D. 瑞士

瑞士《联邦刑法典》第102条规定了法人犯罪的归责原则。

---

① 陈萍:《从〈法国萨潘2号法〉看"预惩协同型"腐败治理机制》,载《浙江工商大学学报》2021年第4期。

第 102 条　刑法规定的刑事责任

因公司组织的不充分而导致根据公司目标进行商业活动所实施的重罪或轻罪无法归责于具体个人时,公司应当承担责任。在这种情形下,公司应当被判处不超过五百万法郎的罚金。

若相关行为涉及参与犯罪组织、资助恐怖主义、洗钱、贿赂瑞士公职人员、给予优势、贿赂外国公职人员以及贿赂私人,公司不能构建预防此类犯罪所要求的一切合理的组织措施(而导致自然人实施此类犯罪的),公司将在自然人刑事责任之外独立被处罚。

E. 加拿大

加拿大《刑法典》第 22 条第 1 款、第 2 款规定了法人责任。

第 22 条第 1 款

在要求起诉证明疏忽的犯罪中,组织如果有下列情形之一,即构成犯罪参加者:

(a)其代表人之一为犯罪参与人;

(b)其两个以上代表人以作为或不作为实施行为,而此行为即使是为一个代表人实施,此代表人也构成犯罪参加者;

(c)负责该组织与犯罪有关的某一方面重要事务的高级职员,明显违反了可以合理期待阻止其代表人构成犯罪参与者的注意义务。

第 22 条第 2 款

在要求起诉证明疏忽以外的过错的犯罪中,若该组织的高级管理人员为了谋求组织利益而实施以下行为之一,则该组织构成该犯罪的参与者:

(a)在其职权范围内实施行为,且为犯罪参与人;

(b)具有作为犯罪参与人所要求的心理状态且在职权范围内实施行为,指挥其他组织代表人在其职权范围内实施犯罪所要求的作为或不作为;

(c)明知组织代表人成为或将成为犯罪参与人而不采取一切合理措施加以阻止。[①]

---

① 罗文波、冯凡英:《加拿大刑事法典》,北京大学出版社 2008 年版,第 27 页。

②域外立法评价

从上述立法规定来看，关于法人刑事责任归责及合规出罪的方式，大致可分为三种模式：

第一种是意大利模式。该模式通过代表责任（等同责任/同一视责任）确定企业刑事责任，继而将合规作为责任阻却事由，构建企业在履行合规预防义务前提下的出罪途径。意大利、西班牙、加拿大均属于这一模式。意大利《宪法》不承认法人犯罪，第231/2001号法令没有直接规定企业的刑事责任，但是企业被指控时适用的是刑事诉讼程序，经济处罚和褫夺资格两类制裁措施具有类似于刑罚的效果，因而被认为是实质上的刑事责任。在归责原理上，意大利采取了从自然人到法人的归责路径，其主要任务是判定是否将自然人的行为追溯至企业，并由此确定企业是否应当承担相应的责任。将自然人责任归责于企业之时，采取了“代表责任”的立场，企业对“机构代表”的行为承担责任，也即仅对企业首席执行官、董事会成员和管理委员会成员等具有“行政管理”职能的人员的行为承担责任，[①]企业刑事责任建立在个人责任的基础上，以个人犯罪为前提（第231/2001号法令第5条第1款），并非独立的组织体责任，企业是否“已经采用并有效实施了预防此类犯罪发生的合规计划”，只是阻却责任的事由。即第231/2001号法令所确立的企业刑事责任归责模式以“代表责任”作为归责基础，以事前构建有效的合规计划作为责任阻却事由和出罪依据。西班牙沿袭了意大利第231/2001号法令的企业犯罪及合规出罪模式。2010年西班牙《司法组织法》确定了法人刑事责任；2015年《司法组织法》对法人刑事责任进行了重大修改，将企业合规纳入刑法对企业犯罪的评价体系之中。西班牙《刑法典》第31条明确了法人为代表人行为承担责任的归责原则，第31条第2款将合规机构的设置以及充分履职作为免除法人刑事责任的事由。加拿大虽然与意大利等国属于不同法系，但在刑法上却采取了成文法体系（1953年颁布《刑法典》）。在法人归责及合规出罪模式上，加拿大将“代表人”“高级管理人员”的行为作为组织责任的判断依据，并以可以容纳合规计划的“可以合理期待的阻却”

---

①　参见刘霜：《意大利企业合规的全面解读及其启示》，载《法制与社会发展》2022年第1期。

“采取合理措施加以阻止”作为免除责任的抗辩事由，虽然表述所有不同，但与意大利模式并无本质不同。

第二种是法国模式。该模式通过代表责任来确定法人的刑事责任，但未将合规作为法人刑事责任的阻却事由，而是通过暂缓起诉的程序设计，构建出法人合规出罪的通道。法国《萨潘第二法案》是一部具有较高原创性的法律，它通过全新的实体性和程序性的法律框架，引入全新的反腐败合规制度，重点强化反腐败斗争中的企业义务，同时促进“合规”理念在法国法律体系中的渗透。在刑法总则中，法国维持了原有的法人犯罪归责原则，并对企业提出了更高要求，合规不是法定的责任阻却事由，却是一种特殊的刑事处罚措施（附加刑），在特定的腐败犯罪中强制性地要求企业进行合规，体现了合规处罚的威慑力，但这种惩罚又不是剥夺式的，而是推动式的，能够较好地体现合规的预防价值。同时，立法构建了具有暂缓起诉性质的公共利益司法协议制度，通过合规整改，促成法人通过程序出罪，形成了较为稳定的出罪路径。在法国模式下，合规并不是在法人刑事责任归责的框架下展开的，而是将暂缓起诉和合规计划附加刑相结合。

第三种是瑞士模式。该模式的特点是将替代责任与组织体责任原理相结合。瑞士在法人刑事责任上建立两种归责方式：一是瑞士《联邦刑法典》第 102 条第 1 款所规定的附属责任属于特殊的替代责任。附属责任无需考虑行为人是否具有公司内部的决策权，行为人既可以是公司高级管理人员，也可以是普通员工，仅要求其为公司利益行事，不属于等同责任或代表责任。但是，附属责任又与传统的替代责任有所区别，即仅在缺乏组织性管理而导致犯罪无法归责于具体个人时，公司才承担替代责任，若公司内部个人被确定责任，则公司无需再适用附属责任，故而这种替代责任具有补充性或附属性。二是第 102 条第 2 款规定的主要责任属于组织体责任。在涉及特定犯罪时，公司将因缺乏内部有效组织管理而被平行起诉，其刑事责任独立于对犯罪负有责任的个人，即使最终个人被免除了责任，公司仍承担责任。公司内部缺乏有效的组织管理可能来自：公司人手不足，无法正常履行其合规任务；员工在合规事务方面没有足够的经验或知识；尽管观察到某些员工的违规行为，但没有进行干预；等等。[①]

---

① 参见张远煌等编著：《企业合规全球考察》，北京大学出版社 2021 年版，第 322 页。

公司对于内部缺乏管理具有过失或故意,是其独立承担责任的依据,这种情况下以有效合规作为抗辩事由,不是从责任阻却事由,而是从公司犯罪构成的责任要件缺乏角度(与澳大利亚将合规计划所体现的公司文化作为过错要素并对公司处以刑事责任的做法具有实质相同性),这也是与意大利模式的主要区别所在。

综上,意大利模式和瑞士模式都是采取了“传统法人犯罪的归责模式+合规出罪”的方式,区别在于:其一,意大利的传统归责模式属于代表责任(等同责任);瑞士的传统归责模式属于替代责任。其二,意大利的合规出罪是将合规作为责任阻却事由,切断了个人责任向组织责任转化的路径,从而将个人责任与组织责任区分开来;而瑞士的合规出罪是在个人责任之外独立评价组织责任,将合规直接作为组织责任要素,有效合规即意味着责任要素的缺乏,从而不构成犯罪。至于法国模式则是另辟蹊径,它在保持原有法人犯罪归责模式的基础上,借鉴了英美法系的程序出罪的经验,建立了合规出罪的程序模式。此外,通过比较也可以发现,法国、瑞士等国对于腐败犯罪、洗钱犯罪、恐怖主义犯罪等严重犯罪,规定了更为严格的组织监管责任。

(2)立法修正的必要性

一是有助于解决涉案企业合规改革的刑事实体法困境。我国《刑法》第30条规定:“公司、企业、事业单位、机关、团体实施的危害社会的行为,法律规定为单位犯罪的,应当负刑事责任。”该条文是关于单位在何种范围内可以成为犯罪主体的规定,但回避了单位犯罪的内部构造及归责问题,难以为企业合规出罪提供依据。在理论和司法实务中,单位决策责任论是单位犯罪归责的依据,但无法为企业合规出罪提供支持。单位决策责任论认为,我国单位犯罪是单位决策机关按照内部程序形成决议,在单位授权或确认之下由单位成员为单位利益而实施的犯罪,单位犯罪的归责依据来自单位的行为责任,但不包括预防员工为单位利益犯罪的组织责任。在单位决策责任论之下,企业合规只能作为评价单位责任程度的因素,不能作为单位责任的阻却事由,但若企业事前已经构建了有效合规体系,明确表明了反对犯罪的组织意志,此时仍认为企业要为违背其组织意志的自然人的犯罪行为“买单”,则有违责任主义之嫌。对此,应当对《刑法》第30条规定加以修正,确立企业合规出罪的归责依据。

二是有助于构建涉案企业合规“分案处理”的一体协同机制。涉案企业合规出罪要求对单位犯罪中犯罪嫌疑单位和直接负责的主管人员或直接责任人进行分案处理,唯有如此才可以在单位犯罪“双罚制”的框架下,对企业组织责任进行独立评价。确立单位犯罪中单位与责任人分案处理的二元机制,在诉讼程序上具有一定的可行性。最高人民法院《关于适用〈中华人民共和国刑事诉讼法〉的解释》(法释〔2021〕1号)第340条规定:“对应当认定为单位犯罪的案件,人民检察院只作为自然人犯罪起诉的,人民法院应当建议人民检察院对犯罪单位追加起诉。人民检察院仍以自然人犯罪起诉的,人民法院应当依法审理,按照单位犯罪直接负责的主管人员或者其他直接责任人员追究刑事责任,并援引刑法分则关于追究单位犯罪中直接负责的主管人员和其他直接责任人员刑事责任的条款。”该规定为起诉程序的分离提供了规范依据,但未涉及企业合规整体程序的分离设置,难以解决合规考察期过短的问题,故而探索涉案企业单位与责任人分案处理的二元程序,已经成为刑事诉讼法改革的重要内容。在此前提下,应当进一步明确单位与责任人责任分离的实体法依据,避免刑法供给不足给推进改革带来障碍,确保涉案企业合规“分案处理”的体系自洽和秩序统一。

三是有助于推动单位犯罪立法的科学化。通过对《刑法》第30条单位犯罪概念的修改,确立将合规融入单位犯罪概念和犯罪构成的修正方案,不仅可以为涉案企业合规出罪提供理论依据,而且还可以推动单位犯罪理论的系统更新,全面解决既往单位犯罪存在的结构不清、归责原则不明、双罚制处罚依据混乱、刑罚手段单一等系列问题,推动公司犯罪治理的现代化。

3. 立法理由

(1)立法原理说明

立法建议方案一保持《刑法》第30条内容不变,仅增设一款,作为第2款,其本质是保留单位决策论作为单位犯罪的归责原则,同时将组织体责任论作为单位犯罪的出罪依据。该立法设计的原理在于:

一是单位决策责任论仍具有普遍的适用性,可以在一般意义上解决单位犯罪的刑事归责问题。单位决策责任论要求单位犯罪的成立应当符合以单位名义、为单位利益(所得归单位)、体现单位意志三个条件;单位意志通常由单位集体研究决定,或者由单位的负责人或者被授权的其他人员决定、同意。该归责原则被《关于办理涉互联网金融犯罪案件有关问题座谈会纪要》《关于办理环境污染刑事案件有关问题座谈会纪要》等司法解释所确认,具有普遍适用性。通过单位决策论的归责原则,可以解决单位故意犯罪的罪过认定问题,通过单位决策机制形成的决议代表了单位故意,在单位故意支配下的单位员工行为被视为单位行为,也符合责任主义原理。

二是组织体责任论不具有作为单位归责原则的普遍适用性。若直接以组织体责任论取代单位决策论,则难以将单位在合规制度建设上的消极不作为认定为刑法分则所规定的具体犯罪行为,也无法解决纯正的单位犯罪的责任认定问题。纯正的单位犯罪是只能由单位实施而不能由自然人实施的犯罪,如违规披露、不披露重要信息罪,妨害清算罪,单位受贿罪,逃汇罪等。以单位受贿罪为例,在单位受贿罪中单位通过决策机制形成受贿的犯意,进而通过员工实施具体的受贿行为,若采取组织体责任论,无法在行为认定上做出合理解释,即单位疏于合规管理行为与单位决策下的收受贿赂行为是两个行为,却只按一罪处理,并且单位承担责任的基础不是直接支配其行为的受贿故意,而是组织管理上的合规过失,这并不符合主客观相统一原则。若将单位合规的消极不作为视为对员工犯罪行为的放任、纵容,通过共犯理论来解释单位行为,则又会改变单位犯罪的“一个犯罪主体、两个受罚主体”的“双罚制”结构,导致刑法分则中几乎所有的单位犯罪规定都要随之调整,不具有可行性。

三是将组织体责任论作为单位决策论下的出罪依据,有助于形成实质的单位犯罪论,且不会影响单位与责任人责任的分开认定。传统单位犯罪观念认为,我国刑法规定的单位犯罪实行“双罚制”是一个不可分割的整体,单位构成犯罪,才是追究法人内部成员刑事责任的依据和前提。单位不承担刑事责任,当然不存在单位中的主管人员和直接责任人员作为个人承担刑事责任的问题。然而,这一观念是建立在形式单位犯罪论的基础上,并未考虑到企业合规出罪的正当化事由和个人责任的相对性。从组织系统论角度,由决策机关按照内部程序做出决策仅是单位意志的一个方面,单位管理体系、制度规章、企业文化等所体现出来的单位对犯罪及预防犯罪的态度,也是单位意志的表现形式。并且,这种基于组织体自身的整体意志比决策程序所反映的自然人意志更早出现，更能够反映单位的真实意志，在决策机关的自然人意志与单位组织体的整体意志相冲突时，单位承担责任应当以单位整体意志为准，具有决策权的自然人意志需要经由单位整体意志的检验，才属于实质上的单位意志。在单位组织体整体意识的判断上，企业合规是重要标准，充分而有效的事前合规表明了企业对犯罪的反对态度，企业既无犯罪故意，也没有犯罪过失，若自然人意志与企业整体意志不相符合，应由其个人承担责任。在单位犯罪中，做出决策或负责实施的自然人，其个人意志与单位意志之间具有相对性，在有效合规作为单位犯罪的出罪事由而切断了个人意志向单位意志转化的通道的前提下，个人应当为自己的行为负责，这既体现了实质犯罪论立场，也体现了单位犯罪中个人责任的相对性，可为单位责任与个人责任的分开认定提供实体法依据。

四是将组织体责任论作为单位出罪依据，具有可行性。一方面，在出罪机制上依据组织体责任论建立企业合规出罪机制，不会导致单位犯罪理论的大范围调整，是对我国单位犯罪理论的优化而不是重构，可以最大限度地消除理论上的各种障碍。例如，单位犯意仍然来自单位决策论，在形式上符合单位犯罪构成要件的情形下，无需再对单位组织责任的犯意进行证明，只要客观评估认定合规制度充分有效，就可以将其作为责任阻却事由加以出罪，从而避免严格责任的问题。另一方面，将组织体责任论作为单位出罪原理，可以普遍适用于除单罚制（仅处罚责任人）以外的所有单位犯罪，也符合刑法总则条款的普遍适用性要求。

五是从国外立法经验看，在传统归责模式之外建立以组织体责任论为依据的合规出罪，是较为常见的立法模式。从上文所列举的五个采取成文法并在刑法总则中规定法人犯罪的国家立法上看，除法国模式较为特殊以外，意大利模式和瑞士模式尽管规范设计有所不同，但在入罪上都维持了原有的法人归责模式，仅是在出罪上采取了基于组织体责任原理的合规出罪模式。域外立法经验对我国具有较好的参考意义。

（2）立法条文解释

拟新增的第 2 款前半段为“依照前款规定，单位对预防犯罪发生进行有效合规管理的，单位不负刑事责任”。“依照前款规定”是指依照第 1 款规定及单位决策责任原理，已经符合单位犯罪形式上的构成要件，即为了单位利益，以单位名义并经单位决策机构按照决策程序决定的，或经单位实际控制人、主要负责人或者授权的分管负责人决定、同意的，实施了《刑法》分则所禁止的单位犯罪的行为。“单位对预防犯罪发生进行有效合规管理的，单位不负刑事责任”是单位是否成立犯罪的实质性判断标准，即事前已经构建“有效合规管理”的情形，表明单位对员工为单位利益实施的犯罪行为具有明确的反对态度，在缺乏实质性责任要素的情形下，单位无需对此承担刑事责任。

本款中的“有效合规管理”针对的是事前合规，涉案企业事前已经建立完整、有效的合规计划，代表了企业对犯罪的否定性立场和积极努力预防犯罪的整体意志，是单位罪过的实质性判断标准，可以切断单位决策责任论下单位与单位成员的归责链条，单位成员即使是以单位名义、为单位利益而实施犯罪，无论是故意犯罪还是过失犯罪，均应当由其个人承担责任。对于事后合规而言，无论合规是否充分，都不具有责任阻却效果，单位仍应当承担刑事责任，但可以根据事后合规的具体效果，做出相应的从宽处罚处理。目前，最高人民检察院、司法部、财政部等九个单位联合印发的《关于建立涉案企业合规第三方监督评估机制的指导意见（试行）》，规定由检察机关授权委托第三方监督评估组织（以下简称第三方组织）对涉案企业的合规计划进行调查、评估、监督和考察，但《关于建立涉案企业合规第三方监督评估机制的指导意见（试行）》并未就如何评估合规计划的有效性进行详细的规定。可以考虑借鉴《合规管理体系要求及使用指南》（ISO 37301：2021）提出的组织环境、领导作用、策划、支持、运行、绩效评价、要素改进等七大要素以及其他国家评估企业合规计划有效性标准，进一步推进企业合规制度的完善，明确“有效合规管理”的基本要素和判断标准，以为司法解释提供指引。在《刑法》分则具体单位犯罪的认定上，“有效合规管理”属于实质性行政要素，应明确具体罪名下有效合规的实质含义，符合“有效合规管理”条件的，单位不构成犯罪，以确保刑法处罚的正当性与合理性。

本款后半段为“依照本款规定不构成单位犯罪的，直接负责的主管人员和其他直接责任人员的刑事责任依照自然人犯罪处理”。“依照本款规定不构成单位犯罪”，意味着单位以合规作为责任阻却事由而不构成单位犯罪，此时单位犯罪从整体上被否定，进而转为自然人犯罪。从条文性质上看，后半段的规定为提示性规定，因为单位犯罪中有一类是采取单罚制的，如重大劳动安全事故罪、工程重大安全事故罪、提供虚假财务报告罪、妨害清算罪、虚假破产罪、私分国有资产罪等，基于这些犯罪中单位本身就是受害人等特殊原因，《刑法》仅规定了对自然人的处罚，但其前提仍是构成单位犯罪，与本款后半段的情形完全不同，故而需要在立法上做出明示性的提醒，以免将合规出罪与单罚制相混淆。

本款后半段所规定的责任人员按照自然人犯罪处理，意味着应当在自然人犯罪的体系下对责任人员的行为进行评价。例如，某单位已经构建有效的预防商业贿赂的合规体系，单位员工仍以单位名义、为单位利益向他人行贿，此时行贿人单独构成行贿罪；若该行贿行为是由单位的负责人或者被授权的其他人员决定、同意的，则行贿人与责任人员构成行贿罪的共同犯罪。既然是按照自然人犯罪处理，在立案标准、刑事处罚上也应当全部适用自然人犯罪的标准，而不再适用单位犯罪的标准。

（二）《刑法》第30条立法建议（方案二）及解析

1. 立法条文

（1）立法原文

第三十条　【单位负刑事责任的范围】公司、企业、事业单位、机关、团体实施的危害社会的行为，法律规定为单位犯罪的，应当负刑事责任。

（2）立法修正条文【单位犯罪的刑事责任、合规出罪及责任分离】

《刑法》第三十条修改为：以单位名义、为单位利益实施危害社会的行为，公司、企业、事业单位、机关、团体未充分履行合规管理义务，法律规定为单位犯罪的，应当负刑事责任。依照本款规定不构成单位犯罪的，直接负责的主管人员和其他直接责任人员的刑事责任依照自然人犯罪处理。

2. 立法依据

（1）域外立法考察及评价

①域外立法考察

A. 德国

德国《违反秩序法》（Gesetz über Ordnungswidrigkeiten，OWiG）第130条第1款规定了高级管理人员的保证人责任。

第130条第1款

作为经营场所的所有人,故意或过失不采取为在经营场所或企业中防止产生违背义务行为而必要的监督措施,并且此种监督义务是作为所有人应当履行的、倘若违背即应受到刑罚或罚款处罚的,则在应为之监督下本可防止的违背义务行为发生时,上述违背监督义务的行为即为违反秩序行为,任命、谨慎挑选监察监督人员也属于必要的监督措施。

B. 日本

日本在经济犯罪的附属刑法中规定了企业管理人员的监督过失,以《金融商品交易法》第207条为例,加以说明。

第207条

法人(包括规定代表者或管理人的非法人团体。本款中及下一款相同)的代表者或者法人或其代理人、使用人及其他从业者,关于法人或人的业务或财产,实施以下各项规定的违反行为时,除处罚行为人外,对该法人处以该各项规定的罚金刑,对该人处以各条的罚金刑。

C. 意大利

意大利第231/2001号法令第5条、第6条、第7条规定了组织体责任基础上的合规为免责条款。具体条文内容参见方案一。

D. 英国

英国2010年《反贿赂法》第7条商业组织预防行贿失职罪规定了合规可以作为合法的抗辩事由。

第7条　商业组织预防行贿失职罪

(1)商业组织的"相关人员"为了(a)获取或保留该组织的业务,或者(b)为获取或保留该组织在商业活动中的优势而向他人行贿的,则该商业组织构成本罪。

(2)除非该商业组织能够就已制定充分程序以预防"相关人员"向他人行贿进行抗辩。

E. 美国

美国《联邦量刑指南》第八章《组织量刑指南》(Sentencing of Organizations)中将合规作为量刑情节,并在《司法手册》(Justice Manual)中对检察机关在司法裁量中如何合理评价合规要素进行了规定。

《联邦量刑指南》

§8C2.5 罪责评分

(f)有效合规和道德计划

(1)如果犯罪发生时,该组织已经按照§8B2.1的规定制定了有效的合规和道德计划,减3分。

§8D1.4 推荐的缓刑条件——组织(政策声明)

(b)如果根据§8D1.1的规定实施缓刑,以下条件可能适用:

(1)组织应制定并向法院提交符合§8B2.1的有效合规和道德计划。组织所提交的文件中应包括合规和道德计划的实施时间表。

《司法手册》

9-28.500 公司内部普遍存在不法行为

一般原则:公司只能通过自然人行事,因此,公司对自然人的行为负有责任。如果不当行为普遍存在,且由大量员工或由公司内担任特定角色的所有员工或被上级管理层纵容,则即使是轻微不当行为也可以对公司进行指控。另一方面,根据针对不法员工的单一孤立行为严格响应上级理论,将责任强加给一家公司,尤其是一家拥有健全合规计划的公司,可能并不合适。当然,这两个极端之间存在广泛的差异,检察官在评估公司内部普遍存在的不法行为时,应该行使合理的自由裁量权。

F. 澳大利亚

澳大利亚《联邦刑法典》(Criminal Code Act 1995)第12.3条第2款将企业合规所反映出的企业文化作为企业过错要素。

第12.3条第2款 企业主观的过错要素

(c)证明法人内部存在指导、鼓励、容忍或导致不遵守相关规定的企业文化；

(d)证明该法人团体未能创造和保持一种遵守相关规定所需要的企业文化。

②域外立法评价

从上述立法规定来看，关于法人刑事责任归责及合规出罪的方式，大致可分为以下几种类型：

一是以组织体责任为基础的实体出罪模式。该模式以意大利、英国、澳大利亚等国为代表。首先，意大利第231/2001号法令，强调组织体自身的罪责，明确将合规作为单位犯罪责任的无罪抗辩事由。如果企业的高级职员或者其下属职员从事犯罪活动，则企业要为此负责，但是企业可以通过证明其已经采取了合规方案等有效的措施去预防和监督犯罪而免除责任。换句话说，企业可以通过证明不存在“结构性疏忽”而免责。其次，英国2007年的《企业过失杀人与企业杀人法》改变了其传统上通过个人到组织体的归责模式，对于企业提出了组织结构上的要求。2010年《反贿赂法》更是将预防成员实施犯罪行为的充分程序(合规)作为阻断组织体责任的合法事由，同时英国司法部出台了《关于相关商事主体预防关联人贿赂所施行程序的指引》对企业如何证明自身设置了“充分程序”做了具有操作性的指导。除此之外，英国《刑事金融法》《竞争法合规指南》等多部法律在企业犯罪的高频风险领域将企业合规与单位犯罪相结合，推动企业合规制度的引进与发展，将社会治理与国家治理相统一，合理划定单位犯罪的处罚范围。最后，澳大利亚盛行的“文化责任原则”认为，企业内部成员的主观意志以及企业活动的具体组织方式都不是判断企业是否存在故意或者过失的基础，只有组织内部存在的企业文化才是判断企业是否具有故意或者过失的标准。所谓的企业文化，指的是“为企业员工所共享并对其行为与选择产生影响的一系列价值观、信仰以及行为规则”。澳大利亚《联邦刑法典》直接将企业的合规文化与单位犯罪的故意、过失认定相联系，相较于英国、意大利通过立法引入合规事由，这一模式更清晰地将合规与犯罪论体系相结合。此外，与日本理论界将合规责任限制于监督过失领域也不同，澳大利亚的合规文化同时可以作为单位故意犯罪中“故意”的认定依据，相较而言其适用范围更全面，对我国立法修改更具有参考、借鉴价值。

二是以替代责任为基础的程序出罪模式。部分国家以替代责任作为企业刑事责任认定的一般原则，员工在雇佣范围内有犯罪行为，且其犯罪行为有利于雇佣者时，该企业需为员工行为负责，法律追究企业的刑事责任。例如，美国单位犯罪的归责模式就是一种转嫁式的替代责任。在美国单位犯罪替代责任模式下，涉案企业合规并不是实体法上的法定出罪事由，而是作为从宽量刑情节，《组织量刑指南》规定单位合规可以减轻罪责指数、适用缓刑等。尽管在实体法上并未规定合规出罪事由，但在程序法上构建了涉案企业合规出罪的程序性通道。《司法手册》将暂缓起诉协议（DPA）和不起诉协议（NPA）扩展适用至单位犯罪，从而使得检察机关可以与涉案企业达成附条件不起诉协议，在附条件不起诉协议中要求检察官充分评估公司内部的合规情况，合理地行使自由裁量权。简言之，企业合规出罪的美国模式是建立在程序协商基础上的，具有明显的程序主导特征。

三是以保证人责任为基础的自然人出罪模式。该模式存在于不承认法人犯罪的国家，以德国为代表。德国虽未规定单位犯罪，但将企业高管人员置于"保证人"的地位，当企业员工是相对于第三人的危险源时，企业的所有者和管理者负有阻止其员工实施违法行为的义务，否则便因其不作为而使企业承担刑事责任。关于监督义务之不作为规定，如果员工（以及属下员工）因违反了其对于所有者的义务而犯了罪，以及所有者故意或过失地不采取必要的监督措施以阻止该犯罪，那么，这个企业或公司的所有者在这些情况下的行为属于违反秩序行为。换句话说，企业所有者可以通过证明自己采取了必要的监督措施，因积极、作为的合规行为而免于承担刑事责任。

综上，不同国家基于各自的法律传统和公司治理经验，形成了不同类型的合规出罪模式，意大利、英国、澳大利亚以企业自身为出发点，强调企业自身的罪责，通过企业自身结构的缺陷认定企业的责任，并将企业有效的合规行为作为企业出罪的事由。其中，澳大利亚更为明确地将合规文化作为故意、过失责任要素的判断依据；美国则是依赖于其高度发达的诉讼程序制度，在替代责任基础上形成了合规程序出罪模式；德国在不承认法人犯罪的前提下，通过加强高级管理人员的保证人责任，将合规出罪融入自然人犯罪监督过失的构成要素之中,形成了独具特色的出罪机制。这些域外立法经验,对于我国涉案企业合规出罪机制的刑法修正,具有重要的参考价值。

(2)立法修正的必要性

一是有助于解决涉案企业合规改革的刑事实体法困境。我国《刑法》第 30 条尚未规定涉案企业合规出罪的条件,不能为合规出罪提供单位归责原理上的理论支持,难以适应当下企业合规的司法改革要求。前期企业合规试点改革的摸索主要集中于程序法领域,并且通过经验总结,已经形成了相对集中的立法改革意见,但对于刑法立法改革的研究相对较为薄弱,难以与合规程序出罪机制形成一体协同关系。在刑法中规定合规制度非但不排斥与合规不起诉等刑事诉讼制度的结合,反而可以为其提供正当性理论依据,即无论借鉴域外何种合规模式,由于合规是以刑法及刑法教义为基础并加以发展了的刑法教义,[①]在刑法体系中规定合规制度是必要的。对此,有必要在优化单位犯罪归责原理的基础上,加快对《刑法》总则中单位犯罪条款的修正完善。

二是有助于促进单位犯罪理论的系统性更新。《刑法》第 30 条立法修正的前提是必须明确单位犯罪的归责原理。传统单位犯罪的归责原则是单位决策论,即单位成员为了单位利益,在其履行职责的范围内经单位决策机关决定实施的犯罪行为,应作为单位犯罪认定,由单位承担相应的责任。这一原则以单位员工等自然人为出发点,对单位责任的认定依赖于对自然人责任的认定,在司法适用中已经暴露了一些问题,例如,将“本单位集体决定”认定为单位犯罪,可能导致处罚范围过窄;将“负责人决定的行为”认定为单位犯罪,又可能导致处罚范围过宽,将不属于单位犯罪的行为认定为单位犯罪。更为重要的是,在国家治理现代化背景下,犯罪治理引入市场主体自治模式,国家将犯罪治理的责任部分让渡给公司、企业,并以单位犯罪出罪机制作为奖励,鼓励、激励单位展开全面合规,对传统单位决策论的归责原理提出了挑战,要求通过刑法修正推动单位犯罪的犯罪论体系的系统性更新,以符合当下社会发展的现实需求。

---

① 参见孙国祥:《刑事合规的刑法教义学思考》,载《东方法学》2020 年第 5 期。

三是有助于构建涉案企业合规"分案处理"的一体协同机制。涉案企业合规出罪要求对单位犯罪中犯罪嫌疑单位和直接负责的主管人员或直接责任人进行分案处理,唯有如此才可以在单位犯罪"双罚制"的框架下,对企业组织责任进行独立评价。确立单位犯罪中单位与责任人分案处理的二元机制,在诉讼程序上具有一定的可行性。最高人民法院《关于适用〈中华人民共和国刑事诉讼法〉的解释》(法释〔2021〕1号)第340条规定:"对应当认定为单位犯罪的案件,人民检察院只作为自然人犯罪起诉的,人民法院应当建议人民检察院对犯罪单位追加起诉。人民检察院仍以自然人犯罪起诉的,人民法院应当依法审理,按照单位犯罪直接负责的主管人员或者其他直接责任人员追究刑事责任,并援引刑法分则关于追究单位犯罪中直接负责的主管人员和其他直接责任人员刑事责任的条款。"该规定为起诉程序的分离提供了规范依据,但未涉及企业合规整体程序的分离设置,难以解决合规考察期过短的问题,故而探索涉案企业单位与责任人分案处理的二元程序,已经成为刑事诉讼法改革的重要内容。在此前提下,应当进一步明确单位与责任人责任分离的实体法依据,避免刑法供给不足给推进改革带来障碍,确保涉案企业合规"分案处理"的体系自洽和秩序统一。

3. 立法理由

(1)立法原理说明

方案二以组织体责任论替代传统的单位决策论,以组织体责任论作为单位犯罪的归责原理,在此基础上做出具体的立法设计,具体理由在于:

其一,组织体责任论为企业合规出罪提供理论依据。以责任主义为基础的组织体责任论,以企业责任为出发点,以企业组织结构为落脚点,正如组织体责任论主张"不依托作为单位组成人员的自然人,从单位组织体的结构、制度、文化氛围、精神气质等因素中推导出单位自身构成犯罪并承担刑事责任的根据"。[1] 换句话说,企业承担刑事责任的根据不是企业领导的错误决策,而是企业组织体本身的缺陷,将"未充分履行合规管

---

① 黎宏:《组织体刑事责任论及其应用》,载《法学研究》2020年第2期。

理义务”作为单位犯罪的认定标准，使单位犯罪的替代责任论转向合规责任论，即单位犯罪的责任来源为未履行合规义务这一刑事义务，单位作为法律拟制体，采取从客观角度进行责任归属判断的合规责任论更为恰当。援用组织体责任论意味着需要在员工实施了“以单位名义、为单位利益实施危害社会的行为”的基础上，进一步考察企业是否“履行合规管理义务”。换句话说，将对企业的合规文化、合规体系的考察作为单位归责的落脚点，客观评估合规制度是否充分有效，从而避免替代责任的问题。澳大利亚、英国等国家均援用组织体责任论来构建企业合规出罪机制：澳大利亚直接将企业的合规文化与企业的主观过错的认定相结合；英国则在企业的关联人实施贿赂行为后，将企业拥有的充分（合规）程序作为抗辩事由。借鉴上述经验，以组织体责任论为主导的方案二，既可以为事前合规出罪在犯罪论体系中的路径解释留下空间，又可以为涉案企业与责任人分离追诉提供依据。基于组织体责任论，在单位组织体整体意识的判断上，企业合规是重要标准，充分而有效的事前合规表明了企业对犯罪的反对态度，若自然人意志与企业整体意志不相符合，则应由个人承担责任，从而为企业与责任人分离追诉提供了实体法依据，确保刑事实体与程序的协同一体。

其二，企业合规中的组织体责任并非严格责任，而是有具体的罪过形态。域外采用组织体责任论的国家、地区较多援用监督过失理论阻断企业的主观罪过而实现合规出罪免责的法律效果，对于我国具有借鉴参考价值。所谓监督过失，是指位于指挥监督直接行为人地位之监督者，违反监督直接行为人不犯过失之注意义务，认为监督者具有刑法上之过失，系属对人指挥、监督等不恰当，而与过失相连接的状况。新过失论强调结果回避义务，事前合规即是为了防止员工为单位利益而实施不法行为这一消极结果而应当由单位履行的义务。换言之，单位的结果回避义务依托于单位监督义务的履行，在单位建立充分有效的事前合规机制后，代表单位已经履行了结果回避义务，具备了出罪条件，无需承担刑事责任。需要说明的是，组织体责任是单位未履行合规管理义务或预防犯罪的结果避免义务而独立承担的责任，上文借鉴监督过失理论仅是为了提出有效合规出罪的责任免除依据，而非将责任限制于过失层面。换言之，单位合规出罪的判断标准在于单位是否履行了结果回避义务，但不履行结果回避义务的责任心态并不仅限于单位的监督过失,也来自怠于推进合规制度建设的故意。无论是故意还是过失,均需要根据单位政策、制度、文化等代表单位组织体“意志”的客观要素加以推定判断。

其三,组织体责任论构建了单位责任的独立评价机制,促进了单位实质意志的形成。当前我国单位犯罪采取“双罚制”的立法模式,即单位及其主管人员、其他责任人员均由于单位犯罪而受到处罚,但在责任主义原则指引下,即使是“双罚制”,单位与相关自然人均因为自己的行为承担刑事责任,由此产生单位责任与责任人员责任“双向转嫁”的问题。传统单位犯罪观念认为,我国刑法规定的单位犯罪实行“双罚制”是一个不可分割的整体,单位构成犯罪,才是追究法人内部成员刑事责任的依据和前提。单位不承担刑事责任,当然不存在单位中的主管人员和直接责任人员作为个人承担刑事责任的问题。然而,这一观念是建立在形式单位犯罪论的基础上,并未考虑到企业合规出罪的正当化事由和个人责任的相对性。从组织系统论角度,由决策机关按照内部程序作出决策仅是单位意志的一个方面,单位管理体系、制度规章、企业文化等所体现出来的单位对犯罪及预防犯罪的态度,也是单位意志的表现形式。并且,这种基于组织体自身的整体意志比决策程序所反映的自然人意志更早出现,更能够反映单位的真实意志,在决策机关的自然人意志与单位组织体的整体意志相冲突时,单位承担责任应当以单位整体意志为准,具有决策权的自然人意志需要经由单位整体意志的检验,才属于实质上的单位意志。个人应当为自己的行为负责,既体现了实质犯罪论立场,也体现了单位犯罪中个人责任的相对性,可为单位责任与个人责任的分开认定提供实体法依据。故而在刑事立法层面应严格区分自然人责任与单位责任,分别认定相关主体的刑事责任,这样更有助于落实分离追诉、分离追责,实现刑法与刑事诉讼法的“双法联动”。

(2)立法条文解释

本条前半段“以单位名义、为单位利益实施危害社会的行为”“未充分履行合规管理义务”,建立在组织体责任论作为单位犯罪归责原理的基础上。不同于传统单位决策论下司法实践以单位集体决定或者负责人决定作为单位犯罪意志的认定标准,组织体责任论下单位罪过表现为通过单位合规制度建设情况所反映的单位对犯罪行为的支配、纵容、放任、疏忽等主观心态，既包括了故意，也包括了监督过失，具体罪过形态应根据单位怠于履行合规义务的具体情况加以判断，由此使得单位作为独立主体的犯罪构成产生了与单位成员犯罪构成的区别，单位整体意志脱逸于单位成员意志，不再是单位成员意志的转嫁或替代。单位整体意志与自然人意志的分离，使得单位和单位成员责任分离具有了可能性。正如有观点所主张的，应当将单位责任和单位成员责任进行彻底分离，将单位犯罪视作两个行为、两个犯罪主体、两个处罚主体的聚合犯罪。[①] 在这一前提下，可以进一步通过共犯理论解决单位与单位员工的责任关系：在单位体现出对单位成员为单位利益实施犯罪的认可、鼓励的整体意志时，单位成员的犯罪实际上属于受到单位"教唆"而实施的犯罪，单位符合教唆犯特征；在单位体现出对单位成员犯罪的放任、容忍的整体意识时，可为单位成员实施犯罪提供物理或心理帮助，对危害结果的发生具有因果性，单位符合帮助犯的特征。单位与单位成员并非真正意义上的共同犯罪，因为单位政策、制度、文化等所体现出来的单位意志无法与单位成员意志进行交流，不可能产生意思联络，难以用共同故意进行评价，但两者意志之间仍具有一定的关联性，在单位成员意志反映了单位意志并且统一于为单位利益的共同目的之下时，可以形成共同意志的连接点，从而具有了拟制为共同犯罪的责任依据。将单位犯罪视为拟制的共同犯罪，既确保了两个犯罪主体罪名的统一性以及犯罪主体与受刑主体的一致性，又可以根据共犯原理对两者做出区分化的评价，为分案处理提供了实体法上的依据。

本条后半段为"依照本款规定不构成单位犯罪的，直接负责的主管人员和其他直接责任人员的刑事责任依照自然人犯罪处理"。立法条文解释同方案一。本条后半段所规定的责任人员按照自然人犯罪处理，意味着应当在自然人犯罪的体系下对责任人员的行为进行评价。例如，某单位已经构建了有效的预防商业贿赂的合规体系，单位员工仍以单位名义为单位利益向他人行贿，此时行贿人单独构成行贿罪，若该行贿行为是由单位的负责人或者被授权的其他人员决定、同意的，则行贿人与责任人员构成行贿罪的共同犯罪。既然是按照自然人犯罪处理，在立案标准、刑事

---

① 参见刘艳红：《企业合规不起诉改革的刑法教义学根基》，载《中国刑事法杂志》2022年第1期。

处罚上也应当全部适用自然人犯罪的标准，而不再适用单位犯罪的标准。

二、修正《刑法》第31条【合规从宽量刑及责任分离的处罚原则】

1. 立法条文

（1）立法原文

第三十一条　【单位犯罪的处罚原则】单位犯罪的，对单位判处罚金，并对其直接负责的主管人员和其他直接责任人员判处刑罚。本法分则和其他法律另有规定的，依照其规定。

（2）立法新增条文【合规从宽量刑及责任分离的处罚原则】

在《刑法》第三十一条增设一款，作为第二款：单位已履行合规管理义务的，可以从轻、减轻或者免除处罚。依照本款规定对单位的处罚，不影响直接负责的主管人员和其他直接责任人员的刑事责任。本法和其他法律另有规定的，依照规定。

2. 立法依据

（1）域外立法考察及评价

①域外立法考察

A. 美国

《司法手册》

9－28.300　需要考虑的因素

A. 一般原则：在进行调查、决定是否提出指控、谈判认罪或其他协议时，检察官在决定如何适当对待公司目标时，应考虑以下因素：

公司及时自愿披露不当行为；公司的补救措施，包括但不限于实施充分有效的公司合规计划或改进现有计划、更换负责任的管理层、惩戒或终止不法行为人或支付赔偿金的任何努力。

9－28.1000　恢复原状和补救

A. 一般原则：虽然公司和个人目标都不能仅仅通过支付一笔钱来避免起诉，但检察官可以考虑公司是否愿意进行赔偿，以及已经采取的措施。在决定是否起诉公司以及如何解决公司刑事案件时，检察官还可以考虑采取其他补救措施,如改进现有的合规计划或惩罚不法行为人。

《联邦量刑指南》

§8C2.5 罪责分数

(f)有效合规和道德计划

(1)如果犯罪发生时,该组织已经按照§8B2的规定制定了有效的合规和道德计划,减3分。

§8D1.4 推荐的缓刑条件——组织(政策声明)

(b)如果根据§8D1.1的规定实施缓刑,以下条件可能适用:

(1)组织应制定并向法院提交符合§8B2.1的有效合规和道德计划。组织所提交的文件中应包括合规和道德计划的实施时间表。

B. 意大利(前文已列)

C. 法国

《刑法典》

第121-2条

除国家外,根据第121-4至121-7条的区别,法人对其机构或代表为其实施的犯罪承担刑事责任。

但是,地方当局及其团体仅对在可能成为公共服务授权协议主题的活动中所犯的罪行承担刑事责任。

法人的刑事责任不排除自然人作为同一行为的加害人或者从犯的刑事责任,但以第121-3条第4款的规定为准。

《关于提高透明度、反腐败以及促进经济生活现代化的2016-1691号法案》

第17条第2款

符合条件的主体必须实施下列内部合规计划:

1. 特定行为守则,包括反腐败归责和程序,必须包含于公司的内部法规;

2. 内部预警系统,旨在允许从员工那里收集有关存在违反公司行为准则的行为或情况的报告;

3. 采用定期更新文件形式的风险图，旨在识别、分析和优先考虑公司因腐败目的而受到外部招揽的风险，尤其取决于活动部门和所在的地理区域公司经营；

4. 主要客户、供应商和中介机构的尽职调查程序；

5. 内部或外部会计控制程序，旨在确保账簿、登记册和账目不被用来掩盖腐败行为或影响兜售；

6. 针对最容易受到腐败和影响力兜售风险的管理人员和员工的培训系统；

7. 允许在违反公司行为准则的情况下对公司员工进行处罚的纪律制度；

8. 实施合规程序措施的内部控制和审计程序。

②域外立法评价

考察域外立法关于刑事合规的规定，总体上形成了两种模式：一是事前合规模式，即规定事前合规作为企业出罪的依据，如意大利、法国；二是事前合规与事后合规的综合模式，即同时规定了事前合规与事后合规并根据情况赋予了不同的法效果，其中事前合规作为企业出罪依据，事后合规作为企业减免刑事责任依据，如美国。

以意大利等为代表的事前合规模式，意在通过合规体系构建与合规计划实施来预防企业违法犯罪。意大利第231/2001号法令第6条规定，企业高管实施的犯罪，如果企业能够证明已经采取了有效合规方案，行为人构成犯罪是由于故意规避正在运行的合规方案，且合规方案实施的实体结构不存在疏忽或监督不足的情况，则该企业不承担责任。事前合规贯彻了预防思维及源头治理理念，企业犯罪治理资源投入、重点方向与传统犯罪治理相比发生了重大变化。从各国立法来看，事前合规的关键法效果在于免除企业刑事责任。美国、意大利、法国等国立法规定，企业已经实施合规方案，该合规方案通常情况下能有效预防企业犯罪，有关人员犯罪若是规避合规方案后实施的，企业不承担刑事责任。由于企业犯罪或是经过集体决定，或是经过企业负责人决定，违法所得亦归企业所有。在这种情况下，企业自身的管理漏洞是犯罪发生的主要原因。基于犯罪预防理念，立法将事前合规作为企业出罪事由，意在激励企业积极采取有效合规方案预防违法犯罪风险,从而附条件地免除了企业的刑事责任。

以美国为代表的事前合规与事后合规的综合模式,系在事前合规基础上将事后合规作为从宽处罚事由。美国《司法手册》第 9 条 28.300 规定,“检察官在对企业进行调查、决定是否提出指控、谈判认罪或其他协议时,应考虑企业的补救措施,包括但不限于实施充分有效的公司合规计划或改进现有计划、更换负责任的管理层、惩戒或终止不法行为人或支付赔偿金的任何努力”。第 9 条 28.1000 规定,“虽然公司和个人目标都不能仅仅通过支付一笔钱来避免起诉,但检察官可以考虑公司是否愿意进行赔偿,以及已经采取的措施。在决定是否起诉公司以及如何解决公司刑事案件时,检察官还可以考虑采取其他补救措施,如改进现有的合规计划或惩罚不法行为人”。美国《联邦量刑指南》第 8 条 C2.5 规定,如果犯罪发生时企业已经按照第 8 条 B2 的规定制定了有效的合规和道德计划,则可以对该企业适用缓刑。将事后合规作为从宽处罚的规定,既充分考虑了企业犯罪之主因源于管理漏洞,又有助于督促企业在犯罪后建立有效合规计划,防止企业将来再实施有关犯罪。

将企业责任与关联人员责任相分离,是域外刑事合规立法的重要问题。英美法系与欧陆法系的刑事合规立法,基本采取了“放过企业,严惩责任人”的刑事政策。例如,英国《犯罪与法院法案 2013》附录 17 第 4 条规定,“与检察官达成暂缓起诉协议的对象可以是法人团体、合伙企业或非法人团体,但不能是个人”。又如,美国《司法手册》第 9 条 28.1000 规定,“在决定是否起诉公司以及如何解决公司刑事案件时,检察官还可以考虑采取其他补救措施,如改进现有的合规计划或惩罚不法行为人”。以上立法将企业责任与关联人员责任分离,责任分离之后企业合规法效果的独立性得以增强,不仅适用于轻微犯罪,还普遍适用于传统意义上的重大犯罪。例如,法国第一例适用“基于公共利益的司法协议”制度的案例,是汇丰银行涉嫌逃税和洗钱的重大犯罪案件;英国迄今为止共有 11 起适用暂缓起诉协议的案例,包括标准银行、劳斯莱斯、空客公司等特大型企业实施的重大欺诈和贿赂犯罪;美国暂缓起诉协议和不起诉协议制度的适用对象更是包括西门子公司、波音公司、爱立信公司、沃尔玛公司、兴业银行、德意志银行等超大型企业集团涉嫌实施的重大犯罪案件,其中西门子公司曾涉嫌实施总金额超过 10 亿美元的海外贿赂。[①] 将企业合规的适用范围扩大到重罪,是将企业刑事责任和直接责任人员刑事责任分离的重要成果。

(2)立法修正的必要性

基于我国的立法现实、司法实践状况(尤其是企业合规改革试点状况)以及企业犯罪治理需求,确立事后合规从宽制度及实现单位与自然人责任相分离具有充分的必要性。

①事后合规从宽的必要性

首先,将事后合规作为法定从宽情节,有助于督促涉案企业快速建立有效合规体系。对于涉案企业而言,事后建立合规体系的动力在于合规激励,通过在量刑上给予涉案企业优惠,从而激励企业事后积极采取补救措施,完善其内部管理机制以预防再犯罪。"在刑事法中确立以合规换取宽大刑事处理的机制,是督促其实施有效合规计划的必要条件。"[②]因为合规对于企业而言需要投入较大成本,企业自身具有积极寻求事后合规的动因,才能确保该项改革的有效开展。通过企业合规,企业可以获得巨大的司法利益,激励企业事后整改规范运行。[③] 事后合规从宽以承认企业构成犯罪为前提,涉罪企业根据检察机关的检察建议,履行相应的合规管理义务并接受第三方的监管,检察机关视效果给予适度宽大处理。

其次,从实体法上确立刑事合规从宽制度,有助于充分激活程序法的出罪功能。实体法与程序法是双向互动、相辅相成的关系,程序法的制定与实施从根本上说是为了贯彻实体法的内容。我国刑事合规活跃于程序法领域,在最高人民检察院的推动下,检察机关在刑事程序中频繁提出检察建议以督促事后合规的落地生根,取得了有目共睹的良好效果。与程序法的活跃形成鲜明对照,事后合规之从轻、减轻或者免除处罚却找不到对应的实体法依据,并且在法理上与传统刑法理论难以兼容。事后合规以企业构成犯罪为前提,在没有实体法依据的情况下理当依法处罚,而不

---

① 参见陈瑞华:《企业合规不起诉改革的八大争议问题》,载《中国法律评论》2021 年第 4 期。

② 陈瑞华:《刑事诉讼的合规激励模式》,载《中国法学》2020 年第 6 期。

③ 参见陈卫东:《从实体到程序:刑事合规与企业"非罪化"治理》,载《中国刑事法杂志》2021 年第 2 期。

能从轻、减轻或者免除处罚。只有在实体法上确立刑事合规可以从轻、减轻或者免除处罚,才能够为程序法上贯彻落实刑事合规提供有力支撑。事后合规对企业而言事实上有两种法效果:一是从轻或者减轻处罚,即事实上的从宽。根据《刑法》第 31 条规定的单位犯罪处罚原则,单位犯罪应对单位判处罚金,事后合规从宽意味着可以减少罚金数额。二是免除处罚,即事实上的出罪。我国刑事合规主要由检察机关推动,经过事后合规检察机关认为已经达到整改需求,不需要判处刑罚的,可以作出不起诉决定。对事后合规的企业作出不起诉决定,意味着案件根本没有进入刑事审判阶段,任何人(包含单位)未经法院审判均不能被认定有罪,通过这种程序机制作用实现了出罪。

最后,在法定犯与预防犯逐渐增多的背景下确立事后合规出罪,符合我国企业治理的现实需求。2018 年 11 月 1 日,习近平总书记在民营企业座谈会上着重强调,"对一些民营企业历史上曾经有过的一些不规范行为,要以发展的眼光看问题……甄别纠正一批侵害企业产权的错案冤案"。民营企业是我国经济活动的主要参与者、就业机会的主要提供者,而民营企业由于多为中小企业,在管理上存在很多不规范之处,进而可能涉嫌违法犯罪。事后合规的推进有助于营造法治化营商环境,从源头上降低企业涉罪风险。[①] 21 世纪以来的我国刑事立法,深受行政管控型思维及风险刑法影响,增设了诸多法定犯与预防犯,如拒不履行网络安全管理义务罪、帮助信息网络犯罪活动罪、虚假诉讼罪等;传统法定犯也有司法活跃化趋势,如非法吸收公众存款罪、集资诈骗罪、合同诈骗罪等传统法定犯,随着金融政策变动与社会变迁适用得越来越普遍。法定犯原本并非"真正的犯罪",预防犯原本是为了保护重大法益,两者的增多都在不同程度上增加了企业的刑事法律风险。我国刑法中的各种从宽处罚事由,均针对自然人犯罪,企业一旦构成犯罪几乎无法从宽处罚,更不用说出罪。顺应法定犯与预防犯增多的立法变迁,刑事实体法确立事后合规作为法定从宽情节,具有实质正当性,有助于解决我国众多中小民营企业因管理不规范而涉罪的现实问题。

---

① 参见李本灿:《法治化营商环境建设的合规机制——以刑事合规为中心》,载《法学研究》2021 年第 1 期。

②单位与自然人责任相分离的必要性

首先,单位与自然人责任相分离有助于弥补立法漏洞。我国《刑法》第 31 条规定了单位犯罪的处罚原则,即以处罚单位和自然人的双罚制为原则,以仅处罚自然人的单罚制为例外。如何理解该原则性规定,理论上一直没有形成统一意见。不仅如此,司法实践中关于单位与自然人的责任关系也不明确,并且存在将单位与自然人责任相绑定以扩大处罚范围之倾向。2000 年 9 月 20 日最高人民法院《全国法院审理金融犯罪案件工作座谈会纪要》规定,"直接负责的主管人员,是在单位实施的犯罪中起决定、批准、授意、纵容、指挥等作用的人员,一般是单位的主管负责人,包括法定代表人"。据此,可能被认定为直接负责的主管人员的涉及三种情形:一是事前领导性,即单位的决策者事前积极组织、策划、决定、批准、授意、指挥实施单位犯罪;二是事中默认型,即单位主管人员事中明知相关单位成员将实施或正在实施单位犯罪行为,而容许或默许其发生;三是事后追认型,即单位主管人员事后知道单位犯罪而积极予以追认。关于前两种情况,刑法理论一般认为,事前领导和事中默许都视为参与,应依法追究刑事责任。[①] 但实际上,对于事中默许的主管人员,即使没有实际参与或者实际获利,也可能会由于未能履行监督义务而被作为犯罪处理,这无疑明显扩大了单位犯罪的责任范围。至于第三种情形,本属于不利于行为人的溯及既往,应当被禁止,但是为了体现单位犯罪之"单位意志",第三种情形却得以保留并被承认。司法实践中,常常认为企业的法定代表人在企业出现问题时要承担法律,甚至是主要责任。但是,在一些案件中,法定代表人并不负责具体业务,在整个案件中并无实际参与,其对具体行为人最多就是选任或者监督义务,但因其法定代表人身份而被认定为主要责任人员。以上情况表明,我国刑法中的单位犯罪在某种程度上正逐渐成为刑事责任扩张的重要领域,单位与自然人责任绑定是导致责任扩张的主要根据。这种责任扩张从根本上说是源于立法规定缺失,从立法上分离单位与自然人责任是规避单位犯罪中刑事责任扩张的有效手段。

---

① 参见黎宏:《犯罪中"直接负责的主管人员和其他直接责任人员"》,载《法学评论》2000 年第 4 期。

其次,最高司法机关也意识到单位责任与自然人责任边界不清的问题,并有区分二者之倾向。1999 年 6 月 18 日最高人民法院《关于审理单位犯罪案件具体应用法律有关问题的解释》第 2 条规定,“个人为进行违法犯罪活动而设立的公司、企业、事业单位实施犯罪的,或者公司、企业、事业单位设立后,以实施犯罪为主要活动的,不以单位犯罪论处”。第 3 条规定,“盗用单位名义实施犯罪,违法所得由实施犯罪的个人私分的,依照刑法有关自然人犯罪的规定定罪处罚”。在以上情形下,即使以单位名义实施犯罪,违法所得归单位所有的,原则上也应当认定为是自然人犯罪,该司法解释为单位责任与自然人责任分离提供了较为明确的依据。2000 年 9 月 20 日最高人民法院《全国法院审理金融犯罪案件工作座谈会纪要》的规定中也体现了界分单位责任与自然人责任的做法,其第 1 条第 3 项规定,“对未作为单位犯罪起诉的单位犯罪案件的处理。对于应当认定为单位犯罪的案件,检察机关只作为自然人犯罪案件起诉的,人民法院应及时与检察机关协商,建议检察机关对犯罪单位补充起诉。如检察机关不补充起诉的,人民法院仍应依法审理,对被起诉的自然人根据指控的犯罪事实、证据及庭审查明的事实,依法按单位犯罪中的直接负责的主管人员或者其他直接责任人员追究刑事责任,并应引用刑罚分则关于单位犯罪追究直接负责的主管人员和其他直接责任人员刑事责任的有关条款”。对于已经构成单位犯罪的,检察机关可以选择只起诉直接负责的主管人员和其他直接责任人员,这表明了司法实践也认可将两种责任分离处理。

最后,将单位责任与自然人责任分离,能够避免自然人以单位犯罪之名寻求不合理的轻刑化乃至出罪路径,并建立完善的合规激励机制。司法解释规定了三种情形应当以自然人犯罪处理,试图将单位责任与自然人责任分离。然而,司法实践中行为人以单位名义实施犯罪,违法所得名义上归单位所有实质上归个人所有的,本应当成立自然人犯罪,但在很多情况下却被以单位犯罪论处。由于单位犯罪的入罪门槛高,尤其是涉及犯罪数额时,其入罪标准可能多达自然人犯罪的十余倍,加之单位犯罪对自然人的处罚力度明显偏轻,可能会成为自然人脱罪或寻求轻刑化之借口。将单位责任与自然人责任分离,有助于准确评估相关行为的性质,有效避免单位犯罪制度被滥用。从刑事合规的角度来看,区分单位责任与自然人责任,有助于明确单位责任与自然人责任根基的实质差异,并将合规激励的重点对象锁定为单位。

3. 立法理由

(1)立法原理说明

本条属于单位犯罪的处罚原则,与第30条修正建议所指向的事前合规出罪归责相对应,本条所指的合规属于事后合规,是事后合规的量刑规则。我国刑事立法早期是惩治型的,通常是在企业涉罪之后直接给予对应的刑事制裁,导致过去我国企业犯罪治理中存在"办一个案件、搞垮一个企业"的系统性积弊。企业合规通过引入合规整改措施,适度"放过企业"有助于从根本上改变这种局面,合规整改之后企业能够建立起风险可控的自我防御体系,极大地避免了企业再犯。事前合规与事后合规同步推进,是建立适宜中国特色刑事合规体系的重要路径。从司法实践来看,许多企业涉罪都是由于经营管理不规范,特别是企业涉及的经济犯罪如非法吸收公众存款罪,多由于企业在经营之初即有涉罪嫌疑,随着立法、政策越发明朗化,不少企业仍然没有退出,继续从事违法犯罪活动。这些企业涉罪的关键原因在于欠缺预防犯罪的观念意识,也没有建立预防犯罪的刑事合规体系,在这种情况下,在推进事前合规的同时,开展事后合规建设,通过司法力量推动涉罪企业合规整改,既起到了惩治的作用又有助于涉罪企业快速建立合规管理体系,有助于预防涉罪企业再犯罪。就试点情况而言,检察机关推进的事后合规已经取得了显著成果,最高人民检察院先后发布三批共14例涉案企业(事后)合规典型案例,各地方检察院积极探索事后合规改革方案,形成了比较成熟的经验,目前已经具备了将成熟经验转化为立法规定的条件。

对于绝大多数单位犯罪而言,采取"双罚制",既处罚单位也处罚自然人,自然人是单位意思的决策者和执行者,同时也更容易成为单位犯罪的组织者和策划者,与单位决策意志的形成具有直接关系,应当作为单位犯罪的受刑主体而与单位一起承担刑事责任。

从司法实践来看,只有将单位责任与自然人责任区分开,才能避免陷入将单位犯罪曲解为共同犯罪的困境。刑法理论虽然反复强调单位犯罪不是共同犯罪,但在司法实践中,对单位犯罪的认定常常借用共同犯罪的处罚逻辑。《全国法院审理金融犯罪案件工作座谈会纪要》指出,"对单位犯罪中的直接负责的主管人员和其他直接责任人员,应根据其在单位犯罪中的地位、作用和犯罪情节，分别处以相应的刑罚，主管人员与直接责任人员，在个案中，不是当然的主、从犯关系，有的案件，主管人员与直接责任人员在实施犯罪行为的主从关系不明显的，可不分主、从犯。但具体案件可以分清主、从犯，且不分清主、从犯，在同一法定刑档次、幅度内量刑无法做到罪刑相适应的，应当分清主、从犯，依法处罚"。这表明，司法机关在确定单位犯罪责任时，借鉴共同犯罪中主从犯的区分方法，必要时区分主犯和从犯，确保罚当其刑。有学者认为，单位犯罪中直接负责的主管人员与其他直接责任人员的责任基础不同，前者"是因为所具有的职责与犯罪的实施之间具有因果关系"，后者"是因为直接参与了实施犯罪构成要件的行为"，①这显然是将共同犯罪的归责原理套用到单位犯罪中，并不合理。共同犯罪实质上是一种责任扩散机制，而单位犯罪却是一种责任限缩模式。因为相对而言，单位犯罪的追责范围有所限缩：第一，从追责对象来看，仅追究直接负责的主管人员和其他直接责任人员的刑事责任，排除了一般人员的刑事责任。第二，从追责标准来看，单位犯罪的入罪门槛相对于自然人犯罪高很多，收缩了犯罪圈。以合同诈骗罪为例，根据 2001 年 4 月 18 日最高人民检察院、公安部颁布的《关于经济犯罪案件追诉标准的规定》（已废止）第 69 条的规定，个人合同诈骗 5000 元至 20,000 元以上的、单位合同诈骗 50,000 元至 200,000 元以上的，应当予以追溯。粗略估算，单位合同诈骗较之个人合同诈骗的入罪标准提升了 10 倍，明显提高了入罪门槛。如果认为单位犯罪是共同犯罪，而共同犯罪的入罪标准是以自然人犯罪的入罪标准为依据的，则必然会导致刑事犯罪圈的扩张。有观点认为，在主体认定时，应当将单位主体与自然人主体一体化，即不再以法律明文规定限定单位犯罪成立、将单位犯罪与自然人犯罪配置统一法定刑。② 但实际上，这样的单位犯罪其实已经与共同犯罪无异，有差异的可能只是多了单位过失犯罪。实际上，单位犯罪所强调的单位意志也不同于共同犯罪的共同故意，单位意志更强调集体决策或者单位的意思表达，通过将单位视为独立的责任主体而分担自然人责任。

单位犯罪中单位责任的本质是组织责任，而个人责任属于行为责任、

---

① 周振杰：《单位犯罪司法解释研究》，载《法治研究》2011 年第 12 期。

② 参见尉琳：《单位犯罪主体资格问题探析》，载《法学杂志》2016 年第 6 期。

道义责任，两者的责任基础存在实质差异。[①] 单位犯罪中当然有集体责任或者共同责任思想，因为单位意志本身就是一种集体意志，对单位犯罪进行集体归责具有合理性。“单位作为组织体与作为其组成人员的自然人之间”，[②]这种差异奠定了单位承担刑事责任的基础，却未必能够决定其中自然人的刑事责任基础。在单位犯罪的双罚制中，集体责任或者共同责任已经由单位承担了，即对单位判处罚金。尽管单位意志由自然人表达，但是单位系承担独立责任的主体，当然要赋予其独立意志。于是，单位已履行合规管理义务的，表明其既没有犯罪故意，也没有犯罪过失，自然无法作为犯罪处理。而自然人如果存在犯罪故意，则由其单独承担相应的刑事责任，可见事前合规中单位责任与自然人责任的分离成为了可能。事后合规中单位责任与自然人责任同样应当分离。针对单位的合规整改措施，是针对企业的实质制裁，同时也能够督促企业建立有效的合规管理体系以预防犯罪，在此过程中并不能降低自然人犯罪行为的社会危害性，也不能降低自然人的人身危险性，且不影响行为责任与道义责任。

（2）立法条文解释

本条规定了事后合规作为法定从宽情节、单位责任与自然人责任相分离以及法律另有规定的例外情形。

①事后合规作为法定从宽情节

对已经依照检察机关建议履行合规管理义务，并经过第三方监管机构评估整改合格的，可以作为从轻、减轻或者免除处罚的依据。虽然从轻、减轻或者免除处罚总体上属于从宽之范畴，但是从轻、减轻处罚与免除处罚在法效果上存在根本差异，在行为性质上存在梯度关系，需要实质考察。

对履行合规管理义务的涉案企业究竟是适用从轻、减轻处罚还是适用免除处罚，可以考虑以下几点：其一，犯罪性质的严重程度。如果涉案企业所犯之罪为重罪，通常情况下是指对应的自然人应当被判处 3 年以上有期徒刑，则在适用合规不起诉时应当慎重，原则上多适用从轻、减轻

---

① 参见刘艳红：《企业合规不起诉改革的刑法教义学根基》，载《中国刑事法杂志》2022 年第 1 期。

② 黎宏：《组织体刑事责任论及其应用》，载《法学研究》2020 年第 2 期。

处罚的规定。当然,这并不意味着重罪不能适用合规不起诉,否则会使合规制度的价值受到极大抑制,也与《刑法》第 37 条定罪免刑相关规定高度重合。既然单位责任与自然人责任的责任基础不同,当然也不能简单以自然人所应当判处刑罚的轻重来限制合规不起诉的适用,传统轻罪与重罪的划分可以作为事后合规从宽幅度的参考,但不能将之作为唯一的依据。其二,企业合规整改的实质效果。对采取合规整改措施的企业,不能在"不起诉后一放了之",也不能不加甄别地允许"纸面合规",合规实践中引入的涉案企业合规第三方监督评估机制,应作为合规整改效果的重要参考,对应合规从宽的梯度,第三方监管机构也应当对涉案企业合规整改情况评估打分,确保合规计划治标更治本、监督考察结果公平公正。其三,单位犯罪的发生是否源于管理上的不合规或漏洞。如果企业自身的合规体系已经趋于完善,仍然不可避免地发生了犯罪,此时没有事后合规之必要,而可以直接适用事前合规条款免除企业责任、严惩有关自然人。其四,单位成立后虽然不是以违法犯罪为主要活动,但是一直存在违法犯罪活动,且经过行政处罚仍然整改不到位的,对这些企业应当慎重启动事后合规,防止事后合规被滥用。

当前,对企业是否适用事后合规由检察机关决定,检察机关提出的量刑建议对法院审判具有实质影响。那么,法院能否不采纳检察机关的量刑建议,作出不同的量刑裁判?当刑事实体法规定事后合规并赋予其从宽量刑的法效果,对进入审判阶段的涉案企业的量刑当然由法院决定,即法官可以根据案情对检察机关提出的量刑建议调整或更改。对于单位犯罪而言,合规不起诉与审判阶段的合规定罪免刑,几乎不存在类似于自然人犯罪那样由于存在犯罪标签而导致各种不利附带后果,因此,事后合规在不同阶段的法效果整体保持一致。

②单位责任与自然人责任相分离

由于单位犯罪中单位责任与自然人责任的理论根基不同,因而二者在个案中可以分离。在刑事合规语境下分离单位责任与自然人责任,重点聚焦于双罚制之下单位责任的减免与出罪。分离单位责任与自然人责任的规范效果有三:一是贯彻落实企业合规改革"放过企业,严惩责任人"的目标。在传统理论语境下,涉嫌单位犯罪的往往既要追究单位责任,也要追究自然人责任,两者成对出现、存在绑定关系。这样定位单位犯罪势必无法有效实施事后合规方案，因为如果单位责任与自然人责任不能分离，则由于自然人承担的行为责任无法通过事后补救措施予以挽回，自然也不能适用合规不起诉规定。事后合规实质上是一种激励措施，通过合规整改，企业说服司法机关作出不起诉决定或者其他宽大刑事处理。[①] 为了体现事后合规的针对性与有效性，必须分离单位责任与自然人责任。二是事后合规可以适用于重罪。在实体法中将事后合规确定为从轻、减轻或免除处罚事由，应当允许其适用于所有犯罪，包括对重罪的合规不起诉。如果将单位责任与自然人责任绑定，则传统刑法理论上的重罪也很难适用合规不起诉。从单位犯罪的处罚来看，单位的刑事责任仅有罚金刑，不能如同自然人责任那样以 3 年有期徒刑为基准划分轻罪与重罪。通过分离单位责任与自然人责任，可以在单位责任中放弃重罪与轻罪之区分，允许所有情形都附条件适用合规不起诉。三是无论企业合规整改合格与否，都不影响自然人的责任承担。自然人责任原则上不受事后合规整改影响，一般情况下，无论事后合规整改合格与否，是否通过第三方监督机构评估，都不影响自然人的刑事责任。当然，如果自然人积极推动事后合规整改，则可以将之作为量刑情节加以考量。

③法律另有规定的情形

一是单位犯罪单罚制的处罚。根据《刑法》第 31 条的规定，我国单位犯罪以双罚制为原则，以单罚制为例外。在单罚制中，只处罚责任人而不处罚单位，通常在单位责任事故类犯罪、单位本身就是受害人等情况下，立法会规定单罚制。根据 2000 年 9 月 20 日最高人民法院《全国法院审理金融犯罪案件工作座谈会纪要》第 1 条第 1 款之规定，以上犯罪中相关行为完全符合“以单位名义实施犯罪，违法所得归单位所有的”单位犯罪之构成要件，原本应当以单位犯罪论处，既处罚单位也处罚直接负责的主管人员和其他直接责任人员。由于《刑法》分则作出了特别规定，基于罪刑法定原则，单位不再是以上犯罪中的处罚对象。换言之，以上行为尽管以单位名义实施，且违法所得归单位所有，但是不处罚单位。既然如此，单位事后合规从轻、减轻或免除处罚的规定自然也不适用。当然，这并不意味着实施以上犯罪后，单位无需履行事后合规整改义务。除企业

① 参见陈瑞华：《企业合规基本理论》（第 3 版），法律出版社 2021 年版，第 10 页。

行将消灭时实施的妨碍清算罪之外，其他单罚制犯罪如《刑法》第 161 条违规披露、不披露重要信息罪，第 162 条第 2 款隐匿、故意销毁会计凭证、会计账簿、财务会计报告罪、虚假破产罪等，都反映了企业在信息披露监管、会计凭证、账簿管理等环节存在薄弱之处，与企业管理不规范、不合规紧密相关，有事后合规的必要。此时的事后合规虽然与刑事责任无直接关联，但是可以将之作为行政处罚的重要参考。

二是自然人责任的例外减免。事后合规主要针对单位责任，由于单位责任与自然人责任相互切割、相对独立，因此事后合规原则上不影响自然人刑事责任的承担。然而，在我国单位犯罪双罚制原则之下，主管人员在单位犯罪中尤其容易入罪，由于主管人员一般为单位法定代表人、高管或者项目主管，围绕相关管理事项产生单位犯罪之后，其很难摆脱责任。这表现为：第一，将上下属的管理责任异化为对主管人员进行刑事归责的理由，尤其是主管人员对有关文件进行审批、签字之后，往往会直接推定其知晓犯罪事实，进而认定其成立犯罪。第二，主管人员与其他直接责任人员被人为绑定，接近于对主管人员必罚。第三，利用共同犯罪的整体责任原理将责任扩散至主管人员。虽然刑法理论一般认为，单位犯罪并非单位内部成员之间的共同犯罪，但是在司法实践中，共同犯罪的整体归责原理却常常扩张适用于单位犯罪。具体有两种形式：其一，认为单位犯罪就是一种特殊的共同犯罪，在判决书中将单位犯罪与共同犯罪相互代换。其二，在认定单位犯罪的同时，认为直接负责的主管人员和其他直接责任人员成立共同犯罪。立法规定的模糊性与司法实践的扩张性之间的紧张关系，可以通过刑事合规制度的引入予以纾解。在成立单位犯罪的场合，如果直接负责的主管人员或其他直接责任人员，事前充分履行合规管理义务，或者不愿参与单位犯罪，或者仅存在管理上的轻微过失，则前者可以完全免除责任，后者可以免除刑事责任但可能承担其他责任，如行政处罚或内部处分。例如，《德国公司治理准则》第 5 条规定，对公司涉嫌违法犯罪的，员工应有机会以受保护的方式举报公司，该员工可以从公司实施的违法犯罪中脱离。显然，自然人责任在合规之中也存在免除的空间。在单位犯罪实施后，如果直接负责的主管人员或其他直接责任人员积极履行合规管理义务，对企业合规管理体系的建立作出重大贡献，则可以考虑将自然人的事后合规行为作为酌定从宽情节。

三、修正《刑法》第37条之一【单位从业禁止】

1. 立法条文

(1)立法原文

第三十七条之一 【从业禁止】因利用职业便利实施犯罪，或者实施违背职业要求的特定义务的犯罪被判处刑罚的，人民法院可以根据犯罪情况和预防再犯罪的需要，禁止其自刑罚执行完毕之日或者假释之日起从事相关职业，期限为三年至五年。

被禁止从事相关职业的人违反人民法院依照前款规定作出的决定的，由公安机关依法给予处罚；情节严重的，依照本法第三百一十三条的规定定罪处罚。

其他法律、行政法规对其从事相关职业另有禁止或者限制性规定的，从其规定。

(2)立法新增条文【单位从业禁止】

在《刑法》第三十七条之一第一款后增设一款，作为第二款：单位犯罪的，人民法院可以根据犯罪情况和预防再犯罪的需要，作出以下限制或者取消单位从事相关经营活动资格的决定：

(一)责令停产停业整顿；

(二)暂扣许可证件，期限为六个月至一年；

(三)吊销许可证件。

原条文第二款作为第三款。

原条文第三款作为第四款，内容改为：其他法律、行政法规对从事相关职业、单位从事相关经营活动资格另有禁止或者限制性规定的，从其规定。

2. 立法依据

(1)域外立法考察及评价

晚近以来，世界范围内对法人犯罪的制裁呈现出扩大化趋势。从比较法视野出发，除对法人处以罚金外，禁止融资、限制营业活动资格等多样化的处分手段能够对法人犯罪制裁体系起到有力补充作用。

①域外立法考察

A. 法国

1994 年法国《刑法典》规定了法人的刑事责任,但当时仅限于反人类罪、暴力罪、威胁罪等重罪,2004 年修法时删去了第 121 -2 条中"法律法规有规定的情况下"的表述,使法人刑事归责得以普遍化,扩展至所有重罪、轻罪和违警罪。从刑罚的具体设置上看,法国《刑法典》充分考虑了法人犯罪主体的特殊性,除罚金刑外,还规定了资格限制及禁止制裁。为应对晚近以来商业贿赂等犯罪的新态势与经济现代化建设的需求,2016 年出台的《萨潘第二法案》在法国《刑法典》第 131 -39 条后增加一条作为第 131 -39 -2 条,规定了涉案企业在法国反腐败局(Agence Française Anticorruption,AFA)监督下建立合规制度的强制义务。

第二节 法人适用之刑罚

第一小节 重罪与轻罪之刑罚

第 131 -37 条

法人可处之重罪或轻罪刑罚为:

1. 罚金;

2. 在法律有规定的情况下,第 131 -39 条与第 131 -39 -2 条列举之刑罚。

第 131 -39 条

在法律有规定时,法人犯重罪或轻罪得处以下一种或几种刑罚:

1. 如果法人之设立即为实施犯罪,或者设立后转移经营目的为实施犯罪,在其所犯系对自然人可处 3 年以上监禁刑之重罪或轻罪时,法人予以解散;

2. 永久性或最长 5 年期限内,禁止直接或间接从事一种或几种职业性或社会性活动;

3. 置于司法监督之下,期限最长为 5 年;

4. 永久性或最长 5 年期限内,关闭用于实施犯罪的企业或机构的一家或数家机构;

5. 永久性或最长 5 年期限内,排除参与公共工程;

6. 永久性或最长 5 年期限内,禁止发行金融证券或在受限制市场上交易金融证券；

7. 禁止签发支票或使用信用卡支付，但出票人从受票人处提取资金的支票或保付支票除外，期限最长为5年；

8. 根据第131–21条规定的条件和方式进行没收的处罚；

9. 张贴所宣判的决定或通过纸质媒介或任何电子媒介向公众公示该决定；

……

12. 禁止接受国家、地方当局及其机构或团体以及承担公共服务任务的私人支付的任何财政援助，期限最长为5年。

对于可判处一年以上监禁刑的重罪或轻罪，除违反出版法之轻罪外，也可处没收处罚。

上述第1项和第3项规定之刑罚不适用于有可能负刑事责任的公法法人，也不适用于政党或政治团体、行业工会。第1项规定之刑罚亦不适用于员工代表机构。

第131–39–2条

Ⅰ–如果法律规定能对法人提起诉讼，轻罪可处以如下刑罚：在法国反腐败局监管之下，在最长5年期限之内，提交一份合规计划，旨在确保第Ⅱ款规定的措施和程序在法人内部存在并得以实施。

……

Ⅲ–当法院宣布本条Ⅰ规定的刑罚时，法国反腐败局为协助其进行法律、财务、税务和会计分析而召集专家或有资质的机构与个人所产生的费用应由被定罪的法人承担，但这些费用的数额不得超过宣布该刑罚的罪行所产生的罚金数额。

B. 西班牙

西班牙《刑法典》既规定了法人犯罪可以适用的具体刑罚，也允许预审法院出于预防等必要对涉嫌犯罪的法人施加资格限制或从业禁止的预防措施。具体而言，西班牙《刑法典》第33条第1款将刑罚分为重刑、轻重刑和轻刑三类；而根据同条第7款，针对法人的刑罚全部视为重刑，具体包括从配额或比例罚金到限制活动、吊扣许可、法人解散、司法监察等多样化的法人刑罚种类；该条同时还规定，预审法院法官在案件调查过程中，可根据需要对法人施加暂扣许可、限期停产停业、司法监察等预防措施。

第 33 条

1. 根据其性质和持续时间,刑罚可分为重刑、轻重刑与轻刑。

……

7. 适用于法人的刑罚均应视为重刑,具体如下:

a)配额或比例罚金。

b)法人解散,解散应导致其法人资格的最终丧失,包括合法情形下在法律交易中以任何方式行事或进行任何种类的活动的能力。

c)暂停业务活动,期限不超过 5 年。

d)关闭机构和场所,期限不超过 5 年。

e)禁止从事犯罪或可能促进、掩饰犯罪的业务活动。施加此类禁止可附期限或无期限,如附期限不得超过 15 年。

f)取消获得公共补贴或援助、与公共部门签订合同以及享受税收或社会保障福利和奖励的资格,期限不超过 15 年。

g)在认为必要的时间内,针对劳动者和债权人权利保护进行司法监察,期限不超过 5 年。

监察的范围可以涵盖整个组织,或者只限于特定设施、部门或业务单位。法官或法院在判决书中或随后的命令中应明确监察的确切内容、监察人人选以及向司法机构提交后续报告的期限。监察措施向监察人和检察院提出报告后,可随时修改或暂停。监察人有权进入公司或法人的所有设施和场所,并接受他认为对行使其职能必要的所有信息。薪酬或必要的资格等与行使监察职能有关的事项由具体条例确定。

作为案件调查期间的一项预防措施,预审法官也可下令暂时关闭设施或机构,暂停社会活动和进行司法监察。

C. 意大利

意大利第 231/2001 号法令第 9 条同样规定,对企业基于犯罪的行政不法行为,可以施加金钱制裁、褫权制裁、没收以及判决公示等处分。其中褫权制裁包括停止业务活动、限制或禁止特定资格以及禁止广告宣传商品或服务等具体措施。同法第45条规定检察官可以请求法官下令采取适用褫权制裁的预防措施，第46条则规定了采取预防措施应恪守适当、必要性等判断，同时禁止多种预防措施的并处。从判例来看，意大利最高法院将禁止制裁作为针对企业犯罪的主要制裁手段而非附加制裁，因此在涉案企业的司法协商过程中，禁止制裁的种类与期限也是辩诉双方讨论的主要议题。①

第一章　企业的行政责任②

第二节　一般性制裁

第9条　行政制裁

1. 对基于犯罪的行政不法行为的处罚是：

a）金钱制裁；

b）褫权制裁；

c）没收；

d）判决公示。

2. 褫权制裁包括：

a）取消从事业务活动资格；

b）暂停或撤销对实施犯罪有促进作用的授权、许可或特许；

c）禁止与公共行政部门签订合同，除非是为接受其执行；

d）排除公共服务承包商资格，排除获领财政优惠、贷款、补贴资格并可能追回已拨财政优惠、贷款及补贴；

e）禁止为商品或服务进行广告。

第三章　行政制裁的适用和认定程序

第四节　预 防 措 施

第45条　预防措施的适用

1. 当有严重的迹象表明，该实体对基于犯罪的行政不法行为负有责任，并且有充分、具体的原因认定该实体存在发生与被起诉性质相同犯罪的风险，检察官可请求法官适用第9条第2款规定的取消

---

① 参见刘霜：《意大利企业合规制度的全面解读及其启示》，载《法制与社会发展》2022年第1期。

② 吉中信人「イタリア刑法における企業犯罪の法的規制」広島法学34巻3号（2011年）。

资格制裁之一以作为预防措施，并在提交的书状中列明请求的根据，包括有利于和不利于该实体的要素和其已提交的辩护状。

第46条　措施的选择标准

1. 法官通过命令采取预防措施时，应考虑到与具体案件中需要满足的预防性质和程度有关的每种措施的具体适宜性。

2. 任何预防措施都必须与犯罪性质和可能适用于该实体的处罚程度相称。

3. 只有在其他预防措施均被证明不充分的情况下，才可下令禁止业务活动资格的预防措施。

4. 预防措施不可并处。

②域外立法评价

总结上述域外立法经验，可以得出以下三点启示：

第一，法人是否具有刑事主体地位对于能否设定法人刑事资格罚十分关键。如果说以上西班牙和法国的立法例中规定法人犯罪资格罚是因为其刑法典已经确立了法人的刑事主体地位，那么，以意大利第231/2001号法令为代表的立法例则说明，如果一国既有法规范和理论对法人的刑事主体地位仍存争议，特别是存在宪法等基本法意义上的限制时，出于有效治理企业犯罪的现实需要，宜通过“第三类责任”或“混合制裁”的方式确立对法人的资格罚，以期实现威慑与预防效能的最大化。

第二，法人资格罚的性质介乎刑罚与行政罚之间，又由于其效果偏重对企业潜在犯罪能力的预防性管控，故也具备单独设置保安处分的可能性。以意大利第231/2001号法令为例，该法令为避免违宪争议将单位犯罪的资格罚定性为“基于犯罪的行政不法”，这种模糊定位其实也从另一方面表明，对法人的资格罚制裁虽与自然人犯罪的刑罚有类似之处，却不可完全等同。一方面，资格罚确实能够起到惩治单位犯罪的处罚效果。另一方面，资格罚更着眼于企业的犯罪能力剥夺；换言之，对于涉案企业来说，限制乃至禁止其从事特定活动的资格即是对其潜在犯罪风险的管控。正是在后者的意义上，将针对涉案企业的资格罚作为一种预防性的保安处分具备制度建构的空间。但也必须明确，此时在对具体限制措施的必要性和适当性应进行充分评估之基础上决定保安处分的适用，避免出现对风险的预防异化为导致法人的消灭这样本末倒置的情形。

第三,法人资格罚可以作为罚金刑的有效补充,多管齐下更有利于实现企业犯罪治理目标。现实中,对于逐利性单位而言,单处罚金刑的意义十分有限;而对于财力雄厚的大型企业来说,支付罚金更是无关痛痒。诸如停业整顿、限制营业活动以及禁止公开募集资金等资格罚,既能够在罚金刑执行存在困难时起到有效的制裁兜底,也能够针对特定单位主体或犯罪类型起到精准治理的功效。当然,考虑到一些特定的资格刑(如强制解散)对于单位的威慑程度极大,贸然适用反而会造成更多次生问题,是否以及如何进行制度移植还需要更为审慎的论证考察。

(2)立法修正的必要性

针对企业的不法行为科处罚金通常是首选乃至唯一的威慑手段,然而单一罚金已被证明有其不足之处,难以提升合规激励效果。出于上述考量,在涉案企业合规立法设计体系中,有必要增设具有保安处分性质的资格罚。

一是有助于弥补罚金刑的不足。增设与罚金刑匹配的资格罚,可以优化目前单一罚金刑威慑力不足的问题。一方面,罚金刑虽然可以在一定程度上通过减少单位的自有资金来削弱其犯罪能力,但对于财力雄厚的涉案单位而言,单一罚金刑造成的影响有限,特别是在不限制其生产经营活动的情况下,罚金刑几乎难以发挥其应有的威慑作用,无法借此降低其再犯可能性。另一方面,对于资金本就拮据的涉案单位来说,如果高额罚金已经超出单位继续运营的成本,将很可能促使单位主动宣告破产以逃避刑事处罚,同样难以达致罚金刑的预设功能。通过引入资格刑,涉案企业所要考虑的就不仅是宣判后自有财产的减损,还包括预期收入的部分乃至全部丧失。如果与我国刑法中已有刑种比较,暂扣、吊销许可证件和责令停产停业乃至解散的处罚严厉程度堪比长期自由刑、无期徒刑甚至死刑。此时对于企业而言,实施不法行为面临的法律后果更为严厉,特别是在法人已经资不抵债的情况下,即便罚金因此失去适用基础,刑事制裁也不会流于纸面,整体上保证威慑效能得到显著提升。

二是有助于修复行刑衔接关系的失衡。增设与罚金刑匹配的资格罚,可以妥善解决企业行政不法与刑事不法制裁措施之间的“倒挂”问题。以生产不符合安全标准的食品行为为例,根据《食品安全法》的相关规定,食品安全监督管理部门对涉案企业可以选择行政没收、罚款、责令停产停业直至吊销许可证件等多种制裁方式;但构成犯罪时,根据《刑法》第64条和第150条的规定,法院仅得对涉案企业判处刑事没收和罚金刑。基于刑法的保障法地位,刑罚的严厉程度相较于前置规范的行政罚应当有明显的提升,在此意义上,增设相应资格罚能够有效改善现在刑罚单一罚金制下与行政制裁多样化之间的衔接失衡问题。

三是有助于增强合规激励的效果。增设与罚金刑匹配的资格罚,还能够进一步强化涉案企业合规的激励效应。对于涉案企业而言,采取合规整改的激励机制由正反两个面向共同组成。具体而言,对于构建有效合规计划的涉案企业,司法机关作出的暂缓起诉、合规不起诉、合规缓刑等处理决定,使其获得接受合规监管评估的机会乃至无罪处理的结果,构成涉案企业合规的正向激励;对于拒绝采取或者未按承诺构建有效合规计划的涉案企业,司法机关作出的提起公诉决定就使其面临定罪处罚的结局,从而形成涉案企业合规的反向激励。如果说《刑法》中既有的单位罚金刑对涉案企业而言已经形成一定的合规激励,那么,通过资格罚的增设,合规激励的效果将进一步彰显,从而在整体上助推涉案企业构建有效合规计划,实现犯罪受损法益修复与潜在犯罪风险预防的系统治理效果。

3. 立法理由

(1)立法原理说明

我国刑法确立"自然人—单位"的二元主体模式,《刑法》第30条明确规定了单位的犯罪主体资格,在刑法中设定资格罚不存在体系上无法解决的冲突。在此基础上,企业资格罚应定性为刑罚还是保安处分需要进一步明确。尽管我国刑法并未在规范意义上设定"保安处分",但在功能意义上,诸如《刑法》第17条规定的专门矫治教育、第18条规定的强制医疗、第35条规定的驱逐出境、第37条之一规定的从业禁止以及第38条第2款规定的禁止令等,都可以视为具体保安处分措施。[①] 保安处分不同于刑罚之处在于:一是刑罚的目的或者正当性证成之中必然包括报应,

---

① 参见时延安:《隐性双轨制:刑法中保安处分的教义学阐释》,载《法学研究》2013年第3期。

而保安处分是面向未来的纯粹预防性制裁；二是刑罚的确定以罪责为基础，保安处分则着眼于未来实施犯罪的可能性，也是在此意义上，保安处分不像刑罚受到责任主义的制约，而是通过比例原则加以限制。

晚近以来，刑法正经历一场积极主义转型。[①] 积极主义刑法“不再严格强调以既成的法益侵害结果作为追究刑事责任的基础，而是着眼于未来，基于对安全的关注，着重防范潜在的法益侵害风险，从而实现有效的社会控制”。[②]《刑法修正案（九）》增设的从业禁止条款即为积极主义刑法观转型的具体表现。刑法中的从业禁止条款着重关注行为人的犯罪情状与再犯罪预防，在否定评价和威慑效果上均较行政制裁更为严厉，可以说是出于预防犯罪、保障社会公众安全和维护社会公众利益而设置的一项保安处分。[③] 就增设企业资格罚而言，不能否认其带有对涉案企业不法行为的报应性质，但其更关注的是涉案企业未来再犯罪的可能性，无论从手段还是制裁力度上均更为灵活，既能在罚金刑之外成为企业犯罪制裁体系的有力补充，也能够根据企业合规整改情况予以动态调整，增强合规激励效应。正是出于以上原因，应将资格罚的性质定位为保安处分。

或许会有质疑观点认为，既然前置行政法规范中已经设定资格罚，刑法再设定相似的制裁只是叠床架屋，并无实益。应当承认，就对涉案企业的资格褫夺而言，行政制裁与立法所要增设的刑事制裁在内容上高度相似：诸如责令停产停业整顿、暂扣或吊销许可、强制解散等具体措施同样见诸前置行政罚规定。然而，作为刑事制裁的资格罚所承载的否定性评价，远远超出行政手段、民事手段的否定性评价，在涉案企业构成犯罪的情况下，理应动用更为严厉的刑事制裁而不仅仅是借助行政制裁中的资格罚消除其再犯罪的风险，以满足治理企业犯罪的现实需求。早在现行刑法制定之时就有专家学者提出应增设单位的资格刑，立法机关最后出于实践中不好协调行刑关系等原因没有采纳这一建议。[④] 现行刑法立法

---

① 参见刘艳红：《积极预防性刑法观的中国实践展开》，载《比较法研究》2021 年第 1 期。

② 何荣功：《预防刑法的扩张及其限度》，载《法学研究》2017 年第 4 期。

③ 参见刘夏：《保安处分视角下的职业禁止研究》，载《政法论丛》2015 年第 6 期。

④ 参见高铭暄：《中华人民共和国刑法的孕育诞生和发展完善》，北京大学出版社 2012 年版，第 216 页。

之初所担心的实践衔接问题,历经20余年的经验积累,已经到达质变的关键节点。国家治理能力与治理体系现代化建设以“共治共享共建”为行动指南,各部门法“划江而治”显然与此目标不符,也不利于综合性治理体系的建设和法治化逻辑的贯彻。在这个意义上,以行刑衔接不便为由拒绝增设刑事制裁意义上的资格罚其实是倒果为因。在全面推进治理能力与治理体系现代化升级的宏观背景下,行刑规范错位不再是立法止步不前的原因,反而是其要克服的制度障碍。

(2)立法条文解释

《刑法》第37条之一增设一款作为第2款,规定了以下三种以单位为适用对象的资格罚:责令停产停业整顿、暂扣以及吊销许可证件;同时将原条文第3款作为第4款,改为“其他法律、行政法规对从事相关职业、单位从事相关经营活动资格另有禁止或者限制性规定的,从其规定”的表述,为行刑衔接的立法协同预留适用空间。

①“责令停产停业整顿”是指在一定期限内,对犯罪单位剥夺其从事相关生产经营活动的部分或全部权利的保安处分。从效果上看,此种保安处分类似于无刑事责任能力自然人犯罪所适用的强制医疗,带有“准自由刑”性质。此种处分适用于犯罪情节,一般可通过整改有效消除涉案企业的再犯罪风险。在停业整顿期间,人民法院应暂时收缴犯罪单位开展生产经营活动必需的印章、证件,并在人民法院或委托的主管部门的监督下对涉案企业进行整顿,通过消除可能再犯罪的结构性因素实现犯罪预防目的。由于停业整顿往往与企业合规整改相结合,故而停业整顿期间应以6个月至1年为宜。

②“暂扣许可证件”是指在一定期限内,取消犯罪单位从事特定活动资格的保安处分。许可是行政权力干预市场活动的主要手段,对于市场经济活动具有规制功能。根据《行政许可法》的相关规定,行政许可是指行政机关根据公民、法人或者其他组织的申请,经依法审查,准予其从事特定活动的行为。对于申请符合法定条件、标准的申请人,行政机关应当依法作出准予行政许可的书面决定。需要颁发行政许可证件的,应当向申请人颁发加盖本行政机关印章的下列行政许可证件:许可证、执照或者其他许可证书;资格证、资质证或者其他合格证书;行政机关的批准文件或者证明文件;法律、法规规定的其他行政许可证件。对于企业而言,如

其生产经营活动涉及前置许可,则持有合法有效的行政许可证件是其从事相关生产经营活动的必要前提。也因为如此,对于犯罪情节较重,需要通过长期整改才能达到合规经营目标的涉案企业,人民法院可以通过限期暂扣许可证件的方式,暂停其从事特定生产经营活动的资格,督促其主动进行合规整改以达到预防涉案企业再犯罪之目的。需要说明的是,由于本款第1项已经规定了责令停产停业整顿,第2项的暂扣许可证件与之可能发生竞合。以市场监督管理部门颁发的适用于一切经营主体的营业执照为例,暂扣此类许可证件与责令停产停业在实质上并无区分。故第2项中对涉案企业的许可限制应限于特殊许可,例如从事矿产采集、食药品生产加工等特殊行业的特许经营权,而不包括市场主体从事生产经营活动的普通许可。最后,考虑到应与前置行政罚形成制裁梯度,暂扣许可证件的期限以6个月至1年为宜。

③"吊销许可证件"是指取消犯罪单位从事特定活动资格的保安处分。对于确实有证据能够认定涉案企业在从事特定经营活动中存在结构性触法风险,暂扣许可证件不足以预防其再犯罪时,法院可以直接吊销其许可证件。而根据前置法规范,对于许可证件被吊销的单位,通常在被吊销之日起1年内不得再申请新的许可;而再次申请许可时,吊销许可期间的合规整改情况(是否消除系统性犯罪风险)应成为重点审查的条件,对于不符合条件的单位,应当拒绝再次发放特许。

四、修正《刑法》第52条【单位罚金数额的确定】

1. 立法条文

(1)立法原文

第五十二条　【罚金数额的确定根据】判处罚金,应当根据犯罪情节决定犯罪数额。

(2)立法新增条文【单位罚金数额的确定根据】

在《刑法》第五十二条增设一款,作为第二款:对单位判处罚金的,应当根据犯罪情节及其建立、履行合规计划的有效性,决定罚金的数额。

2. 立法依据

(1)域外立法考察及评价

①域外立法考察

A. 美国

英美法系国家普遍确立了合规计划的量刑要素地位。1991 年,美国联邦量刑委员会(USSC)颁布了《组织量刑指南》,这一指南随即成为指导美国法院处理公司犯罪和公司合规问题的重要参考。《组织量刑指南》规定在《联邦量刑指南》第八章。依照《组织量刑指南》,只要企业并非以犯罪活动为主要目的,则企业承担的罚金数额将按照四个步骤进行计算:第一步,确定犯罪等级;第二步,把罪行等级带入公司罚款表;第三步,确定罪责指数;第四步,依照罪责指数的对应倍数确定最终的最高和最低罚款数额。事前、事后合规计划主要用于降低罪责指数,进而降低最高、最低罚款数额,完备的合规计划可能帮助企业免去近 30% 的罚款额。确定罪责指数的标准规定在《组织量刑指南》§8C2.5(f)(g),具体内容如下:

§8C2.5(f)

(f)制定有效的道德合规计划

(1)如果组织虽未能防止犯罪行为发生,但制定了有效的道德合规计划,参照 §8B2.1(有效的道德合规计划),则应减少 3 点。

(2)如果组织意识到犯罪行为后,没有任何正当理由延期向相关政府管理部门上报,则(f)(1)不适用。

(3)(A)如果组织的某位高层管理人员、犯罪发生部门(拥有 200 或 200 多名员工)的某位高层管理人员、或者 §8B2.1(b)(2)(B)或(C)中描述的个人有参与、放任、包庇犯罪的行为,则(f)(1)不适用,下面(B)和(C)种的情况除外。

(B)如果一个(i)小规模组织的高层管理人员或者(ii)组织中有实权但不在高层的管理人员有参与、放任、包庇犯罪的行为,且这个组织不具备有效的道德合规计划,则(f)(1)也不适用。

(C)如果有以下情况,则(A)(B)不成立:

(i)负责道德合规管理[参照 §8B2.1(b)(2)(C)]的个人有向有

关管理机构或其隶属组织(如董事会审计委员会)检举犯罪行为的直接义务;

(ii)在犯罪行为被组织外的部门发现或在很可能即将被发现之前,组织的道德合规计划就已披露了此犯罪行为;

(iii)组织自发向有关政府当局举报犯罪行为;

(iv)负责道德合规管理没有参与、放任、包庇犯罪行为。

§8C2.5(g)

(g)自行检举、合作并承担责任

如果适用不止一条,则取罪责指数最大的:

(1)如果组织发现犯罪行为后,在政府调查或事情即将败露之前主动且及时地向有关政府当局报案,在调查中予以全面合作,并承认自己的罪责,则应减少5点;

(2)如果组织在调查中予以全面合作,并承认自己的罪责,则应减少2点;

(3)如果组织承认自己的罪责,则应减少1点。

B.英国

英国在《关于欺诈罪、贿赂罪和洗钱罪的指导意见》(Definitive Guidelines on Fraud, Bribery and Money Laundering Offences)中将商业组织应承担的责任分为高、中、低三级,法官在量刑之际首先要根据其合规努力等情况确定责任等级,然后根据责任等级确定罚金数额。其责任等级划分的具体标准如下:

A－高度罪责

公司在有组织、有计划的非法活动中发挥主导作用(无论是单独行动还是与他人一起行动)

故意妨碍侦查(例如销毁证据、误导调查人员、收买雇员)

通过压力或胁迫让他人参与(例如员工或供应商)

针对弱势受害者或大量受害者

针对地方、国家政府官员或部长的腐败

针对履行执法职责的官员的腐败

滥用市场支配地位或信任或责任地位

在一段持续的时间里犯下的罪行

员工或代理人故意无视犯罪的文化,不努力建立有效的系统(仅限《反贿赂法》第7条)

B-中等罪责

公司在他人组织的非法活动中扮演重要角色

活动一开始不是非法的

公司鲁莽作出虚假陈述(1994年《增值税法》第72条)

不存在A类或C类特征的所有其他情况

C-较小罪责

公司在他人组织的非法活动中扮演次要的、边缘的角色

为实施贿赂预防措施做出了一些努力,但不足以构成抗辩(仅限《反贿赂法》第7条)

以被胁迫、恐吓或剥削的方式参与

②域外立法评价

第一,单位罚金刑减免制度的设立具有普遍性。受美国《组织量刑指南》的影响,英国在《关于欺诈罪、贿赂罪和洗钱罪的指导意见》中,日本在《垄断禁止法》中设立了单位犯罪的“罪责减免政策”(leniency police),且日本在司法实践中通过“東京高判平成8年5月31日判例タイムズ912号”确立了事后合规整改属于酌定量刑情节。当前,无论是英美法系国家,还是大陆法系国家,都开始普遍接受企业犯罪的合规监督模式,罚金刑减免制度作为合规计划的刑法激励机制组成部分具有必要性。

第二,合规计划的建立与事后应对措施是重要的刑罚减免要素。《组织量刑指南》与《关于欺诈罪、贿赂罪和洗钱罪的指导意见》均十分重视建立有效的合规计划,合规计划与建立合规计划的努力能够成为罪责减免的根据,其中企业文化具有重要地位。企业事后的主动披露、配合调查、认罪认罚等应对措施也是重要的刑罚减免根据。在《组织量刑指南》中,事后应对措施享有比事前合规计划更大的罪责减免幅度。参考美国、英国等国家的立法,建立、履行合规计划及有效的事后合规整改应当受到重视,并在量刑中予以体现。

第三,阶梯式的罚金刑减免制度有利于提高激励效果。美国《组织量刑指南》与英国《关于欺诈罪、贿赂罪和洗钱罪的指导意见》均为罚金刑的减免设立了阶梯式的量刑幅度。根据其规定,有效的合规计划、事后合规应对措施与整改措施的实施时间、各项措施的充分程度、实施效果的评价等均会通过罪责指数等指标予以反映,最终在相似案件甚至同一案件中体现出差异化的刑罚减免效果,进而激励企业实施有效合规整改的积极性。对我国而言,这一制度同样具有重大参考价值。

(2)立法修正的必要性

第一,为企业合规的罚金刑减免提供法律依据。依照现行《刑法》第52条的规定,罚金数额应当根据犯罪情节决定。"犯罪情节"包括说明构成要件不法程度的情节、超出构成要件范围的加重结果情节、客观处罚条件以及基于刑事政策的案外情节等四类。企业实施的事后合规整改发生在犯罪既遂后,不属于以上四类犯罪情节的组成部分。因此,现行刑法缺乏以有效合规计划的实施情况为根据的罚金刑减免规定,企业合规的罚金刑减免依据存在实体法上的缺位,本款的增设能够为罚金刑减免提供正当性基础。

第二,确保立法修正的体系性和协调性。依据本书提出的系统性修改建议,《刑法》第31条修改为"单位已履行合规管理义务的,可以从轻、减轻或者免除处罚"。同时,第67条可修改为"单位犯罪以后立即采取补救措施,配合开展合规整改的,可以从轻或者减轻处罚;建立有效预防犯罪的合规管理体系的,可以减轻或者免除处罚"。根据立法修改的体系性要求,现行《刑法》第52条也应当做出同步调整,否则将与上述条款的修订产生抵牾。

第三,有助于在审判阶段建立合规激励机制。目前涉案企业刑事合规主要集中在审查起诉阶段,激励方式以检察机关相对不起诉为主,在审判阶段的合规激励机制尚未明确。对于涉案企业在审查起诉阶段积极展开合规,但由于犯罪情节较为严重而不能适用相对不起诉的,在量刑阶段能够给予从宽处罚,对其也具有重要的激励效果。对那些在审查起诉阶段虽展开合规但最终未通过合规考察的企业而言,在量刑阶段给予一定的从宽处理,也可以产生打消企业顾虑,促进有效合规的一般预防效果。总之,在审判阶段建立合规量刑从宽制度,可以形成刑事诉讼程序“全流程”的合规从宽体系，从整体上提升企业刑事合规的激励效果。

3. 立法理由

(1)立法原理说明

参照域外立法以及刑罚原理，合规量刑从宽制度的立法原理来自刑罚目的论，涉案企业合规整改的情况对刑罚报应目的和预防目的会产生影响，导致责任刑和预防刑必要性有所降低。

一方面，涉案企业合规整改降低了责任刑程度。根据责任主义的观点，影响责任刑的量刑情节包括不法事实和表明责任程度的事实。企业在接受检察机关的合规考察后采取一系列积极应对措施，这些补救、挽救措施被认为是合规整改的有效部分，能够对受损法益进行补救、修复，①从而使不法程度得以减轻。单位的合规责任是一种状态责任，即指企业因内部决策程序与组织结构而鼓励或纵容犯罪，因而处于合规否定性评价的状态，这种状态成为关联人员犯罪行为归责于企业的理由。② 有效的事后合规整改帮助企业实现了去犯罪化，单位的状态责任就不复存在或得以大幅减轻，由此也会影响责任刑的适用。根据罪责刑相适应原则，责任刑在宣告刑中占据重要地位，当责任刑降低时，必然会影响单位罚金刑的量刑从宽。

另一方面，涉案企业合规整改也会影响预防刑的评价。涉案企业合规整改的重要内容是对企业管理漏洞与制度隐患采取专项整改措施，健全企业内部管理机制，防止再犯。在特殊预防方面，事后合规整改替代刑罚发挥了特殊预防作用。合规整改的本质是建立健康的企业文化，从根源上消除犯罪的原因。这一过程包含了对企业依法经营文化的教育、塑造，要求企业投入大量人力物力成本，改变内部管理结构和经营方式，构建具有犯罪预防功能的合规体系，从而满足对单位进行矫正的特殊预防目的。在一般预防方面，有效企业合规整改会给企业带来高昂的经济成本，这些经济成本对于潜在犯罪人而言，也具有一定的威慑效果，对未建

① 参见陈瑞华：《企业合规出罪的三种模式》，载《比较法研究》2021 年第 3 期。

② 参见刘艳红：《企业合规不起诉改革的刑法教义学根基》，载《中国刑事法杂志》2022 年第 1 期。

立合规体系的企业同样能够起到教育、引导功能。涉案企业积极开展刑事合规，改造不合规的商业模式和经营方式，使得对企业适用预防刑的必要性有所下降，此时涉案企业应当获得量刑从宽的优待，适用更轻的罚金刑。

（2）立法条文解释

①本款的性质。本款属于从宽处罚而非从重处罚条款。事后合规整改从宽处罚的依据在于责任刑与预防刑的降低，即使事后整改无效或有效性不足，也不会加重法益侵害的严重程度或改变所需承担的责任类型，不能以此作为罚金刑从重的根据。若事后合规整改效果并不理想，只要企业为此进行了积极的努力，付出了一定的成本，对法益进行了一定程度的修复、发挥了一定预防犯罪功能，则仍然可以作为从轻、减轻的根据，但不能作为免除处罚的根据。

②本款适用的前提。本款适用于涉案企业已经构成犯罪且无充分有效的事前合规计划的情形，若企业建立、履行了有效的合规计划，则合规计划将阻却企业的犯罪构成，不涉及本款的适用。具体而言，本款适用于以下情形：一是涉案企业已经建立事前合规计划，该合规计划完全未发挥预防犯罪的作用；但对于事前制定的无任何预防犯罪功能的形式合规，则不应依据此种情形给予刑罚从宽处理。二是涉案企业事前未建立合规计划或仅是形式合规，但事后积极参加合规整改的，无论最终是否通过合规评估，在量刑上都应有相应的从宽处理方式。三是涉案企业所犯罪行较为严重，事后虽然建立了有效的合规计划，但也无法消除责任刑的，应在量刑上予以从宽。

③罚金裁量的依据。罚金作为犯罪的法律后果，必须与犯罪的危害程度以及犯罪人的再犯可能性大小相适应。对于单位犯罪而言，罚金裁量首先要考虑已实施犯罪危害程度的责任刑情节，如违法所得数额、造成损失大小等；同时，再犯可能性大小作为预防刑依据，也应当予以充分考量。传统裁量观念下，对单位犯罪再犯可能性的认识较为模糊，单位认罪认罚、单位自首等被视为单位再犯可能性的评价依据，但上述行为并不足以消除单位犯罪的结构性源头，并不能准确评价单位再犯的可能性。在将合规整改情况纳入量刑评价体系之后，对单位再犯危险性的判断就更为客观和准确，若单位积极推动合规整改，矫正管理组织体系结构，建立

有效预防犯罪的内部控制机制和健康的企业文化,则表明单位再犯的可能性较低,预防刑的必要性也应随之降低,反映在刑罚量刑上就是单位罚金的减免。因此,从预防刑角度看,整改合规的有效性是罚金裁量的主要依据之一。

借鉴国外立法经验,合规计划的有效性应当拆分为具体指标分别进行评价,据此划分出不同有效性评级或罪责指数,并为不同等级设置阶梯式的刑罚减免政策。有效性评估的对象与标准可以分为技术要素(形式要素)与文化要素(实质要素)两个不同维度。技术要素通常包括行为准则,预防政策和程序,最高管理层的积极参与,专业合规机构、人员及配套资源,定期培训计划,内部举报制度与举报人保护制度,内部纪律与制裁措施,监控和审计制度,风险评估制度和改善程序十个方面,在评估时也应将法益修复、配合调查、犯罪原因消除等合规考察条件囊括在内。形式要素的核心是体现企业对有效合规计划的承诺与完成承诺的意愿。文化要素则可以参照企业文化的态度、习惯和氛围三个层次予以评估。[①] 文化要素的核心是企业依法依规经营的风尚与习惯。不同要素的具体内容与评价标准可以参考国际标准化组织 2021 年 4 月 13 日发布的《合规管理体系要求及使用指南》(ISO 37301:2021),其对建立、运行、维护和改进合规管理体系进行了相应规定。其他犯罪情节可以作为单位罚金裁量的参考。

④罚金减免的裁量等级。我国现行刑法针对罚金的处罚方式有定额罚金刑、倍数罚金刑和无限额罚金刑三类,但实际运用于处罚单位犯罪的,只有无限额罚金刑一种。在适用罚金减免制度时,应当先根据具体犯罪情节确定基准刑,在此基础上将事后合规整改的有效性分为 A、B、C、D 等不同等级,最后一级即为无效。不同等级依照相同比率递增减免幅度,无效的合规整改不具有减免空间,最高等级应免除全部罚金。罚金减免制度不适用于单罚制的单位犯罪。我国现行刑法中单罚制的单位犯罪共有 15 个,这些单罚制的单位犯罪只处罚自然人,不符合“对单位判处罚金”的要求。因此,本款的刑罚减免规定仅适用于双罚制单位犯罪中的单

① 参见李勇:《涉罪企业合规有效性标准研究——以 A 公司串通投标案为例》,载《政法论坛》2022 年第 1 期。

位主体。

五、修正《刑法》第66条【合规特别累犯】

1. 立法条文

(1)立法原文

第六十六条　【特别累犯】危害国家安全犯罪、恐怖活动犯罪、黑社会性质的组织犯罪的犯罪分子,在刑罚执行完毕或者赦免以后,在任何时候再犯上述任一类罪的,都以累犯论处。

(2)立法新增条文【合规特别累犯】

在《刑法》第六十六条增设一款,作为第二款:单位合规整改获得不起诉处理或者从宽量刑的,在不起诉决定做出后或刑罚执行完毕以后五年内再犯同类犯罪的,应当从重处罚。

2. 立法依据

(1)域外立法考察及评价

①域外立法考察

A. 法国

《刑法典》

第132－12条　法人因法律规定当处自然人70万法郎罚金之重罪或轻罪已经最终确定判决,又因重罪应负刑事责任者,适用之罚金最高额为惩治重罪的法律所定最高罚金额的10倍。在此场合,法人还应受第131－39条所指之刑罚,但该条最后一款之规定除外。

第132－13条　法人因法律规定当处自然人70万法郎罚金之重罪或轻罪已经最终确定判决,自前刑期满或完成时效起计算10年期限内,又因犯当处相同刑罚之轻罪应负刑事责任者,适用之罚金最高额为惩治该轻罪的法律所定最高罚金的10倍。

法人因法律规定当处自然人70万法郎罚金之重罪或轻罪已经最终确定判决,自前刑期满或者完成时效起计算5年期限内,又因法律规定当处自然人10万法郎以上罚金之轻罪应负刑事责任者,适用之罚金最高额为惩治该轻罪的法律所定最高罚金额的10倍。

在前两款规定的情况下，法人还受第131－39条规定的处罚，但本条最后一款规定的除外。

第132－14条 法人因轻罪已经最终确定判决，自前刑期满或完成时效起计算5年期限内，又因相同之轻罪或依累犯之规定，因相类似之轻罪应负刑事责任者，罚金最高额为惩治该轻罪之法律规定当处自然人之最高罚金额的10倍。

第132－15条 条例有规定之场合，法人因犯第五级违警罪已经最终确定判决，自前刑期满或完成时效起计算5年期限内，又因同一级违警罪应负刑事责任者，适用之罚金最高额为惩治该违警之条例定当处自然人之最高额的10倍。

B. 意大利

《关于法人、公司、协会及非法人组织行政责任的法令》
（第231/2001号法令）

第13条 取消资格

1. 对明文规定的犯罪，至少符合下列条件之一的，适用取消资格处罚：

a）单位从犯罪中获得了可观的利润，并且犯罪是由单位高管或受他人领导的主体实施的，在这种情况下，犯罪的实施是由单位存在严重的组织缺陷导致或促成的；

b）在多次实施犯罪的情况下。

2. 取消资格处罚期限不少于三个月，不超过两年。

3. 第12条第1款规定的情形，不适用取消资格处罚。

第16条 取消资格制裁的最终适用

1. 如果单位从犯罪中获得了可观的利润，并且在最近7年中至少被惩处3次，则可以下令最终禁止其从事活动。

2. 如果该单位在最近7年至少被判处3次相同的刑罚，法官可以明确禁止该单位与公共行政部门签订合同或禁止为商品或服务做广告。

3. 如果该单位或其组织机构之一的责任是可以被预见的，它仍然持续以此作为唯一目的或者容许或为犯罪提供便利，则可以永久禁止其从事活动，且不适用本法令第17条的规定。

第20条　累犯

累犯是指该单位已经明确因犯罪被处罚至少一次，在定罪判决后的五年内再次犯罪。

第32条　累犯情形下合并或分立的关联性

1. 合并或分立的受益人对合并或分立生效之日后实施的犯罪，如果单位在合并或者分立日期之前也曾犯下罪行，则法官根据第20条的规定，在宣判时对其可以认定为累犯。

2. 为此，法官考虑违法行为的性质和所实施的活动，包括合并或分立单位。

3. 对于从分立中受益的单位，根据第1款和第2款规定，只有当分支机构被宣判为犯罪，分立机构被判处刑罚时，可以认定为累犯。

C. 美国

《联邦量刑指南》

§8C2.5　罪责评分

(c) 以前的历史

如果申请多个，请使用较大的：

(1) 如果组织(或单独管理的业务部门)在(A)基于类似不当行为的刑事裁决；或(B)基于两个或多个类似不当行为的单独民事或行政裁决后不到10年内实施了即时犯罪的任何部分，添加1分；

(2) 如果组织(或单独管理的业务部门)在(A)基于类似不当行为的刑事裁决；或(B)基于两个或多个类似不当行为的单独案件的民事或行政裁决后不到5年内实施了即时犯罪的任何部分，添加2分。

《司法手册》

§9－28.000 联邦起诉商业组织的原则

9－28.300　需要考虑的因素

A. 一般原则：一般来说，检察官在决定是否向公司收取费用时适用与对个人相同的因素。因此,检察官必须权衡在合理行使检察判决时通常考虑的所有因素:证据的充分性;审判成功的可能性;定罪的可能威慑、康复和其他后果;以及非刑事方法的充分性。然而,由于公司"人"的性质,还存在一些其他因素。在进行调查、确定是否提出指控以及谈判认罪或其他协议时,检察官在就公司目标的适当待遇做出决定时,应考虑以下因素:

犯罪的性质和严重性,包括伤害公众的风险,以及起诉公司特定类别犯罪的任何适用政策和优先事项;

公司内部普遍存在的不当行为,包括公司管理层共谋或宽恕不当行为;

公司类似不当行为的历史,包括之前针对它的刑事、民事和监管执法行动;

公司愿意合作,包括其代理人的潜在不当行为;

公司合规计划在犯罪时以及指控决定时的充分性和有效性;

公司及时自愿披露不当行为;

公司的补救行动,包括但不限于实施充分有效的公司合规计划或改进现有计划、取代负责任的管理、惩戒或解雇不法行为者或支付赔偿金的任何努力;

附带后果,包括是否对股东、养老金持有人、员工和其他未被证明负有个人责任的人造成不成比例的伤害,以及起诉对公众的影响;

民事或监管执法行动等补救措施是否充分,包括公司与相关政府机构合作产生的补救措施;

对公司渎职行为负有责任的个人的起诉是否充分;

以及任何受害者的利益。

②域外立法评价

域外立法中对于单位或法人因违法犯罪受到处罚后再次实施类似行为的规制,基本可分为两种模式。

一是法定裁量模式。该模式以法国为代表。法国《刑法典》系统规定了法人累犯制度,不仅规定了成立累犯的时效计算方法,还对前后两罪的关联配套、最高罚金数额等条件予以明确。从其规定来看,构成累犯的法人在罚金处罚上最高可以达到当处自然人之最高罚金额的 10 倍。此外,意大利也规定了类似的法人累犯制度。意大利的刑事立法受到意大利《宪法》中“刑事责任是个人责任”的限制,其犯罪主体仅指实施刑事违法行为的自然人(persona fisica)。但意大利立法机关通过第 300 号法律(legge)授权制定的《关于法人、公司、协会及非法人组织行政责任的法令》(第 231/2001 号法令),以“基于犯罪的行政责任”名义为司法机关认定单位犯罪提供了法律依据。在此基础上,该法令也对于单位多次犯罪的处罚作出了具体的规定。如第 13 条规定在单位多次实施犯罪的情况下对其适用取消资格的处罚。第 16 条规定如果单位从犯罪中获得了可观的利润,并且在最近 7 年内至少被惩处 3 次,则可以下令最终禁止其从事活动;如果该单位在最近 7 年内至少被判处 3 次相同的刑罚,则法官可以明确禁止该单位与公共行政部门签订合同或禁止为商品或服务做广告。因此,尽管意大利《宪法》和《刑法》仍在传统的犯罪主体一元化理念下否认单位的犯罪主体资格,但其在实质上已经构建起对单位的刑事责任归责体系,进而为单位累犯的认定以及企业合规制度的建立扫清了障碍。

二是酌定裁量模式。该模式虽未将单位累犯作为法定的刑罚制度,但在其司法实践和有关规范性文件中亦对有犯罪前科及类似不良行为历史的单位在追诉、定罪、量刑上予以特别重视。比如,美国《联邦量刑指南》规定,在判断公司、合伙企业、协会、政府及其政治分支机构等组织体的罪责时,需要考虑该组织体有无类似犯罪历史。[①]《联邦量刑指南》还规定,在决定合规管理制度的具体内容时,应特别重视企业的犯罪前科,如果企业在过去存在犯罪经历,而其又在之后再犯与此前相同或相似的罪行,则有理由怀疑该企业未采用有效、合理的措施来防止该项犯罪行为的出现。[②] 除《联邦量刑指南》外,1999 年由时任美国司法部副检察长埃里克・霍尔德发布的《企业诉讼指南》(1999 年版“霍尔德备忘录”),将该公司有无类似行为史与该公司有无合规计划、合规计划是否完善相并

---

① U. S. Sentencing Guidelines Manual §8C2.5(2010).

② 参见李本灿等编译:《合规与刑法:全球视野的考察》,中国政法大学出版社 2018 年版,第 17 页。

列，一同纳入检察官在决定起诉公司时必备的因素之列。与之相似的还有美国的《联邦起诉商业组织的原则》，根据该文件，检察官在决定起诉一家企业时必须将犯罪企业内不法行为的普遍性、企业实施类似犯罪行为的历史等10项要素纳入考虑。

(2)立法修正的必要性

尽管单位累犯制度在世界各国立法中并非主流，但单位的犯罪历史、犯罪记录业已成为司法实务中影响单位责任的重要因素。随着涉案企业合规改革在全国范围内的全面展开，为保证合规的合理、有效，维持社会公众对于合规改革的信赖，有必要通过设立合规特别累犯制度，提高刑罚的威慑性，防止“纸面合规”。

第一，构建合规特别累犯制度，有助于防范“合规陷阱”。“合规陷阱”指涉案企业急于获得检察机关的不起诉决定或法院的从宽处罚，进行“纸面合规”，未将合规整改真正贯彻于企业治理之中，犯罪原因并未有效消除，再犯危险性并未真正降低。造成“合规陷阱”的主要原因是，合规建设的成本高、代价大，部分单位在贪利和侥幸心理的诱使下，将合规整改变为走秀式的“纸面合规”“形式合规”和可改可不改的“软约束”，①严重削弱合规改革的实质有效性。防范“刑事合规陷阱”，需将监管与惩罚结合在一起，同时发挥正向与负向的刑事合规激励作用，使“厚爱”与“严管”并行。当前的合规试点由检察机关主导或引入第三方组织对涉案企业的合规承诺、整改进行监督评估，将单位的合规承诺和合规整改作为不起诉和从宽量刑的依据，体现了正向激励。然而，面对“合规陷阱”，也有必要采取相应的惩罚手段，建立负向激励机制，在预防单位再次犯罪的同时兼而保障正向激励的效果。合规特别累犯即是刑事合规负向激励机制的重要制度设计，对于防范“合规陷阱”、保障合规改革顺利运行具有重要作用。当单位在合规整改后再犯类似之罪，符合合规特别累犯的成立条件，说明该单位在前期整改中并未采取有效、合理的措施系统性地修正自身的政策、规章、制度、文化及行为规范，单位体制内部仍然存在系统性的合规风险。对其从严处罚，有助于发挥刑罚的矫正、

---

① 参见邱春艳：《企业合规改革，第三方监管如何落实——涉案企业合规第三方监督评估的实践与思考》，载《检察日报》2021年12月17日，第1版。

整治作用,也能在社会范围内形成警示,敦促其他单位进行实质、有效的合规建设。

第二,现行的累犯制度难以充分发挥预防单位再次犯罪、保证合规计划严格执行的功能。我国累犯制度以规制自然人犯罪为中心,无论是一般累犯还是特别累犯,都建立在自然人犯罪的基础上,与单位累犯表现出了显著的内在差异与构造差别。根据《刑法》第 65 条,一般累犯要求犯罪分子所犯前后两罪都被判处有期徒刑以上刑罚,但在单位作为刑罚主体时,对其的处罚体现为罚金刑和限制或者取消单位从事相关经营活动的资格,单位本身不可能适用有期徒刑、无期徒刑、死刑等刑种,这在刑种、刑度条件上阻却了单位成立一般累犯。随着合规改革的推进,单位和其责任人逐步实现分离入罪、分离出罪、分离追诉,二者的定罪量刑路径不同,无法把对自然人适用的刑罚嫁接到单位累犯认定中来。合规责任不同于基于个人行为的道义责任或规范责任,而系一种组织责任,尤其强调以层级结构、教育体制、经营方针、企业目标等合规要素对其实行归责。[①] 由于组织责任在故意与过失的认定路径较之自然人的罪过判断有较大不同,与自然人累犯制度的理论基础并不配适。综上所述,由于当前累犯制度存在的上述问题,构建合规特别累犯制度,应成为推进涉案企业合规改革的重要保障。

第三,构建合规特别累犯制度,有利于消除公众质疑,强化合规改革的正当性、合理性。在合规改革的推进过程中,始终不乏"花钱买刑""法外开恩"的质疑。除确有部分单位利用虚假合规承诺换取从宽处置、使合规整改流于形式外,即便在诉讼过程中进行了实质性整改,对于单位而言,维持合规体系的正常运作往往要消耗大量人力、物力、财力,而合规所带来的经济效应和社会效应却需较长时间方能变现。当合规体制无法持续、有效运行,势必动摇合规改革的根基,引发公众对改革的质疑。因此,极有必要向社会各界传达出"涉案企业合规整改是动真格的""合规改革绝非涉案企业无条件的'免罚金牌'"等理念。相较于合规不起诉、合规缓刑与合规从宽量刑,合规特别累犯制度在时间维度上规制单位合规经

---

① 参见刘艳红:《企业合规不起诉改革的刑法教义学根基》,载《中国刑事法杂志》2022 年第 1 期。

营的跨度更长、更具持续性，在不起诉考验期限过后，合规特别累犯制度仍能继续发挥其对单位合规经营的激励与警示作用，明确传达出合规从宽绝非“一宽了之”，真正发挥合规整改“办理一案，带动一片”的功效。此外，成立合规特别累犯也不要求单位所犯前后两罪在罪名上完全一致，而是从行为性质与法益类型上对单位再犯同类犯罪进行规制，保证了合规制度的灵活性，有助于防止合规走向僵化，强化合规改革的现实适应性。

3. 立法理由

(1)立法原理说明

在《刑法》第66条之下增设合规特别累犯制度，其目的在于通过处罚合规再犯，提高刑罚的威慑效果，防止“纸面合规”。该立法设计的原理在于：

第一，设置合规特别累犯制度符合刑罚的预防目的。一是符合对单位再犯危险性的特殊预防需要。单位的再犯危险性属于一种系统性缺陷、整体性缺陷，这种缺陷深嵌于单位的章程规范、部门结构、制度文化中，单位成员的品行、性格、过往背景等人格状况只是影响单位组织犯罪的因素之一。在理想的情况下，单位在初次犯罪后积极构建合规计划，创建合理的防控风险治理结构，建立内部合规政策和员工手册，设置合规管理流程体系，这些措施能够减小单位的再犯危险性，进而降低甚至消除对其的特殊预防必要性。[①] 然而，当整改后的单位在法定期限内再度涉及同类犯罪，说明了之前合规计划无法发挥其风险防控和犯罪预防效果，从特殊预防的角度，应当对单位从重处罚。二是符合对单位再犯危险性的一般预防需要。目前，合规改革试点已在全国范围内展开，为营造良好法治环境，强化企业尤其是民营企业的法治建设，必须确保合规改革的真实有效，防范虚假整改和“纸面合规”对整体合规环境、风气、秩序的破坏。2021年《检察日报》的一篇社评就指出，杜绝“纸面合规”要用好正反两方面的典型案例，警醒涉案企业要“真整改”“真合规”，坚决防止整改效果不好的企业通过合规逃避刑事制裁。因此，企业成立合规特别累犯受到

---

① 参见刘艳红：《企业合规不起诉改革的刑法教义学根基》，载《中国刑事法杂志》2022年第1期。

从重处罚，亦可视为从反面教育、警醒关联企业甚至整个行业守法经营，在一定程度上，具有向社会各界传递法治理念、改进整体营商环境的一般预防的效果。

第二，设置合规特别累犯制度符合刑罚责任主义的要求。我国现有的累犯制度是报应论与预防论一体化运行模式的产物，同时体现了公正与功利两种价值取向。[①] 作为累犯制度的组成部分，合规特别累犯在制度设计层面不仅要体现功利导向下预防再次犯罪的需求，还需贯彻报应论的责任主义原则，将该制度置于公正价值的制约下，防止在合规改革中过分强调预防目的，致使合规整改本末倒置，演变成悬于单位头顶的"达摩克利斯之剑"。但是，需要注意的是，从重处罚既不等于加重处罚，也不等于顶格处罚，应避免在功利主义预防观下从重处罚的极端化。"水漾理论"认为，处罚一个企业，最终受到惩罚的将是企业的投资者、雇员、养老金领取者、客户等无辜的第三人。[②] 因此，在对涉案企业予以从重处罚时，仍应当考虑处罚的社会效果。

第三，设置合规特别累犯制度具有现实的立法参照。合规特别累犯属于单位累犯类型。法国《刑法典》通过 4 个条文明确了单位犯下重罪、轻罪、违警罪后，于法定期限内再犯一定之罪时所适用的处罚，不仅详细规定了法人所犯前后两罪在犯罪类型上的对应，还根据前后罪之间期限的不同设定了不同的累犯条件。除法国外，各国无论是否承认法人的犯罪主体资格，对于具有犯罪历史、曾经重复犯罪的法人，往往会在处罚中将之与初次违法犯罪的单位相区分。域外立法经验，为我国设立单位累犯制度提供了立法参照。我国《刑法》虽未明确规定单位累犯制度，但却存在对单位再犯的从重处罚。根据《刑法》第 356 条的规定，因走私、贩卖、运输、制造、非法持有毒品罪被判过刑，又犯本节规定之罪的，从重处罚。该条被视为毒品再犯的法律依据。在该节所规定的走私、贩卖、运输、制造毒品罪、非法生产、买卖、运输制毒物品，走私制毒物品罪、非法提供麻醉药品、精神药品罪中，犯罪主体都包含了单位。尽管单位再犯不能

---

① 参见陈伟：《公正与功利关系协调下的累犯制度》，载《武汉科技大学学报（社会科学版）》2018 年第 3 期。

② 参见陈瑞华：《企业合规基本理论》（第 3 版），法律出版社 2022 年版，第 86 页。

与单位累犯画等号，但并不意味着前者不能为后者提供立法上的借鉴。累犯本身属于特殊的再犯，是对犯罪类型、前罪后罪间隔期限作了特殊规定的再犯。既然单位可以作为再犯主体，那么对其能否成立累犯，就不存在绝对的法理壁垒。换言之，若立法上对单位再犯的条件作出特别规定，使之能够与一般的再犯条件区分，即可称为单位累犯。此外，行政法领域对于重复、多次实施违法行为的单位在处罚上的从严、从重，与单位累犯具有一定的相似性，可为合规特别累犯制度的构建提供立法参考，如《商标法》第 60 条第 1 款规定，在 5 年内实施两次以上商标侵权行为或者有其他严重情节的，应当从重处罚。上述规定在行政领域确立了在单位再次违法时的处罚从严，与合规特别累犯在内容上具有相似性，皆包含了防止单位滥用从宽规定、预防单位违法失范行为的规范目的，可为后者之立法提供一定的思路和依据。

(2)立法条文解释

①合规特别累犯的主体条件。合规特别累犯的主体范围限定为在前罪中由于实施合规整改而得到了相应从宽处置的单位。根据《刑法》《刑事诉讼法》的相关规定，其从宽处置的内容为：一是单位承诺进行整改以建立、完善企业合规制度，在考验期届满后通过评估验收，由人民检察院做出不起诉决定；二是单位犯罪以后立即采取补救措施，开展合规整改的，由人民法院对其从轻、减轻或者免除处罚，既包括对单位的罚金刑从宽，也包括在从业禁止限制上的从宽。

②合规特别累犯的时间条件。合规特别累犯的时间条件为“在不起诉决定做出后或刑罚执行完毕后五年内”。该项条件在立法根据上有如下考虑：一是与合规特别累犯的前提条件保持一致。合规从宽包括合规不起诉、合规量刑从宽，对于单位因合规整改不到位而再度犯罪的时间点，也应从其前罪受到正式从宽处置之日起计算。二是 5 年的时间设置，在刑法体系上与一般累犯的前后两罪相距时间保持了一致，有利于维持条文之间的和谐统一；也与域外立法中关于单位累犯的规定相同，如意大利第 231/2001 号法令规定，累犯指该单位已经明确因犯罪被处罚至少一次，在定罪判决后的 5 年内再次犯罪，法国《刑法典》亦将 5 年期限作为法人前后两罪的重要时效期间。三是为合规特别累犯规定一定的成立期限，贯彻了责任主义和刑法谦抑性，有利于防止合规特别累犯不当扩张其

范围、制约单位的正常发展。在具体判断上,刑罚执行完毕指单位的罚金刑缴纳完毕,单位在前罪中被限制或者取消单位从事相关经营活动资格的,在犯后罪时仍处于从业禁止期或从业禁止执行完毕未满 5 年的,不影响合规特别累犯的成立。这一点与自然人累犯的前后两罪起算时间不尽相同:对于自然人而言,其前罪刑罚执行完毕指主刑执行完毕,不包括附加刑执行完毕;但单位的刑罚以罚金刑为主,因此,有必要根据单位犯罪的特性,重新界定累犯的时效计算方式。

③合规特别累犯的罪名条件。成立合规特别累犯,其前后两罪需为同类犯罪。同类犯罪指与单位实施的前罪在行为性质以及法益类型上相同或相似的犯罪,如税务犯罪、贿赂类犯罪、知识产权类犯罪等。根据组织责任论,单位累犯的人身危险性来自组织体缺陷,这些缺陷决定了单位在某一类犯罪或某一种犯罪领域具有较高触罪隐患,但不能将单位涉及的所有犯罪都归因于相同的缺陷,也不能因此将单位先前的整改效果全部否定。比如,某企业在犯单位行贿罪后承诺进行合规整改,通过验收后由检察机关决定对该企业不予起诉,该企业在不起诉决定做出后的第三年又犯逃汇罪,不能因为其逃汇行为就否认其反腐合规建设成效,并认定其成立合规特别累犯。

④合规特别累犯的从重处罚条件。对于合规特别累犯的从重处罚,不仅包括单位罚金刑、限制或者取消单位从事相关经营活动资格的从重适用,也包括不再对单位适用合规不起诉,合规从宽量刑、合规缓刑等从宽处置。根据单位犯罪分离构造理论,对于单位的直接负责的主管人员和其他直接责任人员是否成立累犯、是否需要从重处罚,应依照《刑法》第 65 条、第 66 条对于一般累犯、特别累犯的规定予以认定。

六、修正《刑法》第 67 条、第 37 条【合规整改的从宽处罚】

合规整改条款是在《刑法》中确立"事后合规"宽缓量刑情节的条款。最高人民检察院推动的企业合规改革创设了合规不批捕、合规不起诉、合规宽缓量刑建议等一系列事后合规从宽制度,并通过修改《刑事诉讼法》确立企业合规特别程序,核心内容是增设企业附条件不起诉条款。但是,事后合规在刑法中的地位和作用并不明确,这导致合规从宽处罚和非轻微单位犯罪案件的合规不起诉没有刑法正当性依据,被质疑违反罪刑法定原则,严重影响企业合规改革向纵深推进的合法性根基。因此,必须在刑法中确立合规整改的宽缓效果,本条特设置了两种立法修正方案,供立法者参考:方案一是增设合规整改从宽量刑条款;方案二是增设合规整改出罪条款。

(一)方案一:《刑法》第67条立法建议及解析

1. 立法条文

(1)立法原文

第六十七条　【自首与坦白】犯罪以后自动投案,如实供述自己的罪行的,是自首。对于自首的犯罪分子,可以从轻或者减轻处罚。其中,犯罪较轻的,可以免除处罚。被采取强制措施的犯罪嫌疑人、被告人和正在服刑的罪犯,如实供述司法机关还未掌握的本人其他罪行的,以自首论。犯罪嫌疑人虽不具有前两款规定的自首情节,但是如实供述自己罪行的,可以从轻处罚;因其如实供述自己罪行,避免特别严重后果发生的,可以减轻处罚。

(2)立法新增条文【合规整改的从宽处罚】

在《刑法》第六十七条后增加一条,作为第六十七条之一:单位犯罪以后立即采取补救措施,配合开展合规整改的,可以从轻或者减轻处罚;建立有效预防犯罪的合规管理体系的,可以减轻或者免除处罚。单位犯罪的直接负责的主管人员和其他直接责任人员认罪悔罪,在合规整改中所起作用较大的,可以从轻或者减轻处罚。其中,犯罪较轻的,可以免除处罚。

2. 立法依据

(1)域外立法考察及评价

①域外立法考察

世界各国都未在刑法中直接规定事后合规出罪,至多在刑法中规定事前合规的出罪或从宽量刑功能,以及事后合规的量刑从宽功能。事后合规的出罪功能则依据辩诉交易制度,通过暂缓起诉协议、不起诉协议、基于公共利益的司法协议等诉讼程序加以实现,实体法基础薄弱。比如,英国《反贿赂法》为预防贿赂失职罪规定了合规抗辩,西班牙《刑法典》和意大利第231/2001号法令也规定了事前合规免责条款,还有一些国家将合规规定为量刑情节,如美国《组织量刑指南》规定企业建立合规计划可以减轻责任点数。各国的合规不起诉制度都未直接规定在刑法中:美国的暂缓起诉协议和不起诉协议制度规定在检察官《司法手册》中;英国的暂缓起诉协议制度规定在《犯罪与法院法》的附录章节;法国的基于公共利益的司法协议制度规定在《萨潘第二法案》中,属于对刑事诉讼法的修改。

A. 美国

美国的事后合规出罪制度是典型的"检察官自由裁量模式"。具体而言,事后合规在美国的引入经历了事前合规作为从宽量刑情节、诉前合规作为起诉裁量事由、事后合规作为暂缓起诉事由等三个阶段。

一是1991年《联邦量刑指南》引入了事前合规从宽制度。该指南规定,如果组织事前具备有效合规计划,则可以将罪责分降低为至多3分,但是,如果有企业高层管理人员参与、纵容或故意无视犯罪行为,则即使存在有效合规计划也不能降低罪责分数。事前合规从宽的激励效果并不理想,因为该指南同时规定,如果一个组织能够在合理时间内报告违法行为,全力配合调查,并明确承认和积极承担其犯罪行为的责任,法院还可以将该组织的罪责分降低为至多5分。而如果组织未能自我报告犯罪行为,但仍全力配合调查、积极承担责任的,则可以减少罪责分2分。由此可见,自我报告具有独立的量刑从宽效力,其从宽幅度与有效合规计划相当,均为减少罪责分3分。对自我报告的过度重视,尤其是将其作为有效合规计划认定的决定性依据,会导致预防型合规的量刑从宽效力得不到独立发挥,而企业建立和运营合规计划所投入的资源主要用于事前合规体系的搭建,如果事后的自我披露、配合调查等方式能够在同等程度甚至更大幅度上获得量刑优惠,事实上在实践中会有一半以上被起诉的公司获得合作奖励,那么企业自然不会在事前合规上过多投入,大量合规计划面临"粉饰门面""形同虚设"的指责,也就不足为奇了。

二是1999年《联邦起诉商业组织的原则》("霍尔德备忘录")将合规作为起诉裁量要素。无论在罚金刑上如何予以轻缓处理,对企业来说也不具备足够的吸引力。因此,一项在审前就考虑合规程序的法律激励模式,可能会比《联邦量刑指南》提供的激励更有力地鼓励企业建立合规计划以自我监督，于是，将合规作为检察官的起诉考量因素之一的起诉考量激励制度便应运而生。根据《联邦起诉商业组织的原则》，在决定起诉一家企业时，检察官应考虑十项因素：a. 犯罪的性质及严重程度；b. 企业内不法行为的普遍性；c. 企业实施类似犯罪行为的历史；d. 企业的合作意愿；e. 公司合规计划在违规时以及做出指控决定时的充分性和有效性；f. 及时主动披露犯罪行为；g. 私力补救措施；h. 附带后果；i. 公力补救措施；j. 对责任人的起诉。但是，《联邦起诉商业组织的原则》虽然实现激励幅度的扩大，通过不起诉最终实现无罪的实际效果，却并不满足激励效果发挥所必需的激励确定性要求。即使采取最广义的合规计划概念，《联邦起诉商业组织的原则》所列的十项因素也只有多半数与合规密切相关，检察官仍需考虑犯罪的性质、违法历史、附带后果等多项合规外因素，这就意味着按照最严格标准建立的有效合规计划，是否能获得最终不起诉决定也具有不确定性。不仅如此，各项考量因素的权重和对起诉决定做出的影响力也是未知的，正如《联邦起诉商业组织的原则》中提到，"检察官在决定何时起诉、起诉何人、以何种方式起诉乃至是否对违反联邦刑法的行为提起公诉方面有很大的自由"。几乎不受限制的自由裁量权势必导致激励的不确定性，在很大程度上影响激励效果的发挥。

三是 2003 年《联邦起诉商业组织的原则》（"汤普森备忘录"，用以取代"霍尔德备忘录"，后并入《司法手册》）确立的暂缓起诉协议制度将事后合规作为程序出罪事由。自 2002 年安达信事件以来，人们对公司起诉构成"公司死刑"的担忧甚嚣尘上，并意识到单凭刑事起诉就能摧毁一家大型公司。因此，司法部越来越多地将暂缓起诉协议和不起诉协议作为刑事起诉的替代性选择。从数据上看，司法部达成起诉协议的数量从 2000 年的 2 例激增至 2015 年的 102 例。暂缓起诉协议既不是提起公诉，也不是不起诉，而是处理企业犯罪案件的第三种选择，是检察机关与涉嫌犯罪的企业通过协商所达成的一种附条件不起诉协议。美国司法部同意延期起诉以换取公司承认对被指控的行为负有责任，同时同意采取一系列以合规为导向的行动。暂缓起诉协议一般包括以下条款：a. 承认对违法行为负有责任；b. 如果被告企业在协议设置的考验期内再犯类似罪行，则政府可以就包括本协议标的在内的任何犯罪进行起诉；c. 有义务配合政府的连续调查，包括提供现有员工的证词；d. 执行有效的合规计划；

e. 放弃快速审判权及其辩护;f. 禁止被告企业作出与协议相矛盾的事实陈述;g. 惩罚、罚款、赔偿和其他补救措施。暂缓起诉协议制度在最大程度上发挥了量刑从宽激励制度和起诉考量激励制度的优越性,并弥补了各自的缺憾,既能发挥刑事司法的威慑效力,又能避免企业遭受严重的定罪附带后果,还能通过个案监督的方式有效激励企业打造完备的合规计划,探索出一条预防和惩治企业犯罪的最优道路。

> 《司法手册》
>
> §9-28.000 联邦起诉商业组织的原则
>
> 9-28.1100 附带后果
>
> 另一方面,如果公司定罪对无辜第三方的附带后果是重大的,则考虑签订不起诉或暂缓起诉协议可能是合适的,所附条件旨在促进遵守适用法律和防止再犯。此类协议是刑事起诉和不予起诉之外的第三种选择。拒绝起诉可能会让公司罪犯逃脱法律制裁。起诉定罪可能会严重伤害在犯罪行为中没有发挥作用的无辜第三方。在适当情况下,暂缓起诉或不起诉协议有助于恢复公司运营的完整性,保护从事犯罪行为的公司的财务生存能力,同时保护政府起诉严重违反协议的顽抗公司的能力。这类协议还实现了其他重要目标,如迅速恢复原状和对受害者的其他补偿。然而,在考虑是否与被告签订暂缓起诉或不起诉协议时,检察官应考虑任何受害者的利益,并了解对犯罪受害者基金的任何影响,正如在评论中进一步讨论的那样(JM 9-28.1400)。必须以务实和合理的方式对针对公司的刑事指控或某些更轻的替代方案的适当性进行评估,以产生公平的结果,同时考虑该部门促进和确保尊重法律的需要等。

B. 英国

2014 年 2 月,英国修改《犯罪与法院法》,增加附表 17“暂缓起诉协议”部分,正式引入企业犯罪暂缓诉讼程序。与美国无限制的案件适用范围不同,英国的企业犯罪暂缓诉讼程序只适用于立法明确所列的犯罪种类,《犯罪与法院法》附表 17“暂缓起诉协议”第二部分明确对这些犯罪进行了列举,共 39 个罪名,以欺诈、贿赂及其他经济类犯罪为主。为分析适用的案件特征,需要对罪名范围及其刑期作出分析,英国立法对各类犯罪均只规定了最高刑期,其最高刑期在一定程度上反映了该犯罪行为的社会危害程度。分析的结果如附表 17 所示,分析的结论是:暂缓起诉协议不只适用于轻微犯罪,还包括一些对自然人适用时最高刑期可能达到 14 年监禁的犯罪类型。只要企业涉及的犯罪行为属于这 39 种,或是其从犯,则无论犯罪情节的轻重,无论预期刑期的高低,检察官均可以决定启动暂缓诉讼程序、适用暂缓起诉协议。

这 39 种犯罪都属于经济犯罪,以行政犯为主,一般没有明确的被害人,其侵害的法益以秩序法益为主,因此,这些犯罪行为本身的社会可责性较小,这是其能够以暂缓起诉协议妥善解决的根本原因。虽然 39 种的数量不多,但其基本包含了当前企业可能涉及的主要犯罪种类。而且,《犯罪与法院法》附表 17"暂缓起诉协议"第 31 条明确规定:"国务卿可以通过命令对本部分作出以下修改:(a)加入一个金融或经济犯罪;(b)删除一个犯罪。"这为未来英国企业犯罪暂缓诉讼程序的进一步扩展适用奠定了基础。

《犯罪与法院法》

附表 17　暂缓起诉协议

第 2 部分　可以签署暂缓起诉协议的犯罪

普通法犯罪(Common Law Offences)

15. 串谋诈骗。

16. 骗取财政收入。

法定犯罪(Statutory Offences)

17.《1968 年盗窃法》以下条款规定的犯罪:

(a)第 1 条(盗窃);

(b)第 17 条(伪造账目);

(c)第 20 条(毁损文件等);

(d)第 24A 条(不诚实地保留不正当信贷)。

18. 1979 年《海关和关税管理法》以下条款规定的犯罪:

(a)第 68 条(与违禁或限制物出口有关的犯罪);

(b)第 167 条(虚假声明等);

(c)第 170 条(欺诈地逃避责任等)。

19. 1981 年《伪造与假冒法》以下条款规定的犯罪:

(a)第 1 条(伪造);

(b)第 2 条(复制虚假文书);

(c)第 3 条(使用虚假文书);

(d)第 4 条(使用虚假文书的副本);

(e)第 5 条(与汇票、股票证、护照有关的犯罪等)。

20. 1985 年《公司法》第 450 条规定的犯罪(销毁、毁坏公司文件等)。

21. 1994 年《增值税法》第 72 条规定的犯罪(欺诈地逃避增值税)。

22. 2000 年《金融服务和市场法》以下条款规定的犯罪:

(a)第 23 条(违反没有授权就不能从事特定行为的禁令);

(b)第 25 条(违反财务促销限制);

(c)第 85 条(违反没有授权就从事可转让证券交易的禁令);

(d)第 346 条(向审计师或精算师作出虚假或误导性陈述);

(e)第 397 条(误导性陈述和行为);

(f)第 398 条(误导 FSA)。

23. 2002 年《犯罪收益法》以下条款规定的犯罪:

(a)第 327 条(隐蔽犯罪财产);

(b)第 328 条(协助获取犯罪财产);

(c)第 329 条(获取、使用、占有犯罪财产);

(d)第 330 条(未披露已知或可疑的洗钱信息);

(e)第 333A 条(提供内幕信息)。

24. 2006 年《公司法》以下条款规定的犯罪:

(a)第 658 条(有限公司获得其自身股份的一般规则);

(b)第 680 条(禁止提供经济援助);

(c)第 993 条(欺诈性交易)。

25. 2006 年《欺诈法》以下条款规定的犯罪:

(a)第 1 条(欺诈);

(b)第 6 条(拥有用于欺诈的物品等);

(c)第7条(制造或提供用于欺诈的物品);

(d)第11条(不诚实地获得服务)。

26. 2010年《反贿赂法》以下条款规定的犯罪:

(a)第1条(行贿他人);

(b)第2条(受贿);

(c)第6条(贿赂外国公职人员);

(d)第7条(商业组织未能防止贿赂罪)。

27. 2007年《反洗钱条例》(S. I. 2007/2157)第45条规定的犯罪。

28. 任何与本部分指明的罪行有关的附属罪行。

29. "附属罪行"就罪行而言,是指:

(a)协助、教唆、怂恿或促致他人犯罪;

(b)2007年《严重犯罪法》第2部分(鼓励或协助犯罪)规定的与该罪行有关的罪行;

(c)企图或共谋犯罪。

C. 加拿大

2018年9月,加拿大通过法案修改了《刑事法典》,增加了附表22"补救协议"(Remediation Agreements)的规定,所称补救协议本质上就是暂缓起诉协议,适用于有限的企业犯罪案件。在检察官与涉罪企业商定暂缓起诉协议之后,法院需要单次地对暂缓诉讼程序的适用和协议条款进行实质审查,通过该审查的协议才能生效。加拿大对于法院审查声明的表述是:"法院必须以命令的形式通过协议,如果其认为:该组织被诉协议可以适用的犯罪;达成协议是为了公共利益(Public Interest);协议的条款对于所犯罪行而言是公平的、合理的和相称的。"

加拿大补救协议的独特性体现在立法对检察官裁量权的约束上,主要有两个方面:第一,检察官决定启动程序、协商协议之前需要经过司法部长的批准,以司法部内部的审查、司法部长的同意为程序启动的前提。除此之外,立法还对检察官需要考量的因素进行了详细的列举,包括"检察官需要考量的因素"和"检察官需要排除的因素"两部分。"检察官需要考量的因素"包括犯罪情节、案件的影响、罪后的补偿与配合等与案件关联的公共利益因素。加拿大的创新之处在于,“检察官需要排除的因素”要求检察官在处理涉及海外贪腐行为的犯罪时,不得考虑国家经济利益,也不考虑加拿大与其他国家、个人的关系。第二,检察官需认为,企业的犯罪行为“没有造成严重的人身伤害或死亡,不损害国防或国家安全,且行为的实施需与恐怖组织无关”。加拿大的立法也将协议适用的案件范围以明确列举的方式进行了基本限制,所适用的罪名包括贿赂、欺诈、洗钱等一系列常见的经济犯罪。但在基本限制之外,立法还建立了特殊限制,对犯罪案件的直接结果进行约束,要求企业所涉及的罪行不能影响人身、国家,也需与最为恶性的恐怖组织无关。

《刑事法典》

第22.1部分 补救协议

715.3(1)补救协议,是指被指控犯有罪行的组织与检察官之间达成的协议,如果该组织遵守协议条款,则中止与该罪行有关的任何诉讼。

……

715.31 本部分的目的是建立适用于被指控犯罪的组织并具有以下目标的补救协议制度:

(a)谴责一个组织的不当行为以及该不当行为对受害者或社会造成的伤害;

(b)通过有效、相称和劝诫性的处罚,追究该组织对其不当行为的责任;

(c)使组织有义务采取纠正措施并促进合规文化,从而促进对法律的遵守;

(d)鼓励自愿披露不当行为;

(e)为对受害者或社会造成的伤害提供赔偿;和

(f)减少不法行为对没有从事不法行为的人——雇员、客户、养老金领取者和其他人——造成的负面后果,同时追究那些确实从事这种不法行为的个人的责任。

715.32(1)如果满足以下条件,检察官可以与被指控犯罪的组织就补救协议进行谈判:

(a)检察官认为该罪行有被定罪的合理可能性;

(b)检察官认为,构成犯罪基础的作为或不作为没有造成,也不太可能造成严重的人身伤害或死亡,或对国防或国家安全造成伤害,并且不是为了犯罪组织或恐怖团体的利益、在犯罪组织或恐怖团体的指示下或与犯罪组织或恐怖团体有关联而实施的;

(c)检察官认为就该协议进行谈判符合公共利益并且在当时情况下是适当的;和

(d)司法部长已同意该协议的谈判。

(2)就第(1)(c)款而言,检察官必须考虑以下因素:

(a)构成犯罪基础的作为或不作为提请政府当局注意的情况;

(b)作为或不作为的性质和严重性及其对任何受害者的影响;

(c)该组织的高级管理人员参与作为或不作为的程度;

(d)该组织是否对参与该作为或不作为的任何人采取纪律处分,包括终止雇佣关系;

(e)该组织是否已作出赔偿或采取其他措施来补救该作为或不作为造成的损害并防止发生类似的作为或不作为;

(f)该组织是否已查明或表示愿意查明参与与该作为或不作为有关的不法行为的任何人;

(g)该组织(或其任何代表)是否因类似作为或不作为而被定罪或受到监管机构的制裁,或者它是否曾在加拿大或其他地方签订过补救协议或其他和解协议;

(h)该组织(或其任何代表)是否被指控犯有任何其他罪行,包括本部分附表中未列出的罪行;和

(i)检察官认为相关的任何其他因素。

(3)尽管有第(2)(i)段,如果该组织被指控犯有《外国公职人员腐败法》第3或4条规定的罪行,则检察官不得考虑国家经济利益、与加拿大以外的国家的关系或所涉及的组织或个人的身份。

第22.1部分的附表

可签订补救协议的罪行

一、有本法下列规定之罪:

(a)第119或120条(贿赂官员);

(b)第121条(对政府的欺诈);

(c)第 123 条(市政腐败);

(d)第 124 条(买卖要职);

(e)第 125 条(影响或协商任免或处理公务);

(f)第 139(3)款(妨碍司法公正);

(g)第 322 条(盗窃);

(h)第 330 条(会计人员盗窃);

(i)第 332 条(挪用根据指示持有的资金);

(j)第 340 条(销毁所有权文件);

(k)第 341 条(欺诈性隐瞒);

(l)第 354 条(通过犯罪获得的财产);

(m)第 362 条(虚假借口或虚假陈述);

(n)第 363 条(通过欺诈获得有价担保);

(o)第 366 条(伪造);

(p)第 368 条(使用、贩卖或持有伪造文件);

(q)第 375 条(通过基于伪造文件的文书取得);

(r)第 378 条(与登记册有关的罪行);

(s)第 380 条(欺诈);

(t)第 382 条(欺诈操纵证券交易所交易);

(u)第 382.1 条(禁止内幕交易);

(v)第 383 条(股票或商品博彩);

(w)第 389 条(欺诈性处置预付货款);

(x)第 390 条(银行法下的欺诈性收据);

(x.1)第 391 条(商业秘密);

(y)第 392 条(处分财产以欺骗债权人);

(z)第 397 条(破产中伪造书籍和文件);

(z.1)第 400 条(虚假招股说明书);

(z.2)第 418 条(向女王陛下出售有缺陷的商品);

(z.3)第 426 节(秘密回扣);

(z.4)第 462.31 节(洗钱)。

D. 新加坡

2018 年 3 月,新加坡通过《刑事司法改革法案》对《刑事诉讼法》进行了修改,其中的重点就是在法典中增加了“第 7A 章　暂缓起诉协议”的规定,正式引入暂缓起诉协议制度。

首先,新加坡立法在一定程度上承袭了美国对检察官裁量权独立性的尊重,使得检察官可以自由地决定是否要与企业协商暂缓起诉协议、启动该程序。新加坡的成文规定中没有写明检察官决定起诉、是否适用暂缓起诉协议时需要考量的因素,也没有相关的司法部内部指引。其司法部的备忘录显示,检察官是否起诉、如何起诉是其裁量自由,虽然也提到要考虑案件本身、被告人自身等的基本情况,但没有列明具体的因素项目,更没有对适用暂缓起诉协议情况的公共利益因素进行说明。

其次,新加坡在暂缓诉讼程序适用的案件范围方面与英国采取了相似的保守态度,以立法条文明确列出其所能适用的经济类犯罪。具体指的是《刑事诉讼法》“附录六”列出的犯罪:《反腐败、贩毒及其他严重罪行(没收利益)法令》中的一些罪行、《新加坡金融管理局法令》中的一些罪行、《刑法》中的保留盗窃财物和账户造假罪行、《预防腐败法》中的一些罪行、《证券和期货法》中的一些罪行,以及这些罪行的预备犯、教唆犯和帮助犯。

最后,受英国司法审查思路的影响,新加坡的暂缓起诉协议需要经过法院的实质性司法审查才能生效,但这种审查是单次的。检察官只在与涉罪企业协商达成确定的暂缓起诉协议之后,才需要向法院申请审查该协议,即相当于取消了英国模式下的初审而保留了终审。法院司法审查的内容与英国完全一致,即要求法院声明:“与企业签订 DPA 是为了公正利益,并且 DPA 的条款是公平的、合理的和相称的。”新加坡负责暂缓起诉协议审查的法院是最高法院,所有相关声明都由该法院作出,这增加了程序运行的确定性,提高了司法审查结果的权威性。此外,依据新加坡的司法传统,最高法院也无需对司法审查的结果给出具体理由。新加坡的高级法务部长表示,暂缓诉讼程序的设计保留了相当的灵活性,使得检察官、涉罪企业能够对协议的内容进行自由协商,法官行使司法审查权也主要采取综合性的判断,无需提出更为详细的标准。

《刑事诉讼法》

第7A章 暂缓起诉协议

149C. 在检察官与当事人就涉嫌犯罪订立暂缓起诉协议后,适用以下规定:

(a)如果当事人已被指控犯有罪行,则在暂缓起诉协议生效时,该当事人被视为已获得释放,但不构成对指控罪行的无罪释放。

(b)在暂缓起诉协议生效期间,不得在任何刑事诉讼中因涉嫌犯罪而起诉该主体。

(c)在暂缓起诉协议生效期间,暂停下列任何事项的时效期限:

(i)检控指称的罪行。

(ii)就指称的罪行采取的任何民事处罚行动。

(iii)任何针对从被指控的犯罪行为中获得的利益下达命令的法律程序。

(iv)任何没收财产的法律程序:

(A)被用于或拟被用于指称的罪行;

(B)构成从被指控的罪行中获得的利益;或者

(v)根据任何成文法,因涉嫌犯罪的事实而产生的任何纪律处分程序或与实施任何监管措施有关的其他程序。

149E. (1)暂缓起诉协议必须包含:

(a)与被指控的罪行有关的指控或指控草案(由检察官准备);和

(b)与涉嫌犯罪有关的事实陈述,其中可能包括进入暂缓起诉协议的主体所作的认罪。

(2)如果暂缓起诉协议尚未根据第149G条终止,则暂缓起诉协议必须指定停止生效的日期(在本部分中称为到期日)。

(3)暂缓起诉协议可能对签订的主体提出的要求包括但不限于以下事项:

(a)向检察官支付罚款。

(b)赔偿被指控罪行的受害者。

(c)向慈善机构或任何其他第三方捐款。

(d)交出当事人从被指控的罪行中获得的任何利润。

(e)实施与当事人政策或当事人员工培训相关的合规计划或对现有合规计划进行更改,或两者兼而有之。

(f)委任专人:

(ⅰ)评估和监控主体的内部控制机制;

(ⅱ)将任何必要的改进合规计划或将降低暂缓起诉协议禁止的任何行为再次发生的风险告知当事人和检察官;和

(ⅲ)向检察官报告执行合规计划或内部控制过程中的任何不当行为。

(g)在以下方面合作:

(ⅰ)任何与被指控罪行有关的调查;和

(ⅱ)任何与该当事人的任何管理人员、雇员或代理人犯下的任何可能的罪行有关的调查,这些调查源于与被指控的罪行相同或基本相同的事实。

(h)支付检察官与涉嫌犯罪或暂缓起诉协议相关的任何合理费用。

(4)暂缓起诉协议可以规定当事人必须遵守对其施加的要求的时限。

(5)暂缓起诉协议可以包含一个条款,规定DPA的主体未能遵守其任何条款的后果。

附录六

根据第149A和427(1)条可订立暂缓检控协议的罪行

1. 1992年《反腐败、贩毒及其他严重罪行(没收利益)法令》第45、50、51、52、53、54、57、60、62、63、67、68或69条下的任何罪行。

2. 第80条下的任何罪行,请参阅1992年《反腐败、贩毒及其他严重罪行(没收利益)法令》第45、50、51、52、53、54、57、60、62、63、67、68或69条。

3. 1970年《新加坡金融管理局法令》第27B(2)条下的任何罪行。

4. 1871年《刑法》第411或477A条下的任何罪行。

5. 1960年《预防腐败法》第5、6、10或12条下的任何罪行。

6. 根据2001年《证券和期货法》第82、204、210或221条或2018

年10月8日生效的该法第212条的任何罪行。

7. 任何违反2001年《证券和期货法》第331条的罪行，请参阅2001年《证券和期货法》第82、204、210或221条或2018年10月8日生效的该法第212条。

8. 任何企图犯、教唆犯或帮助犯本附表所指明的任何罪行的罪行。

E. 法国

2017年6月，以反腐败为主要目的的《萨潘第二法案》生效，该法案的主要内容是对刑法、刑事诉讼法等法律的修订。《基于公共利益的司法协议》（Convention Judiciaire d'Intérêt Public，CJIP）作为法式的暂缓起诉协议正式被引入法国《刑事诉讼法典》。法国是美国、英国之外第一个引入企业犯罪暂缓诉讼程序的国家，也是第一个引入该程序的大陆法系国家。该协议程序只应用于企业，不应用于自然人，而且只适用于腐败类犯罪、利用影响力销售类犯罪、洗钱类税收欺诈犯罪及一些相关的经济犯罪案件。检察官在立法列明的腐败、利用影响力销售、税务欺诈等经济犯罪的处理中裁量决定是否启动程序、与企业进行协商，在商定之后申请法院审查该协议，该协议的考验期最长为3年。法官必须在公开庭审中作出决定，依据"和解是否恰当、检察官与企业的协商程序是否正当、罚款数额的确定是否合理（立法明确规定企业缴纳的罚款数额不得高于前三年平均收入的30%）、罚款数额能否反映企业涉罪的严重程序"决定是否应当批准协议，协议只有在法官批准以后才能正式生效。

法国暂缓起诉模式的特殊性主要有三点。第一，其程序将暂缓起诉协议与不起诉协议进行了实际上的融合。《基于公共利益的司法协议》约定的考验期最短可以达到"即时"状态，即基本在企业缴纳协议约定的款项、承诺进行合规整改之后就默认其达成了考验要求、实现出罪，协议的具体条款也不包含合规监管期限，不任命合规监管人。第二，合规监管人由监管机关担任。与美国聘任律师专业人员担任独立合规监管人的模式不同，法国的企业合规监管人由国家监管机关担任。法国反腐败局是《萨潘第二法案》赋权成立的以反腐败为目的的国家监管机关，该法案也明确其是担任企业合规监管人的唯一主体。第三，企业合规计划的整改要求包含在立法之中。《萨潘第二法案》已经对企业合规计划建立了详细的标准，依据企业员工数量和营业额设置不同的合规要求等级。例如，空客（Airbus SE）公司案件的协议明确："由于法律已经规定得非常明确，监管机关无需再对空客的合规计划作出具体要求。"该条款指向的法条是法国《刑法典》对反腐败合规计划的规定："1. 公司需要有行为手册对各类应需禁止或回避的行为作出定义和说明，这些行为可能是腐败或疑似腐败。2. 公司需要有内部的举报系统，旨在收集其员工关于可能违反公司行为手册情况的举报。3. 公司需要有风险映射系统，定期更新记录，旨在识别、分析、排序公司在外部诱惑下所面临的腐败风险，依据公司具体的部门和地理位置作出归纳。4. 公司需要有尽职调查程序，评估客户、一线和中级供应商的状况，配合风险映射系统。5. 公司需要有内部或外部会计控制系统，旨在确保账簿、记录和账目不得用于掩盖腐败或疑似腐败行为。这样的控制系统可以由公司自己的会计和财务控制部门来执行，也可以通过外部审计员完成，作出符合《商业法》第 L. 823－9 条要求的证明。6. 公司要对最有腐败或疑似腐败风险的高管、员工进行培训。7. 公司要有纪律处分制度，在员工违反行为手册时，对公司员工进行制裁。"法国对于不同规模的企业有差异化的合规要求，企业按照人员数量、营业额对应不同的合规条款。

《刑事诉讼法》

第一卷：刑事政策的实施、公诉和指令的实施

第 41－1－2 条

Ⅰ. 只要公诉尚未启动，检察官可以向涉嫌犯有刑法典第 433－1 条、第 433－2 条、第 435－3 条、第 435－4 条、第 435－9 条、第 435－10 条、第 445－1 条、第 445－1－1 条、第 445－2 条、第 445－2－1 条、第 434－9 条、第 434－9－1 条规定的犯罪及其洗钱，一般税法第 1741 条和第 1743 条规定的犯罪及其洗钱等一项或多项罪行的法人提出建议，为了公共利益缔结司法协议，实施以下一项或多项义务：

1°为了公共利益向公共财政部支付罚款。罚款金额与所指出的违规行为所带来的利益成比例，不超过根据发现这些违规行为之日

已知的最后三年年营业额计算的平均年营业额的30%。根据公诉人设定的时间表,可以在协议规定的不超过一年的期限内分期支付其费用。

2°在法国反腐败机构的监督下,提交最长期限为三年的合规计划。

法国反腐败局求助专家或合格人员或当局协助其进行控制任务所需的法律、财务、税务和会计分析所产生的费用由有关法人承担。

在确定受害人身份后,除非有关法人有正当理由对其损害进行赔偿,否则协议还规定了在不得超过一年的期限内对因犯罪行为造成的损害进行赔偿的金额和条件。

受害人被告知检察官决定向有关法人提议缔结一项符合公共利益的法律协议,向公诉人传递任何能够确定其损害的真实性和程度的因素。

该法人的法定代表人仍作为自然人承担责任。根据公诉人的提议,他们获悉,在同意提议的协议之前,他们可以得到律师的协助。

……

Ⅳ.在协议执行期间,公诉的诉讼时效将暂停。

履行协议中规定的义务将消除公诉。但是,它并没有否定因上述违法行为而遭受损害的人(国家除外)向民事司法管辖区寻求赔偿的权利。

为了公共利益使司法协议生效,司法法庭庭长可以任命法庭的任何法官。

F.意大利

意大利第231/2001号法令设置了事前合规免责制度,如果企业在犯罪之前已经通过并有效地实施了适合于预防此类犯罪的组织、管理和控制模式(即合规计划),则可以排除企业不履行监督或者管理义务的责任。但是,事后合规只能作为减轻处罚情节而存在。企业在一审宣判前制订和完善合规计划的努力只能够减轻1/3至2/3的罚款处罚。与此同时,第231/2001号法令规定了严厉的资格罚,取消资格的制裁措施包括:(1)取消单位行为的资格;(2)暂停或撤销对实施犯罪产生作用的授权、执照或特许;(3)禁止与公共行政部门签订合同,除非是为了公共服务的支付;(4)不得享受优惠、贷款、捐款或补贴,并可能撤销已经给予的优惠;(5)禁止为其商品或服务做广告。企业在一审宣判前制定或完善有效合规计划,则可以免受取消资格的处罚,这为企业建立事后合规提供了较为充分的激励效果。

第231/2001号法令

第12条　减轻罚款制裁措施的情形

……

2. 一审开庭宣判前,有下列情形之一的,制裁措施可以减少三分之一至二分之一:

a)单位已完全赔偿损失并消除了犯罪的有害或危险后果,或者无论如何,单位都做出了有效的努力;

b)采用了适当且具有可行性的组织模式以预防犯罪。

3. 如果前款规定的两个条件都同时具备,则制裁将减少一半至三分之二。

4. 在任何情况下,罚款不得少于两千万里拉。

第17条　犯罪后果的赔偿

1. 在一审宣布开庭前,在不影响适用金钱处罚的情况下,符合下列条件的,不适用取消资格处罚:

a)该单位已完全赔偿损失并消除了犯罪的有害或危险后果,或尽可能地采取了有效行动;

b)该单位通过采用和实施适当的预防已发生的犯罪类型的组织模式,消除导致犯罪的组织缺陷;

c)该单位已经将利润上缴用于没收。

G. 西班牙

西班牙《刑法典》规定了事前合规出罪和事后合规从宽处罚的制度,是少见的将事后合规写入刑法典的大陆法系国家。在事前合规方面,西班牙刑法典规定了事前合规免责的四种情形:一是董事会在犯罪行为发生之前,采取并执行了适合预防此类犯罪的组织管理与控制模式;二是委托有独立自主权和控制权的监管机构，监督预防机制的正常运行；三是犯罪人采取欺骗方式，避开了组织的预防机制；四是合规监督机构没有不履行或懈怠履行监督、管理和控制职责的情形。如果单位在违法行为发生前没有建立合规计划，则不能免责；但是在庭审前制定有效合规计划，足以防止再犯的，则可以获得减轻处罚的量刑激励。

《刑法典》

第31条之四

1. 只有法人在犯罪后通过其法定代表人进行了下列活动，才能具有减轻法人刑事责任的情节：

a）在对其提起刑事诉讼之前，已经向当局承认了违法行为；

b）通过刑事诉讼的任何时候提供新的和决定性的证据来配合调查事实，以查明由事实引起的刑事责任；

c）在程序期间和言辞庭审之前的任何时间已经着手修复或减少犯罪造成的损害；

d）在言辞庭审开始前，已经制定了有效的措施，以防止和发现未来可能以法人的手段或在法人的掩护下实施的犯罪。

②域外立法评价

通过考察已经在刑事法律中融入合规体系的世界各国立法例，可以看出各国对事前合规和事后合规作出了明确区分，并且对合规发挥量刑从宽效力还是出罪效力作出了明确界定。在刑法中确立事前合规出罪事由的国家有之，在刑法中确立事后合规从宽量刑情节地位的国家亦有之，但是在刑法中确立事后合规出罪的立法例却没有出现，各国的通行做法是在刑事诉讼中引入协商性司法，确立暂缓起诉协议制度，经过检察官自由裁量或者法官司法审查之后，再给予涉案企业事后合规整改和获得不起诉决定的机会。

第一，事前合规出罪已经得到较为普遍的确立。事前合规是指企业在犯罪行为发生之前已经建立旨在预防犯罪发生的有效合规管理体系，由于单位犯罪归责原则逐渐趋向组织责任论，事前合规可以实现阻断自然人违法责任向单位违法责任的归责过程，因而能够实现合规出罪。大陆法系国家如意大利、西班牙，英美法系如加拿大，都已明文规定了事前合规免责条款，其基本依据就是单位犯罪归责理论的转变。单位作为法律拟制的组织体，并无独立的意志和行为能力，单位的任何决策、行为的作出都要依赖作为自然人的单位成员，因此，单位犯罪天然存在着自然人的行为、意志、责任是否应当以及应当如何归于单位的问题。各国普遍采取对自然人行为范围和单位管理义务进行双重限制的模式，一方面限制可以归责于单位的自然人行为范围，一般而言只有单位成员以单位名义、为单位利益实施的行为可以被归责于单位，但这样的范围仍然太过宽泛，因此，另一方面要求单位对成员进行有效的风险管理，也就是建立合规管理体系来表明单位已经竭力避免雇员犯罪，消除单位对雇员违法行为的责任。后者就是所谓的事前合规出罪制度。

第二，事后合规从宽量刑已经被部分国家明确规定。事后合规是指在犯罪行为发生后直至检察机关提起公诉或者法院作出判决前的这段时间内，企业采取补救措施，建立或者完善有效合规计划的努力。目前，意大利和西班牙已经明确将事后合规规定为减轻处罚的从宽情节。由于事后合规在刑法体系中属于罪后情节，按照传统刑法教义学行为主义的学术观点，犯罪行为发生后犯罪已经既遂，其后所具有的自首、坦白、认罪认罚、立功、退赃退赔、刑事和解等情节都只能作为从宽量刑情节予以考虑，而不能成为不法阻却事由发挥出罪功能。这也成为各国确立事后合规出罪制度的最大障碍，甚至在事后合规从宽方面，在刑法中加以明文规定的情况也并不常见。西班牙在刑法典中将庭审前建立合规计划规定为单位犯罪的减轻处罚事由已是极大的突破。但是，如果事后合规只能作为从宽量刑情节，就意味着企业仍然会被定罪量刑，仍然会受到追究刑事责任所带来的一系列后果。单位犯罪真正引发企业危机的并不是直接判处的若干刑罚，而是犯罪引发的吊销营业执照、取消特许经营资格、失去上市资格、丧失参与招投标资格等资格剥夺处罚，以及行业内商业信誉的大幅降低，这些定罪量刑的附带后果都可能导致企业面临灭顶之灾。因此，事后合规从宽量刑既不能为企业建立合规计划提供足够的激励，也不能消除追诉企业带来的刑事司法负效应，必须考虑在刑法或者刑事诉讼法中增设事后合规出罪机制。

第三，事后合规出罪的通行立法方式是确立暂缓起诉协议制度。为了应对刑事追诉和定罪量刑导致单位受到畸重的附带后果，使企业因为一次刑事追诉就面临灭顶之灾，进而导致大量未参与犯罪行为的员工、股东、第三方、养老金领取者等无辜利益相关方利益受损，影响经济社会稳定，各国积极探索建立事后合规出罪制度。美国是最早建立事后合规出罪制度的国家，其标志性的暂缓起诉协议和不起诉协议制度迅速普及开来，并成为事后合规出罪的通行立法方式。在美国确立暂缓起诉协议制度后，英国通过《犯罪和法院法》引入暂缓起诉协议制度，法国通过《萨潘第二法案》修改《刑事诉讼法》引入基于公共利益的司法协议制度，加拿大通过修改《刑事法典》引入补救协议制度，新加坡通过修改《刑事诉讼法》引入暂缓起诉协议制度，这些制度无论如何命名，其本质都是在刑事诉讼程序中确立了暂缓起诉协议制度，从而将事后合规作为一种程序出罪事由，规定在刑事诉讼法律之中。

通过设立暂缓起诉协议制度实现事后合规程序出罪，或许在英美法系国家是一种较为可行的方式，因为英美法系国家刑事司法固有的辩诉交易制度，赋予检察官在罪与非罪、此罪与彼罪、一罪与数罪方面极大的自由裁量权，检察官在单位犯罪中探索起诉与不起诉之外的第三种模式，即暂缓起诉协议制度，不仅没有来自刑事实体法方面的制约，甚至也不需要修改任何法律，只需要像美国那样由检察机关的内部指导性文件加以确立即可。但是在大陆法系国家，比如建立基于公共利益的司法协议制度的法国，这种刑事诉讼中暂缓起诉协议性质的制度仍然免不了受到罪刑法定原则的限制，仍然会因为根深蒂固的罪后情节无法消除不法责任的学术观点而遭受质疑，实践中根本无法得到大规模的适用。因此，如何在刑法中确立事后合规的免除处罚甚至出罪事由地位，成为大陆法系国家和我国在企业合规刑事立法中无法绕开的问题。

(2)立法修正的必要性

一是确立涉案企业合规改革的合法性依据。2020 年以来最高人民检察院部署推动的涉案企业合规改革，在本质上就是事后合规制度改革，在我国同时引入了暂缓起诉协议制度和事后合规从宽量刑制度。涉案企业在进入刑事诉讼程序后，通过向检察机关提交认罪认罚从宽承诺书、合规自查报告、合规整改承诺书、合规建设计划书、合规考察申请书等文件，检察机关经审查裁量决定启动涉案企业合规程序，为企业设置一定期间的合规考察期，在考察期内亲自监管或提交第三方监督评估机制管委会选任合规监管人监督、指导涉案企业的合规整改情况，在考察期结束后经过考察，对验收合格的企业可以作出两种处理决定：一种是作出不起诉决定，另一种是提出从宽量刑建议。因此，检察机关一旦依据合规整改情况作出不起诉决定，实质上就是暂缓起诉协议制度的体现，而如果提出从宽量刑建议，则将事后合规作为从宽量刑情节予以考虑。在暂缓起诉协议制度的场合，目前唯一可以提供合法性依据的法律制度是刑事诉讼法的相对不起诉制度，但该制度的缺陷非常明显，那就是不起诉的对象仅限于轻微犯罪，一旦涉及略显重大的单位犯罪案件，暂缓起诉就将缺乏程序法依据。在事后合规从宽量刑的场合，实体法依据的缺乏就更加明显，由于事后合规在刑法中没有被规定为法定量刑情节，即便检察机关提出宽大量刑建议，法院在审查时也无法找到对应的从宽量刑依据，只能将其作为酌定量刑情节给予小幅度的量刑优惠，这显然与涉案企业合规改革的理想目标和实际需求相去甚远。涉案企业合规改革要求刑法提供正当性支持，不仅要赋予事后合规从宽量刑情节的法定地位，而且还要赋予其最大限度的从宽幅度，只有达到免除处罚的从宽幅度，才能给予涉案企业足够的激励，才能避免定罪量刑带来的附带后果，才能为暂缓起诉协议也就是我国的合规不起诉制度的确立提供合法性基础。

二是现行单位犯罪实体法规定存在固有的理论困境。首先，企业欠缺犯罪主体的自由意志要素，企业能够转而成为犯罪主体，系社会责任论的推动，是只重视犯罪主体社会危险性要素的结果。但是，随着人类文明和刑法理论的发展，自由意志要素的地位重新被强调，认定企业具有自由意志的牵强性威胁其犯罪主体地位。其次，企业犯罪的归责方式不统一，企业的刑事责任源自雇主的监管责任，实践中，企业经常通过建立企业刑事合规计划证明尽到了管理责任，以期切割其与个人犯罪之间的关联，但我国没有关于尽职抗辩的立法规定。再次，惩罚企业与罪责自负原则相冲突，罪责自负原则根植于所有国家的刑事法律理念，要求犯罪应当由犯罪者本人承担刑事责任，不株连他人。但是，企业人格的拟制性使得企业犯罪的刑事责任承担不具有实际上的独立性，会损害诸多无辜第三方的利益。最后，对企业施以刑罚的必要性存疑，自然人和企业两个主体，对同一犯罪行为负有双重的刑事责任。在刑事法律已经充分惩罚个人犯罪的基础上，再依据相同的犯罪行为向企业追究刑事责任，具有一定的重复评价之嫌。而且对企业施以刑罚的犯罪预防效果不佳，尤其是我国仅为单位设置了罚金刑的情况下，刑罚的实际效果远不如民事赔偿和行政处罚的强度，单位犯罪规定对于企业的特别威慑似乎只存在于犯罪名义的层面。

三是保护民营企业的社会经济发展需求。我国企业犯罪案件社会负效应已经突出显现，根据相关研究，被定罪的企业大约有 50% 最终会走向灭亡，而另外 50% 的企业能够继续存活 2 年以上。2018 年国家公开的数据显示，全国有企业 3474.2 万户，当年吊销和注销企业 239 万户，因此，可以大致估算，正常的企业年倒闭率为 7%，这与 50% 的涉罪企业倒闭率有显著差距。中国的市场经济起步较晚，相关法律制度的完善需要一个过程，在市场经济发展初期，由于相关部门的监管乏力，企业的经营存在诸多遗留的刑事隐患。传统治理活动在某种程度上呈现出“严格立法、普遍违法、选择执法”的现象。这些问题突出体现在民营企业的犯罪治理上，催生了一系列强调民营企业司法保护的新政策。忽略民营企业犯罪问题形成的历史原因，无视民营企业生存的脆弱性，严苛地“翻旧账”恐有悖于公平正义，也会产生较强的社会负效应。因此，事后合规制度代表的保护企业、优化企业治理方式是当前立法和司法的任务，也是我国优化营商环境、“六稳”“六保”等国家重要战略方针的必然要求。

3. 立法理由

(1)立法原理说明

本立法修改建议稿拟在《刑法》第 67 条后增加 1 款，作为第 67 条之一，创设事后合规从宽制度的中国模式。立法原理主要包括事后合规从宽有利于维持刑法体系稳定性、刑法与刑事诉讼法“双法联动”的修法理念、单位与责任人分离从宽三个要点。

第一，事后合规与刑法体系稳定性的协调。在刑法中创设事后合规制度，理论上有事后合规出罪和事后合规从宽两种立法路径，本建议稿之所以选择事后合规从宽的方式，主要出于维护刑法体系稳定的考虑。首先，世界各国企业合规立法实践表明，在刑法中确立事后合规从宽制度是更为稳妥兼容的方式。迄今为止，世界各国并未在刑法中确立事后合规出罪制度，涉案企业通过在犯罪行为发生后建立合规体系至多能够获得大幅度的刑罚减轻，即便是刑事合规司法制度最为发达的美国，也只是通过建立程序出罪性质的暂缓起诉协议实现合规出罪,而在大陆法系国家,更是难以突破传统刑法理论的束缚,将罪后情节规定为出罪事由。其次,我国刑法中也未出现罪后情节出罪的先例。由于罪刑法定原则和责任主义原则的限制,犯罪成立后的各种补救情节和认罪情节都只能被视为量刑从宽的依据,而不能作为阻却违法性或者有责性的出罪事由,无论事前合规是否进入单位犯罪成立要件,作为判断单位犯罪成立的因素,一旦单位犯罪成立,事后进行合规建设的情节均无法阻断归责。最后,事后合规作为量刑从宽情节具有体系合理性。我国刑法规定了较多的法定罪后从宽情节,最为典型的便是以主动投案、如实供述为基础的自首,我国刑法规定对于自首的犯罪分子,可以从轻或者减轻处罚,其中,犯罪较轻的,可以免除处罚。因此,依据罪后情节进行从轻、减轻、免除处罚的先例已经在刑法中存在,增设事后合规作为从轻、减轻、免除处罚情节不存在体系上的障碍。

第二,刑法与刑事诉讼法"双法联动"使刑法只需规定事后合规从宽。刑法修改应保持谨慎和谦抑,在体系安定和制度创新方面寻求平衡。在此意义上,刑法将合规整改规定为从宽量刑情节足以为刑事诉讼法增设合规不起诉等制度提供正当性依据。单位犯罪以后积极配合开展合规整改的,可以作为从轻或者减轻处罚情节,而单位合规整改经过刑事诉讼法规定的合规监督评估程序认定为合格的,亦即完成有效合规整改,便可以作为减轻或者免除处罚情节。这样一来,刑事诉讼法中的合规不起诉和合规宽缓量刑建议,都有了实体法基础,刑法又没有创设新的出罪情节,避免了刑法体系的结构性变动。晚近以来,我国推进的认罪认罚从宽、刑事和解等重大司法改革,在上升为立法时都是在刑法没有规定刑事和解、认罪认罚等量刑情节的情况下,由刑事诉讼法直接增设相关制度,因此认罪认罚只能作为从轻处罚情节,刑事和解也面临着刑法学界的诸多质疑,在很大程度上影响了这些制度的正当性,也使制度本身的适用范围和从宽幅度被压缩,无法实现预期的改革效果。因此,涉案企业合规改革刑事立法应当坚持"双法联动"的思路,由刑事诉讼法规定合规不批捕、合规不起诉、合规宽缓量刑建议和合规考察程序,在刑法中则规定合规整改作为从宽量刑情节。

第三,单位与责任人分离从宽要求为二者分别规定事后合规从宽理由和幅度。通过考察世界各国立法例可以发现，暂缓起诉协议或者事后合规从宽制度的对象仅仅在于涉罪企业，而不及于责任人员，不仅如此，多数国家都将对责任人员的披露、处理、起诉作为对企业宽大处理的条件之一，只有在责任人员得到惩治之后，才能对单位作出不起诉决定或从宽处罚，由此形成“放过企业，但严惩责任人”的通行规则。这种处理方式不无道理，核心理由是事后合规的主要考量在于避免对单位定罪量刑后带来的公共利益损失，损害广大未参与犯罪的员工、股东、第三方商业伙伴、养老金领取者及其家人等无辜利益相关方的利益，而对于责任人员而言，受到刑事追诉显然并不会带来如此巨大的“水波效应”，因此，仍然应当追究其刑事责任，以体现刑罚的威慑和制裁效果。但是这种方式在我国面临着严峻的挑战，根源在于我国大量中小微企业公司治理结构简单，权力集中于企业家，具有家族企业的性质，一旦企业家被定罪判刑，不仅企业的事后合规建设无人操办，企业更是无法独立运营，只能走向注销解散。可以说，追诉企业家与追诉企业一样，都将导致企业难以为继，带来重大的公共利益损失。正是出于这一考虑，我国涉案企业合规改革始终坚持尽量对企业和企业家都作出宽大处理，在刑法立法中也要体现对企业家宽大处理的改革经验。不过，对企业家宽大处理的依据和幅度仍然应当与对待企业有所区别，事后合规体现在企业家身上应表现为在合规整改中所起的作用，只有为组织实施合规整改作出较大贡献，所起作用较大的企业家，才能获得事后合规的量刑从宽优惠；同时，考虑到责任主义原则的限制，只有当犯罪较轻时，才能被免除处罚。

(2)立法条文解释

本条分两款规定了单位犯罪合规整改从宽量刑制度，第 1 款是针对单位的合规整改从宽量刑，第 2 款是针对单位犯罪中责任人员的从宽量刑。

①第 1 款为针对单位的合规整改从宽量刑制度，这是企业合规改革刑事立法“双法联动”的关键所在，奠定了企业合规改革的刑法正当性根基。在刑法规范上解决了当前企业合规改革面临的正当性危机，尤其是非轻微单位犯罪案件合规不起诉的正当性问题。该款可以分为两部分：前一部分为消除犯罪不利后果的合规整改，单位基于法益修复等理论，将危害后果降低甚至消除，进而获取从轻或者减轻处罚的刑事激励后果；后

一部分要求单位在消除犯罪后果的基础上建立有效预防再犯罪的合规管理体系,进而获取减轻或者免除处罚的后果。这也契合刑事责任的认定由责任刑和预防刑两部分决定,该款前一部分针对单位犯罪的责任刑,后一部分针对单位再犯罪的预防刑。由刑法设置宽缓幅度,刑事诉讼法设立合规不起诉等制度,从而形成"双法联动"。

②第1款还规定了合规整改的有效性标准,也就是合规整改从宽量刑的要件。该款通过"补救措施""配合开展合规整改""建立有效预防犯罪的合规管理体系"等要件有机结合,兼顾了法益修复、配合调查、犯罪原因消除、合规体系建设等有效合规整改要素。具体而言,有效的合规整改包含四个基本要素:一是涉案企业在认罪认罚的基础上,停止犯罪行为,积极配合刑事追诉行动,采取补救挽损措施,及时处置犯罪责任人,这是合规整改的前置性条件,该要素即可概括为"补救措施";二是涉案企业通过内部调查,确定导致犯罪发生的制度漏洞、管理隐患和治理结构缺陷,这是确保合规整改具有针对性的制度保障;三是对于存在缺陷的治理结构、业务管理、财务管理、人事管理、商业模式作出撤销和改造的措施,这是合规整改的针对性措施;四是在制度纠错的前提下,涉案企业建立有针对性的合规体系,为同一类型犯罪的预防确立整体的、全面的和长远的管理机制,这是合规整改的预防性措施,本款规定的"配合开展合规整改""建立有效预防犯罪的合规管理体系",就包括这些去犯罪化改造和合规体系建设的要素内容。在刑法中为这些要素确定基本地位,可以让单位犯罪合规整改从宽有序、有度、有标准,也为之后专门立法规定合规有效性标准确立基本参照。

③第2款规定了单位犯罪中责任人员的从宽量刑制度,解决了企业合规改革中的另一大理论困境,即单位和责任人员的分离追责问题。按照刑法理论,单位能够通过合规整改获得宽缓处理的原因在于合规管理体系能够发挥犯罪预防功能,企业建立有效合规计划之后,再对其施加刑罚已经没有意义。而对于责任人来说,单位的合规管理体系并不能预防具有自由意志和自主行为能力的自然人再犯罪,因此合规整改的从宽效力不应及于责任人。但是我国普遍存在企业家与企业高度捆绑的现实情况,如果不为责任人员确定宽缓处理条款,一旦作为企业家的责任人员被判处刑罚,企业既失去了合规整改的条件和动力,也无法继续维持生产经

营。因此，本款针对单位犯罪中的责任人员规定了宽缓处罚制度，并为此设立了“认罪悔罪”“在合规整改中作用较大”两大要件，为责任人员免除处罚设立了额外的“犯罪较轻”的犯罪情节要件。这是因为单位犯罪责任人员依照行为责任和罪过责任入罪，当然只能依据罪刑轻微出罪，本款新增其在合规整改中的作用作为从宽量刑情节，既符合单位犯罪明确区分单位责任与责任人员责任的要求，也给予责任人员积极认罪认罚和推进合规整改的动力，有助于企业顺利开展合规整改。此外，在刑法对单位和责任人员责任进行分离设定的基础上，刑事诉讼法增设单位和责任人员分离追诉程序也具有了实体法依据，由此进一步形成“双法联动”格局。

(二)方案二：《刑法》第37条立法建议及解析

1. 立法条文

(1)立法原文

第三十七条　【非刑罚处置措施】对于犯罪情节轻微不需要判处刑罚的，可以免予刑事处罚，但是可以根据案件的不同情况，予以训诫或者责令具结悔过、赔礼道歉、赔偿损失，或者由主管部门予以行政处罚或者行政处分。

第三十七条之一　【从业禁止】因利用职业便利实施犯罪，或者实施违背职业要求的特定义务的犯罪被判处刑罚的，人民法院可以根据犯罪情况和预防再犯罪的需要，禁止其自刑罚执行完毕之日或者假释之日起从事相关职业，期限为三年至五年。被禁止从事相关职业的人违反人民法院依照前款规定作出的决定的，由公安机关依法给予处罚；情节严重的，依照本法第三百一十三条的规定定罪处罚。其他法律、行政法规对其从事相关职业另有禁止或者限制性规定的，从其规定。

(2)立法新增条文【合规整改的从宽处罚】

在《刑法》第三十七条之一后增加一条，作为第三十七条之二：单位犯罪以后立即采取补救措施，配合开展合规整改，建立有效预防犯罪的合规管理体系的，可以免予刑事处罚，由主管部门予以行政处罚。

2. 立法依据

同“方案一”。(略)

3. 立法理由

(1)立法原理说明

本条款拟直接在刑法中确立事后合规出罪制度,立法原理主要包括单位犯罪的中心归责理论的支撑、重大单位犯罪合规不起诉的障碍消除、刑罚功能的有效替代三个方面。

第一,事后合规出罪以单位犯罪的中心归责理论为支撑。单位责任本质上属于合规责任、组织责任,客观的中心归责论主张单位犯罪只需要将危害后果归责于单位即可,判断的核心要件是单位是否违反了特定的刑事义务,判断方式是单位内部的决策程序和治理结构是否会导致危害后果的发生。而单位成员责任是一种传统的行为责任、道义责任、罪过责任,应当将单位责任和自然人责任进行彻底分离,将单位犯罪视作两个行为、两个犯罪主体、两个处罚主体的聚合犯罪。其中,对于单位主体的犯罪,可以采用组织责任理论予以判断,以单位成员实施的社会危害行为为基础要素,以单位建立合规计划的组织管理行为为中心归责要素,一旦社会危害行为通过中心归责理论归咎于单位,无需考察单位成员最终构成犯罪与否,单位则作为独立的犯罪主体和处罚主体承担刑事责任;而对于单位成员主体,则应当依据自然人犯罪的传统责任理论加以认定,单位成员因为对单位犯罪起到决定、批准、授意、纵容、指挥的作用(直接负责的主管人员)或者参与实施犯罪行为(其他直接责任人员)而承担刑事责任。

不同于责任人的行为责任,单位的合规责任是一种持续的状态责任,企业因为缺乏合规管理的组织架构和企业文化而处于合规否定性评价的状态,这种状态的存续使单位成员实施的危害社会行为被归责于企业。只要企业在法院作出有罪生效判决之前进行有效合规整改,建立合规的治理结构和企业文化,改变合规否定性评价的组织状态,就可以认为消除了对企业进行中心归责的要素,从而获得不起诉决定。以危害社会行为的发生为标准划定事前或事后,其实是自然人犯罪中以行为作为归责基础所创设的概念,对于单位责任而言,归责基础并不在于行为或罪过,因而也就无所谓事前或者事后,只要满足了有效合规的要件,就能够阻断归责、消除责任。因此,事后合规作为出罪事由在刑法理论上具有正当性依据。

第二,事后合规出罪才能消除重大单位犯罪合规不起诉的障碍。涉案企业合规改革推行至今,一些轻微单位犯罪案件合规不起诉的正当性并未受到太多质疑,检察机关本就可以针对轻微犯罪案件作出相对不起诉的决定,所以,真正存在合法性危机,需要修改刑法加以解决的,恰恰是重大单位犯罪案件的合规不起诉问题。实践中上海、江苏、深圳等多地试点机关已经开始探索将国有企业、上市公司、拟上市公司等大型企业涉嫌的重大单位犯罪案件纳入合规考察对象,并在多个案例中作出不起诉决定,重罪案件的合规不起诉试验引发了罪刑法定原则的危机。随着刑事和解不起诉、认罪认罚不起诉、未成年人附条件不起诉等制度的确立,刑事诉讼法酌定不起诉条款的内涵逐渐丰富。但无论如何发展,"犯罪情节轻微,依照刑法规定不需要判处刑罚或者免除刑罚"的罪刑法定原则要求始终得到严格遵守,酌定不起诉的微罪不起诉性质从未发生改变。刑事和解、认罪认罚等程序法事实无一例外都是被确定为量刑宽缓情节而获得教义学依据,在满足罪刑轻微的条件之后方能作出不起诉决定。在重大单位犯罪案件中,既有从宽量刑情节都不足以对企业作出不起诉处理,必须在刑法中创设事后合规制度作为合规不起诉的独立依据。在此情况下,如果将事后合规仅仅规定为从轻、减轻量刑情节,重大单位犯罪在减轻处罚后仍然不能满足罪刑轻微的要求,就只能对单位提起公诉;只有将事后合规确立为免予处罚情节,使事后合规具有出罪的效力,才能给企业合规整改提供足够的动力,也才能消除重大单位犯罪合规不起诉的障碍。

第三,事后合规可以有效替代刑罚功能。涉案企业在事后合规建设中履行积极配合调查、补救挽损、完善合规计划等义务,尽管不具有刑事处罚的性质,却可以发挥不亚于刑事处罚的效用。事后合规只是避免企业以"罪犯"的名义接受刑事处罚,却使企业遭受了另一种形式的惩罚,并通过一系列新的制度安排,迫使企业接受了披露犯罪事实和犯罪人、重建合规计划、接受合规监控等补救措施,既有助于防止企业再次实施犯罪行为,也对其他企业起到足够的威慑效果。由此,事后合规既使那些涉嫌犯罪的企业避免了受到刑事处罚的命运,又发挥了刑罚所固有的报应和预防功能,甚至在惩罚和威慑功能的发挥方面还具有更为理想的效果。在报应功能方面,企业在合规整改过程中需要投入大量人力、物力、财力和时间成本建立有效合规计划,企业投入的经费额度在公司利润中的占比往往成为判断合规计划有效性的基础性条件,企业需要准备充足的财政预算组建合规团队、实施合规管理流程,根据企业规模的不同,合规建设的具体资金和人员需求不尽相同,但这笔金额至少会远远超过定罪后所判处的罚金数额。在预防功能方面,事后合规更是发挥了相比于罚金刑更加有力的预防效果。罚金刑作为一种财产刑,对企业而言微不足道,一旦违法行为获得的利益高于可能被判处的罚金,企业就会铤而走险,走上犯罪的道路。即便是对企业判处高额罚金,也只会被视作犯罪成本,而通过再次实施犯罪行为来赚回,预防再犯效果较差。相反,事后合规则是激励企业配合调查、主动披露违法行为和违规人员、重建合规计划乃至接受全程合规监管的义务,迫使其清除导致再犯罪的因素,堵塞合规漏洞,有效预防、识别和应对可能的违规行为,最大限度减少了今后再次实施犯罪行为的可能性。既然事后合规能够发挥替代刑罚甚至超越刑罚的功能,具有出罪功能也就具有了刑罚论上的依据。

(2)立法条文解释

本条前半段规定了事后合规的基本要件,包括“立即采取补救措施”“配合开展合规整改”“建立有效预防犯罪的合规管理体系”三大要求,分别是事后合规的前提性要件、过程性要件、结果性要件。

①“立即采取补救措施”是事后合规的前提性要件,要求涉案企业停止犯罪活动、终止原有的非法经营活动,并对犯罪所造成的后果采取适度的挽救措施,对犯罪所破坏的法益采取必要的修复行动,以达到减少犯罪社会危害性、降低犯罪严重程度、挽回犯罪损失的目的,例如,赔偿被害人、缴纳行政罚款、补交应纳税款、上缴违法犯罪所得、恢复为犯罪所破坏的社会关系、修复为犯罪所破坏的环境资源等。

②“配合开展合规整改”是事后合规的过程性要件,要求涉案企业自愿认罪认罚、配合执法调查、披露犯罪事实、主动调查和处置直接责任人,并对企业的治理结构缺陷、经营管理漏洞、财务管理漏洞、合规性审查缺陷、经营模式的“犯罪基因”、员工和第三方管理失控等制度缺陷进行纠错,在此基础上着手开展合规体系建设。

③“建立有效预防犯罪的合规管理体系”是事后合规的结果性要件,要求涉案企业建立包括合规章程、合规组织体系、合规程序体系等在内的有效合规计划。其中,合规章程或商业行为准则是体现企业合规价值理

念、管理架构的规范文件；合规组织是确保企业开展有效合规管理的人事基础，在合规组织建立的前提下，涉案企业应确立合规审查机制，对于存在重大合规风险的业务或者产品，合规部门可以提出异议甚至否决的建议；预防程序体系包括定期合规风险评估、尽职调查、合规培训、合规宣传沟通等机制；监控程序体系包括合规巡视、合规报告、内部举报、合规审计等机制；应对程序体系包括合规内部调查、反舞弊调查、合规奖惩、持续不断的改进等机制。

④本条后半段规定了事后合规的效力，赋予事后合规免予刑事处罚的出罪效果，而不是直接规定“不作为犯罪”或者“不构成犯罪”，最大限度保持了刑法关于罪后情节不能阻却犯罪成立的体系安定性，又为重大单位犯罪案件的合规不起诉提供了刑法正当性依据，既然企业能够获得免予刑事处罚的处理，在审查起诉阶段检察机关通过行使自由裁量权当然就能够对其作出不起诉决定。与此同时，本条最后还规定了“由主管部门予以行政处罚”，为涉案企业合规行刑衔接预留了制度空间。涉案企业合规改革探索中高度重视行刑衔接工作，出于避免“不刑不罚”的考虑，检察机关在作出不起诉决定后，往往会将案件及合规材料移送给相关主管行政机关，并向行政机关制发行政处罚的检察意见，一方面能够督促行政机关对涉案企业就行政违法事实作出行政处罚，另一方面也能发挥合规互认的效果，建议行政机关依据涉案企业的合规建设情况，予以从轻或者减轻处罚。本条充分吸收了企业合规改革的先进经验，特对此作出原则性规定。

七、修正《刑法》第76条之一【合规缓刑】

1. 立法条文

(1)立法原文

第七十六条 【缓刑考验合格的处理】对宣告缓刑的犯罪分子，在缓刑考验期限内，依法实行社区矫正，如果没有本法第七十七条规定的情形，缓刑考验期满，原判的刑罚就不再执行，并公开予以宣告。

(2)立法新增条文【合规缓刑】

在《刑法》第七十六条后增加一条，作为第七十六条之一：对于被判处罚金的单位,法院可以根据特别预防的需要,宣告合规缓刑。合规缓刑考验期限为三年以下,但不得少于六个月。

犯罪单位应当在考验期限内遵守法律法规,服从监管,建立或完善合规管理体系,并按照考察机关的规定报告经营和合规建设情况。

合规缓刑考验期届满后,通过考察验收的,原判刑罚、限制或者取消单位从事相关经营活动资格不再执行。

2. 立法依据

(1)域外立法考察及评价

自美国量刑委员会于1991年制定《联邦量刑指南》后,域外许多国家在司法实践中积极探索企业合规缓刑制度。时至今日,合规缓刑制度发展势头强劲,不但成为一种治理企业犯罪的刑罚执行模式,而且有效激励了企业主动合规经营。

①域外立法考察

A. 美国

早在1972年的美国诉大西洋里奇菲尔德案(United States v. Atlantic Richfield Company)中,美国联邦法院就判处对奇菲尔德公司适用缓刑。联邦法院以治理被污染的土壤与河流为条件,对犯罪企业判处高额罚金,同时宣告缓刑。1984年10月12日,美国国会通过了《量刑改革法案》(Sentence Reform Act),尽管这部新法律废除了《联邦缓刑法案》(Federal Probation Act),但关于缓刑的规定却贯穿于《量刑改革法案》之中。有关规定明确指出,被定罪的公司可以被判处缓刑以及罚款。1991年,美国联邦量刑委员颁布的《联邦量刑指南》第八章《组织量刑指南》中规定了企业缓刑的适用条件、企业缓刑的期限、企业缓刑的强制性要求与任意性要求、违反企业缓刑要求的后果等问题。由此,美国全面确立了企业缓刑制度,开启了企业合规刑事化的新篇章。《组织量刑指南》具体规定如下:

第一,《组织量刑指南》的"前言"中规定了本章应遵循的基本原则,其中第四项原则规定:"只有能够确保另一项制裁措施得到充分执行,或确保在组织体内部采取措施可以减少未来犯罪行为的可能性时,对组织体判处缓刑才具有正当性。"

第二,《组织量刑指南》明确了企业缓刑的适用条件:"(1)缓刑判决对于确保支付赔偿金、执行补救命令或确保完成社区服务是必要的；(2)有必要通过企业缓刑保障其他类型制裁的实施的；(3)成员超过50人的组织缺乏用以预防和发现违法行为的合规计划的；(4)组织本身在案发前5年内实施过类似犯罪行为的；(5)组织的涉案高管在案发前5年内实施过类似犯罪行为的；(6)有必要通过对涉案组织进行内部改革以减少未来发生类似犯罪行为的可能的；(7)对涉案组织的刑罚不包括罚金的；(8)有助于实现量刑目的的。只要是实施了犯罪的企业满足上述条件之一，量刑法院即可决定对该企业适用缓刑。”

第三，《组织量刑指南》对企业缓刑考验期作了规定："在判处缓刑的情况下：(1)如果是重罪，缓刑考验期应至少为一年，但不超过五年。(2)在任何其他情况下，缓刑考验期应不超过五年。"

第四，《组织量刑指南》对企业缓刑考验期内必须遵守的事项作了规定："(1)不得实施进一步的犯罪行为；根据18 U.S.C. §3563(a)(1)，任何被判处缓刑的组织在缓刑期间不能实施联邦、州或地方规定的犯罪。(2)根据18 U.S.C. §3563(a)(2)，如果因重罪被判缓刑，法院应将以下至少一项作为缓刑条件：支付罚金或社区服务，除非法院已处以罚款，或法院发现存在使该条件明显不合理的特殊情况。(3)与所犯罪行有合理关联的其他要求，但仅能在必要时剥夺企业的财产和自由。"

B. 加拿大

2003年加拿大颁布了《韦斯特雷法案》(Bill C－45[①], The Westray Bill)。该法案为企业保障工作场所的健康和安全确立新的法律义务，对因违反义务导致伤亡的违法行为进行严厉处罚，并对加拿大《刑法典》进行了修正。该法案规定法院可以对被定罪的企业颁布缓刑令，要求其履行赔偿被害人、预防犯罪等条件，接受法院监督，其中对企业缓刑的具体规定如下：

> 法院可以规定，因犯罪而被判处缓刑的组织，必须满足以下一项或者多项条件：

① 需要注意的是，由于加拿大联邦政府重复适用法案编号，该编号目前指代一项针对大麻并对《受控药物及毒品法》《刑法典》及其他法律进行修正的法案。

(1)向受害人赔偿因犯罪而遭受的任何损失或损害；

(2)制定政策、标准和程序，以减少本组织继续犯罪的可能性；

(3)向其代表传达这些政策、标准和程序；

(4)向法院报告这些政策、标准和程序的执行情况；

(5)确定负责遵守这些政策、标准和程序的高级官员；

(6)以法院指定的方式向公众公开如下信息：该组织被认定的罪行，法院对其判处的刑罚，以及该组织正在采取的所有措施，包括基于(2)项制定的以减少其后续犯罪的可能性之政策、标准和程序；

(7)遵守法院认为适当的任何其他合理条件，以防止该组织实施后续犯罪，补救犯罪所造成的损害。

②域外立法评价

刑事合规的最终目的是督促企业实现合规治理下的可持续发展，对企业施加处罚只是最后的手段，经由企业合规缓刑制度为企业制定、完善与实施合规计划提供空间，正是上述规制特征的具体表现。通过域外考察不难发现，美国和加拿大均建立了较为完备的企业合规缓刑体系，并且逐渐发展成为涉案企业处遇的重要手段。从合规缓刑的制度设计可见，实行企业内部改革、制定适法(合规)计划以及企业与执法机构达成和解合作协议是适用企业合规缓刑的必要条件。在缓刑期间，由法官或其任命的合规监管人监督企业建立合规计划，如果这些企业不能实现有效合规，则将被处以更高额的罚金。更值得注意的是，2014 年修订的《联邦量刑指南》明确指出，即使企业在法院判决作出时已有合规计划，也可以通过对其判决“合规缓刑”的方式要求其完善合规计划，只要法官认为这样的内部整改对于确保组织体降低再犯风险具有必要性。尽管《联邦量刑指南》并不具有司法强制力，但“合规缓刑”早已成为法官们公认的企业特别刑种。这本质上是因为随着市场经济和企业现代化的发展，经济类制裁已难以独立实现刑罚的犯罪预防目标，需要以行为类制裁补充其威慑力。

(2)立法修正的必要性

第一，可以妥善修复企业犯罪单处罚金惩治效果不彰的困境。传统企业犯罪监管机制只能在企业犯罪危害结果出现后进行处罚,其中刑事制裁又以对企业判处罚金刑为主。然而罚金刑的威慑和预防效果并不理想。首先,罚金刑既无法在企业犯罪发生前有效保障社会公共利益,也不能在企业犯罪发生后及时挽回社会公众的利益损失,更难以实现对企业行为进行持续性的监管与有效改造。例如,罚金数额的计算过程仅考虑到犯罪损失和执法成本,没有对企业未来实施类似不法行为的可能性进行评估,难以实现对企业犯罪的事前预防。又如,法院在适用企业罚金刑的过程中一般不考虑企业的组织结构、决策模式和行为机制等自身情况,且实施犯罪的企业不能有效参与由法院主导的制裁活动,导致企业欠缺调查和处置犯罪诱因的有效激励,甚至出现在缴纳罚金后再次实施类似犯罪的现象(企业累犯)。其次,较低数额的罚金不能有效威慑和预防大企业实施的犯罪,而较高数额的罚金则极有可能迫使犯罪企业通过提高产品价格等手段,将支付罚金的成本转移至客户、普通消费者和股东、债权人。这显然很难发挥罚金刑应有的威慑和预防效果。最后,企业罚金刑威慑和预防效果的不足,将使商业监管机制中民事、行政监管的压力和成本增大。而由法院单方决定并一次性收缴的企业罚金只能实现对企业的"一次性"惩罚,既不能形成有效的持续监管,也会使社会公众产生"以钱免刑"的不良观感,进而损及刑事司法的公信力并弱化刑事制裁的效果。

第二,可以为涉案企业建立健全合规治理体系提供有效激励。单位一旦涉罪被定罪量刑,所带来的附随效果不可低估。在激烈的市场竞争中,相关企业一旦涉案,轻则名誉受影响、遭受巨大经济损失,重则会因正常的生产经营无以为继而走向倒闭。这对企业和整个市场而言,代价未免太大。通过设置企业缓刑制度,对积极建立并有效实施合规计划的企业判处缓刑,可以充分激励企业进行自我监督和强化内部治理;与此同时,让涉案企业在法院的指导下制定合乎企业组织结构的改造方案,建立有效的犯罪预防机制,也能帮助企业走上良性发展轨道。总之,对企业宣告缓刑不仅可以规避罚金刑的固有缺陷,避免罚金的溢出效应,有效应对涉罪企业没有能力支付罚金等特殊情况,还能够帮助企业完善治理结构体系,有效预防和控制企业犯罪。

3. 立法理由

(1)立法原理说明

第一,增设合规缓刑制度可以与企业资格罚制裁实现体系协同。在前述的立法建议中提出,在《刑法》第 37 条之一后增设 1 款,作为第 2 款单位犯罪的从业禁止,即人民法院可以根据犯罪情况和预防再犯罪的需要,作出暂扣许可证件、吊销许可证件和责令停产停业整顿的决定。建议新增单位犯罪从业禁止制度旨在通过限制或者取消单位从事相关经营活动的资格,消弭单纯对企业判处罚金刑的弊端,完善对犯罪企业的处遇制度。然而,毋庸置疑,对企业判处暂扣许可证件、吊销许可证件和责令停产停业整顿等保安处分对企业的影响巨大,轻则意味着短时期内涉罪企业的生产经营活动将完全停滞,重则会导致企业面临“死亡”的危险。因此,为了在审判阶段再给涉罪的企业创造一次通过内部整改而重新回归市场的机会,也为了恪守刑法的谦抑性,贯彻宽严相济的刑事政策,当涉罪企业在有关主体的指导和监督下制定并开展了有效的合规整改之后,法院可对其判处缓刑。在缓刑考验期内经考察合格后,上述限制或者取消单位从事相关经营活动资格的保安处分措施就不必再实施。这不仅可以有效避免保安处分措施对涉罪企业造成不可逆的损害,而且能进一步激励企业主动配合有关部门积极实施整改。可见,设立企业合规缓刑制度可以保障企业资格罚的贯彻实施。

第二,增设合规缓刑制度有助于完善我国刑罚执行结构。我国现行《刑法》对缓刑制度的建构仅以自然人为对象,无法适用于单位犯罪。根据传统观点,企业只是法律拟制的人格,不可能具备在规定的考察期内进行悔过自新的主观意愿和客观能力。在司法实践中,只有通过对作为企业有关责任人的自然人判处缓刑,才有可能对企业间接适用缓刑。但是,这不仅对企业经营模式和治理结构的完善与改革收效甚微,而且还可能存在转嫁责任的问题。增设企业合规缓刑不仅为治理企业犯罪提供了全新的制裁形式,还创造了以威慑为基础的传统刑罚手段所不具备的实施企业内部改革的能力和机会,可以促进和激发企业构建并实施企业合规计划的积极性。立法增设有关企业合规缓刑制度的规定,对符合要求的企业适用缓刑,不仅可以避免刑事处罚对犯罪企业的永久伤害,同时还为犯罪企业提供了进行自我改革的契机。企业合规缓刑制度还是一种确保对犯罪实施持续性司法控制的有效且合理的手段,因为企业合规缓刑制度摒弃了对企业判处罚金刑这一制度下仅对企业实施一次性制裁的做法,更有利于刑罚机能的实现。

第三,增设合规缓刑制度可以优化单位犯罪治理模式。通过适用企业合规缓刑制度,会有更多的未涉犯罪的企业意识到建构并实施有效的企业合规计划在改善企业内部治理、预防企业犯罪等方面产生的积极意义,并主动参与企业合规计划的制定并实施,由此可以充分发挥一般预防的效果。企业合规计划的首要机能是预防企业内部犯罪。相较于外部监管机构,企业更熟悉自身的生产经营情况、运作模式、治理结构等,通常也更清楚如何对企业进行激励、沟通,如何通过合规机制进行改革。因而,由企业自身主动构建和实施的企业合规计划能使企业改革最佳化,更好地达到预防、发现和制止企业内部不当行为的效果。通过企业合规缓刑这种正向的激励机制,可以使企业在犯罪发生后积极寻求改造,有效预防企业犯罪行为的再发生。通过涉罪企业接受有关部门的监督检查、涉罪企业在有关部门的指导下制定并实施合规计划、推动企业内部的改革和完善等一系列举措,还可以为司法机关在追诉犯罪过程中充分关照企业社会责任,参与并引导企业依法经营,提供制度平台。详言之,企业合规缓刑制度的意义在于,为企业提供了持续监管内部不当行为、防止犯罪发生的有效机制,为实施犯罪的企业提供在法院等主体监管下进行改造的机会,同时也给政府带来可持续监管企业犯罪、及时有效预防犯罪的可能性。

第四,增设合规缓刑制度是贯彻宽严相济刑事政策的需要。企业合规缓刑制度对"轻轻重重"的两极化刑事政策的构建有所裨益。2019 年 10 月,张军检察长在论及"服务大局、保护民营企业"时明确指出,对于民营企业家可捕可不捕的,不捕;可诉可不诉的,不诉;可判实刑可判缓刑的,判缓刑,是非常有必要的。这充分强调了对刑法谦抑性和宽严相济刑事政策的坚守,是对之前一些重刑主义倾向、通过刑事手段插手经济纠纷做法的纠偏,也是在司法领域对民营企业和企业家释放善意。而法院经过庭审判决企业合规缓刑,将合规计划作为缓刑的内容,同样是对刑法谦抑性的贯彻;在处理企业和企业家犯罪问题时,对制定并执行有效合规计划的企业做到"当宽则宽",对未能按照计划实现有效合规、不服从有关部门监管的企业撤销缓刑并执行原判刑罚，也体现了“当严则严”。此外，法院通过考察企业在缓刑期间的补救计划是否有效，同时也关照了刑事诉讼法中的“认罪认罚从宽”制度，这有效保证了实体法与程序法的统一，实现了在单位犯罪治理问题上的刑事一体化。

（2）立法条文解释

拟新增条文（第76条之一）第1款规定：“对于被判处罚金的单位，法院可以根据特别预防的需要，宣告合规缓刑。合规缓刑考验期限为三年以下，但不得少于六个月。”该款适用的对象是被判处罚金的单位，在罪名范围上，除危害国家安全犯罪、恐怖活动犯罪之外，其他单位犯罪罪名均可以适用合规缓刑。合规缓刑并不以事后合规整改为前提，即便没有事后合规整改或整改失败的，依然可以通过审判阶段的合规缓刑继续推动企业建立有效合规机制。合规缓刑适用的实质性条件是“特别预防的需要”，通常应当考察单位犯罪的原因、合规整改的可行性与必要性、单位是否有再犯的危险等。

本条将合规缓刑考验期限设定为6个月以上3年以下，主要有以下两点考量：第一，尽管合规整改并不追求建立全面的合规体系，但建立与违法犯罪领域有关的专项合规管理制度同样需要一定的人财物资源和时间。尤其在大型企业涉嫌的污染环境、安全责任事故、涉税犯罪等具体场景中，短时间的合规考察不足以改造涉案企业的治理结构与商业模式，更遑论将合规治理贯彻至业务活动的全生命周期之中。是故，考验期不可设定过短，应以6个月以上为宜。第二，考虑到合规体系建立后通常需要在合规监管人的指导下进行1～2年的试运行，并在期间针对出现的问题进行动态调整，才能真正激活合规计划并保证其有效实施，故考察期的上限以3年为宜。如此，既能避免考察期过短导致的仓促验收无法保障合规计划有效实施，也能避免考验期过长对企业恢复正常生产经营造成不利影响，从而实现合规整改挽救企业的预期效果。

本条第2款规定：“犯罪单位应当在考验期限内遵守法律法规，服从监管，建立或完善合规管理体系，并按照考察机关的规定报告经营和合规建设情况。”在企业合规缓刑的实践中，企业合规计划的制定、有效实施和考察验收是重中之重。在企业缓刑制度中全面引入合规计划，是促使实施犯罪的企业为争取重返市场的机会，积极预防、发现和制止企业内部不当行为的核心要素，同时也是成功引导未犯罪的企业主动实施和强化合规计划、改善内部治理机制，从而实现犯罪预防的关键所在。通过企业合规计划，监管机构可以将监管力量渗透到企业内部，实现对企业行为的有效管控，深刻影响和帮助企业将其行为调整到法治轨道上，由此保证刑罚目的和治理效果的充分实现。需要说明的是，此处“建立或完善合规管理体系”并非指向日常性的全面合规体系，对于已构成犯罪的企业而言，合规缓刑考察期内进行的合规整改应针对企业已暴露的违法犯罪领域展开。例如，对于构成污染环境罪的企业，合规整改就应当紧紧围绕建立企业“环境保护合规制度”展开。在此意义上，企业合规整改所要预防的已不是潜在的合规风险，而是现实的犯罪风险。通过发现并纠正既有经营结构与商业模式中的致罪因素、填补管理漏洞、消除隐患，最终实现企业治理与经营的“去犯罪化”，并由此获得合规缓刑制度下整改通过后不再执行处罚的宽宥处理。

本条第 3 款规定：“合规缓刑考验期届满后，通过考察验收的，原判刑罚、限制或者取消单位从事相关经营活动资格不再执行。”缓刑考验期满后的处理结果依合规建设的落实情况而定。如果缓刑期内企业能认真落实合规计划，并取得预期效果，则原判刑罚、限制或者取消单位从事相关经营活动资格等均不用再执行。但是，如果企业对合规计划的落实不到位，企业不服从监管，或存在不按照规定向监管部门如实报告缓刑期内有关经营情况的，法院应撤销对企业宣告的缓刑，并判决其执行原判刑罚。需要注意的是，考察机关对企业合规缓刑验收合格之后，本书提出拟新增设的《刑法》第 37 条之一第 2 款中“暂扣许可证件”“吊销许可证件”“责令停产停业整顿”等限制或者取消企业从事经营活动资格的保安处分也将不再执行。这不仅是为实现与上述规定的协调统一，而且有利于充分发挥企业合规的激励机制。

八、修正《刑法》第 135 条等【安全责任事故类犯罪的单位从业禁止】

1. 立法条文

(1) 立法原文

第一百三十五条　【重大劳动安全事故罪】安全生产设施或者安全

生产条件不符合国家规定，因而发生重大伤亡事故或者造成其他严重后果的，对直接负责的主管人员和其他直接责任人员，处三年以下有期徒刑或者拘役；情节特别恶劣的，处三年以上七年以下有期徒刑。

第一百三十五条之一 【大型群众性活动重大安全事故罪】举办大型群众性活动违反安全管理规定，因而发生重大伤亡事故或者造成其他严重后果的，对直接负责的主管人员和其他直接责任人员，处三年以下有期徒刑或者拘役；情节特别恶劣的，处三年以上七年以下有期徒刑。

第一百三十七条 【工程重大安全事故罪】建设单位、设计单位、施工单位、工程监理单位违反国家规定，降低工程质量标准，造成重大安全事故的，对直接责任人员，处五年以下有期徒刑或者拘役，并处罚金；后果特别严重的，处五年以上十年以下有期徒刑，并处罚金。

第一百三十八条 【教育设施重大安全事故罪】明知校舍或者教育教学设施有危险，而不采取措施或者不及时报告，致使发生重大伤亡事故的，对直接责任人员，处三年以下有期徒刑或者拘役；后果特别严重的，处三年以上七年以下有期徒刑。

第一百三十九条 【消防责任事故罪】违反消防管理法规，经消防监督机构通知采取改正措施而拒绝执行，造成严重后果的，对直接责任人员，处三年以下有期徒刑或者拘役；后果特别严重的，处三年以上七年以下有期徒刑。

(2)立法修正条文【安全责任事故类犯罪的单位从业禁止】

在《刑法》第一百三十五条、第一百三十五条之一、第一百三十七条、第一百三十八条、第一百三十九条后分别增设一款，作为第二款：单位未履行合规管理义务，导致事故发生的，单位按照本法第三十七条之一第二款的规定处理，但合规整改通过的除外。

2. 立法依据

(1)域外立法考察及评价

①域外立法考察

横向对比大陆法系代表性国家的相关立法例，有助于更为清晰地理解我国责任事故犯罪的立法模式。为此，需要以具体立法例中“针对性立法”与“一般性立法”的偏重情况作为参考。所谓“针对性立法”，是指在刑法中根据安全生产的具体业务场景设立单独罪名；所谓“一般性立法”，是指在刑法中对责任事故犯罪进行总括式规定。前者通常在罪状表述上更为具体，是问题性思考的产物；后者则强调体系性思考与类型化提炼，在罪状表述上更为集约简练，是体系性思考的体现。[①] 具体而言，可将主要大陆法系国家的相关立法例分为以下三类：

A. 俄罗斯

《俄罗斯联邦刑法典》第109条第2款和第118条第2款分别针对“因履职不当过失致人死亡”“因履职不当过失严重损害他人健康”作了一般性规定。与此同时，《俄罗斯联邦刑法典》还在“危害公共安全犯罪”等章节中根据业务性质规定了针对性罪名。

第109条　过失致人死亡罪[②]

……

2. 因不适当地履行自己的职责而过失致人死亡的，应判处3年以下限制自由；或处3年以下剥夺自由，并处或不并处3年以下剥夺担任一定职务或从事某种活动的权利。

第118条　过失严重损害他人健康

1. 过失严重损害他人健康的，处以8万卢布以下，或相当于被定罪者6个月以下的工资或其他收入的罚款；或处480小时以下的强制劳动；或处2年以下的劳动改造；或处3年以下的限制自由；或处6个月以下的拘役。

2. 因不适当地履行自己的职责而实施上述行为的，处4年以下的限制自由；或处1年以下强制劳动，并处或不并处3年以下剥夺担任一定职务或从事某种活动的权利；或处1年以下剥夺自由，并处或不并处3年以下剥夺担任一定职务或从事某种活动的权利。

第215条　违反核能设施安全规则

1. 在核能设施的选址、设计、建造和运行中违反安全规则，可能导致人员死亡或环境放射性污染的，处20万卢布以下或相当于被定

① 参见杨绪峰：《安全生产犯罪立法的体系性反思》，载《法学》2021年第3期。

② 参见《俄罗斯联邦刑法典》，黄道秀译，中国民主法制出版社2020年版，第56、63、154～159页。

罪者18个月以下工资或其他收入数额的罚款；或处3年以下限制自由；或处3年以下强制劳动，并处或不并处3年以下剥夺担任一定职务或从事某种活动的权利；或处3年以下剥夺自由，并处或不并处3年以下剥夺担任一定职务或从事某种活动的权利。

2. 因上述行为，过失造成人员健康的严重损害或过失造成人员死亡，过失造成环境放射性污染的，处5年以下强制劳动，并处或不并处3年以下剥夺担任一定职务或从事某种活动的权利；或处5年以下剥夺自由，并处或不并处3年以下剥夺担任一定职务或从事某种活动的权利。

……

B. 法国与日本

法国《刑法典》在第221－6条非故意伤害生命罪、第222－19条等非故意伤害人之身体罪以及第223－1条对他人造成危险罪等罪名中，对于业务活动中可能发生的事故责任犯罪作了一般性规定。日本《刑法典》与之类似，设置了第117条之二业务上失火罪、第211条第1款业务上过失致死伤罪，并在罪状表述中明确了“因懈怠业务上必要之注意”（業務上必要な注意を怠ったことによる）的描述；学理上通说也认为，在不同过失种类（一般过失、重过失、业务过失）中，因业务过失而构成犯罪的处罚应重于一般过失。[①] 借由“业务过失”这一概念，日本刑法无需在刑法典中罗列针对具体生产场景的责任事故犯罪，从而使其刑法典更具整合性；而对于具体业务场景中的违规行为，则顺理成章地经由附属刑法或单行刑法规定即可。

C. 德国

德国在20世纪40年代的修法过程中，以规制对象不具有普遍性为由，删去了原有的业务过失致人死伤的加重规定，但同时将普通过失犯的法定最高刑提升至5年，给予法官更为宽松的裁量空间以根据个案具体情况进行裁判；另外配套以从业禁止的保安处分，对于滥用业务地位或违反其相关义务而实行不法行为者，如果允许其继续执业有再犯罪的风险，

① 西田典之『刑法総論（第3版）』（橋爪隆補訂，弘文堂2019年）294頁参照。

可以在 1 ~ 5 年的期限内禁止其执业,必要时亦可永久禁止其执业。这意味着在责任事故犯罪造成他人生命、身体健康权的法益侵害行为并无特定罪名规制,而一律按照侵害他人生命的犯罪、侵害他人身体完整性的犯罪处理。除此之外,仅有部分零散罪名见诸"危害公共安全犯罪"章节,如第 318 条损坏重要设施罪、第 319 条违反建筑规则罪等。

②域外立法评价

通过以上对比考察,不难得出以下两点启示:

第一,责任事故犯罪的立法思路并无绝对,各存利弊。以我国主要采取的"针对性立法"为例,其强调设置关于安全生产犯罪的具体罪名,并随客观情况变化呈现"条文增多、内容补强"的演变态势。这种立法思路突出问题性思考,一方面能够提供具体的规范解决方案,在特定的时间内针对某种类型的多发生产安全事故具有良好的规制效果;另一方面也弱化了不同犯罪构成要件之间的区分,使得此罪与彼罪的区分存在困难。正如有学者指出,关于安全生产犯罪,《刑法》规定了重大责任事故罪、重大劳动安全事故罪、危险物品肇事罪、工程重大安全事故罪等罪名,它们本质上都是违反业务或职务上的注意义务,过失导致他人伤亡,且这些罪的法定刑都相同。如果《刑法》仅一般性地规定一个业务上过失致死伤罪,就可以涵盖上述所有犯罪。[①] 但也应当看到,晚近的刑法修正思路已出现转变,《刑法修正案(十一)》对强令、组织他人违章冒险作业罪和危险作业罪的修改与增设,并未依循特定业务性质而是根据行为类型进行抽象提炼,这反映出立法者对既有责任事故犯罪体系性不足问题的有意识调整。

第二,横向比较来看,对于可能由企业构成的责任事故犯罪,规定相应的资格限制、剥夺制裁对于预防再犯罪风险十分必要。上述选取的主要大陆法系国家立法例,均在其刑法典抑或单行、附属刑法中针对生产责任事故犯罪配套设置了资格限制、剥夺制裁。与之相对,我国虽然在《安全生产法》等法律中规定了对违反安全生产规则主体的资格制裁,但无论从制裁的持续时间还是强度上,都显著轻微。也正因如此,如何在责任事故犯罪中强化风险防控,就成为今后立法修正中针对此类犯罪亟待解决

---

① 参见张明楷:《刑事立法的发展方向》,载《中国法学》2006 年第 4 期。

的问题。

(2)立法修正的必要性

总结近年来发生的典型安全生产犯罪,不难发现其呈现如下两点特征:一是损害后果严重。生产安全事故根据相关法律法规可分为一般事故、较大事故、重大事故与特别重大事故,其中重大级别以上的生产安全事故一旦发生,其造成的生命财产损失往往触目惊心。二是风险阶段叠加。在一些重特大安全事故发生后,根据相关部门的调查报告可以发现,从安全隐患出现到损害结果发生之间是多环节风险的层叠累加。换言之,如果在其中某些环节对风险管控到位,企业或个人履行了职业上应尽之注意义务,最终的结果都很有可能避免。安全生产犯罪不发生则已,一旦发生即为特别严重的法益损害结果;通过事前风险的管控和有效治理,就能够极大降低这种风险现实化的可能性。我国刑法目前对于此类犯罪采取单罚制,即仅在事后追究责任人员的刑事责任,而未规定对涉案单位进行刑事处罚,使得刑法对企业安全合规体系的构建不具有威慑性影响。由此,在责任事故犯罪中引入基于犯罪风险预防的合规管理义务及其配套制裁机制就具有充分的必要性。

一是有助于完成犯罪诱因识别。责任事故犯罪的发生在因果关联上具有复杂性,而不同领域的风险叠加往往极大加剧了其现实化的可能性。通过强调企业积极履行事前合规义务,可以形成对本企业在治理结构、经营管理、财务管理、合规审查、商业模式、关联第三方控制等关键因素上是否存在诱发责任事故犯罪风险的全面信息图谱,同时也为企业进行相应风险排除提供了认知基础,为有效预防责任事故犯罪产生的风险打下了坚实的事前保障。

二是有助于弥补单罚制的不足。已如前述,在责任事故犯罪单罚制下,只有涉案企业的相关责任人员受到刑法否定评价。然而从此类犯罪的原因力来看,涉案企业自身安全合规体系建设的缺陷往往也是重要诱因。显然,通过立法设计引入事前合规监管义务并配套制裁规定,一方面能够激励相关企业积极构建安全生产合规体系,另一方面能够对涉案企业进行精准治理,对因未履行合规义务导致事故发生的涉案企业通过资格罚预防其再犯罪可能性,督促其完善安全监管体系,最终实现仅规定单罚制所难以达致的治理效果。

三是有助于实现安全合规激励。对于企业拒不履行事前合规管理义务，导致安全责任事故发生的，则有必要通过限制乃至剥夺相关资格以阻断其再犯罪能力，包括停产停业整顿、暂扣或吊销许可证件等具体措施。这些资格罚对于企业而言具有极大的威慑力。当企业考虑到自己一旦拒绝履行事前合规义务，就可能面临前述资格罚时，尽管不能排除仍有少数企业对不发生事故怀有侥幸心理，但对于绝大多数企业的理性决策层而言，拒绝履行合规管理义务的严重后果将反向激励其主动进行事前合规，从而为安全责任犯罪的风险预防提供有力支撑。

3. 立法理由

(1)立法原理说明

①单罚制下企业适用资格罚的原理。相较于简单地将责任事故犯罪中的单罚制修改为双罚制，规定单罚制下企业适用资格罚更有利于实现企业犯罪治理目标。

一方面，对于现实中的逐利性单位而言，仅仅增设罚金刑的意义十分有限；对于财力雄厚的大型企业来说，支付罚金更是无关痛痒。而诸如停业整顿、限制营业活动以及吊销许可证件等资格罚，则能够在罚金刑之外起到有效的制裁兜底，使得合规激励的效果进一步彰显。

另一方面，对安全责任事故犯罪的涉案企业适用资格罚，能够有效管控潜在犯罪风险。尤其是在涉案企业并未通过安全合规整改消灭再犯罪的结构性风险时，即便对之科处罚金并惩罚相关责任人员，仍然无法实现系统治理效果。此时有必要对于未履行合规监管义务导致责任事故发生的涉案企业，在其合规整改期间适用资格罚，从而在整体上助推涉案企业构建有效的安全合规计划，实现犯罪受损法益修复与潜在犯罪风险针对性管控。

②企业豁免资格罚的原理。“法定管理义务履行”与“有效合规整改”是单位责任事故犯罪得以免除资格罚的两种模式。从时间流程上看，两种模式分别对应责任事故犯罪中企业的事前合规与事后合规。就前者而言，通过追究企业在预防相关责任人员犯罪方面的监督过失责任，反向激励企业履行合规义务并给予其资格罚豁免的机会，是“法定管理义务履行”模式的基本特征；就后者而言，要求企业通过对业已受损的法益进行修补并通过建立有效的合规管理体系消除再犯罪的可能性，从而获得资

格罚豁免的机会，是“有效合规整改”模式的基本特征。

“法定管理义务履行”豁免资格罚的理论根基在于以下三点：第一，通过增设不合规即受资格罚的罪状构造，能够有效推动企业建立合规管理体系。换言之，企业为了避免遭受停产停业整顿、被暂扣乃至吊销许可证件的处罚，将不得不建立事前合规计划、履行合规管理义务。就助推企业建立和完善合规治理体系而言，相较于传统模式，这种基于合规管理义务履行的豁免模式更能发挥激励效果。第二，将企业管理义务与合规义务有机整合，使之成为一种刑法义务，从而极大提升企业合规的规范地位。通过在责任事故犯罪中增设企业履行合规管理义务条款，将使合规管理义务从企业内部治理升级为外部强制义务，而刑法作为保障法的体系性地位更是保证了不履行合规管理义务的严厉后果，极大提升了企业合规的规范地位。第三，企业如果事前履行了合规管理义务便足以证明其对相关责任人员实施的犯罪行为不具有监督管理过失，也就无需承担因未能预防、阻止责任事故发生的刑事责任。在企业已履行合规管理义务的情况下，企业对于相关责任人员尽到监督管理职责足以确证。此时，相关责任人员不遵守安全管理规范造成的责任事故对于企业而言已超出其治理体系能够预测、应对和处置的范围，①因而后者得以豁免相应的资格罚。

“有效合规整改”得以豁免资格罚的理论根基在于以下三点：第一，从“法益修复理论”出发，涉案企业事后进行有效合规整改意味着其对已受损法益采取了有效的修补措施，从而使对企业追究刑事责任的基础不复存在，故允许其获得资格罚的豁免具有正当性。第二，从“有效预防犯罪理论”出发，涉案企业通过有效合规整改，重新使内部治理体系回到法治轨道，有效清理了责任事故犯罪的潜在诱因并降低了相关责任人员再犯罪的可能性，已然实现犯罪风险预防的功效，通过资格罚进行保安处分以管控风险不再具有必要性。第三，根据“利益衡量理论”，对于已经通过合规考察，建立了有效合规管理体系的涉案企业，免除其资格罚更为符合社会公共利益，实现国家、社会与企业之间的合作治理。

---

① 参见耿佳宁：《单位固有刑事责任的提倡及其教义学形塑》，载《中外法学》2020年第6期。

(2)立法条文解释

增设条款前段应理解为“不合规即受到资格罚”。由此,合规义务在上升为刑法义务后实际上确立了一种相对特殊的严格责任,即可反向推定涉案企业在预防、阻止关联人员犯罪方面存在失职行为;企业为实现抗辩,则需要证明已建立或实施针对性合规管理体系,尽到了注意、预防或阻止相关责任人员犯罪的义务。换言之,责任事故犯罪中的涉案单位,如未能通过事前建立合规计划证明其已有效履行合规管理义务,即表明其对相关责任人员的犯罪行为具有监督管理过失,为了避免其治理结构的漏洞导致责任事故犯罪的再发生,有必要对其科处资格罚的保安处分。

增设条款后段应理解为“合规整改通过即豁免”。换言之,责任事故犯罪中的涉案单位,尽管事前并未建立合规计划以证明其不具有监督管理过失,但通过事后的有效合规整改,能够表明其消除了再犯罪可能性的,可豁免对其科处资格罚的保安处分。在合规整改期间,涉案企业首先需要对既存在的生产经营模式进行有效改造,消除原有的致罪因素;其次需要针对特定的安全合规风险,加强内控机制,例如,制发员工行为准则、建立安全合规风险定期报告制度等;最后通过合规内部调查、合规奖惩等机制,修补安全生产漏洞及隐患,完善安全生产管理体系。对于事后建立了有效合规治理体系的企业而言,在接受合规考察通过后,此时由于犯罪预防的目的已达成,无需通过保安处分预防其再犯罪风险。

就本条增设的立法目的而言,无论是企业事前履行合规管理义务抑或事后进行合规整改,均应以实现有效合规管理作为目标。在此意义上,对于因履行合规管理义务不到位导致事故发生,以及事故发生后合规整改验收不通过的涉案企业,也可适用相应资格罚督促其尽快建立并实施有效合规计划。原因在于,此类涉案企业虽部分实施了安全合规管理,但未达到有效合规的程度,是故既无法证明其事前不具有监督过失,也难以保证其事后已经消灭了再犯罪的结构性风险。此时,如果仅仅因为涉案企业的“纸面合规”即放弃资格罚威慑,则无从激发企业进行有效合规的持续动力;反之,应通过继续推动企业实施有效合规整改并给予相应的宽大处理,辅之以资格罚制裁措施作为兜底,两者相互结合,最终助力于规范目的之实现。

九、修正《刑法》第168条之一【合规管理人员职务犯罪】

1. 立法条文

(1)立法原文

第一百六十八条　【国有公司、企业、事业单位人员失职罪】【国有公司、企业、事业单位人员滥用职权罪】国有公司、企业的工作人员，由于严重不负责任或者滥用职权，造成国有公司、企业破产或者眼中损失，致使国家利益遭受重大损失的，处三年以下有期徒刑或者拘役；致使国家利益遭受特别重大损失的，处三年以上七年以下有期徒刑。

国有事业单位的工作人员有前款行为，致使国家利益遭受重大损失的，依照前款的规定处罚。

国有公司、企业、事业单位的工作人员，徇私舞弊，犯前两款罪的，依照第一款的规定从重处罚。

(2)立法新增条文【合规管理人员失职罪】【合规管理人员滥用职权罪】

在刑法第一百六十八条后增设一条，作为第一百六十八条之一：公司、企业、事业单位合规管理人员，由于严重不负责任或者滥用合规管理职权，致使公司、企业、事业单位利益遭受重大损失的，处一年以下有期徒刑或拘役或管制。

2. 立法依据

(1)域外立法考察及评价

①域外立法考察

与合规管理人员的失职行为与滥用职权行为相关的犯罪，主要体现在《德国刑法典》第13条过失犯与第357条公职机构内部监督义务的规定。

第13条　通过不作为实施

(1)依法有义务防止构成要件的结果的发生而不防止其发生，且当其不作为与因作为而使法定构成要件的实现相当时，才依法受处罚。

(2)可依第49条第1款减轻处罚。

第357条 引诱下属犯罪

(1)上司引诱或试图引诱下属实施职务犯罪,或容忍下属实施职务犯罪的,依其所引诱或容忍之罪处罚。

(2)被监督或控制的公职人员实施的违法行为与被监督或控制的行为有关时,对于负责监督或控制工作的公职人员,适用第一款的规定。

②域外立法评价

欧洲国家普遍没有专门针对合规管理人员主体的入罪立法,但可以通过对保证人责任的教义解释,将合规管理人员纳入职务犯罪的规制范围。《德国刑法典》第13条对不作为犯的规定,围绕保证人义务展开,具有浓厚的教义学色彩。基于前置法上法律义务的保证人规定,当作为保证人的合规管理人员明知却不干涉被监督者的犯罪行为时,可以考虑通过参与犯和正犯的途径予以规制。这里的合规管理人员作为保证人之义务,具体指履行法定义务并防止企业实施与企业活动有关的犯罪行为。《德国刑法典》第357条规定了公职机构内部监督义务的内容,该条引诱下属犯罪第2款规定,被监督或控制的公职人员实施的违法行为与被监督或控制的行为有关时,对于负责监督或控制工作的公职人员,适用第1款的规定。[①] 就义务的内容而言,多为防控违反秩序或者犯罪行为。因此,刑事合规更多被用于解释不作为犯之义务违反这一要素,并以构成要件形式体现于法律依据之中。刑事合规作为企业内控制度的体现,能够更客观地表明企业及其所有人履行了义务,从而阻却构成要件或者影响罪过要件的成立。[②] 总体而言,合规管理人员对于公司合规义务的履行具有保证人地位,在未规定专门罪名的情形下,通过保证人责任、共犯原理的运用或者对职务犯罪主体进行扩大解释,均可以对合规管理人员的刑事责任加以明确。

(2)立法修正的必要性

拟新增条文是在《刑法》第三章第三节“妨害对公司、企业的管理秩

---

① 参见徐久生:《德国刑法典》,北京大学出版社2019年版,第247页。

② 参见张远煌等编著:《企业合规全球考察》,北京大学出版社2021年版,第239~240页。

序罪”中，接续第168条国有公司、企业、事业单位人员失职罪，国有公司、企业、事业单位人员滥用职权罪后增设的对合规管理人员这一特殊主体职务犯罪的规制。基于对合规管理人员的义务要求，渎职需要承担一定的刑事责任。立法增设该罪的必要性主要体现为三个方面：

一是国有公司、企业、事业单位人员失职罪与滥用职权罪难以对合规管理人员失职或滥用权力行为加以规制。从主体身份上，上述两个罪名均限制于国有公司、企业、事业单位，而拟新增罪名中所涉及的合规广泛存在于各种类型的企业之中，不限于国有公司、企业；从结果要件上，上述两个罪名要求导致企业破产或严重损失，致使国家利益遭受重大损失，但拟增新罪的结果要件是导致本单位利益遭受重大损失，这种重大损失通常是由于合规权力怠于行使或滥用而导致单位犯罪对单位正常生产经营活动所造成的损失。总之，合规管理人员失职罪或滥用权力行为难以通过国有公司、企业、事业单位人员失职罪或滥用职权罪加以规制，有另设新罪的必要性。

二是增设新罪有利于发挥刑罚的威慑功能，提高合规管理人员的责任意识。从国外公司治理经验看，作为自治组织体的公司，在内部管理上存在盲区，仅依靠内部管理人员的自觉性而无外部强制力约束的公司管理权力被证明是容易被滥用或无效的，由此要求通过刑罚措施形成外部的强制性压力，倒逼公司管理人员强化责任意识和优化内部管理制度。例如，美国“安然事件”的财务欺诈暴露出公司首席财务官权力的虚置化，催生了2002年《萨班斯－奥克斯利法案》(Sarbanes-Oxley Act)在预防公司犯罪的相关措施中增加公司财务管理人员证明财务报告失败罪。因此，增设合规管理人员失职罪和合规管理人员滥用职权罪两个罪名，有助于发挥刑罚的威慑功能，加强合规管理人员的责任意识，确保企业内部合规机制有效运行。

三是增设新罪有助于加强合规治理的激励效果。当前公司、企业、事业单位的不合规行为可能会导致企业承担一定的民事责任或行政责任，但是企业多以追求利益最大化为发展目标，这些民事责任或行政责任并不足以让其花费更多的成本承担合规付出，对于事前合规没有引起足够的重视，即使是对事后合规也缺乏深入认识。合规管理人员虽然具有独立的职权，但可能因为公司治理内部的熟人关系或利益交换关系而被虚置，成为形式上的权力，进而掩饰公司内部的合规危机，最终导致公司利益受到重大损失。合规管理人员作为企业合规义务的落实者、执行者，是单位合规风险预防体系中核心的一环，一方面肩负预防其他员工实施违规行为的合规义务，另一方面合规管理人员的风险评估报告等合规报告对企业的经营发展有重大影响，一旦被滥用则造成难以估量的严重后果，故而新增条款将合规管理人员严重不负责任或者滥用合规管理职权规定为犯罪行为，发挥刑罚的预防功能，警示合规管理人员如果不想承担刑事风险，就必须在企业业务活动中恪尽职守、谨慎从事，否则就会面临企业犯罪而引发的刑事制裁，①有助于合规管理人员落实企业的合规义务。

3. 立法理由

基于合规管理人员的义务要求，拟增的新罪规定了合规管理人员失职罪和合规管理人员滥用职权罪两个罪名，具有两种行为类型。合规管理人员失职罪，是指公司、企业、事业单位合规人员由于严重不负责任，造成公司、企业、事业单位利益遭受重大损失的行为。本罪属于过失犯罪。合规管理人员滥用职权罪，是指公司、企业、事业单位合规人员滥用合规管理职权，造成公司、企业、事业单位利益遭受重大损失的行为。本罪属于故意犯罪。具体立法理由如下。

（1）立法原理说明

第一，合规管理人员失职罪的责任基础在于保证人责任。所谓“保证人”即负有防止结果发生的特别义务的人，其中的特别义务是作为义务，但能够将结果归属于基于保证人地位而具有救助义务的人，则基于保证人地位的作为义务便成为犯罪的成立要件。我国传统理论虽然没有使用保证人概念，但一直探讨作为义务的来源，实则具有作为义务的人就是保证人。对于作为义务的来源，可分为对特定法益的保护义务和对危险源的监督义务。合规本意为规则之遵守（外部之规与内部之规），是企业基于立法引导与司法推动自主构建的一套以防控违规风险、避免不利后果为直接目的的守法机制。公司、企业、事业单位合规管理人员具有合规管理权力，本质上是对公司基于不合规而形成的危险源的监督和干预权力，

① 参见黎宏：《企业合规不起诉：误解及纠正》，载《中国法律评论》2021年第3期。

且具有排他性。换句话说,合规管理人员对于在公司组织体内所发生的不合规危险具有阻止义务,使合规管理人员因具有对结果发生原因的支配地位(监督义务)而被赋予保证人地位,需履行合规义务并防止企业实施与企业活动有关的犯罪行为,不履行该义务而导致公司利益受到损害结果的,应当承担相应责任。

第二,合规管理人员滥用职权罪的责任依据在于积极刑法观下对公司及其投资者利益的保护需要。从公司治理角度看,合规不仅是应对法律风险的需要,更为重要的是改变了公司治理结构,在公司治理体系中增设了新的权力类型,加强对公司合规行为的监督和管理。合规组织及职责的独立化,是评价有效合规的重要标准。但是,确保合规权力独立化的同时,权力也存在滥用的可能性,特别是在一些大型公司企业中,由于公司结构的复杂性,权力监督和制约难以真正发挥作用。美国"安然事件"中首席财务官滥用职权的舞弊行为,已经说明了这一点。以检察机关主导的全国范围内涉案企业刑事合规改革影响下,可预见的是大部分企业都会改变其治理结构,合规部门及合规官将获得独立的合规职权。合规权力一旦被滥用,对公司及其投资者利益会产生连锁性侵害,在内部权力监督不足的情形下,应当通过刑法外部制约确保合规权力的正当行使。积极刑法观主张通过积极的刑事立法扩大刑法处罚范围,使刑法满足不断变化的社会生活事实的需要。企业合规及合规管理人员权力的独立化,是我国公司犯罪治理现实的最新发展,针对合规管理人员设置职权滥用的犯罪,正是积极刑法观下立法对当下企业合规改革实践的回应,以更为有效地保护法益,满足法益保护的合理需求。① 此外,合规管理人员滥用职权罪也可以与国有公司、企业、事业单位人员滥用职权罪相对应,无论是在立法体系上,还是在规制范围上都会更为严密。

(2)立法条文解释

①本罪中"公司、企业、事业单位"的认定依据《刑法》第 30 条单位负刑事责任的范围认定。依据 1999 年 6 月 25 日最高人民法院《关于审理单位犯罪案件具体应用法律有关问题的解释》(法释〔1999〕14 号)第 1 条的规定,"公司、企业、事业单位"既包括国有、集体所有的公司、企业、事

① 参见张明楷:《增设新罪的观念——对积极刑法观的支持》,载《现代法学》2020 年第 5 期。

业单位，也包括依法设立的合资经营、合作经营企业和具有法人资格的独资、私营等公司、企业、事业单位。

②“合规管理人员”是指公司、企业、事业单位中具有合规管理职能的人员。在身份认定上，应当采取实质职责的判断标准，即无论是公司、企业的高层管理人员，还是合规管理部、法务部、内审部门或其他部门的工作人员，只要其有具体的合规管理职责，承担合规管理任务的，都属于本罪的犯罪主体。换言之，非合规管理部门的工作人员接受董事会委托而从事合规管理职责，也属于本罪所指的“合规管理人员”。需要进一步讨论的是，是否需要区别合规管理外包人员，如公司、企业合规活动外包的律师、法律顾问等是否属于本罪的犯罪主体？本书认为，从实质职责论的角度，外包合规业务属于委托关系，若涉及公司管理权的转移，则受让人应当也属于本罪的犯罪主体；但若仅是合规文件的拟订、处理等不涉及合规权力实际运行的业务，则不属于本罪的犯罪主体。

③本罪为纯正的自然人犯罪，犯罪主体和责任承担主体为合规管理人员，不包含单位。由于合规管理人员个人的严重不负责任行为或滥用合规管理职权行为给单位及股东利益造成重大损失后果的，单位实际上是被害人，此时只能要求个人承担责任，这是坚持责任主义原则的要求。

④本罪的行为类型为“严重不负责任”和“滥用合规管理职权”。在合规管理人员的义务内容方面，具体可以包括对规章制度、经济合同、重大决策合法合规审核、组织开展合法合规性审核要求落实情况自查以及重点领域法律合规风险排查、对各业务领域重点合规风险防范治理、组织修订管理基本制度、完善合规义务识别和风险预警机制等。合规管理人员由于过失并未履行相关义务属于“严重不负责任”行为，故意、滥用相应合规管理职权属于“滥用合规管理职权”行为。

⑤对本罪中“重大损失”的认定。从保护的法益看，本罪的损失仅限于财产、经济方面的损失。参照国有公司、企业、事业单位人员失职罪和滥用职权罪的立案标准，认为具有下列情形之一的，应当追诉：A. 造成公司、企业、事业单位直接经济损失数额在 30 万元以上的；B. 造成单位停业、停产 6 个月以上，或者被暂扣许可证和营业执照的；C. 造成公司被刑事追诉的；D. 其他致使公司、企业、事业单位利益遭受重大损失的情形。

十、修正《刑法》第201条【单位逃税合规整改的出罪事由】

1. 立法条文

(1)立法原文

第二百零一条　【逃税罪】纳税人采取欺骗、隐瞒手段进行虚假纳税申报或者不申报,逃避缴纳税款数额较大并且占应纳税额百分之十以上的,处三年以下有期徒刑或者拘役,并处罚金;数额巨大并且占应纳税额百分之三十以上的,处三年以上七年以下有期徒刑,并处罚金。

扣缴义务人采取前款所列手段,不缴或者少缴已扣、已收税款,数额较大的,依照前款的规定处罚。

对多次实施前两款行为,未经处理的,按照累计数额计算。

有第一款行为,经税务机关依法下达追缴通知后,补缴应纳税款,缴纳滞纳金,已受行政处罚的,不予追究刑事责任;但是,五年内因逃避缴纳税款受过刑事处罚或者被税务机关给予二次以上行政处罚的除外。

(2)立法修正条文【单位逃税合规整改的出罪事由】

在《刑法》第二百零一条增设一款,作为第五款:前款规定的纳税人为单位的,经税务机关依法下达追缴通知后,补缴应纳税款,缴纳滞纳金,已受行政处罚并经合规整改验收合格的,不予追究单位刑事责任。

2. 立法依据

(1)域外立法考察及评价

近年来,随着我国社会主义市场经济发展,逃避纳税义务的情况变得日益复杂,如何对逃税罪进行处罚,体现宽严相济刑事政策和罪刑相适应原则,应根据实践作出相应调整。特别是在企业合规不起诉改革深入推进背景下,针对逃税犯罪积极探索税务合规出罪机制势在必行。逃税问题在世界各国都较为普遍,各国针对企业逃税问题刑法规制以及合规宽缓模式也各有不同。

①域外立法考察

A. 美国

《联邦税法典》

第7201条　任何故意以任何方式企图逃避或破坏本法征收的

任何应当支付或到期的税款，除法律规定的其他处罚外，均构成重罪，一经定罪，单处或并处最高5年的监禁或最高100,000美元（如果是公司则为500,000美元）罚款，包括相关诉讼费用。

《联邦税务手册》

第9.5.11.9条　自愿披露实践：(1)自愿披露实践是美国国税局的一项长期实践，为有犯罪风险的纳税人提供了一种达成税务合规并可能避免刑事起诉的手段……(3)在决定是否建议刑事起诉时，将考虑自愿披露以及所有其他因素。自愿披露并不保证免予起诉……(7)如果在以下时间之前收到信息，则披露是及时的：a.美国国税局已开始对纳税人进行民事审查或刑事调查，或已通知纳税人其打算开始此类审查或调查。b.美国国税局已收到第三方（如线人、其他政府机构或媒体）的信息，提醒美国国税局注意纳税人的违规行为。c.美国国税局通过执法行动（如搜查令、传票、大陪审团传票）获得了与纳税人违规行为直接相关的信息。

第9.6.2.2条　提议的认罪协议情况：纳税人可以在调查的任何阶段与政府签订认罪协议。刑事侦查部门无权发起与纳税人的辩诉谈判，因为该权力完全属于司法部。纳税人必须由律师代表发起辩诉讨论或谈判。

B. 英国

《税收管理法》

第106A条　欺诈性逃税罪

(1)任何人如果明知与该人或任何其他人欺诈性逃税有关，即属犯罪。

(2)犯本条所订罪行的人：(a)一经循简易程序定罪，可处不超过12个月的监禁或不超过法定最高限额的罚款，或两者兼有；或(b)一经循公诉程序定罪，可处7年以下有期徒刑或罚款，或两者兼而有之。

《增值税法》

第72条　(1)如果任何人明知自己或任何其他人骗取增值税而

参与或采取措施，他应承担以下责任：(a)一经循简易程序定罪，处以最高金额20,000英镑或增值税金额的3倍(以较大者为准)的罚款，或不超过6个月的监禁，或两者兼而有之；或(b)一经循公诉程序定罪，可处任何数额的刑罚或不超过7年的监禁，或两者兼有。

《刑事金融法》

第45条　预防逃税失职罪　(1)如果以相关机构(B)关联人身份行事者构成提供逃税便利罪，则相关机构属于犯罪。(2)除非相关机构(B)可以证明，在罪行发生时，(a)其已经制订了针对所有情况合理的预防程序，或(b)在所有情况下期望机构制订任何预防程序是不合理的。(3)在第(2)小节中，"合理预防程序"是指旨在防止以与B有关联的人的身份行事的人实施提供逃税便利行为的程序。

第46条　预防涉外逃税失职罪　(1)在任何时候以与相关机构(B)有关联的人的身份行事时犯下外国逃税便利罪，且B满足第(2)款中的任何条件，B即属犯罪。(2)条件是：(a)B是根据联合王国任何地方的法律成立的法人团体或合伙企业；(b)B在英国经营业务或部分业务；(c)构成外国逃税便利化犯罪一部分的任何行为发生在英国；在(b)段中，"业务"包括一项承诺。(3)B可以证明，在实施外国逃税便利化犯罪时：(a)B已经制订了在所有情况下都合理期望B制订的预防程序，或者(b)在所有情况下都不合理期望B制订任何预防程序。(4)在第(3)款中，"预防程序"是指旨在防止以与B有关联的人的身份行事的人根据有关外国法律实施外国逃税便利化犯罪的程序。

《处理逃税：预防逃税失职罪政府指引》

1.5　调查、处罚与制裁

为了鼓励相关机构披露不当行为，将及时进行自我报告视为相关机构拥有合理程序的指标。延期起诉协议(DPA)是指检察官与被起诉的组织之间，在法官的监督下达成的协议。DPA可用于欺诈、贿赂和其他经济犯罪，因此也可用于此罪行。

2. 六项指导原则

政府认为，相关机构为防止逃税而制定的预防程序应遵循以下六项原则：合比例程序、高层承诺、风险评估、尽职调查、沟通与培训、监控和审查。

《犯罪与法院法》

附录 17

第 4 条　与检察官达成暂缓起诉协议的对象为:(1)可以是法人团体、合伙企业或非法人团体,但不能是个人。……

第 5 条　DPA 的内容。……(3)DPA 可能对 P 施加的要求包括但不限于以下要求:……(e)实施合规计划或对与 P 的政策或 P 的员工培训或两者相关的现有合规计划进行变更。

第 21 条　DPA 适用的罪名范围包括《增值税法》中的欺诈税收罪。

第 26A 条　DPA 适用的罪名范围包括《金融刑事法》中预防逃税失职罪和预防涉外逃税失职罪。

C. 德国

《税法通则》

第 378 条　企业为违反税收秩序行为担责

轻率造成税收减少行为:(1)任何人作为纳税人或在管理纳税人事务时,不顾后果地实施第 370 条(1)款所述行为之一的,属于行政违法行为。第 370(4)~(7)款相应适用。(2)行政违法可处以最高 5 万欧元的罚款。(3)违法者在向税务机关提出刑事或罚款诉讼通知之前,对提供给税务机关的不正确信息进行更正、补充不完整的信息或弥补遗漏的信息的,不予罚款。如果已经发生减税或已经获得税收优惠,行为人在为他指定的合理期限内支付了因犯罪而减税的税款,则不会处以罚款。第 371 条第 4 段相应适用。

《违反秩序法》

第 30 条　对法人和人合团体的罚款

任何人作为:(1)法人代表机构的代表或者该机构的成员;(2)非法人机构的领导人或者领导成员;(3)合伙商业公司有代表权的股东;(4)法人或在(2)款或(3)款中提到的人合团体的总代表或处在领导地位的代理人或商业代表;或者(5)在(2)款或(3)款提及的责任人员,包括监督管理或在管理人员中行使其他控制权的人。

实施犯罪行为或者违反秩序行为，因而违反法人或者人合团体承担的义务，或者使法人或人合团体获得或将获得不法利益的，得以对法人或人合团体处以罚款。

《税法》——申请法令

第153条　申请法令

2.6 纳税人已实施内部控制制度，以便履行税务义务，在适当情况下，可构成一种可能排除意图或鲁莽存在的指示，但这并不免除其对个案的审查。

D. 意大利

《税收犯罪法》

第5条　任何人为逃避所得税或增值税的目的，有义务提交但不提交关于上述税的纳税申报，当就每一项单个税种，逃税金额超过5万欧元，处2年至5年有期徒刑。从期限截止之日起90天内提交申报，或提交的申报未签字，或提交的申报未在符合规定模板的表格上填写，不属于本条第1款和附加第1款规定的不申报。有义务提交，但不提交税款扣缴申报，当未缴纳的所扣税款金额超过5万欧元，处2年至5年有期徒刑。

《刑法典》

第197条　法律实体支付罚款和罚款的民事义务

具有法人资格的实体，除国家、地区、省和直辖市外，如果代表或管理他们的人或与他们有依赖关系的人被定罪，并当犯罪是由其在雇佣范围内行事的雇员所为并符合公司利益时，公司有义务支付法人代表或行政人员所欠的不能偿还的罚金，当被定罪人破产，不能履行此义务的，适用第136条的规定。

第128/2015号法令

第4条　企业税务合规

合作税务合规计划（以下简称计划）是可选的，可以由符合特定条件并对意大利税务机关承担特定义务的纳税人采用。愿意选择该计划的纳税人必须具有能够监控和管理税务风险的组织结构。这种结构必须使纳税人能够防止或减少税收违法行为的发生("税收控制框架")。该计划要求减少因税收违规而引起的行政处罚。此外,加入该计划的纳税人无需就所得税和增值税的报销提供担保。

②域外立法评价

美国是最早开始进行刑事合规的国家,对于税收合规制度的探索相对较早,具有《联邦量刑指南》以及《联邦税务手册》等参照文件,操作性强,在司法中,体现合规性质的主动披露和认罪协议等内容能够具有一定量刑激励作用,但并不能形成真正的企业涉税犯罪的免罪激励,企业主动预防税务犯罪的内生动力缺乏。英国受美国影响,开始探索企业合规和暂缓起诉,内容丰富且操作性强,在税务合规领域最具亮点的是,独立设置"预防企业逃税失职罪",赋予企业预防逃税犯罪的普遍义务,并且将"合理预防程序"配置为企业犯罪的合理抗辩事由,这一刑法激励机制,促使企业在反逃税中提升道德标准和法定义务,积极推动税务合规建立,成为预防理念贯彻得相对彻底的税务刑事合规制度。德国作为大陆法系税法最为发达的国家,虽然否认法人成立单位犯罪的可能,企业并不会因涉税犯罪而承担刑事责任,但基于《违反秩序法》第 30 条、第 130 条,以及德国《税法》第 377～384 条的相关规定,企业可能会承担因单位成员违法犯罪行为而产生的行政或民事责任。德国针对企业涉税犯罪的合规也是围绕《违反秩序法》第 130 条而展开的,当然目前并未形成具有实在效力的法律规范。通过行业协会所制定的通用跨行业认证合规管理体系标准(IDW PS 980)以及 IDW 实用说明 1/2016(IDW Praxishinweis 1/2016),逐渐在行业内形成企业税务合规管理系统(Tax-compliance management system,Tax-CMS)的行业标准,并逐步得到税务机关在执法上的认可。意大利针对税务合规制度的探索不仅有较为纲领性的法令,同时更新出台企业反避税合规管理的相关文件,对企业涉税风险控制以及税务风险合规控制框架规定得较为细致,突出企业建立税务合规计划激励机制。

(2)立法修正的必要性

税务合规领域,针对企业逃税行为,在分则条文中增设区别于自然人处罚阻却事由的合规整改出罪条款,通过刑法立法将企业合规上升为刑事义务,对实现刑事合规的实质制裁和犯罪预防功能,推进单位犯罪刑事立法具有必要性。

第一,加强民营经济保护的刑事立法保障。民营经济是我国社会主义市场经济的重要组成部分,当前民营企业面临刑事案件高发态势,其中固然有立法、执法和司法等外部原因,但企业自身管理相对不规范、轻视刑事风险等倾向也是重要的根源。在《刑法》分则条文中增加企业刑事合规整改,通过合规加强自我监管,以切实的刑法激励机制激活企业自我监管,即是以更大力度保护民营企业和企业家合法权益,服务保障民营经济持续发展的需要。涉税刑事风险是民营企业生存发展所面临的重要刑事风险,尤其逃税罪成为税收犯罪中企业面临的首要罪名。将企业合规整改作为单位逃税罪不予追究单位刑事责任的重要条件,能够使企业合规作为一项刑法激励机制更稳步落实。对涉嫌逃税罪的企业而言,要求企业在特定的考验期限内建立或完善合规计划,以换取刑事追究的宽缓处理。通过刑法激励所建立的科学、完备、高效的管理制度,保障企业后续经营的规范化,实现企业治理的现代化和法治化,有效预防犯罪行为的再次发生。

第二,通过合规整改对涉案企业进行实质性的制裁,实现税收犯罪宽严相济刑事政策的精准贯彻。宽严相济刑事政策是我国长期坚持的基本刑事政策。既有逃税罪中单位和自然人处罚事由规定得模糊,导致单位犯罪中对于单位和单位成员责任追究的混淆,无法针对单位犯罪治理真正做到宽严相济。企业刑事合规体现的是国家与企业对单位犯罪的合力"共治",对于涉嫌逃税罪的单位免予刑事处罚的条件增加企业合规整改要件,意味着针对企业逃税需要积极补救挽损,通过合规整改的出罪激励,企业必须投入大量人力、物力和时间建立有效合规计划,进而改造企业治理结构和商业模式。对企业而言,企业合规整改具有超越传统罚金刑的制裁性,单位犯罪成本提高,对单位犯罪治理更为精准化,更有助于切实贯彻宽严相济刑事政策。

第三,改变此前逃税罪中单位和责任人认定的司法惯性。既有单位犯罪归责模式中,对单位责任的追究建立在单位成员责任基础上,通过直接责任人员具体开展的逃税行为和罪错来推论单位逃税的行为和罪错。在司法认定中难以从单位自身的政策、规章、制度、行为等方面独立确定单位成立逃税罪的意图,对于直接责任人员难以确定的逃税行为或者企业决策人员无记名表决所实施的逃税行为也难以认定单位犯罪，司法中关注个人而忽视单位的责任追究惯性，不仅在既有的犯罪行为认定中如此，在事后挽救补损获得从宽量刑中更是如此。犯罪行为一经发现，只要补缴税款、缴纳滞纳金及接受行政处罚，单位成员获得处罚的从宽，而单位自身的责任义务往往并未得到明确，单位相关刑事风险也并未因此而得到重视。企业纵然建立合规整改，司法机关多数也是将其认定为自然人犯罪方面的补救措施，而不将其算作单位主观意志的体现，最终导致企业合规作为自然人寻求责任轻缓的工具，而非作为长期预防企业犯罪的机制而建立。将合规整改作为单位逃税罪的免予追究单位刑事责任的要件，能够充分凸显单位责任和义务的独立地位，更能对企业形成制度激励。

3. 立法理由

（1）立法原理说明

拟在《刑法》第 201 条逃税罪中增加第 5 款，将"合规整改验收"作为免予追究单位刑事责任的法定要件的理论根据在于：

第一，企业合规改革下单位犯罪构造的理论更新。世界范围内，通过企业成员责任认定企业责任的刑事归责原则业已为企业独立承担刑事责任的刑事归责理论所替代。企业独立承担责任的基础在于企业独立意志理论，即将企业视为具有独立人格和独立意志的生命有机体，注重从企业的治理结构、文化、预防犯罪的机制等方面探究企业主观罪错和客观行为。基于企业独立意志理论，单位犯罪中单位责任与自然人责任进行彻底分离，单位犯罪中自然人的追究是传统的行为责任、道义责任、罪过责任，对自然人追责是根据其在单位犯罪中地位、作用和犯罪情节予以相应刑罚。而区别于自然人归责的基础，单位责任是合规责任，只有在具备独立的行为和主观过错的情况下，才具有追究单位刑事责任的可能，避免企业因为个别员工或高管的不当行为，不合理地承担刑事责任。单位和责任人归责模式的分离为单位和责任人分离出罪奠定理论基础，单位犯罪中单位的出罪是合规出罪：一方面，在事前合规方面，企业建立的合规计划，表明企业没有犯罪故意或者过失，成立主观构成要件阻却事由而出罪；另一方面，在事后合规方面，在法院作出有罪生效判决之前进行有效合规整改，建立合规的治理结构和企业文化，改变合规否定性评价的组织状态，可以作为企业合规不起诉的重要事由。

第二,单位犯罪刑事责任模式由报应向预防的转变。从责任视角看,对行为人施以刑罚的合理根据是报应之正当性与预防犯罪目的之合理性。世界范围内,企业经济犯罪高发,传统单纯依赖严厉刑罚规制的单位犯罪遇到瓶颈。企业犯罪预防性理念日益达成共识,基于单位犯罪中单位组织监管责任的确立,单位刑事归责模式从报应转向预防。基于预防的刑罚目的,单位犯罪规制的核心目的在于通过督促企业建立有效的合规预防、识别和纠正内部犯罪行为的机制,实现企业内部的自我治理。逃税作为企业面临的较为普遍的刑事风险,在事后激励企业针对原有税务风险进行合规整改,在通过考察验收后,可不追究企业的刑事责任,从根本上帮助企业消除重新犯罪的可能性,在实现原有刑事处罚的矫正功能的同时,避免企业因个别成员的不当行为遭受灭顶之灾。

第三,事后合规整改出罪的正当化根据。一方面,企业通过合规整改建立合规体系的过程,实质上对犯罪所造成的法益损害进行了补救和修复,给予企业出罪处理具有合理性。在合规考察程序中,企业积极主动补缴应纳税款,缴纳滞纳金,接受行政处罚,配合执法部门活动,并且有效改造和完善企业商业模式和经营方式,最大限度消除了企业关联人员再犯可能性,企业犯罪的社会危害性最大限度得到降低。另一方面,对于合规考察而成立的合规管理体系的涉罪企业予以出罪,最大程度上有利于社会公共利益的保障。企业完成合规整改,消除自身的犯罪基因,给予企业畅通的出罪化通道,有利于企业重新回归社会,可以有效避免企业被取消特许经营资格、吊销营业执照甚至破产的结局,更能够防止出现因企业破产导致的税收流失、就业岗位减少、产业受挫等不利的社会后果。因此,将合规整改验收作为单位逃税罪出罪的法定要件,具有实定法上的合理性和必要性,能够充分发挥刑法推动社会治理的重要功能。

(2)立法条文解释

对于企业纳税人而言,企业纳税人按照税务机关下发的追缴通知和行政处罚决定书规定,积极采取措施,补缴税款,缴纳滞纳金,接受行政处罚以外,必须通过合规考察验收,才能不作为犯罪处理。

①纳税人是单位的,“不予追究单位刑事责任”,必须建立在企业积极补救挽损的基础上,即企业根据税务机关相关要求,补缴税款,缴纳滞纳金,接受行政处罚,这是前提条件,是企业被纳入合规考察程序的基础。

②“合规整改考察验收合格”是企业不予刑事处罚的重要依据。首先,对于涉逃税罪的企业,在法院作出有罪生效判决之前,进行有效合规整改,并在考验期限内通过考验验收的,检察机关可以作出不起诉决定。其次,企业开展合规整改,必须是在检察机关的全程监督下开展,涉案企业除补缴税款,缴纳滞纳金以及接受行政处罚以外,检察机关和涉案企业就企业配合调查、采取补救措施、建立合规计划、接受合规监管、报告合规进展情况等达成合规监管协议。检察机关和涉案企业一旦签署该项协议就必须受到该协议约束。再次,企业合规整改必须在规定的考验期限内完成,突出合规整改的时限性和有效性。涉案企业合规整改的时限、有效的合规整改验收标准等,需由检察院及相关执法部门根据企业实际情况具体确定。[①] 最后,在考验期届满之前,检察官认为涉案企业遵守合规监管协议,成功推进合规计划实施的,可以据此作出不起诉决定,相反涉案企业如不履行协议条款或者实施新的犯罪行为,或者违反监管规定的,检察机关就可以解除合规监管协议,保留向法院提起公诉的权力。

③本款“合规整改验收合格”中的“合规整改”仅指企业在涉罪后,处于立案侦查阶段,在检察机关全程监督下所开展的刑事合规计划,而不包括行政监管领域的合规整改。

④对涉案企业中相关责任人的处理。对于单位成立逃税罪,单位积极退赃补损,进行企业合规整改,可不予追究刑事责任,但对于单位成员而言,并不当然免除单位犯罪刑事责任。一方面,作为合规整改的一部分,涉违法违规的相关责任人员必须面临调离工作岗位、免除职务、解除雇佣关系等内部惩戒措施;[②]另一方面,根据单位犯罪中相关责任人所起到的决定、批准、授意、纵容、指挥等作用(直接负责的主管人员)或者参与实施犯罪行为(其他直接责任人员)而对相关人员进行刑事追责。

---

① 参见陈瑞华:《企业合规基本理论》(第3版),法律出版社2021年版,第320页。

② 参见刘艳红:《企业合规不起诉改革的刑法教义学根基》,载《中国刑事法杂志》2022年第1期。

十一、修正《刑法》第286条之一【拒不履行信息网络安全管理义务罪】

1. 立法条文

(1)立法原文

第二百八十六条之一　【拒不履行信息网络安全管理义务罪】网络服务提供者不履行法律、行政法规规定的信息网络安全管理义务,经监管部门责令采取改正措施而拒不改正,有下列情形之一的,处三年以下有期徒刑、拘役或者管制,并处或者单处罚金:

(一)致使违法信息大量传播的;

(二)致使用户信息泄露,造成严重后果的;

(三)致使刑事案件证据灭失,情节严重的;

(四)有其他严重情节的。

单位犯前款罪的,对单位判处罚金,并对其直接负责的主管人员和其他直接责任人员,依照前款的规定处罚。

有前两款行为,同时构成其他犯罪的,依照处罚较重的规定定罪处罚。

(2)立法修正条文【拒不履行信息网络安全管理义务罪】

原条文修改为:网络服务提供者不履行法律、行政法规规定的信息网络安全管理义务,经监管部门责令采取合规整改措施而拒不改正或者整改无效,有下列情形之一的,处三年以下有期徒刑、拘役或者管制,并处或者单处罚金:

(一)致使违法信息大量传播的;

(二)致使用户信息泄露,造成严重后果的;

(三)致使刑事案件证据灭失,情节严重的;

(四)有其他严重情节的。

单位犯前款罪的,对单位判处罚金,并对其直接负责的主管人员和其他直接责任人员,依照前款的规定处罚。

有前两款行为,同时构成其他犯罪的,依照处罚较重的规定定罪处罚。

（3）立法新增条文【拒不履行重要数据安全保护义务罪】

在《刑法》第二百八十六条之一后增设“拒不履行重要数据安全保护义务罪”，作为第二百八十六条之二：数据处理者不履行法律、行政法规规定的重要数据安全保护义务，经监管部门责令采取合规整改措施而拒不改正或者整改无效，致使重要数据遭受泄露、窃取、篡改、毁损、非法使用，造成严重后果的，处三年以下有期徒刑、拘役或者管制，并处或者单处罚金。

单位犯前款罪的，对单位判处罚金，并对其直接负责的主管人员和其他直接责任人员，依照前款的规定处罚。

有前两款行为，同时构成其他犯罪的，依照处罚较重的规定定罪处罚。

2. 立法依据

（1）域外立法考察及评价

英国在反商业贿赂、反金融犯罪领域失职类犯罪中，如商业组织预防贿赂失职罪、商业组织预防逃避英国税收失职罪、商业组织预防逃避外国税收失职罪，明确将企业遵守有关企业合规的“充分程序”作为法定的无罪抗辩事由。企业只要提出证据，证明已经制订了“充分程序”来预防贿赂或者逃税行为的，就可以不承担刑事责任。所谓“充分程序”，就是足以发挥预防犯罪功能的合规管理机制，也就是包括“相称程序原则”“高层承诺原则”“风险评估原则”“尽职调查原则”“有效沟通原则”“监控和评估原则”等在内的六项合规管理体系。由此，一个商业组织的“关联人员”，只要为获取或保留该组织的业务，或者为获取或保留该组织的商业优势，而实施贿赂行为的，该商业组织就应承担证明自身存在合规管理体系的义务，由此来证明自身不承担预防犯罪的失职责任。这种合规出罪模式，被称为“法定管理义务履行出罪模式”。[①] 即在法律确立“失职性犯罪”的情况下，企业通过建立或者实施合规管理体系来证明自己履行了法律规定的监督和管理义务，从而免除了自身的刑事责任，达成合规出罪的效果。这种模式适用的前提，是在企业关联人员实施特定犯罪行为的情况下，法律推定企业在预防、阻止关联人员犯罪方面存在失职行为。“失

① 参见陈瑞华：《企业合规出罪的三种模式》，载《比较法研究》2021年第3期。

职性犯罪”其实属于企业没有履行法定管理义务而导致的犯罪行为。在失职类犯罪的构成要件中,企业拒不履行法律或行政法规所规定的管理义务,是其承担刑事责任的前提条件之一。

“法定管理义务履行出罪模式”具有三个方面的构成要素:一是法律为企业确立了特定的强制合规义务,要求企业建立合规管理体系;二是在企业内部关联人员实施特定违法犯罪行为的情况下,企业没有对员工、高管、子公司、第三方等关联人员履行监督管理义务,存在失职行为;三是企业一旦建立或者实施合规管理体系,就可以将此作为抗辩事由,证明企业发布了合规政策和员工行为守则,对这些关联人员进行了合规培训,对违法违规人员作出过惩戒,尽到了合规管理义务,因此,被免除刑事责任。“法定管理义务履行出罪模式”可以较好地适用于网络平台的责任减免,在网络平台实施有效合规的前提下,基于信息网络犯罪、数据安全犯罪不可控性、高风险性的考量,即便发生相应的信息网络犯罪、数据安全犯罪,在网络平台已经尽到全部或者大部分注意义务时,免除或者减少平台的刑事责任。

通过系统梳理发现,虽然域外刑事立法大多并未针对网络服务提供者的不作为行为设置独立的罪名,而是采取共犯方式入罪规制,但均基于保证人地位,为网络服务提供者设定了不同类型的信息网络安全管理义务、数据安全保护义务及相应的法律责任。美国在 1998 年通过施行《数字千禧版权法》(Digital Millennium Copyright Act,DMCA),该法确立了“避风港规则”及“红旗标准”来确定网络服务提供者是否应该承担相应责任。“避风港规则”是指在版权侵权中,主观上不知道其网络系统内存在侵权信息,或者知道后立刻采取了相关的处理措施的情况下,对网络服务提供者予以责任豁免的一种规则。“红旗标准”则是指在同样情形下一般理性人都能发现他人的侵权行为,说明侵权行为已经非常明显,而网络服务提供者却借用“避风港规则”假装看不到侵权行为,这里就不能认为网络服务提供者是“不知”,就不能再适用“避风港规则”进行免责。虽然“避风港规则”和“红旗标准”针对的是特定领域即版权侵权问题,但是这两个规则和标准影响巨大,许多国家在适用过程中逐渐接受,已成为对网络服务提供者进行归责的一般性规则。

欧盟于 2000 年通过了《电子商务指令》(Directive on Electronic

Commerce),其中第四节“中间服务提供者的责任”第12~14条对网络服务者进行了类型区分:一是提供纯粹传输服务;二是提供缓存服务;三是提供宿主服务。作为提供纯粹传输服务的网络服务者,若满足不是首先进行传输的一方且对传输接受者和信息不做选择或更改的前提条件而进行传输信息或为通信网络提供接入服务(包括对传输信息的自动、中间性和短暂的储存),则不需要承担责任;作为提供缓存服务的网络服务者,若没有更改信息、遵守获得信息的条件和更新信息的规则、在知晓后迅速移除或阻止他人获得其存储信息,则对临时性缓存的内容不需要承担责任;作为提供宿主服务的网络服务者,若对违法活动或违法信息不知情且当知晓相关信息就马上移除或阻止有害信息,则可以免除责任。可见,欧盟不仅承认了网络服务提供者的网络安全管理义务,并且对其种类进行划分,不同服务内容的网络服务提供者应承担不同的责任。2001年欧洲委员会制定的《网络犯罪公约》(Convention on Cybercrime)也在第16条和第20条分别对网络服务提供者迅速保存已存储的计算机数据和拦截有害内容数据作出详细规定。

在刑法规制方面,欧美国家将网络服务提供者的刑事责任进行了以下分类:第一类刑事责任独立于网络服务提供者的监管义务,而是由于主体实施了刑法规定的其他犯罪行为而负刑事责任;第二类刑事责任是指网络服务提供者具有网络监管义务,应该对自身支配范围内的网络空间负责,但与此同时也规定了免责的情形和条件,其中就有网络服务者并不知情或危险的发生已经超越其处理能力等情况下网络服务提供者无需承担刑事责任;第三类刑事责任是网络服务提供者因不履行协助有关部门调查、取证、执法等工作的法定义务从而负担的法律责任。

此外,英国《反恐怖主义法》第3条规定,一旦执法部门通知互联网服务提供者某一网址可能含有与恐怖主义相关的内容,网络服务提供者如果不采取一切合理的措施以阻止访问这些内容,将会被追究刑事责任。土耳其《互联网法》第18条规定,在网上发布某些种类的违法内容需要承担刑事责任,如果互联网上有这种内容发布,政府部门或者互联网服务提供商自己应立即加以取消。如果违法网站设立于国外并且有法律所列举的犯罪行为,或者网站设立于国内并含有对儿童性滥用或者淫秽内容,电信管理署无需事先获得司法许可,可以直接命令对网站进行封堵。互联网服务提供商拒绝封堵违法内容,其所有者或者管理者可能被判处6个月至2年的监禁。

这些法定管理义务与实施合规管理义务具有包容或者重合的关系。网络平台在受到这类失职性犯罪的指控之后,假如能够证明自身履行了法定的信息网络安全管理义务,建立了合规管理体系,就足以推翻有关存在失职的指控,达到合规出罪的效果。

(2)立法修正的必要性

①修正拒不履行信息网络安全管理义务罪的必要性

为督促企业有效履行对员工、子公司、第三方等相关方的管理责任,追究企业在预防上述人员犯罪方面的失职责任,我国《刑法》也确立了以企业为特殊犯罪主体的失职性犯罪。目前,最典型的失职类罪名是拒不履行信息网络安全管理义务罪。对网络服务提供者而言,拒不履行信息网络安全管理义务罪的真正特别之处在于专门就其不履行法定义务的行为设立了刑事罚则,开启了网络服务提供者刑事责任的新路径,即网络服务提供者不履行法定义务的刑事责任。从推动网络平台刑事合规的角度来看,可以引入"法定管理义务履行出罪模式"对该条款进行适当修订。不仅有助于网络平台内部的合规有序发展,也有助于网络平台内部治理与相关网络立法实施的具体化和有效化。

第一,拒不履行信息网络安全管理义务罪实际上就包含一定的刑事合规要求,[①]其设置初衷便是处罚网络平台等网络服务提供者不积极配合政府网络监管的行为,体现了立法对网络服务提供者不作为行为的关注,暗含由刑法推动甚至鞭策网络服务提供者积极履行信息网络安全管理义务的立法意图;反言之,如果网络平台遵行法律、行政法规规定的信息网络安全管理义务,积极履行网络平台合规义务,便可以成为该罪的出罪或者免责要件。因此,如果网络平台实施了完善的刑事合规计划,在涉嫌相关罪名的指控时,便可以通过刑事合规计划有效实施进行出罪或者免责。

第二,刑事合规除了作为企业内控制度防范企业刑事风险的价值之

① 参见韩轶:《我国刑事合规规范化的刑事立法更新思路》,载《法治日报》2021年1月5日,第11版。

外,对于预防犯罪、维护社会公共利益均具有更深层次的法律功效和社会意义。因此,网络平台刑事合规的立足点和价值亮点,首先应突出地体现为对网络安全风险的防范及其背后所蕴含的平台的社会责任。合规体系关于贯彻风险管理的义务,使网络平台对风险的识别、防范等进行调查和评价变为可能。因此,通过刑事合规计划加强单位内部管理制度和风控措施,对于深藏在内部管理制度、平台运营中的信息网络安全风险,最大限度地及时发现、解决信息时代背景下信息网络犯罪难题,已经成为网络平台制定刑事合规计划必要性和迫切性的时代背书。

第三,随着信息网络在社会管理、社会治理层面所带来的"扁平化"和"去中心化",网络平台单纯的中介服务特征、中立特征逐渐淡化,全面参与到了网络空间的运行,以及网络资源的收集、存储、传输、应用等各个环节之中,在社会管理方面具有了较为权威的地位和能力,甚至成为同政府相分庭的网络"共治主体"和"无形之手"。事实上,网络平台客观上已经绝对拥有了其营业范围之内所涉事项的管控权力,网络空间治理也已经开始由单一的国家治理转向国家治理与网络平台的共治格局。在此背景下,立法赋予网络平台的信息网络安全管理义务不断增多,也为网络平台刑事合规的开展提供了法律方向和规范依据。网络平台刑事合规可以通过平台内部运行机制与安全防控制度,以具有可能性、必要性与可期待性的方式实现信息网络犯罪的预防与"共治"。通过网络平台刑事合规规范平台内部治理、防范平台法律风险,可以使网络法律法规关于平台责任规定的具体化,并将网络平台刑事合规与刑事责任内在融通,有利于激励网络服务提供者积极履行信息网络安全管理义务,实现网络"共治"模式下平台内部制度层面、平台风险管控与国家法律规范层面、政府网络监管职责的统一,进而发挥网络平台预防信息网络犯罪、保障网络安全方面的企业责任与社会责任。

②增设拒不履行重要数据安全保护义务罪的必要性

步入数字经济时代,数据成为新型基础性生产要素,各行各业对数据资源的激烈竞争也使其面临着多重叠加和日益严峻的侵害风险,特别是关系国家安全与公共利益的重要数据的安全问题日益凸显。互联网企业是网络平台的缔造者和管理者,而网络平台是当前网络生态系统和数字社会结构的枢纽所在,自动化数据处理是其核心功能,特别是关系国家安全、国计民生、公共利益的重点行业、领域的互联网企业及各类产品和服务提供商所运营或控制的关键信息基础设施产生、汇聚了海量重要数据。互联网企业依托这些网络平台开展的数据处理活动对于国家数据安全具有重大影响,对此,2021年3月15日,中央财经委员会第九次会议强调,要强化平台企业数据安全责任。这是因为,“特别社会领域不同于一般社会领域之处在于,它对某些人提出了特别的积极要求,行为人只要进入该领域,就必须依要求行事”。[①] 在关系国家安全与公共利益的重要数据安全领域,保障重要数据安全有赖于政府、企业和行业组织等多方力量的协同,以平台企业为代表的数据处理者在获得经济利益的同时必须积极配合监管部门承担重要数据安全保护职责,尽到合理注意义务,只有数据处理者切实履行重要数据安全保护义务,数据安全才能真正落到实处。反之,如果数据处理者怠于履行重要数据安全保护义务,则应当对法益侵害结果承担平台责任(包括刑事责任)。然而,当重要数据的处理者怠于履行安全保护义务致使重要数据泄露或者被窃取、篡改、毁损、非法使用且造成严重后果,在追究其刑事责任时却陷入罪名适用的困境,无法适用拒不履行信息网络安全管理义务罪,使得重要数据安全的刑法保护尤为孱弱。

首先,就行为主体而言,拒不履行信息网络安全管理义务罪的犯罪主体要求具备网络服务提供者这一特殊身份。但网络服务提供者与数据处理者是两个不同的身份概念:前者是指通过信息网络向社会公众提供相应网络服务的组织或者个人;后者是指在数据处理活动中自主决定处理目的和处理方式的组织或者个人。网络服务与数据处理也是两种不同类型的业务活动,与业务活动相对应的义务内容也有明显差异,重要数据安全保护义务不同于信息网络安全管理义务。

其次,就行为对象而言,由于立法的相对滞后性,目前《刑法》中尚未使用“重要数据”这一术语,那么,在解释论层面拒不履行信息网络安全管理义务罪的行为对象能否涵摄重要数据?《刑法》第286条之一及相关司法解释将拒不履行信息网络安全管理义务罪的行为对象限定为三类:违法信息、用户的公民个人信息、刑事案件证据,显然无法容纳重要数据。

---

① 何庆仁:《义务犯研究》,中国人民大学出版社2010年版,第67页。

最后，就保护法益而言，有关法律、行政法规之所以对网络服务提供者规定了必要的信息网络安全管理义务，目的是加强和规范网络安全技术防范工作，保障网络运行安全和网络信息安全，促进可合法利用的信息资源的共享。[①] 不同于非法侵入计算机信息系统罪、破坏计算机信息系统罪等侧重于保护网络信息系统安全的罪名，《刑法修正案（九）》增设拒不履行信息网络安全管理义务罪体现了保护信息网络安全从技术层面的网络信息系统（载体）安全向现实生活层面的信息网络内容安全延伸的立法意图，因此，可以将信息网络内容的合法性与安全性作为本罪的保护法益。但重要数据安全区别于信息网络内容的安全，强调的是重要数据本身及数据处理活动的安全，确保其处于有效保护、合法利用的状态。那么，基于法益对犯罪类型的区分机能，侵害数据安全法益的怠于履行重要数据安全保护义务行为与旨在保护信息网络内容安全法益的拒不履行信息网络安全管理义务罪之间存在根本性抵牾，难以在适用逻辑上自洽。

我国刑事立法在兼顾谦抑性与预防性的基础上，有必要进一步完善数据安全犯罪相关规定，结合前置法规范探寻和厘清数据处理者承担重要数据安全保护义务的合理范围以及对其施加不作为刑事责任的合理边界。具体而言，在《刑法》第六章“妨害社会管理秩序罪”第一节“扰乱公共秩序罪”中增设第 286 条之二“拒不履行重要数据安全保护义务罪”，并引入数据安全刑事合规，合理确定刑法处罚范围，在督促数据处理者切实履行重要数据安全保护义务、强化数据安全法益的刑法保护的同时，引导数据处理者自觉建立健全重要数据安全合规管理体系，有效防范和应对重要数据安全刑事风险。

3. 立法理由

(1)立法原理说明

刑事合规与刑事实体法相关联，其基本功能在于避免刑事责任。[②] 通过追究企业在预防关联人员犯罪方面的失职责任，来迫使企业履行建

---

① 参见王爱立主编：《中华人民共和国刑法条文说明、立法理由及相关规定》，北京大学出版社 2021 年版，第 1107 页。

② 参见李本灿等编译：《合规与刑法：全球视野的考察》，中国政法大学出版社 2018 年版，第 60 页。

立合规管理体系的义务,并给予企业合规出罪的机会,这是“法定管理义务履行出罪模式”的基本特征。在失职性信息网络犯罪、数据安全犯罪案件中引入“法定管理义务履行出罪模式”的理论依据主要包括两个方面:其一,“法定管理义务履行出罪模式”为网络平台确立了强制刑事合规义务,设定了“不合规即可能有罪”的构成模式,可以有效推动网络平台建立网络安全、数据安全合规管理体系。其二,“法定管理义务履行出罪模式”将网络平台的安全管理义务与合规义务加以整合,使得网络平台承担合规管理义务成为一种刑事义务,大大提高了企业合规的法律地位。

网络平台按照监管部门合规整改命令规定的具体措施及改正期限,通过建立有效的合规计划得以适用“法定管理义务履行出罪模式”的理由在于:首先,根据“法益修复理论”,网络平台通过合规整改建立有效合规计划意味着对为犯罪所侵害的法益采取了修复和补救措施,使得对网络平台追究刑事责任的基础不复存在;其次,根据“有效预防犯罪理论”,网络平台通过建立有效合规计划,加强了内部合规管理,消除了关联人员再次犯罪的可能性;最后,根据“公共利益考量理论”,对一个经过合规考察而成功建立合规管理体系的网络平台,不予入罪处罚,更加符合社会的公共利益。因此,刑法对于网络平台触犯拒不履行信息网络安全管理义务罪、拒不履行重要数据安全保护义务罪应预留一定的出罪空间。引入“合规整改”这一概念,可以对这一出罪空间更进一步地具体化,从而也为网络平台刑事合规计划的制定和实施提供可操作性依据,尤其在网络平台是否具有按照要求采取整改措施的能力,以及是否进行了有效整改等判断上,为刑事合规计划的制定和实施提供了思路。

根据积极的一般预防理念,刑法预防犯罪最合理且最唯一的目的应当是在犯罪之前培养守法文化和法律信仰,通过基于守法的自觉和对法秩序的积极维护,主动、积极地预防犯罪的发生。预防功能是刑事合规最为主要的功能,网络平台刑事合规的关键也在于根据网络平台的业务流程与内部管理制度,基于信息网络犯罪和数据安全犯罪的预防,对关涉刑法的不当举止进行预防、调查与制裁。因此,面对纷繁复杂的网络安全风险、重要数据安全风险,网络平台刑事合规的制度构建和实施应当以风险防控为导向,对不同平台类型、不同服务环节可能存在的合规风险,进行有针对性的制度构建。因此,合规计划的制定和实施,应当完整地反映法律法规风险、社会责任风险等问题，并将其融入网络平台刑事合规的设计之中。网络平台刑事合规预防网络犯罪的功能，首先体现在合规风险的发现识别上。对于网络平台刑事合规风险而言，考虑到平台所触犯的罪名更多集中在不作为犯中，风险的识别与评估也应以不作为犯的义务来源、风险防控为核心，同时兼顾以作为形式体现出的可能的触刑风险，制度化、内控化地将网络犯罪预防内置于、具体化于日常的工作和业务活动中。

拒不履行信息网络安全管理义务罪和拒不履行重要数据安全保护义务罪的设置，其目的绝对不是对以网络平台为代表的网络服务提供者、重要数据的处理者增加严苛的刑罚负担，也不是为了加大对网络平台的处罚力度，而是暗合了刑事合规的基本理念，并客观上产生了通过刑法手段助推、引导网络平台开展刑事合规的规范效果。具言之，网络平台通过合规计划的实施，以责任清单的形式进行风险识别、风险评估、风险消除，如此不仅不会加重网络平台的信息网络安全管理义务和重要数据安全保护义务，反而可以明确网络平台的责任边界，并有助于网络平台提前、及时发现运行中的网络安全风险或重要数据安全风险，不仅有利于网络保护平台本身免受违规、违法风险，而且有利于保护网民用户的权益，兼而实现网络平台刑事合规的单位风险防范效果和社会公共利益保护的效果。因此，拒不履行信息网络安全管理义务罪、拒不履行重要数据安全保护义务罪的设置，实际上是最大限度地限缩了网络服务提供者、重要数据的处理者的刑事责任范围。尤其通过网络平台刑事合规计划的实施，全面厘清网络平台承担的义务范围、职责内容以及网络平台内部各运行环节的相互关系，并将其以网络平台内部规章制度、实施程序的形式予以具体化。当网络平台积极履行监管部门所要求的整改措施，并积极有效地实施了合规计划，网络平台对于危害后果便无须承担责任。因此，网络平台很大程度上承担的是一种不配合责任，是因其怠于履行结果避免义务的结果责任，刑事合规计划的制定和有效实施很大程度上可以成为网络平台减轻责任、免除责任甚至予以正当化的重要事由。

（2）立法条文解释

①拒不履行信息网络安全管理义务罪的行为主体是网络服务提供者，也是制定和实施信息网络安全刑事合规计划的主体，具体包括三类：

一是提供网络接入、域名注册解析等服务的网络接入服务商,即 NSP(Net Service Provider);二是提供信息发布、搜索引擎、即时通信等服务的网络内容服务商,即 ICP(Internet Content Provider);三是利用信息网络提供电子政务、通信、能源、交通、水利、金融、教育、医疗等公共服务的网络应用服务商,即 ASP(Application Service Provider)。拒不履行重要数据安全保护义务罪的行为主体是重要数据的处理者,也是制定和实施重要数据安全刑事合规计划的主体,主要指在重要数据处理活动中自主决定处理目的和处理方式的组织。

②在认定网络平台是否有不履行相关作为义务(行政合规义务)时,需要结合相关法律、行政法规的具体规定和要求进行认定。根据《网络安全法》《全国人民代表大会常务委员会关于加强网络信息保护的决定》《电信条例》《互联网信息服务管理办法》《计算机信息网络国际联网安全保护管理办法》等法律、行政法规的规定,网络服务提供者应当履行的信息网络安全管理义务包括:一是制定内部安全管理制度和操作规程,确定网络安全负责人,落实网络安全保护责任;二是采取防范计算机病毒和网络攻击、网络侵入等危害网络安全行为的技术措施;三是采取监测、记录网络运行状态、网络安全事件的技术措施,并按照规定留存相关网络日志。着眼于建立健全全流程数据安全管理制度,防范针对和利用重要数据的违法犯罪活动,《数据安全法》《网络数据安全管理条例(征求意见稿)》等法律、行政法规要求重要数据的处理者履行的重要数据安全保护义务包括:第一,明确数据安全负责人,成立数据安全管理机构;第二,识别重要数据后向设区的市级网信部门备案;第三,制定数据安全培训计划,组织开展全员数据安全教育培训;第四,优先采购安全可信的网络产品和服务;第五,定期开展数据安全风险评估,并向设区的市级网信部门报送风险评估报告;第六,共享、交易、委托处理重要数据应当征得设区的市级及以上主管部门同意,向境外提供重要数据应申报网络安全审查;第七,发现数据安全缺陷、漏洞等风险时,立即采取补救措施;第八,发生数据安全事件时,立即采取处置措施,并按规定及时向主管部门报告。梳理和阐明信息网络安全管理义务和重要数据保护义务的具体内容的意义在于,通过对条文所规定的构成要件要素的解释来划定处罚的范围,厘清网络服务提供者、重要数据的数据处理者承担不作为刑事责任的边界,并为网

络平台提供信息网络服务或开展重要数据处理活动提供明确的合规指引。

③拒不履行信息网络安全管理义务罪和拒不履行重要数据安全保护义务罪均是典型的义务犯，其实质根据在于对行为人所承担的社会角色和规范义务的违反，其不法内涵是通过特定的不履行积极行为义务表现出来的，而且是“更严格”的义务犯，其“义务”内容具有双层次的特点：第一层次义务是行政义务，即“法律、行政法规规定的信息网络安全管理义务或重要数据安全保护义务”；第二层次是刑事义务，即“经监管部门责令采取合规整改措施”。两者在逻辑上是一种递进关系，只有在行为人已经违反第一层次义务的前提下，进一步违反第二层次义务时，其行为才可能受到刑法的评价，因而本罪的刑事可罚性落脚于后者。刑法中绝大多数义务犯都没有第二层次义务的要求，该两罪为网络服务提供者和重要数据的数据处理者特别设计了不同于一般义务犯的入罪标准，主要是考虑：其一，在立法中平衡政府职能部门对于信息网络安全（重要数据安全）的监管职责与网络服务提供者的信息网络安全管理义务（数据处理者的重要数据安全保护义务），避免过分增加网络服务提供者、数据处理者的法律负担；其二，在行为人不履行作为义务的基础上，置入前置程序可以在行政责任与刑事责任之间设立缓冲区，对刑事处罚的范围进行必要的限制，体现刑法的谦抑性。易言之，网络服务提供者（数据处理者）单纯不履行法律、行政法规规定的信息网络安全管理义务（重要数据安全保护义务）尚不足以构成刑法意义上的犯罪，还须符合“经监管部门责令采取合规整改措施而拒不改正或者整改无效”这一行政程序性前置条件，这是追究网络平台刑事责任的前提。该程序性构成要件要素的特点是立法机关为限制处罚范围给予被告人一次出罪的机会，即在有关机关或他人提出某种程序性要求时，被告人仍不作为，从而失去了出罪的机会。程序性构成要件要素具有双重功能：从实体功能来看，有利于判断犯罪是否成立及确定处罚范围；从诉讼功能来看，可以有效降低构成要素的证明难度，使个罪构成要件主观要素在实践上更加容易认定。

④“监管部门”是指依据法律、行政法规的规定对网络服务提供者或重要数据的处理者负有监督管理职责的部门。由于信息网络安全、数据安全涉及面广，相关监管部门也涉及各个领域。如《互联网信息服务管理办法》第 18 条规定，国务院信息产业主管部门和省、自治区、直辖市电信

管理机构,依法对互联网信息服务实施监督管理。新闻、出版、教育、卫生、药品监督管理、工商行政管理和公安、国家安全等有关主管部门,在各自职责范围内依法对互联网信息内容实施监督管理。《网络数据安全管理条例(征求意见稿)》第55条规定,国家网信部门负责统筹协调数据安全和相关监督管理工作。公安机关、国家安全机关等在各自职责范围内承担数据安全监管职责。工业、电信、交通、金融、自然资源、卫生健康、教育、科技等主管部门承担本行业、本领域数据安全监管职责。

⑤"责令采取合规整改措施"是指网信、电信、公安等依照法律、行政法规的规定承担信息网络安全、数据安全监管职责的部门,针对网络服务提供者(数据处理者)在安全管理方面存在的问题,以责令整改通知书或者其他文书形式,依法提出改正措施、堵塞漏洞、加强防范等合规整改要求。在法律性质上属于行政机关依照职权要求行政违法相对人停止并纠正违法行为的一种具有执行力的行政命令。通过监管部门发出的通知或指令,网络服务提供者(数据处理者)明确知悉自己的行为已经违反法律、行政法规的规定以及接下来需要采取哪些合规整改措施。如此,信息网络安全管理义务、重要数据安全保护义务等合规义务不再是抽象的法定义务,而是具体到某个特定的网络服务提供者(数据处理者)身上的作为义务。

⑥"拒不改正"是指明知而故意加以拒绝。在司法实践中,认定"经监管部门责令采取合规整改措施而拒不改正",应当综合考虑网络服务提供者(数据处理者)是否收到监管部门提出的合规整改通知;监管部门责令采取合规整改措施是否具有法律、行政法规依据,整改措施及期限要求是否明确、合理;网络服务提供者(数据处理者)对监管部门提出的合规整改要求,在主观上是否具有拖延或者拒绝执行的故意;网络服务提供者(数据处理者)在客观上是否具有按照要求采取合规整改措施的能力等因素进行综合判断。对于确实因为资源、技术等条件限制,没有或一时难以达到监管部门要求的,不宜认定为"拒不改正"。一般应引入四项基本要素来判断合规整改是否有效:一是在认罪认罚的前提下停止犯罪行为,积极配合刑事追诉行动,采取补救挽损措施,处理责任人;二是查找犯罪原因,发现造成犯罪发生的制度漏洞、管理隐患和治理结构的缺陷;三是针对上述漏洞、隐患和缺陷,进行有针对性的制度纠错和管理修复,切断

犯罪发生的因果链条，避免同一犯罪的再次发生；四是建立一种整体的、全面的和长远的预防犯罪机制，引入有针对性的信息网络安全或重要数据安全合规管理体系。

十二、修正《刑法》第393条之一【单位预防行贿失职罪】

1. 立法条文

(1)立法原文

第三百九十三条　【单位行贿罪】单位为谋取不正当利益而行贿，或者违反国家规定，给予国家工作人员以回扣、手续费、情节严重的，对单位判处罚金，并对其直接负责的主管人员和其他直接责任人员，处五年以下有期徒刑或者拘役，并处罚金。因行贿取得的违法所得归个人所有的，依照本法第三百八十九条、第三百九十条的规定定罪处罚。

(2)立法新增条文【单位预防行贿失职罪】

在《刑法》第三百九十三条后增设"单位预防行贿失职罪"，作为第三百九十三条之一：单位在预防行贿合规管理上严重不负责任，致使单位工作人员为单位利益而向国家工作人员行贿，情节严重的，对单位判处罚金。

2. 立法依据

(1)域外立法考察及评价

①域外立法考察

与意大利、瑞士等国将企业反腐合规作为贿赂犯罪的责任阻却事由或从宽处罚依据所不同的是，英国2010年《反贿赂法》第7条规定了"商业组织预防行贿失职罪"，直接将企业预防行贿责任予以犯罪化。

第7条　商业组织预防行贿失职罪

1. 商业组织的"相关人员"为了(a)获取或保留该组织的业务，(b)或者为获取或保留该组织在商业活动中的优势而向他人行贿的，该商业组织构成本罪。

2. 除非该商业组织能够就已制定了充分程序以预防"相关人员"向他人行贿进行抗辩。

3. 就本条而言,“相关人员”向他人行贿是其实施了可能构成第1节(贿赂罪)和第6节(贿赂外国公职人员罪)规定的行贿犯罪,或者在不具备第12条第2款c项及第4款所要求的与英国最密切联系原则的前提下可能构成上述犯罪的情形。

②域外立法评价

英国《反贿赂法》第7条规定了“商业组织预防行贿失职罪”,要求商业组织对于腐败发生承担保证人责任,即商业组织疏于构建行贿预防机制而导致其雇员为商业组织利益行贿时,商业组织承担监管不足的刑事责任,但若商业组织可以证明其为了防止贿赂行为的发生已经构建了“充分程序”,则可以免责。英国法律委员会认为,商业企业处于减少甚至消除因贿赂容忍而带来的巨大危害的最佳地位,而目前无论是刑事还是民事诉讼都难以有效地打击那些将贿赂作为建立、扩张其商业地位而倾向于允许其雇员贿赂的经济实体。与其忽视这一现象,不如选择一种有效的规范模式,对于确保将一个高的商业道德标准贯彻于所有商业实体是必不可少的。[①]《反贿赂法》虽然没有具体规定“充分程序”的内涵,但在2011年3月英国国务大臣颁布了《反贿赂法指南》(The Bribery Act 2010 Guidance),规定了构建“充分程序”的6项原则,即程序比例原则、最高层责任原则、风险评估原则、尽职调查原则、沟通原则、监督和复查原则,[②]为商业组织构建预防行贿机制提供了有效指导。尽管不能将“充分程序”等同于企业合规,但其确实也具有加强企业内部治理、提高企业预防行贿能力的合规功能。

这种出罪模式,被称为“法定管理义务履行出罪模式”。[③] 即在法律确立“失职性犯罪”的情况下,企业通过建立或者实施合规管理体系来证明自己履行了法律规定的监督和管理义务,从而免除了自身的刑事责任,达成合规出罪的效果。这种模式适用的前提,是在企业员工实施特定犯罪行为的情况下,法律推定企业在预防、阻止员工犯罪方面存在失职行

① Monty Raphael, *Blackstone's Guide To*: *The Bribery Act* 2010, Oxford: Oxford University press, 2011, p. 57.

② *The Bribery Act* 2010 *Guidance*, Ministry of Justice, March 2011, p. 20 – 32.

③ 参见陈瑞华:《企业合规出罪的三种模式》,载《比较法研究》2021年第3期。

为。然而,失职行为是基于结果推定而形成的客观事实,不能据此进一步推定失职行为的罪过形式。考虑到商业组织预防行贿失职罪的罪过形式无法证明,该罪在责任类型上采取了严格责任,即无需考察公司组织的罪过形式,只要客观上推定出监管义务未履行,公司就应当承担责任。换言之,公司履行监管义务不是责任阻却事由,只能是违法性阻却事由。进言之,该罪在归责模式上不涉及等同责任或替代责任,不能取代或免除公司对贿赂的直接责任,若公司代表人行贿或教唆、帮助他人行贿,则仍然可以构成相关的贿赂犯罪。

(2)立法修正的必要性

单位预防行贿失职罪并非权钱交易型腐败犯罪,其具有腐败犯罪预防的刑事政策功能,如巨额财产来源不明罪,属于非典型的腐败犯罪。立法增设该罪的必要性主要体现为以下方面:

一是根本性阻断行贿“围猎”的需要。2022 年 1 月 18 日,习近平总书记在十九届中央纪律检查委员会第六次全体会议上的重要讲话中强调,“我们必须清醒认识到,腐败和反腐败较量还在激烈进行,并呈现出一些新的阶段性特征,防范形形色色的利益集团成伙作势、‘围猎’腐蚀还任重道远”。为一体推进不敢腐、不能腐、不愿腐体制机制建设,从源头上遏制腐败,构建“亲清”政商关系,形成风清气正的社会环境,应当加快推进根本性阻断利益集团“围猎”的制度构建。“围猎”发生在政治与经济的交叉领域,反映了经济资本与政治资源的利益勾兑,本质上仍属于商业贿赂范畴。在市场经济激烈的竞争环境下,为了谋求企业的生存与发展,企业管理层往往会将行贿视为企业发展的必要手段,不仅自身行贿,还放纵、鼓励员工向国家工作人员行贿,甚至形成了企业行贿文化,成为围猎不断发生的重要源头。在云南昆明开尔行贿案中,开尔公司法定代表人将自己的行贿经验以“私人定制”方式在全公司推广,形成了所谓的“开尔模式”,最终导致 105 名国家工作人员涉嫌受贿。对于围猎行为的泛滥,单位作为组织系统的管理与监督主体,承担不可推卸的组织责任。尽管刑法规定了单位贿赂犯罪,但仍是以结果本位为立罪基础的,不涉及单位内部组织管理的责任,无法对系统性腐败产生遏制效果,故而需要在组织体责任原理基础上,增设具有净化腐败环境功能的罪名。

二是克服腐败治理结构性障碍的需要。从犯罪衍生原因上看,法人腐败犯罪虽然也有法人最高管理机构成员一致同意实施的情形,但更多情况下是法人组织体系的部分代表人或管理人员为了法人利益而实施的,法人组织层级架构的复杂化掩蔽了内部监管漏洞,使腐败行为能够得以实施。1996 年国际商会(The International Chamber of Commerce,ICC)更新了《商事交易中打击勒索和贿赂行为准则》(以下简称《准则》),认为公司内部具有完善的、强制性的行为规范是提高商业贿赂治理水平的重点领域,公司构建具有自我净化能力的行为规范属于公司高层的责任。2005 年 ICC 再度更新《准则》,推荐建立公司反腐政策以及更为具体的内部控制机制。然而,21 世纪初以来,仍不断出现令人震惊的国际企业贿赂丑闻,如英国宇航系统公司贿赂沙特官员获得 430 亿美元的军火交易合同、德国西门子公司在多国行贿而受到 16.5 亿元处罚等。企业治理结构在一定程度上限制了预防腐败机制的构建,作为股东和企业的代理人,管理层的贿赂更多时候具有为企业利益"服务"的性质,即其实施商业贿赂行为是为了组织本身的利益,并不是为了某个成员或少数几个人的利益;并且,违法所得直接用于公司经营,并不会在少数几个人内部进行分赃,更不会直接交给某个人所有。[①] 当商业贿赂的个人利益与企业利益在最大范围内重合时,贿赂行为的非法性也得以最大淡化,公司董事会甚至会默许贿赂行为的"合法"存在。由于企业治理结构、行贿带来的整体利益以及自由经济观念构成了企业自我控制的障碍。对此,有必要通过设立单位预防行贿失职罪,从外部刑罚威慑角度,迫使企业建立有效的反腐合规计划,真正消除企业内部腐败治理的结构性障碍。

三是弥补刑事追诉能力不足的需要。在商业贿赂领域,建立单位预防行贿失职罪更具有必要性。在医疗健康、工程建设、房地产建筑等商业贿赂的高发行业,单位一般成员代表单位实施商业贿赂的情形十分常见,但是这些案件中单位决策的认定十分困难,大型跨国公司甚至还会利用子公司或通过中间人进行行贿,以实现决策主体和实施主体的分离,最终因无证据证明存在单位决策而不构成犯罪或仅认定为是行贿罪。[②] 通过

① 参见[美]詹姆斯·S.科尔曼:《社会理论的基础》,邓方译,社会科学文献出版社 1999 年版,第 356 页。

② 参见程宝库、孙佳颖:《跨国反商业贿赂法制缺陷的根源及完善》,载《法学》2010 年第 7 期。

创建单位预防贿赂失职罪,可以防止单位脱逃责任,并提高刑法惩治的整体效能。

四是激发企业参与腐败治理的需要。基于社会治理之要求,有效预防腐败是企业应当履行的社会责任。企业社会责任是企业意识到其对社会、经济与环境的影响,在赚取利润的同时,主动承担对环境、社会和利益相关者的责任。然而,企业社会责任由企业自愿按照其指导原则执行,缺乏强制性和统一性。以往在商业贿赂治理领域中的企业社会责任更多是一种口号性宣传,对于企业内部腐败预防机制的建设并不具有真正的约束力。诸多企业一方面参加积极企业社会责任行动,宣扬打击商业贿赂;另一方面在未有立法强制性规定的情况下,又消极怠于企业内部的贿赂预防机制建设。企业社会责任包括了企业的经济责任、法律责任、伦理责任和慈善责任,其中法律责任不应当仅限于对既有法律的消极遵守,也应当体现为对立法发展的积极影响,即通过强制性、威慑性的立法,对企业产生反向激励,促使其积极参与腐败治理,建立有效的反腐合规机制,真正落实企业的社会责任,形成国家与社会的合作预防模式。

3. 立法理由

(1)立法原理说明

一是单位预防行贿失职具有严重的法益侵害性。党的十九大以来,在党中央持续高压反腐态势下,我国反腐败斗争已经取得了压倒性态势并巩固发展,但反腐形势依然严峻复杂,利益集团不择手段"围猎"领导干部,是腐败增量仍有发生的重要原因,严重扭曲了市场经济的公平竞争秩序,严重破坏了政治生态,危害到党和国家的政治安全。行贿人不择手段"围猎"国家工作人员是当前腐败增量产生的重要原因,单位预防行贿合规机制的"失灵"又是引发"围猎"的重要原因。因此,单位预防行贿失职行为不仅是对单位内部管理秩序的破坏,更是直接构成了对刑法所保护的廉洁性法益的侵害。

二是单位预防行贿失职罪的责任基础在于组织体责任原理。基于个体责任原理,传统腐败犯罪的责任主体仅为腐败行为的实施者,不包括对于腐败行为不履行监督和预防义务的单位组织,因为单位组织的消极不作为与腐败结果的发生没有直接的因果关系。与个人责任不同,组织体责任是为了有效控制社会风险而要求监督者、管理者分担风险责任。组织体责任不是实行者的责任而是监督者的责任,通常包括两种类型:一是企业组织的监督责任,即企业组织内部上级人员的监督责任和企业组织之间相关人员的监督责任;二是公职人员的公务监督责任,即上级公职人员对下级的监督责任、公职人员对与公务机关有平等民事关系的主体所负的监督责任以及公职人员在履行社会监督职能时对其他组织或个人所负的监督责任。[①] 从腐败治理角度,腐败衍生的原因不能绝对地归于个人意志的自由选择,其与权力运行的组织环境密切相关,单位组织作为独立主体,应当承担构建有效腐败预防体系的组织体责任,即单位应当预见其员工可能为单位利益而向他人行贿,但若单位在其政策、制度、文化上不采取积极措施做出行贿危险预警和排除危害的安排,则其在主观上就具有了监督过失的罪过。

三是单位预防行贿失职的犯罪化以强制性合规为前提。刑事合规体现了涉案企业与国家在犯罪治理上协商主义立场,涉案企业通过合规制度建设形成犯罪预防机制以换取出罪或从宽处罚的依据,合规本身是企业的内部管理机制,需要涉案企业的自愿和同意。然而,对于腐败犯罪这样最为严重的犯罪,在合规制度设计上可以作出一些特殊规定,以便可以更为有效地打击腐败犯罪,如法国针对腐败犯罪在刑法中规定了强制合规制度,将强制合规作为一种适用于企业的附加刑。我国当下行贿"围猎"现象泛滥,已经成为腐败犯罪衍生的重要源头,从根本上遏制行贿行为,需要通过具有威慑性的强制合规措施来重塑企业文化。因此,本罪创制的前提不是自愿合规,而是将预防行贿作为所有单位都应当遵守的强制性义务,该义务来自《反不正当竞争法》《招投标法》等法律法规对行贿行为的禁止性规定,即根据上述法律法规,单位应当构建预防行贿合规制度以避免行贿危险的发生。

四是单位预防行贿失职罪的正当化依据也来自以党内法规为主导的"主体责任"反腐机制。我国腐败治理体系具有"二元一体"特征:"二元"是区分党内腐败治理和国家腐败治理的两个层面;"一体"是统一于党的领导,党内腐败治理对国家腐败治理具有统领作用。"主体责任"指的是党风廉政建设主体责任,即各级党委(党组)特别是主要领导第一责任

① 参见吕英杰:《客观归责下的监督、管理过失》,法律出版社 2013 年版,第 35 ~ 39 页。

人，领导班子成员根据工作分工对职责范围内的党风廉政建设负领导责任。承担主体责任的主体均为单位的领导干部，本身就代表了单位意志，对于国家机关、国有公司、企业事业单位、人民团体或设有党委组织的非国有公司、企业而言，将预防行贿的主体责任升格为单位责任，并无实质性障碍，由此可以使单位对其员工的行贿预防监督与保证义务延伸至刑法领域。

（2）立法条文解释

①本罪的行为要件为怠于履行行贿预防合规管理义务的不作为。从刑法理论上，可以将单位员工为单位利益而行贿视为一种危险源，更为准确地说是一种危险行为，单位基于对员工的管理关系而处于对危险源的支配地位，具有对员工为单位利益行贿的监督义务，这种监督义务既来自法律对行贿的禁止性规定，也是廉洁职业的要求，由此形成单位预防员工行贿的作为义务。从单位内部治理机制上，预防员工行贿的作为义务进一步体现为预防行贿合规制度，即要求单位建立有效预防员工为单位利益行贿的合规机制，若单位怠于构建这样的合规机制，则构成本罪的不作为。

②本罪的结果要件为单位工作人员为单位利益而向国家工作人员行贿。“单位工作人员”是指与单位有形式或实质上劳动合同关系的任何人员。“为单位利益”是指为谋取本单位在商业活动中的经济利益，即商业行贿，以与谋取非经济利益的公职行贿相区分。为限制处罚范围，单位员工为单位利益的行贿应以构成犯罪为前提，若单位员工行贿尚未构成犯罪的，单位也不构成本罪。由于本罪设立的目的在于对“围猎”国家工作人员的商业行贿进行本源性治理，故而行贿对象仅限于国家工作人员，不包括非国家工作人员，这也是将本罪设置在单位行贿罪之下的重要原因。

③在情节要件上，本罪规定了“情节严重”以调节处罚范围，避免刑罚泛化。“情节严重”可参考单位员工个人行贿的情况，如行贿数额巨大，导致经济损失巨大，多次行贿，向负有食品、药品、安全生产、环境保护等监督管理职责的国家工作人员行贿等。

④本罪属于纯正的单位犯罪，即只能由单位构成，不能由自然人构成。本罪的单位范围与《刑法》第 393 条单位行贿罪的单位范围相同，包括公司、企业、事业单位、机关、团体。

⑤在主观要件上，本罪为过失犯罪，要求单位在预防行贿合规管理制度建设上严重不负责。根据组织体责任原理，所谓严重不负责，是指单位已经预见到其员工可能为单位利益而向他人行贿，但仍然迟迟不在政策、制度或文化建设上采取积极措施排除员工行贿的危险。换言之，本罪的罪过形态属于单位合规制度建设缺陷所反映出的单位对员工行贿危险的过失态度，与自然人的罪过无关，也不要求通过单位决策机制形成判断。若通过单位决策机制形成行贿决策进而影响、支配员工行贿行为的，则构成单位行贿罪。

⑥本罪在刑罚上采用单罚制，仅处罚单位不处罚责任人员。对单位采取单罚制，是刑法立法之首创，其原因在于：一是本罪的目的在于激励单位完善内部监督机制而不是对个人不法行为进行归责和矫正；二是在内部体系结构较为复杂的单位中，单位成员为单位利益而实施行贿，并不一定会告知直接负责的主管人员（否则就转化为单位行贿罪），在这种情形下采取“双罚制”处罚直接负责的主管人员并不公平，不符合责任主义原理。

第二章　涉案企业合规刑事诉讼法立法建议

关于涉案企业合规刑事诉讼法立法主要有三种方案:一是单独增设单位附条件不起诉条文,在《刑事诉讼法》第 182 条之后增加“第一百八十二条之一”,规定附条件不起诉制度的适用条件;二是增设单位附条件不起诉特别程序,即在《刑事诉讼法》第五编“特别程序”中增设第二章,系统规定企业合规案件诉讼程序的适用对象、监管程序和处理方式;三是增设内容更加复杂的“单位刑事案件诉讼程序”,作为《刑事诉讼法》第五编“特别程序”的第二章,除规定单位附条件不起诉制度之外,还涉及诉讼代表人制度、单位责任和关联人员责任分离追诉制度、合规撤回起诉制度等内容。第一种方案的覆盖范围过窄,而且合规附条件不起诉的性质与《刑事诉讼法》第 182 条规定的特殊案件的撤销、不起诉截然不同,只有在制度设计上将合规附条件不起诉独立出来,才符合立法确立有效合规整改、防范再次犯罪的基本理念。第三种方案的覆盖范围过宽,容易导致立法建议冗长而不具有可行性,并且难以突出涉案企业合规改革的重点内容。因此,本书拟采取第二种方案,在《刑事诉讼法》第五编中增加一章“企业合规案件诉讼程序”,作为第五编的第二章,置于“未成年人刑事案件诉讼程序”之后。该章之下涉及条文相对较多,拟选择最为重要的 5 条加以论证,包括:(1)第 288 条“企业合规案件强制性措施的限制”,提出对于涉及企业合规案件,审慎采取查封、扣押、冻结等措施并严格限制逮捕措施，减少对涉案单位正常运行的影响；(2)第289条"企业合规附条件不起诉的适用"，提出企业合规附条件不起诉的前提条件、实质标准以及排除性规定；(3)第290条"企业合规整改的适用"，提出合规整改的监管人选任、监管职责、监管考验期等内容；(4)第291条"企业合规整改的法律后果"，提出不起诉以及撤销附条件不起诉提起公诉的条件，明确了合规整改效果和行政处罚的衔接机制；(5)第292条"单位和责任人员分离追诉"，提出检察机关对单位及责任人员分离追诉的规范设计以及检察机关合规从宽量刑建议权。

一、修正《刑事诉讼法》第288条【企业合规案件强制性措施的限制】

1.立法条文

(1)立法原文

无。

(2)立法新增条文【企业合规案件强制性措施的限制】

在《刑事诉讼法》第五编中增加一章"企业合规案件诉讼程序"，作为第五编的第二章，置于"未成年人刑事案件诉讼程序"之后，并增设"企业合规案件强制性措施的限制"作为第二百八十八条：根据有关法律法规的规定，由各部门管辖和处理的案件涉及企业刑事合规的，应当依法审慎采取查封、扣押、冻结等措施，减少对涉案单位正常运行的影响。

对于涉及刑事合规单位犯罪的直接负责的主管人员和其他直接责任人员，应当严格限制适用逮捕措施，适用取保候审等非羁押性强制措施足以防止发生本法第八十一条第一款规定的社会危险性的，应当依法适用取保候审等非羁押性强制措施。

2.立法依据

(1)域外立法考察及评价

①域外立法考察

《德意志刑事诉讼法》

第112条　审前羁押的条件；逮捕的事由

(1)被指控人有重大犯罪嫌疑并且有理由进行逮捕的，可采取审前羁押。审前羁押与案件严重程度或可能判处的刑罚、矫治措施、保安处分不相称时，不得作出该命令。

(2)存在下列事实的，可实施逮捕：

1. 被指控人已经逃匿或正在藏匿的；

2. 根据个案情况，认为被指控人有逃避刑事诉讼的危险(潜逃的危险)的；或

3. 被指控人的行为使其具有将要实施下列行为重大嫌疑的：

a)销毁、篡改、转移、藏匿或者伪造证据，

b)以不正当的方式对同案被指控人、证人或鉴定人施加影响，

c)使他人实施上述行为，

以及因此有可能存在使查明真相变得更困难的危险的(藏匿罪证的危险)。

(3)被指控人有实施《国际刑法典》第6条第1款第1项、第13条第1款，或《刑法典》第129a条第1款、第2款，也与第129b条的第1款相关的，或《刑法典》第176c、176d、211、212、226、306b或306c条规定之一的犯罪行为嫌疑，或实施《刑法典》第308条第1～3款之一的犯罪行为危及他人生命或身体的，即使不存在本条第2款规定的逮捕事由，也可以采取审前羁押。

②域外立法评价

在《德意志刑事诉讼法》第112条中，对于采取羁押性强制措施的理由，也是采取了比较严格的限制性方式，只有符合下列条件之一的行为人，才可以对其进行强制羁押：第一，犯罪嫌疑人已经被认定为逃犯或者藏匿者；第二，犯罪嫌疑人存在逃避刑事追诉并潜逃的风险；第三，行为人所表现出的行为使人怀疑其将会实施销毁、改变、移除、压制或伪造证据，或以不公平的方式影响同案被告人、证人或专家，或导致他人从事此类行为并阻碍调查真相的危险。除此之外，第112条还专门列明了一些侵犯公民生命健康权的严重犯罪，例如，《德意志刑法典》第176c条对未成年人的严重性侵罪、第211条谋杀罪、第212条情节严重的故意杀人罪、第226条重大伤害罪、第306b条放火致死罪、第306c条特别严重的放火罪等，由于行为人实施了严重危及他人的生命或肢体的犯罪，具有极高的人

身危险性,因而也允许对其予以羁押。

德国对于羁押理由的审查与我国对于社会危险性的审查相类似,审查的重点都在于犯罪嫌疑人、被告人是否具有妨碍诉讼、破坏社会秩序的可能性。《德意志刑事诉讼法》与合规限制强制性措施联系最为密切的一点,则是《德意志刑事诉讼法》第112条(1)款。该款规定了"被指控人有重大犯罪嫌疑并且有理由进行逮捕的,可采取审前羁押。审前羁押与案件严重程度或可能判处的刑罚、矫治措施、保安处分不相称时,不得作出该命令"的限制性措施。羁押必要性审查程序的运行时间是在批准或者决定逮捕之后,逮捕和羁押都是剥夺人身自由的最严厉的强制措施,过去的普遍做法是在逮捕审查中,如果审查主体能够掌握证明被羁押人实施了犯罪行为的实体性内容,就认定此人具有长期羁押的必要,这样的做法不符合比例原则。德国将比例原则作为审查羁押理由的标准之一,对于我国涉案企业合规整改中责任人员羁押必要性审查具有借鉴意义。既然责任人员已经真诚地认罪悔罪、采取合规整改措施并接受监督,一定程度上就说明其人身危险性大为降低,对于采取强制羁押不符合比例原则。

(2)立法修正的必要性

本书认为,应当在《刑事诉讼法》中以专门条文的形式,对企业合规中涉及强制性措施的内容予以限制,既限制对物的强制性措施,也限制对人的强制性措施。具体理由如下:

第一,限制强制性措施是确保刑事合规开展的重要条件。采取强制性措施的功能在于保障刑事诉讼的顺利进行,但是在司法实践中,强制性措施的适用却出现了明显的扩张倾向,对物的强制性措施极易出现范围扩大的问题,即对涉案单位的财物进行超出必要限度的查封、扣押、冻结;对人的强制性措施,则存在过度倚重羁押性措施,忽略非羁押性措施的问题,甚至出现"一押到底"等司法怪象。对于正在或者将要进行合规整改的企业而言,尽可能减少对企业正常生产经营的干预,是顺利进行整改合规的重要条件,只有这样,才会避免"合规做了,企业垮了"等局面的出现。一方面,限制对人的强制性措施能够保障合规中"人"的要素。对于作为企业"主心骨"的民营企业家,一旦限制其人身自由,企业的生产发展极易受到严重影响。作为单位犯罪直接负责的主管人员和其他直接责任人员,其往往控制或者领导企业的生产经营、资金运作、人员管理等,对企业的生存、发展具有极其重要的作用,这些人员被逮捕羁押,对企业的生产经营也会产生巨大影响。另一方面,限制对物的强制性措施能够保障合规中"物"的要素。采取查封、扣押、冻结等强制性措施,会影响涉案单位的正常运行,不符合刑事合规的目的。刑事合规是为了单位正常有序地运行,保障企业从事合规的业务,若企业因强制措施而难以正常运行,则不具备合规整改的物质条件,刑事合规自然也就无法正常开展。

第二,限制强制性措施有助于保障人权。严格限制刑事合规的羁押性强制措施,是要尽可能地减少审前非必要的人身自由的剥夺。不适当、非必要的逮捕措施不仅容易激化对抗情绪,影响涉案责任人员进行合规整改的积极性;更容易影响单位的正常经营,进而影响合规整改的顺利进行。既然在单位负责人和其他直接责任人员的参与下,企业已经开始进行合规整改,表明涉案责任人员已经认罪悔罪,采取了积极的赔偿措施、弥补犯罪造成的损失等,其社会危险性、人身危险性已经大大降低,对其限制采取羁押性强制措施,符合人权保障原则。

第三,限制强制性措施体现了"少捕慎诉慎押"的刑事政策。2021 年 4 月,中央全面依法治国委员会在有关文件中明确提出"少捕慎诉慎押"的刑事司法政策,并提出要"依法推进非羁押强制措施适用"。刑事合规附条件不起诉的前提就在于涉案犯罪单位和犯罪嫌疑人认罪认罚,其采取积极赔偿措施、弥补犯罪造成的损害、接受处罚等表现,说明其人身危险性已经大为降低,在排除其"可能实施新的犯罪""有危害国家安全、公共安全或者社会秩序的现实危险的""可能毁灭、伪造证据,干扰证人作证或者串供的""可能对被害人、举报人、控告人实施打击报复的""企图自杀或者逃跑的"等行为可能性的前提下,不具有采取强制性措施的必要性。

3. 立法理由

(1)立法原理说明

第一,限制强制性措施符合合规激励机制的要求。逮捕具有较强的犯罪认定的象征意义,对涉案企业责任人员采取羁押措施,将影响涉案企业正常的生产经营活动,不利于合规整改的展开。在优化民营企业营商环境及"少捕慎诉慎押"的刑事政策之下,应当在刑事诉讼法中明确规定涉案企业合规整改的限制羁押性强制措施条款,检察机关在审查批准逮捕或者办理羁押必要性审查时,应审查和考量涉案企业的合规管理情况,并在涉案企业已经存在较为完善的内部控制和管理机制,或者具有完善合规管理的意愿时,可以对企业涉案人员尤其是企业经营管理人员不采取逮捕措施,或者变更为非羁押性强制措施,这无疑会对涉案企业建立和完善合规机制产生激励作用。

第二,限制强制性措施符合恢复性司法理论。恢复性司法将被害人—被告人关系置于刑事诉讼制度的重要位置,提供了一种以和解方式、在案件当事人充分参与的基础上解决刑事冲突的新途径。刑事合规改革即贯彻了"恢复性司法"的理念,合规附条件不起诉制度将涉案单位的认罪悔罪情况作为适用该制度的前提性要件,包含"积极采取措施赔偿""弥补因犯罪行为所造成的损失"等。这些措施能够最大限度缓解被害人与被告人之间的紧张关系,并对被害人的受损法益进行及时的恢复或弥补。限制强制性措施则是上述措施实施的重要保障。因为一旦涉案单位的财物被采取了查封、扣押、冻结措施,那么企业的资金链、生产链将受到重大影响,甚至拿不出资金对被害人的损失进行赔偿,更遑论修复受损法益、获得被害人原谅。同样,如果涉案单位直接负责的主管人员或者其他直接责任人员被采取了逮捕等强制羁押措施,一方面企业的生产经营会受到巨大影响,另一方面企业的合规进程也会受到阻碍,反过来也会影响涉案单位的认罪悔罪情况,进而影响"恢复性司法"的构建。

第三,限制强制性措施符合法定犯时代的犯罪治理需要。随着法定犯时代的到来,我国刑事犯罪结构发生重大变化,严重暴力犯罪比例持续下降,轻罪逐渐占主要比重。但是,每年仍然存在大量犯罪嫌疑人被强制羁押,随之而来的羁押成本过高、交叉感染等问题都成为司法实践中棘手的问题。在法定犯时代,检察机关应当转变理念,对于法定犯应严格限制逮捕等人身性强制措施的适用,应审慎行使查封、扣押、冻结等对物的强制性措施。在涉案企业合规整改案件中,由于对物的强制性措施和对人的强制性措施都会在很大程度上影响合规的整改效果,对于可捕可不捕的涉案人员,应当不捕;对于可押可不押的涉案单位财物,应当不押。这样的处理方式,不仅能够使涉案单位获得更大程度的激励,为涉案单位的合规整改提供基础性条件,而且也符合法定犯时代的刑事犯罪特点,有助于实现犯罪治理的现代化。

(2)立法条文解释

拟新增条文(第288条)第1款规定:“根据有关法律法规的规定,由各部门管辖和处理的案件涉及企业刑事合规的,应当依法审慎采取查封、扣押、冻结等措施,减少对涉案单位正常运行的影响。”该款主要对涉案单位的对物的强制性措施作了限制性规定,指明为了减少对涉案单位正常运行的影响,在处理涉及企业刑事合规的案件时,应当审慎采取查封、扣押、冻结等对物的强制性措施。

对物的强制性措施最大的特点在于,对涉案单位所掌握的财物、资金的处分权进行限制,使其在短期内无法支配、使用其名下的资产,从而保障诉讼的顺利进行。其中,查封,是指对单位特定的财物予以封存,防止这些财物被转移或者处分;扣押,是指将单位的特定财物转移至公权力机关所管控的特定场所,从而使涉案单位无权占有、处分这些财物;而冻结,则是指将涉案单位的存款、汇款、债权、股票、基金份额等的流动性予以剥夺,使得涉案单位无法随意提取、处分。虽然采取对物的强制性措施的主要功能在于保障诉讼的顺利进行。但是实践中经常出现对非重要资产的查封、扣押、冻结,给涉案单位的经营活动产生了巨大的影响。在涉案企业合规案件中,这种影响更为明显。例如,中兴通讯为了保障合规工作的顺利进行,除了支付超过22.9亿美元的高额罚款,还成立了合规部门,聘请了大量合规管理人员,这背后都需要单位的资金支持。倘若企业的大量资产被查封、扣押、冻结,那么企业合规计划由于失去物质保障,极有可能“胎死腹中”。

“依法审慎采取查封、扣押、冻结等措施”,是指应当在充分了解涉案企业经营状况、犯罪原因、整改措施等的基础上,对采取对物的强制性措施的必要性进行具体判断,坚持非必要不采用原则,在不妨碍诉讼程序正常进行的情形下,原则上不采取对物的强制性措施。具体而言,涉案单位的相关资产对于证据的采集和事实的认定没有实质性影响,涉案单位不存在干扰司法活动的行为时,一般不采取查封、扣押、冻结等措施;对于与案件具有一定的关联性,但与企业正常生产经营活动直接相关的,可通过其他方法固定证据的,尽量不采取查封、扣押、冻结等措施。其实,刑事合规与适用强制性措施存在一个相辅相成的问题。因为刑事合规附条件不起诉的前提条件便是涉案单位真诚地认罪悔罪,倘若涉嫌犯罪的单位及相关责任人员有转移资产等行为,那么合规计划根本不可能启动或者即便启动,也会被监管机关宣告失败,自然可以对单位的财物进行查封、扣押、冻结。反之,如果涉嫌犯罪的单位及相关责任人员真诚地认罪悔罪,严格遵守合规承诺,那么对涉案单位的财物进行大范围的查封、扣押、冻结就显得毫无意义,只会影响企业的正常经营。

本条第 2 款规定:"对于涉及刑事合规单位犯罪的直接负责的主管人员和其他直接责任人员,应当严格限制适用逮捕措施,适用取保候审等非羁押性强制措施足以防止发生本法第八十一条第一款规定的社会危险性的,应当依法适用取保候审等非羁押性强制措施。"该款属于对人的强制性措施的限制条款,对于涉及刑事合规单位犯罪的直接责任人员和其他直接责任人员,在适用逮捕这样的强制羁押措施时应当受到严格限制,在足以防止社会危险性的情况下,尽量采取取保候审等非羁押性强制措施。

该条文所限制的是对人的强制性措施,适用的对象为涉案单位的责任人员。上述主体所属的单位,是正在或者将要进行合规整改的涉案单位,对于不满足实施合规或者不愿意进行合规整改的涉案单位,其责任人员应适用《刑事诉讼法》第 81 条的规定处理。限制对人的强制性措施是为了保障单位的正常经营。单位的犯罪治理与自然人的犯罪治理最大的区别在于,单位的"生命"可以随时根据单位控制人的意向而终止。企业无法创造效益或者效益太低,大股东或者董事会可以决定是否对企业实施破产或者直接予以注销。一旦单位核心人员被逮捕,涉案单位将处于一个"群龙无首"的局面,产生经营不力、人心涣散等问题;更不必说在许多小微企业中,单位与人已经高度融合,保住这些核心成员的人身自由,一定程度上就是保住了企业。单位犯罪的责任人员往往是企业的"核心人物",对于企业日常经营至关重要,影响企业的发展方向。对于那些积极主动配合调查、弥补受损害的法益、接受相关处罚的涉案单位,涉案的责任人员在其中无疑也发挥了积极作用。因此,对其有必要严格限制逮捕等羁押性强制措施的适用。

对于"严格限制"的把握,需要结合《刑事诉讼法》第 81 条第 1 款的规定进行理解。《刑事诉讼法》第 81 条第 1 款规定,对有证据证明有犯罪事实,可能判处徒刑以上刑罚的犯罪嫌疑人、被告人,采取取保候审尚不足以防止发生下列社会危险性的,应当予以逮捕;本款与之相对,只要适用取保候审等非羁押性强制措施便足以发生《刑事诉讼法》第 81 条第 1 款规定的社会危险性的,便应当严格限制适用逮捕措施,应当适用取保候审等非羁押性强制措施。该规定属于一种提示性规定，因为强制措施与社会危险性的关系，本身就是决定是否采取何种强制性措施的关键。之所以专门设定这样的条款，主要是因为考虑到逮捕措施在实践中出现了异化，一些案件中甚至出现“一押到底”等现象。因此，对于“严格限制”的把握，应在遵循强制性措施基本原理的前提下，充分考虑涉案企业正在进行合规整改的现实情况，决定采用何种手段来保障诉讼的正常进行。

二、修正《刑事诉讼法》第289条【企业合规附条件不起诉的适用】

1. 立法条文

(1)立法原文

无。

(2)立法新增条文【企业合规附条件不起诉的适用】

在《刑事诉讼法》第五编中增加一章“企业合规案件诉讼程序”，作为第五编的第二章，置于“未成年人刑事案件诉讼程序”之后，并增设“企业合规附条件不起诉的适用”作为第二百八十九条：对于涉嫌犯罪的单位及相关责任人员，符合起诉条件，但有自愿承认违法犯罪事实、积极采取措施赔偿、弥补因犯罪行为所造成的损失、愿意接受处罚等认罪、悔罪表现，承诺通过整改建立或完善企业合规制度并接受监管的，人民检察院可以做出附条件不起诉的决定，但以下情形除外：

(一)不构成单位犯罪的；

(二)涉嫌危害国家安全、恐怖活动等犯罪的；

(三)其他不适宜的情形。

2. 立法依据

(1)域外立法考察及评价

①域外立法考察

A. 美国

《检察官手册》

9－28.300

一般原则。一般来说，检察官在决定是否对公司提出指控时，采用的因素与对个人的指控相同。因此,检察官必须权衡通常在正确行使检察判断时考虑的所有因素:证据的充分性;审判成功的可能性;定罪可能产生的威慑、改造和其他后果;以及非刑事方法的充分性。然而,由于公司"人"的性质,还存在一些额外的因素。在进行调查、决定是否提出指控以及谈判认罪或其他协议时,检察官应考虑以下因素,以决定如何适当处理公司目标:

1. 犯罪的性质和严重性,包括对公众造成伤害的风险,以及适用的政策和优先事项,如果有的话,管理对特定类别犯罪的公司的起诉(见 JM 9-28.400);

2. 公司内部错误行为的普遍性,包括公司管理层对错误行为的共谋或纵容(见 JM 9-28.500);

3. 公司类似不当行为的历史,包括之前针对公司的刑事、民事和监管执法行动(见 JM 9-28.600);

4. 公司的合作意愿,包括对其代理人的潜在错误行为的合作意愿(见 JM 9-28.700);

5. 在犯罪发生时,以及在作出指控决定时,公司的合规计划是否充分和有效(见 JM 9-28.800);

6. 公司及时和自愿披露错误行为(见 JM 9-28.900);

7. 公司的补救行动,包括但不限于为实施适当和有效的公司合规计划或改进现有计划,更换负责任的管理层,惩戒或终止不法行为人,或支付赔偿金(见 JM 9-28.1000);

8. 附带后果,包括是否对股东、养老金持有人、雇员和其他未被证明有个人过错的人造成不相称的伤害,以及起诉对公众的影响(见 JM 9-28.1100);

9. 补救措施是否充分,如民事或监管执法行动,包括公司与相关政府机构合作产生的补救措施(见 JM 9-28.1200);

10. 对公司的渎职行为负责的个人的起诉是否充分(见 JM 9-28.1300);

11. 任何受害者的利益(见 JM 9-28.1400)。

B. 评论。本节所列的因素旨在说明应予评估的因素,而不是潜在相关考虑因素的详尽清单。其中一些因素可能不适用于特定的案件，在某些情况下，一个因素可能凌驾于所有其他因素之上。例如，无论其他因素如何，犯罪的性质和严重性都可能是起诉的理由。然而，在大多数情况下，没有一个因素是决定性的。此外，不同执法领域的国家执法政策可能要求对这些因素中的某些因素给予更多或更少的重视。当然，检察官在应用和平衡这些因素时必须行使其深思熟虑和务实的判断力，以实现公平和公正的结果，并促进对法律的尊重。

B. 法国

《刑事诉讼法典》

第764－44条

由2016年12月9日第2016－1691号法律第18条修订。

Ⅰ.《刑法典》第131－39－2条规定的处罚应在检察官的监督下执行。

法国反贪局应至少每年向检察官报告判决的执行情况。它应告知他在制定或实施遵约方案方面的任何困难。它还应向他提供一份关于该措施执行期满的报告。

被判刑的法人可以告知检察官在执行判决方面的任何困难。

Ⅱ.当《刑法典》第131－39－2条规定的刑罚已经对2016年12月9日关于透明度、打击腐败和经济生活现代化的第2016－1691号法律第Ⅰ条中提到的公司作出时，在执行刑罚时应考虑到根据同一法律第17条第Ⅱ款已经实施的措施和程序。

Ⅲ.如果根据《刑法典》第131－39－2条宣布的判决已经执行了至少一年，并且从送交检察官的报告中可以看出，被定罪的法律实体已经采取了适当的措施和程序来防止和发现腐败行为或影响力交易，并且似乎没有必要采取进一步的后续行动，检察官可将此事提交给负责执行判决的法官，以便根据本法第712－6条，通过合理的判决提前终止判决。

②域外立法评价

美国《检察官手册》对美国检察官审查起诉的条件作了规定，在起诉公司犯罪的一般原则中，规定了“非刑事方法的充分性”原则、“定罪可能产生的威慑、改造和其他后果”原则。这些原则充分考虑了追诉的必要性，符合涉案企业刑事合规追诉的原理。在起诉公司犯罪的特殊考量因素中，“犯罪的性质和严重性”“公司内部错误行为的普遍性”“公司类似不当行为的历史”涉及公司犯罪的性质、情节，直接关乎企业的社会危险性和可改造程度。“公司的合作意愿”“公司及时和自愿披露错误行为”“公司的补救行动”“补救措施是否充分”所考虑的是公司的认罪悔罪态度，与合规附条件不起诉制度具有高度的联系。对公司犯罪“附带后果”“任何受害者的利益”等，则是对公共利益的考量。上述对公司犯罪的起诉审查要素，对我国单位犯罪合规审查起诉具有积极的参考价值。

2016 年法国颁布了《透明度、反腐败和经济生活现代化法》，即《萨潘第二法案》，通过对《刑事诉讼法典》第 764 - 44 条的修订，建立了具有暂缓起诉性质的“公共利益司法协议制度”，与美国的暂缓起诉协议制度相类似。根据这一制度，检察机关可以与涉嫌犯罪的企业进行协商，要求涉案企业交纳罚款、赔偿被害人损失，并承诺在 3 年考验期内完成合规制度的建立或完善工作，在此基础上签订协议，3 年考验期满之后经审核确定涉案企业已履行协议内容的，检察机关经向法院申请放弃公诉程序。当被定罪的单位已经采取了适当的措施和程序来防止腐败行为的发生或者影响交易，便没有进一步采取后续行动的必要性，即起诉的必要性。该规定实质上建立了具有暂缓起诉性质的公共利益司法协议制度，即涉案单位可以借助自己的认罪悔罪表现，并借助积极的合规改造，让检察官有充分的理由认为其措施已经非常得当，便可以基于公共利益原则，对其放弃行使追诉权。通过对必要性、可执行性、合法性和合比例性等方面的规定，对协议内容进行了充分的实质审查。例如，对于涉案企业合规意愿和危险性的审查，应当综合考量其“认罪”“认罚”“合规承诺”等。上述规定对于本条的拟订具有重要的借鉴价值。

(2)立法修正的必要性

第一，有助于为企业合规不诉提供法律依据。在检察院企业合规试点工作中，曾经试图通过多种方案践行合规整改，包含“相对不起诉 + 检察建议"模式、"相对不起诉＋检察建议＋公益诉讼"模式、"附条件不起诉"模式等。然而，这些改革创新模式均存在一些难以克服的障碍。在"相对不起诉＋检察建议"模式下，相对不起诉只能适用于"犯罪情节轻微"的案件，适用范围非常狭小。这样的案件，即便不进行合规，也是可以通过该条文直接出罪的。检察建议没有相应的强制力作为保障，因此，一旦对企业采取了相对不起诉，对企业其实已经没有实际约束力了。这样就导致企业一旦完成出罪，正在进行的合规也流于形式，沦为"纸面合规"。在"相对不起诉＋检察建议＋公益诉讼"模式下，同样不可避免存在刚性不足、合规形式化等问题，公益诉讼只能就行政违法和民事违法行为提起，对于企业已经被免予起诉的刑事犯罪，也显得束手无策。在"附条件不起诉"的模式下，检察机关对积极认罪认罚的涉罪企业暂时作出不起诉决定，并设定考察期，对企业合规整改进行持续性的监督考察，期满后，视整改的具体情况作出是否起诉的决定。在该模式下，检察机关充分发挥了起诉裁量权，只有当涉案企业在考察期内完成相应的整改，才决定是否要对其予以起诉，很大程度上防止了企业合规的形式化。但是，这一方案却"先天不足"，其缺乏法律的支撑，我国《刑事诉讼法》的附条件不起诉制度仅仅适用于未成年人而不适用于单位犯罪。综上，我国各级检察院在两年多的试点工作中，取得了许多值得借鉴的宝贵经验，但是试点改革的深化发展，最终仍取决于立法上的突破。

第二，推进合规附条件不起诉立法已经具备了较为成熟的条件。一是刑事诉讼法上有立法经验可以借鉴。附条件不起诉制度在我国2012年《刑事诉讼法》修订时便已经确立，虽然只适用于涉嫌《刑法》分则第四章、第五章、第六章规定的可能判处1年有期徒刑以下刑罚的未成年人，但其实与合规不起诉制度具有极高的相似性，都是借助检察机关的起诉裁量权，帮助特定主体悔过自新，实现犯罪的特殊预防。该制度经过十年的实践检验，可为附条件不起诉制度适用范围的扩大提供参照指导。同时，我国认罪认罚从宽制度的推行，也为合规附条件不起诉制度打下了扎实的制度基础。二是企业合规试点工作为合规附条件不起诉制度奠定了坚实的实践基础。2020年3月开始，最高人民检察院在上海、江苏等地的6家基层检察院开展第一轮的合规试点工作。2021年，最高人民检察院部署的第二批涉案企业合规改革试点启动，北京、上海、江苏、浙江等

10个省(市)27个市级检察院、165个基层检察院加入探索队伍。2022年涉案企业合规改革试点在全国检察机关全面推开。在这个过程中,地方检察院尝试了诸多具有创新性的实践做法,逐步形成了一些共识性认识,这些共识性认识为推进合规程序立法提供了实践依据。三是学界为合规附条件不起诉的立法提供了理论支持。理论界对涉案企业有效合规、合规不诉、合规出罪、合规监管等问题进行了理论与实践相结合的研究,深化了制度改革的理论基础,提出了具有可行性的立法设计方案,为推动刑事诉讼法立法完善提供了参考借鉴。

3.立法理由

(1)立法原理说明

第一,合规附条件不起诉制度符合公共利益考量理论。涉事企业在被追诉定罪后,不仅需要支付巨额的罚金、赔偿金,还会产生许多附随性社会影响,如导致企业无法上市、被取消特许经营资格、被吊销营业执照、降薪裁员等,影响社会秩序的稳定性。若涉案企业在认罪认罚的基础上,积极构建合规管理体系,去除原有犯罪基因,通过合规不起诉而得以出罪,则可以避免上述消极后果的出现,实现犯罪治理效果和公共利益维护的协调平衡。维护公共利益是检察机关的重要职责,在合规附条件不诉中,检察机关不仅是犯罪行为的追诉方,更是国家利益和社会利益的维护者,也要求充分贯彻公共利益考量理论,将企业发生与公共利益考量融入追诉理念之中,以契合人民群众的期待和社会发展的实际需求。

第二,合规附条件不起诉制度符合有效犯罪预防理论。涉案单位之所以实施犯罪,往往是因为其原有的商业模式和经营方式中存在容易导致犯罪的制度性、框架性基因以及单位文化中缺乏法治化理念的构建。若在合规考察程序中,涉案单位积极主动地采取了一系列补救措施,构建了有效合规体系并通过考察评估,那么,也就意味着涉案单位已经得到了充分的矫正处置,形成了有效的犯罪预防体系,再犯可能性已经被消除,特殊预防的刑罚的目的已经得以实现。在这种情形下,检察机关不起诉涉案单位,完全符合犯罪治理的基本原理。

第三,合规不起诉制度符合我国“少捕慎诉慎押”的刑事司法政策。合规附条件不起诉制度,是我国“少捕慎诉慎押”的刑事司法政策的具体贯彻落实。“少捕慎诉慎押”的刑事司法政策担负着推进国家治理体系和治理能力现代化的重任,检察机关通过依法行使起诉裁量权,综合考量法、理、情,依法、精准、妥帖地对案件作出决定,充分适用不起诉制度,发挥审查起诉的审前把关。我国的不起诉制度虽然包括法定不起诉制度、证据不足不起诉制度、附条件不起诉制度、相对不起诉制度和特定条件不起诉制度,但是针对单位犯罪的适用空间却非常狭小。在立法中增加“合规附条件不起诉”制度,正是“慎诉”政策的具体体现,单位在涉嫌犯罪后,及时地认罪悔罪,并自愿签署合规承诺,接受合规监管,主动对单位的犯罪风险因素进行改造,那么检察机关可以对其进行不起诉的合规奖励,最终实现对单位犯罪的积极预防目标。

(2)立法条文解释

①合规附条件不起诉制度的前提条件。作为合规附条件不起诉的前提条件,要求检察机关掌握的证据事实符合起诉的条件。根据《刑事诉讼法》第 176 条的规定,起诉条件应当为“犯罪事实已经查清,证据确实、充分,依法应当追究刑事责任”。该条文规定了三个要件:第一,犯罪事实已经查清。具体而言,就是单位犯罪对应罪名所涵盖的基本犯罪构成要件、关涉的事实已经达到清楚明了的程度。第二,所收集的证据应当达到确实充分的程度。第三,依照刑事法应当追究刑事责任。这主要涉及犯罪主体的刑事责任问题,即要求单位存在故意或者过失的罪责要求,依法应当对相应犯罪承担责任。

②合规附条件不起诉制度的实质标准。合规附条件不起诉的实质标准是涉案单位自愿承认违法犯罪事实、积极采取措施赔偿、弥补因犯罪行为所造成的损失、愿意接受处罚等认罪、悔罪表现,并承诺通过整改建立或完善企业合规制度并接受监管的。

“自愿承认违法犯罪事实”,指的是涉嫌犯罪的单位及相关责任人员,在检察机关审查起诉前或者审查起诉期间,主动交代犯罪事实,并对自己以及单位所实施的犯罪行为供认不讳。最高人民法院《关于适用〈中华人民共和国刑事诉讼法〉的解释》第 347 条对“认罪”“认罚”作出了解释:“认罪”指的是犯罪嫌疑人、被告人自愿如实供述自己的罪行,对指控的犯罪事实没有异议;“认罚”指的是犯罪嫌疑人、被告人真诚悔罪,愿意接受处罚。本条中的“自愿承认违法犯罪事实”,即属于“认罪”。涉案单位对于自己所犯的罪行,如果能够自愿如实供述,便表明了其与司法机关相互合作的意向,已经表露出积极的悔过态度,是适用刑事合规的实质条件。

“积极采取措施赔偿”主要指的是在犯罪行为发生之后,涉事单位对案件的被害人、被害人家属等积极履行赔偿责任,寻求后者的谅解的过程。司法实践经验表明,犯罪人与被害人之间往往夹杂着一种对立情绪,而刑事合规能够在很大程度上消解这种社会冲突,通过找到犯罪人与被害人之间的利益平衡点,即通过适当的赔偿使得被害人的报复欲望有所降低,缓解其复仇情绪;同时,使得涉案单位在积极赔偿过程中强化其认罪悔罪的心态,并对其予以一定的程序优待。“弥补因犯罪行为所造成的损失”,指的是涉案单位对于所犯罪行造成的实际损害,采取积极的补救措施,对被害人的损失进行补救、修复,无法补救修复的便予以积极赔偿,弥补其遭受的物质损失和精神损失。“愿意接受处罚”,指的是涉案单位在实施犯罪之后,对于行政机关等部门开具的处罚措施,主动与其配合,接受相应的处罚措施,体现了“认罪认罚”中的“认罚”。

“承诺通过整改建立或完善企业合规制度并接受监管”是指涉案单位签署合规整改承诺书,并接受监管。涉案单位应当承诺在规定的考验期内,建立有效的合规计划,矫正企业治理结构,健全犯罪预防机制,建设健康的企业文化。自愿做出承诺和接受监管应当同时具备,仅有承诺但不积极配合整改,以消极态度应对接受第三方监管的,应当提起公诉。

③合规附条件不起诉制度的排除性条件。一是不构成单位犯罪的情形。最高人民法院《关于审理单位犯罪案件具体应用法律有关问题的解释》《关于外国公司、企业、事业单位在我国领域内犯罪如何适用法律问题的答复》等文件规定,“个人为进行违法犯罪活动而设立的公司、企业、事业单位实施犯罪的,或者公司、企业、事业单位设立后,以实施犯罪为主要活动的”“盗用单位名义实施犯罪,违法所得由实施犯罪的个人私分的”“个人为在我国领域内进行违法犯罪活动而设立的外国公司、企业、事业单位实施犯罪的,或者外国公司、企业、事业单位设立后在我国领域内以实施违法犯罪为主要活动的”,均不以单位犯罪论处。二是涉嫌危害国家安全、恐怖活动等犯罪的。2021 年 6 月 3 日,最高人民检察院、司法部、财政部、生态环境部等九部门联合发布《关于建立涉案企业合规第三

方监督评估机制的指导意见(试行)》,其中第5条规定,“对于涉嫌危害国家安全犯罪、恐怖活动犯罪的,不适用企业合规试点”。此类犯罪类型较为特殊,属于最为严重的犯罪类型,应予以特别处置,不能适用合规附条件不诉。三是其他不适宜的情形。该条为兜底性条款,对于上述罪名以外的其他犯罪,若存在社会影响极为恶劣等特殊情节,也不宜适用合规附条件不起诉。

三、修正《刑事诉讼法》第290条【企业合规整改的适用】

1. 立法条文

(1)立法原文

无。

(2)立法新增条文【企业合规整改的适用】

在《刑事诉讼法》第五编中增加一章“企业合规案件诉讼程序”,作为第五编的第二章,置于“未成年人刑事案件诉讼程序”之后,并增设“企业合规整改的适用”作为第二百九十条:人民检察院作出附条件不起诉决定的,应当明确合规整改的考验期,并将案件交由第三方监督评估机制管理委员会选任组成的第三方监督评估组织,对单位合规整改进行调查、评估、监督和考察。考察结果作为人民检察院依法处理案件的重要参考。

合规整改考验期在六个月以上三年以下,自附条件不起诉决定作出之日起计算,不计入刑事诉讼的办案期限。

2. 立法依据

(1)域外立法考察及评价

①域外立法考察

A. 美国

《在与企业签订暂缓起诉协议和不起诉协议中选择和任用监管人备忘录》(《莫尔福德备忘录》)

监管人的主要职责,是对旨在评估并减少企业违法行为再次发生的相关协议条款的合规行为进行评估及监督,而不是以进一步的惩罚作为目标。监管人只有在那些特定案件中某些事实和情形下才得以适用。比如,当一个企业缺乏行之有效的内部合规制度,或者有建立内部合规控制体系的必要性时,才适宜由监管人参与。相反,在那些违法犯罪行为发生而导致某个企业停止运行时,监管人便不是必要性因素。

规则1:对监管人的最低要求应当包括综合案件情况选择高质量及受认可的个人或团队、避免潜在或实际的利益冲突、通过实施本规则增强公众信心。

规则2:监管人应当是一个独立的第三方主体,而不是企业或政府的员工或代理人。

规则3:监管人的主要职责应当是基于协议条款来评估和监察企业的合规情况,包括在大多数情况下评估公司的内部控制和企业道德以及合规制度等。

规则4:在执行职责的过程中,一名监管人通常需要理解协议所覆盖的公司失当行为的全部内容,但是监管人的职责应当以避免或降低企业不当行为的风险为必要界限。

规则5:政府、企业和监管方的沟通应当基于各方的共同利益。基于案件事实和情况,监管人应当向政府和企业同时作出书面的监管报告。

规则6:如果企业在合理的时间内作出不遵从监管人所提出的建议,企业、监管人或双方共同向政府机关汇报情况,政府机关应当在判断企业是否实现了协议义务的基础上予以考量。

规则7:协议应当明确披露监管人会被要求直接向政府报告的任何未披露的或新的过错行为,监管人应当向政府、企业或二者共同报告过错行为的自主决定权。

规则8:协议的期限应根据发现公司存在的问题以及监管人需要采取的补救措施类型来确定。

规则9:在大多数情况下,协议应规定,如果公司未能成功履行协议规定的义务,则由政府酌情延长监督条款,相反,如果公司能够向政府证明情况发生变化,已完全不再需要监管人,则监管提前终止。

《在与企业签订暂缓起诉协议和不起诉协议中任用监管人的额外指南》(《格林德勒备忘录》)

基于具体的案件情况和事实,协议应当考虑政府部门在解决监管人和企业之间可能产生纠纷中所扮演的角色。

B. 英国

《暂缓起诉协议实施细则》

签订暂缓起诉协议的一个重要考虑因素是公司是否已经拥有真正主动和有效的公司合规计划。因此,应谨慎使用监管人。监管人的任命将取决于每个案件的实际情况,并且必须始终公平、合理和相称。

监管人的主要职责是评估和监督公司的内部控制系统,就必要的合规改进提出建议,以降低未来再次发生暂缓起诉协议规定的行为的风险,并向检察官报告特定的不当行为。

如果提议将监督作为暂缓起诉协议的一个期限,在协议获得批准之前,将选择、临时任命监管人、协议各方同意的监督条款、第一年的详细工作计划(包括审查方法和向检察官报告的频率)以及与监管人商定的剩余考察期工作大纲,包括有关费用的规定或限制。

②域外立法评价

由于美国率先开展企业合规的司法实践,其积累了丰富的监管经验并形成了相对成熟的模式,随着制度借鉴与移植,英国、法国等国家也逐渐引入该等制度并进行了一定的本土化改造与创新性发展。

美国采取的是独立监管人制度。其制度正式确立于2008年,迄今为止有三个最值得关注的法律文件,按照时间线索分述如下:2008年,美国司法部公布《在与企业签订暂缓起诉协议和不起诉协议中选择和任用监管人备忘录》(又称《莫尔福德备忘录》),对监管人规定了包括选任机制在内的9项规则。除了这9项规则,《莫尔福德备忘录》还对监管人的职责进行了规定,即整个备忘录涵盖了合规监管人的选任、合规监管职责、合规整改期限等制度内涵。2010年,时任美国司法部代理副部长的格林德勒对《莫尔福德备忘录》增加了一项规则，作为对监管人规定的第 10 条，强调选任合规监管人时要考虑政府部门在其中的角色和作用，启发我国进行制度设计时应当注意政府部门尤其是检察机关的作用和定位。2018 年，鉴于实务界对独立监管人制度存在颇多批判，美国司法部又发布了一份备忘录，即《刑事部门事项中的监督者的选择》（又称《本次科夫斯基备忘录》），在很多方面对前述两个备忘录进行了取代和增补，强调了效益思维，即独立监管人的选任应当符合涉案企业和社会公众的利益，并对独立监管人的选择与适用程序、检察机关内部的审批程序进行了详细规定，这些具体的规则可以在日后的司法解释和部门规章中进行专门的借鉴和规定。随着美国海外反腐败执法实践的发展，以及政策制度的辐射效应，英国也效仿制定了独立监管人制度。在英国相关制度的设计中，合规监管人的职能及其与检察机关的关系被置于重要的位置。法国采取的是专门机关担任合规监管人的模式。2016 年法国宪法委员会通过了《萨潘第二法案》。根据该法案专门成立了法国反腐败局对于构成贿赂犯罪的企业，由 AFA 承担合规监管人，负责监督、协助企业建立合规制度，并定期向监察机关报告企业建立并执行合规制度的情况。

经过域外考察可以发现，以美国、英国为首的大部分确立了合规监管制度的国家，均采用了独立监管人模式，即由检察官聘用律师、会计师等专业人员担任合规监管人，对企业合规整改进行监督、考察、评估、报告等；也有部分国家如法国等，采用的是专门机关监管模式，由检察官直接担任合规监管人的检察机关自我监管模式由于效益不高、适用面窄等原因而几乎没有被任何国家采用。独立监管人模式具有最为广泛的适用性，与其制度优势密切相关，但并非所有国家均采用了该模式，亦有部分国家采用的是行政机关监管模式或专门机关监管模式，可见两者优势与劣势兼具。

（2）立法修正的必要性

拟新增的第 290 条是在《刑事诉讼法》中以专门条文的形式对企业合规整改的核心事宜如监管人、监管行为、监管考察期等制度进行明确规定的条款，本立法建议稿认为，由于企业合规整改规则在整个企业合规制度中具有极其重要的地位，其对诸多实践难题均能提供适当的解决方案，同时为了巩固改革成果并推动企业合规规范的体系化发展，这一立法具有充分的必要性，兹展开论述如下：

其一，有助于发挥检察机关的主导功能。推行企业合规试点改革以来，以浙江、江苏、广东等地为代表，出现了不同模式的企业合规整改制度设计，这种实践探索于改革事业而言大有裨益，但不可否认的是，这些制度分野、效果不一的现象也表明在企业合规整改领域仍然存在诸多存疑未决的实践难题。如检察机关在合规整改考察中的角色定位问题，这一问题的解答关系到采用检察机关自我监管模式、行政机关监管模式、独立监管人模式抑或一种综合模式时，检察机关应当发挥何种功能，合规监管人的选任是否应当完全由检察机关决定或完全对其负责，由于检察机关自身业务范围的限制，其对于特定领域的专业知识往往不甚了解，不知道应当如何取长补短等，与这一问题密切相关的是合规监管人的职能定位问题，这一问题的解答关系到如何推动合规整改行为的规范化和实质化并进而取得预期的合规整改效果。在本条款的设计之下，检察机关在企业合规整改过程中具有主导作用，可以在诉讼全过程中发挥其法律监督机关的功能，确保合规整改的有序开展和有效实现。

其二，有助于将试点改革经验上升为立法规定。在推行企业合规试点改革实践的过程中，各地人民检察院往往是通过颁布"指导意见"等规范性文件的形式对合规整改问题进行规定，如深圳市龙华区人民检察院发布了《关于对涉民营经济刑事案件实行法益修复考察期的意见（试行）》，浙江省岱山县人民检察院发布了《岱山县人民检察院涉企案件刑事合规办理流程（试行）》，辽宁省人民检察院发布了《关于建立涉罪企业合规考察制度的意见》，等等。这类"指导意见"对合规整改进行了探索性规定，并经过了实践检验。本条的设置则是对实践经验的总结和概括，可为涉案企业刑事合规机制建设提供法律依据。

其三，有助于确立独立公正的第三方监督机制。在合规整改的制度设计中，最为重要的是如何建立独立的第三方监督组织，并形成公正的监督机制。本条款涉及双层机制：第一层由检察机关会同其他政府部门组成第三方监督评估机制管理委员会，从宏观层面进行规则制定、标准确定、人员选任等。第二层为选任组成的第三方监督评估组织，由其负责具体的监管工作，一方面能够吸收国家机关带有的超然色彩，避免完全市场化监管导致的利益勾兑问题，另一方面能够通过建立具有足够数量的监管专家组成的专家库,根据个案而从中选择无利益冲突或利益关联的主体组成监督评估组织,最大限度避免公正性受损的情形,提升合规的中立性和公正性。

其四,有助于确保企业合规整改的充分性和有效性。在目前的试点实践过程中,合规整改方案形式化、流程化成为较为普遍的问题。具体来说,为了满足检察机关提出的合规整改要求,很多合规监管人只注重督促企业完成一些标准化的事宜,如建立所谓的一整套规章制度,制定成体系的合规管理文件,从表面来看似乎达到了"制度齐全"的合规形态,但往往并未深入该企业犯罪何以发生的根源性问题,对企业进行刮骨疗伤的祛毒目的显然也无从实现。只有通过适当的程序设计,选任兼具职业伦理与专业性的合规监管人,实质规范其监管行为,并划定合理的考察期限,才能够使合规整改程序实质化,实现有效的合规计划。就此而言,本条是对改革实践中暴露出来的共性问题的制度化解答,对合规附条件不起诉制度运行具有重要影响。

3. 立法理由

(1)立法原理说明

在试点改革实践中,各地人民检察院逐渐探索出了三种较为典型的制度模式:一是检察机关自我监管模式,其特征是由检察官直接与涉案企业进行沟通,以检察建议的形式监督企业建立合规体制;二是行政机关监管模式,其特征是由人民检察院任命政府行政主管部门担任合规监管人并承担相应的监管职责;三是独立监管人模式,称谓或有不同,如深圳市宝安区人民检察院称之为"独立监控人",上海市金山区人民检察院称之为"第三方监管人",浙江省岱山县人民检察院称之为"合规监督员"等,但其共同的典型特征是均由人民检察院(或会同相关的司法行政机关)从律师事务所、会计师事务所等第三方专业机构中遴选出特定人员担任合规监管人,后由合规监管人来承担企业合规整改的监管职责。2021 年 6 月最高人民检察院联合全国工商联、司法部、财政部等多部委发布《关于建立涉案企业合规第三方监督评估机制的指导意见(试行)》,明确在以上三种模式的经验基础上,建立具有综合性特点的第四种模式,即"第三方监督评估组织模式",由检察机关与相关行政监管部门组成"第三方监督评估机制管理委员会",由该委员会选任合规监管人组成"第三方监督评估组织",对单位合规整改进行调查、评估、监督和考察。本立法建议

稿亦采取第四种模式,在此对涉案企业合规整改的立法原理展开说明如下:

其一,根据合规整改的有效性理论,应建立第三方监督评估组织模式。有效的合规整改标准必然是实质化的,其意味着合规整改目的之完整实现,即企业经过合规整改之后建立起了一种能够有效制止犯罪再次发生的合规管理体系,原有的犯罪性因素从企业治理结构中被消除,形成了依法依规经营的企业文化。围绕这一根本目的,其形式载体因企业的经济规模、业务领域、涉案阶段的不同而有具体的差异,往往包括合规制度、合规组织结构、合规文化、合规培训、合规风险识别、合规风险评估、合规风险处置、合规审计、合规调查、合规举报、合规问责与惩戒、持续改进等要素。由是观之,对合规监管人制度的规则灵活性要求很高,合规整改必然要因案而异,应当根据具体的企业和犯罪进行量身定制式的方案设计与执行监管。首先,这一要求限制了检察机关自身直接担任合规监管人的选项,或许检察机关在确定犯罪构成方面具有得天独厚的优势,但是对特定行业的专业知识往往是不甚了解的,其监管时间和监管精力也由于主要职责的存在而难以保证。其次,这一要求也对纯粹由行政机关担任合规监管人的模式提出了质疑,在对特定行业的企业进行合规监管时,固然作为其主管机构的相应行政机关有其专业性优势,但与直接参与业务一线的专业机构及专业人员仍有相当的距离,而且更为重要的是,检察机关与行政机关之间并不存在隶属关系,行政机关开展监管工作的积极性无法得到保障,而且在中国的语境下,亦不存在如法国《萨潘第二法案》那样成立专门机关承担合规监管职责的空间。最后,如规定只能选任律师事务所、会计师事务所等中介机构担任合规监管人,即意味着在立法上便排除了在特定案例中由行政主管机关担任监管人的可能性,与中国的制度土壤显然不相吻合。相较而言,第三方监督评估组织模式有着无可比拟的优势,既能在微型合规案件中考虑由主管检察官直接进行考察,也能从律师事务所、会计师事务所等专业机构中遴选与涉案企业、涉案犯罪紧密相关的专业人员组成专业团队来应对合规整改过程中的专业问题,其作为服务机构在接受委托后,以协议的形式确保在合规整改中投入的时间、人员和精力等,同时亦保留了在特定案件中由行政主管机关担任监管人的可能性,专业性、动力激励和个别化需求等要素均能够得到满足,企业整改的有效性成为可能。

其二,根据合规整改的公正性理论,也要求采用第三方监督评估组织模式。公正性理论要求合规监管人在合规整改当中居于中立、无利益牵涉性的位置,这种中立性应当是动态的、因案而异的。就此而言,纯粹规定由检察机关担任合规监管人的方案首先应当被排除,因其要根据合规整改考察的结果对涉案企业作出处理意见,在大部分案件中其直接担任合规监管人显然角色存在中立性冲突。由于企业合规整改往往牵涉一系列的行政监管、行政处罚等措施,行政机关在此当中也扮演了裁决者的角色,因此,纯粹以行政机关担任合规监管人的方案难以避免落入中立性陷阱。当然,纯粹由律师事务所、会计师事务所等中介机构或其人员担任监管人也存在"利益输送"的问题,中立性难以得到保证。最高人民检察院等部门在《关于建立涉案企业合规第三方监督评估机制的指导意见(试行)》中确定的"由第三方监督评估机制管理委员会选任组成的第三方监督评估组织",是一种兼顾以上多种方案之优势的综合性方案:由检察机关会同其他主管机关组成管理委员会承担宏观的指导职能,由该管理委员会选任适格的专业人员组成第三方监督评估组织履行具体的监管责任。这一制度设计能够对不同案件实行区别化处理,亦能避免纯粹由检察机关、行政机关或中介机构担任合规监管人的中立性困境,即相较而言,第三方监督评估组织既相对独立于检察机关,又独立于涉案企业,在公正性标准下具有较高的合理性。

其三,第三方监督评估组织模式能够回应反对观点的质疑。在讨论第三方监督评估组织模式之时,有力的批判观点是:只要监管费用由涉案企业自身承担,就难以避免第三方监督评估组织的附属性。这种质疑在某种程度上看到了实质问题的一面,但是本立法建议稿认为,这一弊端能够通过有效的制度设计予以避免。一方面,监管费用应当由涉案企业承担,这是实质制裁论的必然要求,企业投入足够的资金构建合规制度体系,是如同罚金刑同等或犹有甚之的惩罚措施,成为支撑企业合规整改合法性的实体法依据之一。另一方面,尽管第三方监督评估组织的经费最终来源于涉案企业,但可以通过制度设计,先由涉案企业将资金注入专设的合规账户,再由人民检察院或其指定的监督机关根据合规监管协议进行支付。换言之,涉案企业与第三方监督评估组织并非委托方与受托方的关系,而是一种监管关系,其中立性得以确证。

(2)立法条文解释

本条为“企业合规整改”条款,具体规定了合规整改的监管选任、监管行为、监管考验期等内容,现分别展开解释如下:

其一,在监管人选任制度上,由第三方监督评估机制管理委员会选任组成的第三方监督评估组织。本条对合规整改监管人的选任基本采用了《关于建立涉案企业合规第三方监督评估机制的指导意见(试行)》中的相关规定,具体来说,合规监管人制度具有两个层次的内容:在宏观层面,由最高人民检察院会同多个部委共同组建国家层面的涉案企业合规第三方监督评估机制管理委员会,负责研究制定第三方合规监管政策文件、合规监管人选任标准以及涉企犯罪合规考察标准;全国工商联负责承担管理委员会的日常工作;国务院国有资产监督管理委员会、财政部负责承担管理委员会中涉及国有企业的日常工作;地方的检察机关和国资委、财政部门、工商联组建本地区的第三方机制管理委员会,负责组建本地区第三方机制专业人员名录库以及日常的选任、培训、考核、巡查、惩戒工作。在微观层面,由第三方机制管理委员会负责确定合规监管人的选任以及合规考察标准,该第三方组织负责审查企业提交的合规整改方案、确定合规考察期,以及检查、评估、考核涉案企业的合规整改情况,并向第三方机制管理委员会和承办案件的检察机关提交合规考察报告。

其二,在监管行为制度上,合规监管人的职责包括调查、评估、监督和考察四个方面。本条亦对第三方监督评估组织的监管行为即其承担的职能进行了明确规定,这一内容的设计基本参照了《关于建立涉案企业合规第三方监督评估机制的指导意见(试行)》的规定。首先,第三方监督评估组织应当承担调查职能,即在了解企业基本情况的基础上,深入掌握涉案企业的规章制度及实际的运行模式,且探明涉案企业何以实施犯罪的结构性、制度性因素。其次,第三方监督评估组织应当承担评估职能,即在掌握企业各方信息的前提下,对涉案企业拟定的合规整改计划进行综合评估,对其在有效性、可行性、全面性等方面提出判断意见,同时对该等整改计划进行调整与修改,提升其合理性。再次,第三方监督评估组织应当承担监督职能,即在合规整改计划通过后,对涉案企业的执行情况进行动态监督,既包括观察企业是否实质开展企业合规整改,亦包括在发现执行偏离轨道时予以纠偏与适正。最后,第三方监督评估组织应当承担考察职能,即在企业实施合规整改计划后,对该等计划是否得到妥当的执行、涉案企业建立的合规体系是否能够有效应对犯罪风险、合规保障的配套制度是否得以落实等进行考核与审查,并根据考察情况制定合规整改考察报告书,呈交人民检察院进一步处理。

其三,在监管期限上,合规整改考验期应当在6个月以上3年以下。在目前的企业合规改革试点实践中,由于适用对象大多数为涉嫌轻罪、微罪的企业,且参照了现有法律中对取保候审期限等制度的规定,地方检察院设定的合规整改考察期往往在1年以下,有的试点中检察机关甚至仅为涉案企业设置1~2个月的期限。实际上,要从制度根源上完成对涉案企业的去犯罪化处理,建构依法依规的经营模式和管理模式,形成犯罪预防的常态化机制,是极其困难的。设定过于短暂的考察期限的必然结果只能是使合规整改沦为形式改造,或催生道德风险。更遑论随着改革的深入,企业合规制度的适用对象也必将囊括大型企业的重大犯罪,但显然对于公司治理结构更为复杂的大型企业,无论是“断臂求生”还是“改头换面”,都非一朝一夕之功,因此,为推动合规整改实质化,本立法建议稿认为应当为合规整改设定更长时间的考察期,以6个月以上3年以下为宜,根据企业犯罪的情况及完成合规整改所需的具体要求而定,自附条件不起诉决定作出之日起计算,不计入刑事诉讼的办案期限。

四、修正《刑事诉讼法》第291条【企业合规整改的法律后果】

1. 立法条文

(1)立法原文

无。

(2)立法新增条文【企业合规整改的法律后果】

在《刑事诉讼法》第五编中增加一章“企业合规案件诉讼程序”,作为第五编的第二章,置于“未成年人刑事案件诉讼程序”之后,并增设“企业合规整改的法律后果”作为第二百九十一条:考验期满届满前,人民检察院应当启动听证程序,对单位合规整改情况进行评估验收,依法作出起诉或不起诉的决定。

涉嫌犯罪的单位在考验期内有下列情形之一的，人民检察院应当撤销附条件不起诉的决定，提起公诉：

（一）实施新的犯罪；

（二）违反附条件不起诉的监督管理规定，情节严重；

（三）合规考察未通过。

根据涉嫌犯罪的单位已经进行的合规整改情况，检察机关可以建议法院从宽处罚。

在考验期内没有上述情形，人民检察院应当作出不起诉的决定。对被不起诉单位需要给予行政处罚或者需要没收违法所得的，适用本法第一百七十七条的规定。人民检察院可以根据涉嫌犯罪的单位合规整改情况，向有关主管机关提出从宽处罚的检察意见。

2. 立法依据

（1）域外立法考察及评价

①域外立法考察

A. 美国

《联邦量刑指南》

§8C2.5　罪责评分

有效的合规和道德计划

如果在犯罪发生时，该组织已经制定了一个有效的合规和道德计划，但仍然发生了违法行为，如8B2.1节（有效的合规和道德计划）中规定的，减去3分。

B. 英国

《推迟起诉协议》

- **DPA对法院程序的影响**

（1）检察官应在刑事法院就被指控的罪行提起诉讼，提出指控P犯有被指控罪行的起诉书（见《1933年司法（杂项规定）法》第2(2)(ba)条（经DPA批准后，经刑事法院法官同意提出起诉书））。

（2）一旦根据第(1)分段提起诉讼，它们就会自动中止。

(3)只有在检察官向刑事法院提出申请的情况下,才能取消暂停,而且在DPA生效的任何时候都不能提出这种申请。

(4)在根据第(2)分段暂停诉讼时,其他任何人不得就被指控的罪行对P进行起诉。

- **法院对DPA的批准:初步听证**

(1)在检察官与P就DPA开始谈判之后,但在DPA的条款达成一致之前,检察官必须向刑事法院申请宣布:

(a)与P签订DPA很可能符合司法利益;并且

(b)DPA的拟议条款是公平、合理和相称的。

(2)法院必须就其是否根据第(1)分段作出声明的决定提供理由。

(3)如果在上一次申请后,法院拒绝作出声明,检察官可以根据第(1)分段再次向法院提出申请,要求作出声明。

(4)根据本段决定申请的听证会必须非公开举行,根据第(1)分段作出的任何声明必须非公开进行,根据第(2)分段提出的理由必须非公开进行。

- **法院对DPA的批准:最后听证**

(1)当检察官和P已经商定DPA的条款时,检察官必须向刑事法院申请声明:

(a)DPA符合司法利益;并且

(b)DPA的条款是公平、合理和相称的。

(2)但检察官不得根据第(1)分段提出申请,除非法院已根据第7(1)段(初步审讯的声明)作出声明。

(3)DPA只有在获得刑事法院根据第(1)分段作出的声明批准后才会生效。

(4)法院必须就其是否根据第(1)分段做出声明的决定给出理由。

(5)根据本段决定申请的听证会可以不公开举行。

(6)但如果法院决定批准DPA并根据第(1)分段作出声明,它必须在公开法庭上这样做,并说明理由。

(7)法院批准DPA后,检察官必须公布:

(a)该 DPA;

(b)法院根据第 7 段作出的声明以及决定作出该声明的理由;

(c)在法院最初拒绝根据第 7 款作出声明的情况下,法院作出该决定的理由;以及

(d)法院根据本款作出的声明及其决定作出该声明的理由。

除非法律规定或法院根据第 12 款(为避免影响诉讼程序而推迟公布)的命令阻止检察官这样做。

- **违反 DPA 的行为**

(1)在 DPA 生效的任何时候,如果检察官认为 P 没有遵守 DPA 的条款,检察官可以根据本段向刑事法院提出申请。

(2)对于根据第(1)分段提出的申请,法院必须决定,在权衡各种可能性后,P 是否没有遵守 DPA 的条款。

(3)如果法院认定 P 没有遵守 DPA 的条款,它可以:

(a)邀请检察官和 P 商定建议,以补救 P 的不遵守行为;或

(b)终止 DPA。

(4)法院必须为其根据第(2)和(3)分段作出的决定提供理由。

(5)如果法院裁定 P 没有不遵守 DPA 的条款,检察官必须公布法院的决定和作出决定的理由,除非检察官被法令或法院根据第 12 段(推迟公布以避免损害诉讼)的命令阻止这样做。

(6)如果法院邀请检察官和 P 商定补救 P 不遵守规定的建议,检察官必须公布法院根据第(2)和(3)分段作出的决定以及作出这些决定的理由,除非检察官被法令或法院根据第 12 段(推迟公布以避免损害诉讼)的命令阻止这样做。

(7)如果法院根据第(3)(b)分段终止一项 DPA,检察官必须公布:

(a)法院在 P 没有遵守 DPA 的条款后终止 DPA 的事实;以及

(b)法院根据第(2)和(3)分段作出决定的理由。

除非法律规定或法院根据第 12 段(推迟公布以避免影响诉讼)的命令阻止检察官这样做。

(8)如果检察官认为 P 没有遵守 DPA 的条款,但决定不根据本段向刑事法院提出申请,检察官必须公布与该决定有关的细节,包括:

(a)检察官认为 P 没有遵守的原因;以及

(b)检察官决定不向法院提出申请的原因。

除非法律规定或法院根据第 12 段(推迟公布以避免影响诉讼)的命令阻止检察官这样做。

• **DPA 到期时诉讼程序的中止**

(1)如果 DPA 在到期前一直有效,那么在 DPA 到期后,根据第 2(1)款提起的诉讼将由检察官向刑事法院发出通知,说明检察官不希望继续诉讼,从而终止诉讼。

(2)如果诉讼程序根据第(1)分段中止,则不得就被指控的罪行对 P 提起新的刑事诉讼。

(3)但第(2)分段并不妨碍在 DPA 过期后,检察官发现在 DPA 的谈判过程中,对 P 提起新的诉讼,即:

(a)P 向检察官提供了不准确、误导性或不完整的信息;并且

(b)P 知道或应该知道该信息是不准确的、误导性的或不完整的。

(4)第(1)分段中所指的 DPA 到期日不被视为已经到期,如果

(a)检察官根据第 9 款(违约)提出的申请尚未被法院裁定;

(b)在根据第 9 段提出申请后,法院已邀请各方商定建议,以补救 P 的不遵守行为,但各方尚未达成协议;或

(c)在法院根据第 9(3)(a)段发出邀请后,各方已就补救 P 的不遵守行为的建议达成协议,但 P 仍未遵守该协议。

(5)在第(4)(a)分段提及的情况下:

(a)如果法院裁定 P 没有不遵守 DPA 的条款,或者 P 没有遵守但没有根据第 9(3)段采取行动,则 DPA 将被视为在该申请被裁定时到期;

(b)如果法院终止了 DPA,则 DPA 应被视为在其到期日之前不再继续有效[因此第(1)分段不适用];

(c)如果法院邀请各方商定建议,以补救 P 的不遵守,则 DPA 将被视为在各方达成该协议且 P 已遵守该协议时失效。

(6)在第(4)(b)分段提及的情况下,DPA 将被视为在各方达成协议且 P 已遵守该协议时失效。

(7)在第(4)(c)分段提及的情况下,DPA将被视为在P遵守协议时失效。

(8)如果诉讼程序根据第(1)分段被终止,检察官必须公布:

(a)诉讼程序已被终止的事实;以及

(b)P遵守DPA的细节。

除非法律规定或法院根据第12段(推迟公布以避免影响诉讼)的命令阻止检察官这样做。

C. 法国

《基于公共利益的司法协议》

2016年12月9日的《萨潘第二法案》,建立了一个程序,允许金融检察官与因违反廉洁行为而被起诉的法人签订符合公共利益的司法协议。这项替代起诉的措施适用于因腐败、兜售影响、逃税、洗钱和任何相关罪行而被起诉的公司、协会等。

如果有关法人履行其在协议下承担的义务,效力是终止公诉。这些义务,无论是替代性的还是累积性的,可以包括:

向国家缴纳不超过年平均营业额30%的公益金;

在AFA的监督下,实施一项遵守其预防和打击腐败程序的合规计划,最长期限为3年;

对受害者的损害进行赔偿。

由金融检察官提议并经法人团体接受,须经法官在公开听证会上确认。协议和批准决定应在AFA网站上公布。

《公共利益司法协议适用指南》

1. 对CJIP的介绍

国家金融检察官可就下列一项或多项罪行和任何相关罪行向受到怀疑或调查的法人提出协议:

私人实施的主动腐败(《刑法》第433-1条)和兜售影响(《刑法》第433-2条)。

CJIP对法人的价值

当法人同意一个合规计划时,CJIP还通过展示其高管在预防和发现违法行为方面的承诺来帮助安抚公司的社会环境。

2. CJIP 的先决条件

根据《刑事诉讼法典》第 41－1－2 条，只有国家金融检察官才可提出 CJIP。他们逐案评估如何利用这种措施。

只要尚未启动起诉程序，就可提出 CJIP 提议。正如 DACG2018 年 1 月 31 日通告所述，CJIP 是起诉的替代方案。

3. 实施有效的合规计划

2016 年 12 月 9 日的《萨潘第二法案》第 3 条和第 17 条要求法人的经理采取措施和程序，以防止和发现违反廉洁的行为。

法人在考虑程序选择或确定公共利益罚款时，不执行有效的合规计划以履行第 17 条规定的义务，可视为加重处罚情节。

D. 意大利

《关于企业合规的第 231 号法令》

第 6 条　单位高管和单位组织模式

1. 如果犯罪是由第 5 条第 1 款(a)项所规定的人员所犯，该单位在证明以下情况时不承担责任：

a) 管理机构在犯罪发生之前已经采用并有效地实施了适合于预防该类犯罪的组织和管理模式；

……

第 12 条　减轻罚款制裁措施的情形

……

2. 一审开庭宣判前，有下列情形之一的，制裁措施可以减少三分之一至二分之一：

a) 单位已完全赔偿损失并消除了犯罪的有害或危险后果，或者无论如何，单位都做出了有效的努力；

b) 采用了适当且具有可行性的组织模式以预防犯罪。

第 45 条　预防措施的适用

1. 当有充分的迹象表明该实体因犯罪而负行政违法责任时，并且有充分的根据和具体的因素使人们相信可能发生与正在提起诉讼的行为性质相同的非法行为的真正危险，检察官可以要求申请作为预防措施第9条第2款规定的取消资格制裁之一，向法官提出请求所依据的要素，包括有利于单位的因素和扣除因素以及辩护摘要。

②域外立法评价

合规激励是有效合规体系构建的重要前提。西方国家企业合规制度发展的经验表明，没有针对合规的刑事激励机制，企业就没有打造和推行有效合规计划的强大动力。[①] 西方国家刑事合规立法均将合规激励机制作为有效合规的重要前提，并让检察机关积极参与合规激励机制构建，将刑事合规作为刑事处罚的重要依据。

第一，各国均将合规激励纳入刑事合规之范畴，将刑事合规作为量刑从宽情节、影响起诉或构成免责的事由，但法效果差异较大。一种是将其作为从宽情节，或者影响起诉以及刑罚替代方式。在起步较早且不断完善的美国刑事合规制度中，制度架构采取二元制模式，尤其注重量刑激励。其促使企业建立合规计划的刑事激励措施主要为将合规作为量刑从宽或暂缓起诉、不起诉的考量因素。美国《组织量刑指南》将合规作为从宽量刑的因素，对合规计划进行了实体性规定。[②] 与此相配套，美国《检察官手册》中的《联邦商业组织起诉原则》则对有关公司犯罪案件的追诉提供了具体指导，比如对决定是否提起公诉或达成协商认罪协议应考虑哪些因素进行了细化规定。美国联邦检察机关通过与涉案企业达成“暂缓起诉协议”或“不起诉协议”，替代原来的提起公诉或者不起诉决定，设置一定的考验期，考验期满后，检察机关认为企业遵守了协议要求的，将以不起诉而结案。通过这种宽容的替代起诉解决方式鼓励公司进行合作以及实施自我管理，同时在公共利益要求的情况下寻求刑事起诉。[③] 另一种则是将实施合规计划作为免责事由。例如，加拿大《刑法典》第22.2

① 参见陈瑞华：《论企业合规的中国化问题》，载《法律科学》2020年第3期。

② See Francis T. Cullen, Gray Cavender, William J. Maakestad & Michael L. Benson, *Corporate Crime under Attack: The Fight to Criminalize Business Violence*, 2nd ed., Routledge, 2015, p. 358-359.

③ See Polly Sprenger, *Deferred Prosecution Agreement: The Law and Practice of Negotiated Corporate Criminal Penalties*, Thomson Reuters, 2015, p. 14.

条(C)项规定,如果能够证明在犯罪行为发生之际,存在适当的预防措施,则可以免除企业的刑事责任;西班牙《刑法典》第 31 条之二则规定了因实施合规计划而免除法人刑事责任的四种具体情形。2016 年法国议会通过了旨在严惩企业商业贿赂行为的《萨潘第二法案》,检察机关在与那些涉嫌商业贿赂的企业进行庭前认罪答辩(CRPC)的基础上,可以达成附条件的和解协议。纵览各国立法,无论是美国的暂缓起诉协议或不起诉协议,还是英国、加拿大、澳大利亚、新加坡、法国等国确立的暂缓起诉协议,都将企业建立合规体系作为检察机关暂缓起诉的重要附加条件,并由此成为众多企业重建或者完善合规计划的最大动力之一。

第二,在合规考验期届满前后对企业合规整改情况进行评估验收是通行做法。世界各国的刑事合规激励机制主要有两种模式,但都是通过检察机关对考验期予以评估,区别在于法院是否有最终决定权。在美国检察官自由裁量模式下的不起诉协议和暂缓起诉协议制度中,检察机关在协议内容、考验期的确定以及协议的监控和最终决定方面拥有较大控制权。英国、法国以及效仿英国的加拿大、澳大利亚、新加坡则在引入暂缓起诉协议制度时予以改造,形成司法审查模式,检察机关与涉案企业达成暂缓起诉协议后,法院需经过听证程序加以审查确认,该协议方发生法律效力;在考验期内,法院要对协议的履行情况尤其是涉案企业重建合规计划的情况予以监控;考验期届满后,检察官提出建议,由法院决定是否撤销案件或恢复法庭审理。例如,在法国《萨潘第二法案》中,检察机关对涉案企业达成协议的,在考验期结束后,经过法院审查批准,检察机关对实施了有效合规计划的涉案企业可作出不予起诉决定,企业最终会被免除刑事责任,即企业实施合规计划可以成为被免除刑事责任的依据。①

第三,各国将企业建立合规机制作为激励措施的强度存在区别,但至少可作为从宽量刑事由。美国、意大利和英国的合规立法中,建立有效的合规制度只是涉案企业减轻刑事责任或企业被指控犯罪时进行出罪抗辩的法定事由,企业没有建立合规计划这一事实本身并不会引发针对企业的法律责任追求问题。法国《萨潘第二法案》则将建立反腐败合规计划设定为大企业普遍的法律义务,有专门机构履行监督职能保障合规计划

① 参见陈瑞华:《企业合规基本理论》(第 3 版),法律出版社 2021 年版,第 228 ~ 229 页。

的建立和实施,企业若未按照要求建立合规制度,企业及其高管将面临行政或刑事处罚。[①]

(2)立法修正的必要性

第一,为涉案企业合规不起诉提供法律依据。检察机关作出不起诉决定有五种情形:一是针对不存在犯罪事实或法定不追究刑事责任的绝对不起诉;二是对于犯罪情节轻微,依刑法规定不需要判处刑罚或免除刑罚的相对不起诉;三是证据存疑的不起诉;四是对依照刑法规定不需要判处刑罚或免除刑罚的未成年犯罪嫌疑人的附条件不起诉;五是认罪认罚特殊不起诉,即犯罪嫌疑人认罪认罚,有重大立功或者案件涉及国家重大利益的,经最高人民检察院核准,可以不起诉。目前就刑事合规不起诉而言,从性质上只能归属于上述第二种情形。亦即我国《刑事诉讼法》确立了相对不起诉制度和认罪认罚从宽制度,但还没有将企业承诺建立合规体系作为不起诉的依据,类似于西方国家暂缓起诉协议制度的附条件不起诉只适用于涉嫌轻微犯罪行为的未成年人案件,不适用于单位犯罪。在现有规范体系中,企业合规不起诉的直接法律依据仅有《刑事诉讼法》第 177 条第 2 款规定的相对不起诉。该条虽然并没有明确将适用对象限制于自然人,但在司法实践中,检察机关通常以涉案自然人可能判处 3 年以下有期徒刑为前提条件。[②] 因此,合规不起诉改革推进至今,立法上对于企业合规不起诉后的法律后果等缺乏明确的指引,有必要通过修正《刑事诉讼法》为改革推进提供法律依据。

第二,确保合规不起诉程序的正当性。我国不存在法官司法审查制度,难以借鉴司法审查模式中赋予法官实质审查权的方案,无法从赋予法官合规不起诉审查权的角度进行制度构建。进入合规整改环节以后,检察机关负责对涉案企业作出审查起诉决定,要确保合规不起诉决定公平、公正,一方面应明确考验期内具备哪些情形将予以起诉,满足哪些条件检察机关即应作出不起诉决定,对各方主体行为给予明确指引;另一方面则要对检察机关的裁量权进行有效的外部监督,参照国际通行做法,检察机

---

① 参见张远煌等编著:《企业合规全球考察》,北京大学出版社 2021 年版,第 19～20 页。

② 例如,辽宁省人民检察院等十机关制定的《关于建立涉罪企业合规考察制度的意见》(辽检会字〔2020〕15 号)规定,对涉罪企业适用合规考察制度的案件应符合“直接负责的主管人员和其他直接责任人员依法可能被判处 3 年以下有期徒刑、拘役、管制或单处罚金”的条件。

关依职权启动听证程序以保证程序公开和多元主体共同参与，从而确保合规不起诉决定作出的正当性。

第三，充分发挥合规激励作用的迫切需求。近5年来，我国涉企业单位犯罪呈明显上升趋势，特别是2017年以来成倍增长，贿赂犯罪、环境资源犯罪、金融犯罪更是重灾区，企业合规意识和动力严重不足。传统的单位犯罪治理模式单一，负面效果明显。[①] 将企业合规整改情况具体化为刑事责任的量刑情节，可以促使企业遵循立法引导建立犯罪内控机制，依托有效合规计划，也可以解决实践中企业犯罪发现难、取证难和调查成本高的问题。2022年4月初涉案企业合规改革试点在全国检察机关全面铺开，要强化检察机关的审查把关作用，有效预防合规纸面化问题，就需对《刑事诉讼法》进行及时修改，在增加企业合规案件诉讼程序中设置法律后果条款，对涉案企业有效落实整改承诺的予以从宽处理；对违背承诺、整改无效的，依法追诉，形成威慑和警示。

3. 立法理由

（1）立法原理说明

第一，从人民检察院作出案件处理决定的程序来看，设置听证程序是必要且正当的。合规听证程序能够对检察机关的合规不起诉裁量权进行外部监督。根据我国《宪法》对检察机关的定位，检察机关行使刑事案件的起诉裁量权，即检察机关的权力行使过程存在一定的封闭性和行政性，为加强对其裁量权行使的必要监督，我国立法在审查批准逮捕程序中引入听证程序，使审查批准逮捕程序走上诉讼化轨道，从而保障犯罪嫌疑人的诉讼权利，强化检察权行使的正当性。根据已有的企业合规不起诉改革实践探索经验，构建以检察机关为主导、由第三方监督评估组织参与的合规听证程序具有理论和实践上的正当性基础。考验期内的合规监督考察由检察机关主导进行，考验期满前检察机关启动合规听证程序对涉案企业合规整改情况进行评估验收。从合规不起诉制度探索改革来看，部分地方检察机关已注意到了保证合规不起诉的公开性和透明度问题，通过听取侦查机关、被害人及其诉讼代理人的意见或者举行公开听证会召

① 参见李勇：《企业附条件不起诉的立法建议》，载《中国刑事法杂志》2021年第2期。

集涉案企业、侦查机关、考察机关或合规监管人、被害人等各方参与，听取各方意见，同时及时解决适用合规考察的争议，最终作出是否提起公诉的决定，该制度设计可以适度限制检察机关的自由裁量权，增强合规不起诉制度的公信力。

第二，从人民检察院作出案件处理决定的类型和依据来看，通过激励企业实施合规机制来换取检察机关宽大处理是合规不起诉的本质属性。检察机关应在合规考察期结束前进行综合审查和评估，启动审查起诉程序，决定是否提起公诉，是合规不起诉制度的本质要求。我国企业合规不起诉改革推进至今，形成了合规不起诉制度的两种模式：一是检察建议模式，也可称相对不起诉模式，即检察机关对犯罪情节轻微的单位犯罪案件，责令涉案企业在认罪认罚基础上采取补救措施，最终作出相对不起诉决定，并提出建立合规体系的检察建议，督促企业进行合规整改。二是相对不起诉模式，又可称合规考察模式，即借鉴西方国家的暂缓起诉协议制度，在涉案企业认罪认罚、积极采取补缴税款、缴纳罚款、赔偿被害方损失、恢复原状等补救挽损措施前提下，结合涉案企业提交的合规整改方案，经过审核评估，设置一定期限的合规监管考察期，在考察期届满之前对涉案企业的合规整改情况进行评估验收，对于按照要求完成制度整改、建立合规管理体系的企业作出相对不起诉决定。从实践改革效果来看，采取相对不起诉模式的检察机关在督促涉案单位进行合规改造方面效果更为长远，对涉案企业的激励更大。

第三，从合规不起诉的行刑衔接制度来看，还应注重发挥合规的行政激励作用，对单位犯罪不起诉只是免除刑事责任，并不意味着免除或加重单位的行政责任。检察机关、公安机关、司法行政机关和行政执法机关等在对单位执法时，应遵循处罚手段配合原则和处罚结果互认原则，加强协调配合，确保行政执法和刑事司法的有效衔接，以补救危害行为所带来的社会损害，既要追回案件利益相关方的损失，消除其再犯风险，又要防止其因被重复处罚而面临不公正的结果。

（2）立法条文解释

拟新增的第 291 条为法律后果条款，作为企业合规案件诉讼程序中合规附条件不起诉制度的基础规定，对不起诉以及撤销附条件不起诉决定提起公诉的情形作了规定，并明确了合规整改效果和行政处罚的有效衔接。

本条第 1 款参考了部分试点检察机关制定的改革实施方案，要求检察机关考察期满前一律启动听证程序，明确了考验期内的合规监督考察由检察机关主导进行，考验期满前检察机关启动听证程序对涉案企业合规整改情况进行评估验收。检察听证能够保障人民参与司法、提高检察公信力，将其运用在合规附条件不起诉制度中，能够让检察机关主动发挥合规主导责任，在公开释法、加强涉案企业相关行业的风险防控和法治宣传等方面发挥积极作用。考虑到听证程序中的评议意见将成为检察机关依法处理案件的重要参考，为确保听证的公平、公正，提升企业合规案件审查的公开性、透明度和公信力，结合实践中已有的试点做法经验，①应根据《人民检察院审查案件听证工作规定》召开听证会，确保听证员的多元性、专业化来实现实质性参与，可邀请人大代表、政协委员、行政执法机关人员、法学专家等共同听取涉案企业的合规整改报告，以及考察机关或者第三方组织的合规考察评估报告，并在听取各方意见的基础上，综合评估涉案企业是否进行了有效的合规整改。

本条第 2 款设置了两种从宽模式，一种是不起诉，另一种是从宽量刑建议，即对涉案企业在合规考察期届满后的不同情形如何处理进行了明确。不起诉并非放任不管，检察机关应对被附条件不起诉的涉案企业进行监督考察。因此，附条件不起诉的决定作出后，对涉案企业最终的处理结果实际上处于结果待定状态，此时只是获得了通过合规整改“出罪”的机会。如果涉案企业遵守了考察期内的所有条件，将被检察机关作不起诉处理；如果有以下情形之一的，检察机关应撤销附条件不起诉的决定，提起公诉：①实施新的犯罪；②违反附条件不起诉的监督管理规定，情节严重；③合规考察未通过。第一种情形一旦发生，检察机关将直接撤销附条件不起诉的决定，提起公诉。在第二种情形中，以“情节严重”为标准决定是否需要撤销附条件不起诉，并非只要违反监督管理规定就会被提

---

①　例如，2022 年 4 月 13 日，广东省湛江市人民检察院就一宗对虾种苗企业涉嫌走私种虾犯罪拟不起诉案件举行公开听证会，邀请了市人大代表、市政协委员和人民监督员担任听证员，对企业合规拟不起诉案件进行听证和评议，涉案企业的诉讼代表人、犯罪嫌疑人及其辩护律师等相关人员参加听证。该听证会是最高人民检察院决定试点省份非试点地市可以开展企业合规改革试点工作以来，湛江市举行的首场涉案企业合规公开听证会。

起公诉,未达到情节严重的,依然可以在考验期满后作出不起诉决定。此处“违反附条件不起诉的监督管理规定,情节严重”主要包含涉案单位拒绝缴纳罚款、未赔偿被害方损失等,因此部分涉案企业即便通过合规整改,但有未退缴违法所得、未完成赔偿被害方等情况,依然会被起诉,但可以从宽量刑。第三种情形则是针对合规考察评估验收没有通过的情形,比如合规整改不合格、出现纸面化合规等情况,该情形适用关键在于建立可操作性强的合规考察验收标准,以确保裁量权的正确行使。“根据涉嫌犯罪的单位已经进行的合规整改情况,检察机关可以建议法院从宽处罚”是从宽量刑建议模式,根据涉嫌犯罪的单位已经进行的合规整改情况,即便该企业未通过合规考察,但根据其作出的合规整改努力,检察机关可以建议法院从宽处罚。

概言之,只要涉案单位在考验期内没有前述三种情形,考验期届满后,检察机关应当对其作出不起诉决定。从效力上看,此时这个不起诉决定系最终决定,一旦公开宣布,将立即产生法律效力,涉案单位就通过接受合规监督考察得到无罪处理。从结果上看,该条款具有极大的刑事激励作用和社会效益:一是涉案单位具备了进行合规整改的动力和压力,如果不能在考验期内进行合格的合规整改,将有可能被起诉直至定罪量刑,趋利避害的本能促使企业进行有效整改的主动性、积极性提高,以此换取从宽处理;二是涉案单位要进行有效合规整改,就必须消除犯罪不利后果,将危害后果降低甚至消除,进而获取从轻或者减轻处罚,并在消除犯罪后果的基础上建立有效预防再犯罪的合规管理体系,进而降低其受到的惩罚幅度,获取减轻或者免除处罚,从而能使合规不起诉制度实现良好的社会效果。

本条第3款参考2021年9月最高人民检察院《关于推进行政执法与刑事司法衔接工作的规定》和浙江省人民检察院等23家单位联合发布的《关于建立涉案企业合规第三方监督评估工作机制的意见(试行)》(浙检发[2021]6号)第18条的规定,设置了从宽量刑建议在合规行政激励中的运用,明确了“合规整改效果”与行政处罚的有效衔接。本条款明确了以下两点:一是检察机关应结合企业合规整改情况,做好刑行衔接,不能在作出不起诉决定后一放了之。该条款明确要求检察机关可以根据涉案单位合规整改情况,向有关主管机关提出从宽处罚的检察意见。二是行政机关或有关主管机关对合规从宽处罚检察建议应认真对待，发挥合规的行政激励机制作用，即行政机关可将涉案企业“合规整改效果”作为行政处罚的考量因素，充分发挥合规激励效果。

五、修正《刑事诉讼法》第292条【单位和责任人员的分离追诉】

1. 立法条文

(1) 立法原文

无。

(2) 立法新增条文【单位和责任人员的分离追诉】

在《刑事诉讼法》第五编中增加一章“企业合规案件诉讼程序”，作为第五编的第二章，置于“未成年人刑事案件诉讼程序”之后，并增设“单位和责任人员的分离追诉”，作为第二百九十二条：检察机关可以对涉嫌犯罪的单位和相关负责人同时或分别追究刑事责任。

检察机关对涉嫌犯罪的单位作出不起诉决定的，仍然可以对单位犯罪直接负责的主管人员和其他直接责任人员追究刑事责任，但可以根据其犯罪的具体情况和在合规整改中的表现，向法院提出从宽处理建议。

2. 立法依据

(1) 域外立法考察及评价

①域外立法考察

美国《司法手册》

9－28.300

在进行调查、决定是否提出指控以及就认罪协议或其他协议进行谈判时，检察官应考虑以下因素：……对公司违法行为责任人员的起诉是否足够充分。

②域外立法评价

美国司法部规定检察官可对公司和公司成员分别追究刑事责任。美国司法部2018年在对美国《检察官手册》修订的基础上颁布了《司法手册》,这是指导检察官实施暂缓起诉协议制度和不起诉协议制度的权威指南,只有在对公司违法(乃至犯罪)的责任人员充分追究其责任的前提下,才能考虑与公司达成暂缓起诉协议或不起诉协议。换言之,一旦美国检察官决定对公司适用暂缓起诉或不起诉协议制度即意味着对公司成员的充分追诉。显然,在美国法的语境下,检察官对公司的追诉与对公司成员的追诉是可以分离的。此外,通过考察美国与西门子公司、波音公司、爱立信公司、沃尔玛公司、兴业银行、德意志银行等超大型企业集团达成暂缓起诉协议的案例可以发现,均采取了追究责任人刑事责任但对企业不予起诉的分离举措,可以视为对前述《司法手册》的实践贯彻。

英国等国家亦确立了对公司和公司成员分离处理的规则。由于英国是传统的判例法系国家,虽然没有法律法规对这一规则进行明文规定,但是从其适用暂缓起诉的案例中也可以看出其采用的是分离规则:迄今为止英国共有 11 起适用暂缓起诉协议的案例,包括标准银行、劳斯莱斯、空客公司等特大型企业实施的重大欺诈和贿赂犯罪,均在对企业适用暂缓起诉的同时,对其责任人员进行了刑事追诉。法国亦然,其第 1 例适用"基于公共利益的司法协议"制度的案例,是汇丰银行涉嫌逃税和洗钱的重大犯罪案件,也采用了对企业不予起诉但严惩责任人的做法。这也直接证明了,该处理方法在域外已较为成熟,其立法例与司法实践可为我国企业合规改革提供丰富的养分来源。

(2)立法修正的必要性

本条是在《刑事诉讼法》中以专门条文的形式确立"单位和单位成员责任分离追诉"规则的条款,本立法建议稿认为,无论是从《刑法》《刑事诉讼法》两法联动的刑事一体化视角,还是从精准把握企业合规改革试点改革精神的政策角度,抑或对既往理论、实践予以纠偏的实用性面向,这一立法均存在充分的必要性,现展开论证如下:

其一,本条立法是贯彻落实企业合规改革刑事政策的必然要求。按照党的十九大和中央经济工作会议精神,改革创新体制机制,进一步优化营商环境,是建设现代化经济体系、促进高质量发展的重要基础。正是站在服务保障经济社会高质量发展、营造法治化营商环境、促进民营企业依法依规经营的政治高度,最高人民检察院主导推进了如火如荼的企业合规改革。这一改革的核心目标在于为企业设定合规管理的责任,对妥当建立合规体制的企业予以从宽处理乃至出罪处理，使得企业在“去犯罪化”的经营模式和管理模式下继续焕发市场生机。但是考察近两年的改革实践可以发现，检察机关主导下的企业合规改革在实践中仍然存在障碍性因素。其原因在于，根据传统的单位犯罪理论，单位与单位成员责任深度绑定，甚至单位成员犯罪责任的成立以单位犯罪为逻辑前提，如此一来，只要试图“放过企业”，就不得不“放过企业家”，由于我国刑法对自然人出罪或从宽处罚的规定较为明确且解释空间较小，其导致的自然后果便要么是违背实体法规则强行为企业家出罪，进而导致罪刑法定原则的危机，要么是为了符合实体法规则而主动将企业合规改革限制在那些自然人可能被判处 3 年有期徒刑以下刑罚的单位犯罪案件，进而导致企业合规改革的愿景落空。因此，本立法建议稿认为，应当同时在程序法上实现单位与单位成员责任的分离追诉，既能维护罪刑法定原则的稳定性，也能妥善处置刑罚分配，使司法机关免于担心犯罪事实发生后没有任何主体承担刑事责任而抵触适用合规不起诉规则的顾虑，进而减少改革阻力，推进企业合规改革的切实落地。而只有企业合规制度在单位犯罪中充分释放其辐射能量，才能更好地激励我国营商环境的进一步优化，从而贯彻落实顶层设计的改革精神。

其二，本条立法是实现《刑法》《刑事诉讼法》单位责任规范两法联动的必然选择。刑事一体化的方法论要求打通犯罪学、刑事实体法、刑事程序法、刑事政策等领域之间的壁垒，相关事项形成深度融通、互相呼应的格局，如此方能实现有效的犯罪规制。具体到本立法建议稿所讨论的企业合规制度语境，为巩固本次改革的成果，有效实现企业犯罪治理的范式转型，程序法与实体法形成良性互动自然亦是必然要求。具体来说，本立法建议稿的核心理念是“在犯罪治理中实现单位与单位成员的责任分离”，并旗帜鲜明地建议将《刑法》中关于单位犯罪的处罚原则修订为“单位犯罪的，对单位判处罚金，并对其直接负责的主管人员和其他直接责任人员判处刑罚……单位已履行合规管理义务的，可以从轻、减轻或者免除处罚。依照本款规定对单位的处罚，不影响直接负责的主管人员和其他直接责任人员的刑事责任……”即单位的责任与单位成员的责任实现“脱钩”，任何一方的刑事责任仅仅来源于其自身行为的社会危害性和预防必要性，要在司法实践当中落实这一实体法上的规则，必须在《刑事诉讼法》中进行合理的程序设计。因此,本立法建议稿认为,如果根据企业合规整改的考察结果,在审判阶段由人民法院对单位作出从宽处理的判决,或在审查起诉环节由人民检察院对其作出不予起诉的决定,仍然可以根据单位主管人员或其他直接责任人员的犯罪行为及责任对其进行刑事追究,进行单独起诉或单独宣判,当然,如果该等主管人员或直接责任人员有其自身的从宽情节或在合规整改中贡献较大等,也能够获得从宽处理规范回馈。在这样的制度设计下,实体法与诉讼法紧密结合,实体法规则成为诉讼法规则的规范来源,诉讼法规则为实体法规则提供程序性保障,实现内外照应。

其三,本条立法是对传统的单位犯罪诉讼实践予以纠偏的必经之路。如前所述,在既往的理论框架下,单位犯罪的司法实践中存在诸多程序性缺陷,已经严重妨碍了企业刑事治理实践的前进式发展。在司法实践中,简单地将单位与其成员视为一个整体进行处理的程序做法已经导致了许多不甚合理的司法结论,如根据《全国法院审理金融犯罪案件工作座谈会纪要》的规定,单位犯罪的认定采取"二要素说",根据这一规则,在层级复杂、组织化程度极高的公司中,即便部分成员明知自己违背了公司的章程和意愿,以公司名义实施犯罪行为,并将大部分收益归于公司所有时,司法机关亦直接认定将其认定为单位犯罪,并对公司进行刑事定罪与处罚,存在近似"株连"效应的不合理之处,对公司的惩罚不仅未实现道义责任论的基本要求,而且这类巨型公司往往牵涉面较广,定罪所引起的外部效应更是在一定程度上恶化了社会治理的法治环境。根据本立法建议稿,与在实体法上对单位和单位成员的责任进行分别认定形成呼应,本条款在程序法上对两者进行分离追诉,具有对司法实践进行纠偏的必要性。

3. 立法理由

(1)立法原理说明

在企业合规试点改革进程中,当检察机关试图对单位予以出罪处理、只追究单位成员责任,即"放过企业,严惩责任人"之时,出现了单位犯罪结构方面的理论障碍。这种做法在轻微单位犯罪中不存在问题,但是在责任人可能被判处3年以上有期徒刑的重大单位犯罪中就会出现严重的逻辑矛盾,在这类案件中,检察机关无法对相关责任人作出相对不起诉的决定,而只能提起公诉并由法院定罪处刑,但是根据传统的单位犯罪理论,单位犯罪是一个不可分割的整体,法人构成犯罪是追究法人内部成员刑事责任的依据和必要前提,既然前提已不复存在,追究责任人的刑事责任就显然依据阙如。在程序法当中也是如此,如若只能对单位和单位成员合并追诉,则追究责任人的同时试图对企业不予追究则无从谈起。事实上,这一逻辑困境追问的实质问题在于:单位和单位成员是否应当责任独立、是否可以分离追诉。

首先,单位责任是一种组织责任,且其本质是合规责任。实体法中关于单位责任的理论存在"同一性理论"(同一视理论)与"组织责任论"的分野:前者认为,单位中的特定成员,如董事、高级管理人员等的行为和犯罪意图被直接视为公司的行为和犯罪意图;后者则将单位视为一种具有独立法律人格的有机体,单位责任独立于自然人,而直接来源于其自身的行为和意志。应当指出的是,反对单位和单位成员责任分离追诉的理论来源是同一性理论,其在一些小型企业(尤其是家族企业和乡镇企业等)中有其合理性,这些企业结构简单,往往董事长或总经理一人即可决定大小事项,但是,在建立了较为完整的公司治理结构的大型企业中,由于复杂的组织体系和高度流程化的运作模式,难谓任何一个自然人能够完全代表该公司的意志,因此,组织责任论更为具有合理性。就此而言,应当将单位责任和单位成员责任进行彻底分离,将单位犯罪视为两个行为、两个犯罪主体、两个处罚主体的聚合犯罪,因此,进入诉讼程序之后,检察机关当然可以决定对涉嫌犯罪的单位和相关负责人同事或分别追究刑事责任。

其次,司法实践已经部分确立了单独对责任人进行追诉的规则。单位犯罪的处罚规定主要分为两种情形:一是双罚制,即同时处罚单位和单位成员;二是单罚制,即只处罚单位成员而不处罚单位。在单位犯罪中采取单罚制,已经表明单位责任与单位成员责任并非不可分离。尽管仍然构成单位犯罪,但不必对单位开展刑事追诉程序,而只需要对责任人员进行追诉即可。此外,如"拒不履行信息网络安全管理义务罪"等情形也存在单位责任与单位成员责任分离的可能性,如单位内部员工根据其行为构成侵犯公民个人信息罪等特定犯罪,但单位本身成立拒不履行信息网络安全管理义务罪或不承担刑事责任,此时一旦进行刑事诉讼程序,由于案由不同,自然可以分别进行立案、侦查提起公诉、分别审判等。

最后,司法解释在一定程度上也否弃了绑定追诉的做法。从实践上来看，各地许多司法机关其实已经意识到传统单位犯罪理论的缺陷，并试图借助实质理性原理进行违背式纠偏，如最高人民法院《关于适用〈中华人民共和国刑事诉讼法〉的解释》第340条规定："对应当认定为单位犯罪的案件……人民检察院仍以自然人犯罪起诉的，人民法院应当依法审理，按照单位犯罪直接负责的主管人员或者其他直接责任人员追究刑事责任，并援引刑法分则关于追究单位犯罪中直接负责的主管人员和其他直接责任人员刑事责任的条款。"又如，《全国法院审理金融犯罪案件工作座谈会纪要》也规定："对于应当认定为单位犯罪的案件，检察机关只作为自然人犯罪案件起诉的，人民法院应及时与检察机关协商，建议检察机关对犯罪单位补充起诉。如检察机关不补充起诉的，人民法院仍应依法审理，对被起诉的自然人根据指控的犯罪事实、证据及庭审查明的事实，依法按单位犯罪中的直接负责的主管人员或者其他直接责任人员追究刑事责任，并应引用刑罚分则关于单位犯罪追究直接负责的主管人员和其他直接责任人员刑事责任的有关条款。"可以看出，在检察机关不起诉单位的情况下，法院仍然可以单独追究单位成员的刑事责任，体现了司法实践在一定程度上已否弃了传统的整体追诉论。这也为本条立法建议提供了实践性论证。

综上所述，在单位犯罪组织责任论得以证成的前提下，在实体法与程序法联动的刑事一体化思维导向下，应当确立"单位和单位成员责任分离追诉"的诉讼规则，在对传统的单位犯罪理论进行革新发展的同时，为妥当处理单位责任与单位成员责任的实务困境提供更具合理性的方案。

(2)立法条文解释

本条文在《刑事诉讼法》中确立了"单位和单位成员责任分离追诉"规则，现解读如下：

其一，检察机关可以对涉嫌犯罪的单位和相关负责人同时或分别追究刑事责任。具体来说，在处理单位刑事案件时，如检察机关认为经过合规整改考察，单位已符合合规不起诉的要求，但是单位成员涉嫌重罪可能判处3年以上有期徒刑的刑罚，或该单位成员认罪态度不积极甚至有着较高的再犯可能性等，不能对其适用不起诉决定，可以同时作出两项处理决定：对单位的不起诉决定和对单位成员的移送起诉决定；反过来也是成立的,即对单位移送法院起诉的同时对单位成员作出不起诉决定。当然,检察机关也可以同案追究单位和单位成员的刑事责任,或同时不追究单位和单位成员的刑事责任,但是应当予以明确的是,此时检察院决定的依据在于"便宜主义",即基于诉讼效率或举证便利的考虑而作出该等处理决定,而不能借此认为单位和单位成员责任具有同一性。当然,即便只追究单位成员的刑事责任,也应当按照单位犯罪的案由来展开。实际上,这一条款对检察机关赋予了同时或分别处理单位和单位成员的自主决定权,使得检察机关从单位犯罪的绑定责任中松绑,从程序上保障了单位和单位成员责任分离的实体法规则。

其二,检察机关只对单位成员追究刑事责任的,可以根据其犯罪的具体情况和在合规整改中的表现,向法院提出从宽处理建议。这一程序法规则与立法建议稿关于《刑法》增设第 67 条之一的建议形成呼应,即"单位犯罪的直接负责的主管人员和其他直接责任人员认罪悔罪,在合规整改中所起作用较大的,可以从轻或者减轻处罚。其中,犯罪较轻的,可以免除处罚"。其立法理由也相同,包括两个层次的内涵:一方面,如在考察该单位成员刑事责任的时候,发现其具有法定或酌定从宽处理的情节,或犯罪当中存在值得予以从宽对待的因素,证明其责任较轻或预防必要性减轻,检察机关可以向法院提出从宽处理的检察建议,体现了责任主义与预防性的刑罚目的;另一方面,在单位犯罪中需要承担刑事责任的自然人一般是单位的董事、高管等重要人员,其往往处于公司治理的重要位置,通过从宽处理的适用,能够对其形成良好的激励,督促其积极配合检察机关及合规监管人,从而更为顺畅地贯彻落实企业合规整改方案,完成企业去犯罪化改造的制度目的。

第三章　涉案企业合规民行刑体系性立法建议

企业合规本质上是企业为了实现依法依规经营，防控合规风险所建立的一种治理机制。推进涉案企业合规改革，从根本上是通过综合运用经济、行政、刑事等手段，推动末端处理与前端治理于一体，促进涉案企业守法经营、预防再犯，同时警示其他企业，促进诉源治理。据此，建立、健全涉案企业合规的法治体系，不仅是刑事立法完善问题，更涉及刑事法与前置法的一体化完善问题。本立法建议以一体化治理为导向，就企业合规所涉及前置法提出立法完善对策。

在归纳环保合规、工程安全合规、数据安全合规、反商业贿赂合规、反洗钱合规等常见企业合规类型的基础上，以立法完善的体系性、针对性和协同性原则为指导，提出《行政处罚法》《公司法》《反垄断法》《反不正当竞争法》《环境保护法》《安全生产法》《税收征收管理法》《商业银行法》《证券法》《对外贸易法》《出口管制法》《个人信息保护法》《数据安全法》《民法典》等 20 部法律 46 项条文的立法修正建议。

本立法建议的主要特点在于：一是注重事前合规制度的立法完善。建立有效的事前合规制度，是企业合规制度改革的最终目标。为实现这一目标，立法完善的重点在于建立事前合规激励机制。立法建议稿不仅在《行政处罚法》的修改建议中提出将事前合规作为违法处罚从宽的一般事由，而且在食品生产、金融安全等专门性立法的完善建议中提出构建以市场准入为条件的强制合规制度，将不履行强制合规义务作为独立的违法行为加以处罚，在环保合规、税收合规方面将企业合规作为企业享受政府财政、税收、政府采购等方面优惠政策的必备条件，从而形成了多元化的事前合规激励机制。

二是注重行政合规制度设计的独立化。行政合规属于事前合规，建立在行政法的基本原理之上，应当根据行政法原理做出独立的制度安排。立法建议稿认为，基于基本法原理的不同，行政合规与刑事合规的适用规则应当有一定的区分，如刑事合规可以基于责任主义立场，将有效的事前合规作为单位犯罪的责任阻却事由而使单位不承担刑事责任，但行政合规则通常应当坚持严格责任立场，以客观损害的发生作为单位承担行政责任的依据，即使是事前合规也不宜作为单位行政责任豁免的事由，而仅应作为从宽处罚的事由。

三是注重合规从宽处罚的合比例性。刑事合规、行政合规和自主合规三个层次涉及的企业违法情节程度递减、企业自律能力递增，是企业合规治理所追求的科学路径。立法建议稿认为，事前合规、事后行政合规以及事后刑事合规三种合规形式在可责性程度以及处罚必要性上有所区别，应当在从宽幅度内加以明确区分。

四是注重合规制度设计的行刑衔接。在涉及单位犯罪的情形下，涉案单位既会受到刑事处罚，也会受到行政处罚，并且行政处罚通常会在刑事案件处理结束之后。立法建议稿认为，应将刑事合规作为行政处罚的裁量依据，对于企业在刑事合规中积极配合司法机关按期完成整改并建立有效合规管理体系的，亦属于行政处罚的从宽情节，从而加强行刑衔接，以便于更为全面地鼓励企业积极推进合规制度建设。

一、《行政处罚法》的合规激励立法修正方案

1. 立法条文

(1)立法原文

《行政处罚法》第三十二条：当事人有下列情形之一，应当从轻或者

减轻行政处罚:

(一)主动消除或者减轻违法行为危害后果的;

(二)受他人胁迫或者诱骗实施违法行为的;

(三)主动供述行政机关尚未掌握的违法行为的;

(四)配合行政机关查处违法行为有立功表现的;

(五)法律、法规、规章规定其他应当从轻或者减轻行政处罚的。

(2)立法修正

建议在《行政处罚法》第三十二条增加一款,作为第二款:当事人为法人组织的,企业合规制度的建设情况,可以作为对其从轻、减轻或免除处罚的依据。法律、行政法规另有规定的,从其规定。

2. 立法理由

党的十九届四中全会强调要创新行政管理和服务方式,提高行政效能。在现代公共治理过程中,私人参与行政过程并与行政机关开展合作已成为公共治理的重要发展趋势,因为在公私相互依赖的现实情况下,协商关系应作为替代性的行政观念,契约可以发挥核心作用并成为越来越重要的治理工具。合规从宽行政处罚彰显了现代行政法"社会本位"的价值内核,体现了契约精神。在企业合规责任视阈下,企业合规从宽处罚具有合理性:一方面,在事前合规的情形下,企业积极推动合规制度建立,表明企业对违法行为的反对态度,其可罚性程度理应减弱;另一方面,即使企业事前没有充分重视合规管理,但是在行政机关调查期间积极开展合规整改、建立有效预防违法的合规管理制度,以预防必要性和比例原则的标准判断涉案企业的"需罚性"已经减弱,仍具有从宽处罚的合理性根据。

需要说明的是,在企业已经构建事前合规制度的情形下,基于行政法上的严格责任要求,企业通常仍然要对员工行为负责,一般不能将事前合规作为企业行政责任的豁免事由。尽管 2021 年修改的《行政处罚法》规定在当事人有证据足以证明没有主观过错时不予行政处罚,但这种基于责任主义的免责仅适用于自然人,不适用于法人组织。这是因为:一是法人组织的主观意思难以证明,要求法人组织对其员工行为承担严格责任,符合行政效率原则;二是必须与刑事责任相区分,法人组织所涉及的刑事犯罪往往是法定犯,行政违法性是犯罪构成要素,无论是从法益侵害角度还是行为性质角度,均难以划分出刑事违法和行政违法的界限,故而责任主义便成为区分法人组织实施违法或犯罪行为的重要界限,若取消这一界分依据,则会导致刑行关系的混乱;三是企业违法行为通常发生在生产经营过程中,基于流程管理的要求,企业对其员工行为具有可控性,若员工违反企业合规管理制度,表明合规制度设计或运行的有效性仍然不足,这是企业为员工行为承担责任的重要依据,当然,这种情况也有例外,如企业对于离生产经营流程较远的商业行贿,则缺乏控制力,此时则可以将合规作为企业责任的豁免例外加以规定。

3. 立法说明

本款是企业法人合规从宽处罚的规定,对于该条款的理解应当包含以下几点:一是该条款仅适用于法人,不适用于非法人组织和个人。该条款与第 32 条第 1 款之间是并列关系,第 1 款仅适用个人,不适用于法人组织。二是"企业合规制度的建设情况"既包括事前建立合规制度的情况,也包括违法、犯罪行为发生后进行合规整改的情形,特别是在"刑事先行"的情形下,应当将刑事合规的情况作为行政处罚的判断依据,从而形成从行政合规到刑事合规全方位、前后衔接的合规激励机制。三是行政机构对于不同阶段合规制度建设情况的评价重点不同。对于事前合规,行政机构应当重点评价企业是否已经采取积极措施避免违法行为的发生;对于基于违法事实的事后合规,行政机构可以与行政相对人签订行政和解协议,约定合规考察期、指派合规监管人,以监督和指导行政相对人的合规整改活动,并对合规整改效果组织考察验收;对于基于犯罪事实的事后合规,行政机构应当重点考察企业合规制度建设的有效性,即通过合规整改和建立合规体系,确立一套有效实施和执行合规政策、标准和准则的组织体系,建立可发挥预防、监控和应对作用的合规管理流程,可以行之有效地发现和预防违法行为,从而形成依法依规经营的企业管理结构和企业文化。四是行政处罚的从宽力度应当考虑合规制度建设的不同阶段。行政机构应当根据合规制度建设的阶段性,划分出不同的从宽区间范围。通常而言,对于已经建立合规制度的企业,对其行政处罚的从宽力度应当最大,而当企业涉及犯罪时,对其行政处罚的从宽力度应当最轻。

二、《反垄断法》的合规激励立法修正方案

1. 立法条文

（1）立法原文

《反垄断法》第五十九条：对本法第五十六条、第五十七条、第五十八条规定的罚款，反垄断执法机构确定具体罚款数额时，应当考虑违法行为的性质、程度、持续时间和消除违法行为后果的情况等因素。

（2）立法修正

建议将《反垄断法》第五十九条修改为：对本法第五十六条、第五十七条、第五十八条规定的罚款，反垄断执法机构确定具体罚款数额时，应当考虑违法行为的性质、程度、持续时间、反垄断合规制度建设以及消除违法行为后果的情况等因素。

2. 立法理由

2008 年《反垄断法》对滥用市场支配地位、达成垄断协议、实施经营者集中等企业垄断行为予以了规制。2020 年 9 月 11 日，国务院反垄断委员会印发《经营者反垄断合规指南》，为经营者建立反垄断合规管理制度、培育公平竞争的合规文化以及防范反垄断合规风险提供指导，但该文件属于行业性倡导性规范，未规定企业建立反垄断合规制度对其责任承担的影响。2020 年以来反垄断执法机构不断强化执法力度，依法查处阿里巴巴集团和美团“二选一”垄断案，分别罚款 182.28 亿元、34.42 亿元，使我国企业越来越认识到加强反垄断合规建设的重要性。2022 年 6 月 24 日，第十三届全国人大常委会第三十五次会议审议通过《关于修改〈中华人民共和国反垄断法〉的决定》，这是《反垄断法》实施后的首次大修，其修改内容进一步完善了反垄断相关制度规则，进一步加强了对反垄断执法的保障并完善法律责任、加大处罚力度。在新《反垄断法》实施的背景下，应当及时在立法中规定反垄断合规制度，激励企业反垄断合规从被动应对走向主动作为。

目前，我国《反垄断法》未将反垄断合规体系建设作为减轻处罚依据。英国、韩国、澳大利亚、美国等国均允许将反垄断合规制度作为减轻

反垄断处罚的依据。例如,英国《企业如何遵守竞争法指南》提到,如果企业已采取充分措施避免垄断行为的发生,最高可获10%的罚款减免。尽管我国立法上未规定合规从宽处罚制度,但在执法实践中,已有将合规整改手段作为考量因素的案例。例如,联想(北京)有限公司垄断案中,北京市市场监督管理局在其接受"组织法律培训""加强对全体员工合规培训"等整改措施后,结束了长达两年的调查。在由原发改委查处的眼镜镜片维持转售价格案中,根据相关报道,执法机构将合规手段在内的主动整改措施列入了罚款比例考量范围。同时,市场监管总局《关于规范市场监督管理行政处罚裁量权的指导意见》也明确规定:"有下列情形之一的,可以依法从轻或者减轻行政处罚:……(2)积极配合市场监管部门调查并主动提供证据材料的……"结合上述规定来看,企业反垄断合规制度的建立情况,应当作为一个从轻处罚的酌情考虑因素。

3. 立法说明

该条立法修正的说明主要体现在以下两个方面:

一是将反垄断合规制度建设情况作为对企业垄断违法行为罚款数额的评价依据。该规定属于罚款数额确定的一般性规定,既可以适用于企业事前已经建立了合规制度的情形,也适用于企业事后进行合规整改的情形;既适用于基于垄断违法行为的行政合规,也适用于基于垄断犯罪行为(尽管目前刑法上尚未有专门的垄断犯罪罪名)的刑事合规,即企业刑事合规的情况也应当作为行政罚款的裁量依据,对于企业在刑事合规中积极配合司法机关按期完成整改、建立了有效合规管理体系的情形,也应当成为前置法中罚款数额的评估标准,从而实现行刑衔接,更为全面地鼓励企业积极推进合规制度建设。

二是在企业事前建立有效合规制度的情形下,规定应当减轻或免除罚款数额的特别从宽制度。在行政处罚上贯彻严格责任,企业应当为以企业名义实施的垄断行为承担责任,但若企业事前已经建立了有效的反垄断合规管理体系,则其违法性程度应当低于事后合规的情形,应当予以从宽处罚甚至不处罚。2019年9月1日实施的《禁止垄断协议暂行规定》第33条规定"参与垄断协议的经营者主动报告达成垄断协议有关情况并提供重要证据的,可以申请依法减轻或者免除处罚",确立了反垄断处罚的"自首"制度,可以作为本条从宽处罚幅度的参照。在未建立反垄断合规制度的情形下，只要经营者主动“自首”的，即可以从宽处罚。那么，在建立反垄断合规制度的情形下，有效的反垄断合规制度本身就包含了经营者在发现违法行为后的主动报告义务，也包含了对垄断行为的反对态度，其可责性程度要低于单纯的发现违法后的“自首”，在违法责任的承担上应当更为宽缓，故而在立法条文设置为“应当”减轻或免除处罚。需要注意的是，该条文适用的前提是企业已经建立有效的反垄断合规体系，其实质性标准为“采取充分措施避免垄断行为发生”，若仅有相关合规制度规定，但流于形式，并未基于合规管理制度而采取充分的反垄断措施的，不能适用本条规定，只能根据合规制度建设情况或事后继续合规整改情形，酌情予以从宽处罚。

三、《反不正当竞争法》的合规激励立法修正方案

1. 立法条文

（1）立法原文

《反不正当竞争法》第七条第三款：经营者的工作人员进行贿赂的，应当认定为经营者的行为；但是，经营者有证据证明该工作人员的行为与为经营者谋取交易机会或者竞争优势无关的除外。

《反不正当竞争法》第十九条：经营者违反本法第七条规定贿赂他人的，由监督检查部门没收违法所得，处十万元以上三百万元以下的罚款。情节严重的，吊销营业执照。

（2）立法修正

建议在第七条第三款之后增加一款，作为第四款：前款规定在经营者为法人组织的情形下，要求法人组织已经建立反商业贿赂合规制度并采取充分措施避免商业行贿行为发生。

建议在第十九条之后增加一款，作为本条第二款：对法人经营者的罚款，应当根据法人经营者反商业贿赂合规制度的建设情况等因素来确定执行。

2. 立法理由

2017 年 11 月 4 日第十二届全国人大常委会表决通过的《反不正当

竞争法(修正案)》于2018年1月1日起正式施行,该立法对商业贿赂行为的内涵、外延和法律责任等方面都做出了重大调整。商业贿赂是最为严重的不正当竞争行为,更是涉及国家腐败治理的整体战略问题,较之其他不正当竞争行为更具有设置合规制度的必要性。

《反不正当竞争法》第7条商业贿赂条款原则上将员工的贿赂推定为经营者的行为,但也规定了例外情形,即经营者有证据证明该工作人员的行为与为经营者谋取交易机会或者竞争优势无关的除外。这在理论上为企业事前合规的责任豁免预留了空间,也有利于鼓励企业加强商业贿赂合规工作。但是,目前由于员工的贿赂行为与为公司"谋取交易机会或者竞争优势"从主观上难以区分,即使员工因个人利益(如为避免末位淘汰、获得业务提成)而违反公司规定实施的商业贿赂,公司通常也很难举证与谋取交易机会或获得竞争优势无关。因此,需要结合企业合规相关改革动态,推动立法修正,明确事前反商业贿赂合规的责任豁免制度,以证明公司员工行为与为法人组织谋取交易机会或者竞争优势无关,且法人组织不存在任何放纵或变相放纵员工行贿,从而将法人与员工的行为和责任相剥离,由员工个人承担责任。需要说明的是,由于贿赂行为实施的隐蔽性且远离生产经营活动流程,公司在经济生产活动中对员工的商业贿赂行为给予直接的控制或实质性的影响存在一定的障碍,故而宜将公司建立有效的反商业贿赂合规制度,作为其责任豁免的条件,但对于其他类型的经济违法行为而言,既是事前建立了相关合规制度,基于行政处罚的严格责任主义立场,也仅是从宽处罚的条件。

3. 立法说明

《反不正当竞争法》中的经营者包括个人、非法人组织和法人经营者,而企业合规仅适用于法人组织,不适用于个人和非法人组织,对此,应当予以区分。基于上述考虑,立法建议单独设立法人组织的合规豁免制度。根据立法建议,《反不正当竞争法》第7条第3款后半段所指的"经营者"仅指个人和非法人组织,其商业贿赂责任豁免来自对员工行为是否为经营者谋利的证明;第4款则是专属于法人组织的合规豁免制度,以法人组织建立有效的反商业贿赂合规制度作为其责任豁免的条件。所谓有效的反商业贿赂合规体系,不仅要求法人组织已经建立反商业贿赂合规制度,而且要求法人组织采取充分措施保障合规制度的运行,为避免商业贿赂行为的发生做出了最大程度的努力。在已构建有效的反商业贿赂合规体系的情形下,企业明确反对任何形式的商业贿赂,个人打着“为企业谋取利益”的名义所进行的商业贿赂,并不符合企业文化和公司治理政策,属于个人行为,由个人承担责任,从而实现了企业责任与个人责任的分离,也确保了企业责任豁免判断标准的客观性。此外,第 19 条第 2 款的立法建议表明,无论公司是否构成犯罪,事后合规整改的情况都应当成为行政罚款数额认定的评价依据,从而形成行刑一体的合规整改机制。

四、《电子商务法》的合规激励立法修正方案

1. 立法条文

(1)立法原文

《电子商务法》第四十一条:电子商务平台经营者应当建立知识产权保护规则,与知识产权权利人加强合作,依法保护知识产权。

《电子商务法》第八十四条:电子商务平台经营者违反本法第四十二条、第四十五条规定,对平台内经营者实施侵犯知识产权行为未依法采取必要措施的,由有关知识产权行政部门责令限期改正;逾期不改正的,处五万元以上五十万元以下的罚款;情节严重的,处五十万元以上二百万元以下的罚款。

(2)立法修正

建议将《电子商务法》第四十一条修改为:电子商务平台经营者应当建立知识产权合规管理体系,与知识产权权利人加强合作,依法保护知识产权。

建议将《电子商务法》第八十四条修改为:电子商务平台经营者违反本法第四十二条、第四十五条规定,对平台内经营者实施侵犯知识产权行为未依法采取必要措施的,由有关知识产权行政部门责令限期合规整改;逾期不整改或整改未通过的,处五万元以上五十万元以下的罚款;情节严重的,处五十万元以上二百万元以下的罚款。

2. 立法理由

在《国民经济和社会发展第十四个五年规划和 2035 年远景目标纲

要》(以下简称“十四五”规划)中,“合规”作为关键词一共出现两次:一是在第十三章第二节,表述为“引导企业加强合规管理,防范化解境外政治、经济、安全等各类风险”;二是在第十九章第五节,表述为“推动民营企业守法合规经营,鼓励民营企业积极履行社会责任、参与社会公益和慈善事业”。这就清晰勾勒出企业建立合规管理体系的时代必然性:一方面,合规经营是企业在“走出去”过程中防范应对外部风险的现实要求;另一方面,合规经营也是企业通过转型升级“强起来”以提升综合竞争力的内在需要。

在“十四五”规划倡导建设企业合规体系的时代背景下,建设企业的知识产权合规体系具有其特殊意义:第一,知识产权合规体系是企业合规体系的重要组成部分;第二,推进广大企业开展知识产权合规也正符合知识产权强国战略的要求。实际上,在开展涉案企业合规改革试点工作的过程中,部分地方检察院充分认识到知识产权合规的重要性,形成了相关专项合规指引文件。例如,上海市浦东新区人民检察院和中国信息通信研究院知识产权与创新发展中心共同发布的《企业知识产权合规标准指引(试行)》;又如,北京市大兴区人民检察院结合实际办案经验,联合北京市大兴区知识产权局、北京市大兴区工商联共同制定的《侵犯知识产权犯罪涉案企业合规整改指南》。2021 年 9 月 22 日,中共中央、国务院印发了《知识产权强国建设纲要(2021 - 2035 年)》,其中第 5 条第 11 款旗帜鲜明地提出:“完善以企业为主体、市场为导向的高质量创造机制。以质量和价值为标准,改革完善知识产权考核评价机制。引导市场主体发挥专利、商标、版权等多种类型知识产权组合效应,培育一批知识产权竞争力强的世界一流企业。深化实施中小企业知识产权战略推进工程。优化国家科技计划项目的知识产权管理。”这充分表明推进知识产权合规建设正是落实知识产权强国战略的应有之义。

根据中国互联网络信息中心发布的《中国互联网络发展状况统计报告》,我国已连续 8 年成为全球最大的网络零售市场。伴随电商平台规模的持续扩张,涉电商平台知识产权纠纷案件亦快速增长。作为一种日渐兴盛的现代企业治理模式,通过知识产权专项合规体系的导入,推动我国电子商务平台优质高效发展,促进国际规则协调,引领技术驱动的保护体系,就具有极强的现实意义。因此,有必要在《电子商务法》中规定企业建立知识产权合规制度的义务，形成事前合规的原则激励；对于涉嫌知识产权纠纷的电子商务平台，建立处罚的合规前置制度，即首先要求其进行合规整改、管控平台内知识产权侵权风险，有效完成合规整改可以免除处罚，但若逾期未整改或整改不到位则应进行相应处罚，从而在治理知识产权侵权的同时，也加强了对网络新兴经济模式的充分保护。

3. 立法说明

《电子商务法》第41条的修正建议提出电子商务平台经营者应当建立知识产权保护规则，表明了立法者对于电子商务平台知识产权保护的针对性关注，实际上已经包含了电子商务平台应当履行的知识产权合规义务。通过“保护规则→合规管理体系”的升级，修正后的规范文本在合规性经营要求的表述上更为明确，对于平台经营者能够起到更为有效的规范作用。“知识产权合规管理体系”的表述表明其本质上仍是专项合规计划，必须根据平台自身的结构性风险有针对性地设定。也因此，在立法中不宜设置具体的知识产权保护合规标准，通过原则的宣示即可，这样也有助于电子商务平台运营者在特殊情况下的灵活应对，为合规计划的有效贯行提供保障。

《电子商务法》第84条的修正建议提出了电子商务平台运营者的知识产权风险管控义务，也即在平台内发生知识产权侵权纠纷时，平台运营者应当采取必要措施避免侵权风险的现实化或已发生损害的继续扩大。从推动电子商务平台知识产权合规的角度来看，该立法修正建议引入了“法定管理义务履行免罚模式”，即将合规义务的履行情况作为处罚的前置性条件。电子商务平台运营者按照监管部门合规整改命令规定的具体措施及改正期限，通过有效的知识产权合规整改，加强了平台内部运营者合规管理，意味着平台实现对知识产权侵权风险与损害的管控，对平台追究行政责任的基础不复存在。对一个经过合规考察而成功建立知识产权专项合规管理体系的电子商务平台，其极大降低了知识产权侵权损害现实化的潜在风险，此时不予行政处罚，更加符合社会的公共利益，也有助于保护新兴网络经济的发展。

五、《环境保护法》的合规激励立法修正方案

（一）修正《环境保护法》第6条第3款【环保合规的一般性规定】

1. 立法条文

（1）立法原文

《环境保护法》第六条第三款：企业事业单位和其他生产经营者应当防止、减少环境污染和生态破坏，对所造成的损害依法承担责任。

（2）立法修正

建议将《环境保护法》第六条第三款修改为：企业事业单位和其他生产经营者应当根据自身情况，积极建立环境保护合规管理制度，防止、减少环境污染和生态破坏，对于违反法律法规所造成的损害依法承担责任。

2. 立法理由

本条属于环保合规的一般性规定。环境事关国计民生，对经济生产、公众生活、健康等方面产生的影响广泛且一旦受到破坏难以短时修复。企业为追求经济效益，违反环境保护法进行的生产经营活动，是导致环境遭受破坏的主要原因，其中既有企业自身发展的盲目化、低效化和短期化问题，也有立法对企业环保合规缺乏规定的问题。对此，有必要修正《环境保护法》，将企业环保合规作为总则性条文加以规定。

将企业环保合规规定为环境基本法的总则性条款，其积极意义在于：一是为企业展开事前环保合规提供基础性的法律依据，有助于预防环境污染犯罪的发生。不同于环境污染、生态破坏等危害结果发生后的事后合规，事前合规更强调对于环境污染的提前预防，需要将事前合规在立法予以确认。二是有助于构建专门化的环保合规体系。在确立环保合规的基础性条款之后，可以进一步明确环保合规的激励机制，在正向激励上，通过对建立合规体系的生产经营者实施一定的奖励，促使其自发完善、维持、保证其合规体系的有效运行；在反向激励方面，对于拒不建立合规体系、制度的生产经营者予以惩罚，从而进一步推进生态环境保护合规建设。三是有助于加强企业环保合规的意识，督促企业“从无到有”地构建环保合规体系，从事后“被迫合规”逐步过渡到事前“主动合规”。

3. 立法说明

《环境保护法》第 6 条属于环境保护义务的一般性规定，在该条之下规定环保合规符合该条文的设置目的，在立法体系上具有协调性。该条文在适用上需要注意以下问题：一是建立环保合规体系虽然是企业履行环境保护义务的体现，但该义务属于消极意义上的义务，义务不履行的后果是导致企业责任无法豁免或无法提出从宽处罚的要求。二是义务并非普遍适用于所有生产经营者，而是要求其根据自身情况，有针对性地展开合规制度建设，对于个人经营者并无合规义务要求。三是环境保护合规管理制度建设应当具有体系性。在保护环境这一基本目标的指引下，制定合规计划、完善合规机制，具体包括：订立环保行为准则，构建专门合规组织，识别环境破坏风险，细化环境合规标准，重视内部调查与监管，加强生态环境保护合规教育、宣传、培训，强化环境信息披露，及时发现并有效应对环境污染等危害后果。

（二）修正《环境保护法》第 22 条【事前合规激励】

1. 立法条文

（1）立法原文

《环境保护法》第二十二条：企业事业单位和其他生产经营者，在污染物排放符合法定要求的基础上，进一步减少污染物排放的，人民政府应当依法采取财政、税收、价格、政府采购等方面的政策和措施予以鼓励和支持。

（2）立法修正

建议在《环境保护法》第二十二条之下增设一款，作为本条第二款：企业事业单位适用前款规定的，应当同时符合环境保护合规制度建设的要求。

2. 立法理由

对已经建立环保合规制度的单位给予政策鼓励和支持，有利于发挥促进环保合规的正向激励效果。当前我国的环境合规制度建设仍停留在事后合规阶段，在事前阶段尚未展开，企业也缺乏动力，其中一个重要原因即是立法并未将企业合规纳入环保合规激励机制之中，缺乏立法的顶层设计。对此，有必要在《环境保护法》中对企业合规激励机制予以确认。通过在财政、税收、价格、政府采购等多方面对企业事业单位等生产经营者进行优惠支持,能够最大限度地调动生产经营者展开合规制度建设的积极性、主动性,弥补以往环境保护治理的"消极性、被动性、应对性"缺陷,而且可以与生产经营者的一般合规义务形成关联与呼应。

3. 立法说明

本条是关于生产经营者进行环保治理的正向激励条款。从环境污染角度,企业事业单位较之其他生产经营者,更容易造成环境污染,其所造成的环境污染后果也更为严重。故而,单位主体需要承担更多的环境治理义务,其中就包括了环保合规制度建设的义务。在条文设计上,采取了差别化的处理方式,未将环保合规制度建设作为所有生产经营者享受环境治理优惠政策的条件,而是仅作为企业事业单位的适用条件。这里所指的企业事业单位,应当是具有法人资格的单位,非法人的个人独资企业、合伙企业并不适用本款规定。换言之,对于法人单位而言,在享受环保优惠政策的条件上,不仅要符合第22条第1款的规定,也要同时符合第2款的规定。政府部门除考察减排减污之外,还需将该生产经营者的合规机制纳入优惠政策实施的启动考察之中。对于虽已构建合规管理体系但尚未减少污染物排放的企业,以及虽然减少了污染物排放但尚未构建生态环境保护合规体系的企业,应促使其尽快采取措施以符合相应的优惠政策条件。

(三)修正《环境保护法》第25条【事后合规整改】

1. 立法条文

(1)立法原文

《环境保护法》第二十五条:企业事业单位和其他生产经营者违反法律法规规定排放污染物,造成或者可能造成严重污染的,县级以上人民政府环境保护主管部门和其他负有环境保护监督管理职责的部门,可以查封、扣押造成污染物排放的设施、设备。

(2)立法修正

建议在《环境保护法》第二十五条之下增设一款,作为本条第二款:符合前款规定的企业事业单位应同时开展环境保护专项合规整改。

2. 立法理由

拟增条款属于已经发生环境污染违法事实，但尚未构成污染环境犯罪情形下的事后合规整改条款。确立环境污染事后合规整改制度的意义如下：

一是督促生产经营单位建立和完善合规管理体系。合规计划是企业整个经营活动的操作规程，应贯穿于企业生产、经营以及责任承担的全过程。在这一过程中，行政监管部门需要充分发挥监督和指导作用，除必要的行政处罚外，对于未履行强制合规义务或者履行不到位的生产经营者，应及时通过约谈等方式责令其开展针对性的合规整改，并根据整改情况来决定是否继续作出行政处罚。这可以对企业形成一定的合规压力，激发其合规动力。

二是相较于查封、扣押设施、设备等处罚手段，责令生产经营者进行专项合规整改，能够更好地兼顾环境保护和经济建设的关系。单纯的查封与扣押，只能使生产经营者的日常经营处于停摆状态，无法从根本上解决企业内部治理机制问题，唯有将合规整改作为企业再生的动力，才能将单一的惩罚性制裁转化为预防性行政制裁，从长远看有助于确保企业的可持续性发展。

3. 立法说明

本款修正属于企业事业单位事后合规整改的原则性规定。在立法修正模式上，由于企业合规不适用于个体经营者，一般也不适用于非法人组织，故而建议将该款设置为第 25 条第 2 款，对企业事业单位的事后合规作出特别规定。在立法结构上，本款与本法第 22 条第 2 款修正所确立的事前合规，形成了前后呼应，从而构建了较为全面的环保合规体系。在合规适用对象上，本款所指的合规整改对象既包括尚未构建合规管理体系的生产经营者，也包括虽在形式上建立了相关合规机制，但由于执行不到位或其他原因，导致其合规体系对于防止生态环境破坏不能发挥应有的作用的生产经营者。对于违反法律法规规定排放污染物，造成或者可能造成严重污染的生产经营者，在责令其开展合规整改的过程中，既可以由县级以上人民政府环境保护主管部门和其他负有环境保护监督管理职责的部门自行进行行政监管，也可以委托第三方专业机构代行行政监管职能。

(四)修正《环境保护法》第59条第2款【合规作为罚款数额的认定标准】

1. 立法条文

(1)立法原文

《环境保护法》第五十九条:企业事业单位和其他生产经营者违法排放污染物,受到罚款处罚,被责令改正,拒不改正的,依法作出处罚决定的行政机关可以自责令改正之日的次日起,按照原处罚数额按日连续处罚。

前款规定的罚款处罚,依照有关法律法规按照防治污染设施的运行成本、违法行为造成的直接损失或者违法所得等因素确定的规定执行。

(2)立法修正

建议将《环境保护法》第五十九条第二款修正为:前款规定的罚款处罚,依照有关法律法规按照防治污染设施的运行成本、违法行为造成的直接损失或者违法所得以及环境合规制度建设等因素确定的规定执行。

2. 立法理由

为充分激发企业事业单位的合规动力,有必要将环保合规建设情况作为罚款金额认定的重要因素。不同于刑事处罚对于责任主义的强调,行政处罚侧重结果导向,通常情况下采取严格责任。2021年修改的《行政处罚法》规定在当事人有证据足以证明没有主观过错时不予行政处罚,但这项免责规定仅适用于对自然人的免责而非对法人及其他组织的免责。在严格责任主义之下,仍应当考虑到合规制度建设所反映出的企业在预防违法和纠正违法行为上所付出的真诚努力,应当将合规制度建设情况作为行政处罚的裁判依据。

一方面,由于企业对于生产经营行为具有可控性,在企业已经建立合规管理制度但其企业员工仍然违反合规管理规定而污染环境的,表明企业合规管理机制的失灵,故而污染环境的责任应当归责于企业,但企业事前构建合规制度,说明企业的可罚性程度要低于事前未构建合规制度的情形,对其给予更轻的处罚,符合行政法上的比例原则,是对企业积极展开事前合规的正向激励。另一方面,企业事前没有建立合规制度,但在污染环境行为发生后,积极配合行政主管机关进行合规整改,也应当对其进行从宽处罚,因为行政处罚的目的不在于对其尽可能地处以高额罚款、将企业逼入绝境,而是促进、维护企业在生态环境领域的可持续发展,对于企业积极进行合规整改的,应当通过减轻处罚予以鼓励。当然事后合规整改的从宽幅度要小于事前合规。

3. 立法说明

本款修正的是关于环境合规作为罚款数额认定标准的规定。在对该条文的认定和理解上,应当注意以下几点:一是环境合规作为罚款数额认定依据,仅适用于法人组织,不适用于非法人组织和个人;二是对于事前已有环境合规制度的,应当对其有效性进行评估,以评估结果作为罚款数额的具体认定标准;三是在事后合规的情形下,既要考虑到污染环境尚未构成犯罪的情形,也要考虑到已经构成犯罪的情形,即在已经构成犯罪的情形下,企业刑事合规的情况也应当作为行政罚款的裁量依据,对于企业在刑事合规中积极配合司法机关按期完成整改,已经建立了有效合规管理体系的情形,也应当成为前置法罚款数额的评估标准。

六、《安全生产法》的合规激励立法修正方案

1. 立法条文

(1)立法原文

《安全生产法》第十九条:国家对在改善安全生产条件、防止生产安全事故、参加抢险救护等方面取得显著成绩的单位和个人,给予奖励。

《安全生产法》第二十条:生产经营单位应当具备本法和有关法律、行政法规和国家标准或者行业标准规定的安全生产条件;不具备安全生产条件的,不得从事生产经营活动。

《安全生产法》第一百零二条:生产经营单位未采取措施消除事故隐患的,责令立即消除或者限期消除,处五万元以下的罚款;生产经营单位拒不执行的,责令停产停业整顿,对其直接负责的主管人员和其他直接责任人员处五万元以上十万元以下的罚款;构成犯罪的,依照刑法有关规定追究刑事责任。

(2)立法修正

建议在《安全生产法》第十九条之下增设一款,作为本条第一款,原第一款修改为第二款,新增第一款内容为:国家鼓励和支持单位建立安全生产合规管理体系。对于建立有效合规管理体系的单位,应当予以从宽处罚。

建议将《安全生产法》第二十条修改为:生产经营单位应当具备本法和有关法律、行政法规和国家标准或者行业标准规定的安全生产条件,建立有效的安全生产合规管理体系,并向相关合规监管机构备案;未按照规定履行合规报告义务或不具备安全生产条件的,不得从事生产经营活动。

建议将《安全生产法》第一百零二条修改为:生产经营单位未建立安全生产合规制度、未采取措施消除事故隐患的,责令立即整改或者限期整改,处五万元以下的罚款;生产经营单位拒不执行的,责令停产停业整顿,对其直接负责的主管人员和其他直接责任人员处五万元以上十万元以下的罚款;对存在安全事故隐患且未建立安全生产合规制度的经营单位,依法列为重点监管,加大监管力度,市场监管、行业主管部门依据相关法律法规对其采取行政监管措施;构成犯罪的,依照刑法有关规定追究刑事责任。

2. 立法理由

本法第19条的修正是关于对在安全生产合规义务方面取得显著成绩的单位和个人给予激励和奖励的规定。为了规范生产安全,落实生产安全事故责任追究制度,防止和减少生产安全事故,应当鼓励和支持单位通过落实安全生产主体责任,建立健全并落实安全生产合规管理体系。

本法第20条的修正是关于生产经营单位应当保障安全生产条件、履行合规报告义务的规定。生产经营单位要保证生产经营活动安全地进行,防止和减少生产安全事故的发生,必须在生产经营设施、设备、人员素质、管理制度、采用的工艺技术等方面达到相应的要求,具备安全生产合规条件。我国矿山、道路交通、燃气、隧道施工等行业领域重大事故集中,安全形势严峻复杂。为此,单位安全生产条件必须达到有关安全生产的国家标准或行业标准规定的安全生产条件,单位对此具有合规报告义务。

本法第102条的修正是关于生产经营单位和主要负责人未建立有效安全生产合规计划、未采取措施消除事故隐患的法律责任。本法修正条款中规定了生产经营单位应当建立有效合规计划并采取技术、管理措施，及时发现并消除事故隐患。各地安全生产执法部门在执法过程中，发现单位未建立有效安全生产合规计划、未采取措施消除事故隐患的情况，生产经营单位没有及时消除，应当给予生产经营单位和主要负责人处罚。

3. 立法说明

本法第 19 条的修正说明：安全生产是企业生存发展的“红线”，应当予以高度重视，考虑到企业合规属于企业自治范畴，不宜作为强制性的制度安排加以规定，故而第 19 条采取了相对弹性的立法模式，国家倡导企业自发建立安全生产合规制度体系，但同时也从从宽处罚角度，规定了合规从宽的激励机制，鼓励企业积极建立安全合规管理体系。值得注意的是，刑法上的安全生产犯罪存在单罚制现象，即仅处罚责任人员，不处罚单位，但并不意味着在刑事阶段对单位就不能进行安全生产合规。因此，本修改建议所提出的“建立有效合规制度”既包括了事前合规，也包括单位犯罪的事后合规。

本法第 20 条的修正说明：为了进一步强调安全生产条件对于保障安全生产的重要性，本条修正从禁止性角度，规定不履行合规报告义务的生产经营单位不得从事生产经营活动。这样规定主要是考虑安全生产合规是保障安全生产的基础，如果不具备安全生产条件，会给生产经营留下严重隐患。因此，明确规定不履行安全生产合规报告义务的生产经营单位不得从事生产经营活动，从根本上防止生产安全事故的发生，是非常必要的。

本法第 102 条的修正说明：本条规定了不履行合规管理义务的消极后果，从行政监管角度加大了对安全生产企业的监督力度。根据该规定，单位的法律责任分四个层级：第一层级，只要存在未建立有效安全生产合规计划、未采取措施消除事故隐患的违法行为，应当责令立即整改或者限期整改，同时处 5 万元以下的罚款。第二层级，生产经营单位拒不执行的，责令停产停业整顿，并增加对其直接负责的主管人员和其他直接责任人员处 5 万元以上 10 万元以下的罚款。第三层级，对存在严重不良行为且未建立健全有效合规计划的生产经营单位，依法列为重点监管，加大日常监管力度，提高随机抽查的比例和频次，以达成督促安全生产合规的效果；对负责安全生产合规的单位主要负责人和个人经营的投资人还实施撤职、行业禁入等措施。第四层级,构成犯罪的,依照刑法有关规定追究刑事责任。

七、《食品安全法》的合规激励立法修正方案

1. 立法条文

(1)立法原文

《食品安全法》第四条:食品生产经营者对其生产经营食品的安全负责。

食品生产经营者应当依照法律、法规和食品安全标准从事生产经营活动,保证食品安全,诚信自律,对社会和公众负责,接受社会监督,承担社会责任。

《食品安全法》第七十四条:国家对保健食品、特殊医学用途配方食品和婴幼儿配方食品等特殊食品实行严格监督管理。

《食品安全法》第一百二十六条:违反本法规定,有下列情形之一的,由县级以上人民政府食品安全监督管理部门责令改正,给予警告;拒不改正的,处五千元以上五万元以下罚款;情节严重的,责令停产停业,直至吊销许可证:

(一)食品、食品添加剂生产者未按规定对采购的食品原料和生产的食品、食品添加剂进行检验;

(二)食品生产经营企业未按规定建立食品安全管理制度,或者未按规定配备或者培训、考核食品安全管理人员;

(三)食品、食品添加剂生产经营者进货时未查验许可证和相关证明文件,或者未按规定建立并遵守进货查验记录、出厂检验记录和销售记录制度;

(四)食品生产经营企业未制定食品安全事故处置方案;

(五)餐具、饮具和盛放直接入口食品的容器,使用前未经洗净、消毒或者清洗消毒不合格,或者餐饮服务设施、设备未按规定定期维护、清洗、校验;

(六)食品生产经营者安排未取得健康证明或者患有国务院卫生行政部门规定的有碍食品安全疾病的人员从事接触直接入口食品的工作;

（七）食品经营者未按规定要求销售食品；

（八）保健食品生产企业未按规定向食品安全监督管理部门备案，或者未按备案的产品配方、生产工艺等技术要求组织生产；

（九）婴幼儿配方食品生产企业未将食品原料、食品添加剂、产品配方、标签等向食品安全监督管理部门备案；

（十）特殊食品生产企业未按规定建立生产质量管理体系并有效运行，或者未定期提交自查报告；

（十一）食品生产经营者未定期对食品安全状况进行检查评价，或者生产经营条件发生变化，未按规定处理；

（十二）学校、托幼机构、养老机构、建筑工地等集中用餐单位未按规定履行食品安全管理责任；

（十三）食品生产企业、餐饮服务提供者未按规定制定、实施生产经营过程控制要求。

餐具、饮具集中消毒服务单位违反本法规定用水，使用洗涤剂、消毒剂，或者出厂的餐具、饮具未按规定检验合格并随附消毒合格证明，或者未按规定在独立包装上标注相关内容的，由县级以上人民政府卫生行政部门依照前款规定给予处罚。

食品相关产品生产者未按规定对生产的食品相关产品进行检验的，由县级以上人民政府食品安全监督管理部门依照第一款规定给予处罚。

食用农产品销售者违反本法第六十五条规定的，由县级以上人民政府食品安全监督管理部门依照第一款规定给予处罚。

《食品安全法》第一百四十九条：违反本法规定，构成犯罪的，依法追究刑事责任。

（2）立法修正

建议将《食品安全法》第四条第二款修改为：食品生产经营者应当依照法律、法规和食品安全标准从事生产经营活动，建立有效的食品安全合规管理制度，保证食品安全，诚信自律，对社会和公众负责，接受社会监督，承担社会责任。

建议在《食品安全法》第七十四条之后增设第二款：从事特殊食品生产的经营者必须建立有效的食品安全合规管理制度。

建议在《食品安全法》第一百二十六条中增设一款，作为该条第十一

款,该条原第十一款至第十三款依次往后顺延,新增第十一款规定为:特殊食品生产经营企业未按规建立有效的合规管理制度。

建议将《食品安全法》第一百四十九条修改为:违反本法规定,构成犯罪的,依法追究刑事责任。在对食品生产经营企业实施违反本法规定行为的责任认定上,应当考虑食品安全合规管理制度的建设情况。

2. 立法理由

第4条第2款的立法理由:“民以食为天”,食品安全一直是关系到人民生活幸福感的重要事业。尤其是近年来,一系列食品安全问题的曝光,如毒奶粉事件、保健品造假案件、过期食品导致食物中毒事件等,无一不牵动国民的神经,从事食品生产经营的企业必须在追求利润的同时,肩负维护食品安全的社会责任,建立合规管理制度即是其中的关键一环。有效的合规管理制度便是企业使其生产经营活动符合法律法规要求的微观体现,是一种内嵌于食品企业的运行机制,能够成为防范食品安全风险的重要抓手,实现食品安全问题的有效治理。

第74条第2款和第126条的立法理由:立法修正的目的是在于明确特殊食品生产经营企业的强制合规管理义务。国家对特殊食品实行严格监督管理模式。特殊食品包括保健食品、特殊医学用途配方食品和婴幼儿配方食品等,这类食品的使用者以儿童、老年人等相对弱势群体为主,由于身体能力、社会话语权等因素,其健康利益容易受到侵害,因此,本法突出对其进行特殊保护。具体到食品安全合规领域,应当对普通食品和特殊食品区别对待,对前者的生产经营企业更多采用鼓励性的合规激励,对后者则要求强制建立事前的合规管理制度。与严格监督管理模式形成呼应,在立法上对特殊食品采用强制的事前合规制度,从逻辑上可以推导出惩罚机制的应然性,即一旦特殊食品的生产经营企业未能按照强制性规定建立有效的合规管理制度,应当承担一定的行政处罚后果。这也构成了特殊食品安全合规管理的反向激励,对于形成普通食品、特殊食品的二元监管格局有重要意义。

第149条的立法理由:本条立法修正的核心要义在于明确规定食品生产经营企业的合规激励机制,即在其实施违反本法规定的行为时,如已建立有效合规管理制度或有效开展合规整改的,可以获得从宽处理。尽管该等企业实施了违反本法规定的行为,造成了一定的危害后果,但是如果经过审慎的检验能够查明,其已经建立了合乎有效性标准的合规管理制度,则意味着其已经尽到法律法规要求的规范义务,其违法性较低;如果该等企业在此前尚未建立合规制度,但是在事后能够积极配合主管机关的整改要求,制定有效的合规计划,并由此建立有效的风险预防体系,对其处罚的必要性也大大降低,从宽处理不存在理论障碍。

3. 立法说明

第4条第2款的立法说明:其一,合规管理制度的主体是食品生产经营企业。本条文规定于《食品安全法》的第一章"总则",是从事食品生产经营活动的基本遵循。第1款明确规定食品生产经营者是食品安全的责任主体,自然也是为确保食品安全而设置的合规管理制度的责任主体。其二,合规管理制度的规范来源包括法律、法规和食品安全标准。为实现有效的食品安全风险防范,食品生产经营者在建立合规管理制度时,不应局限于狭义的法律规范,而应当扩充合规之"规",确保食品生产、经营的全流程不仅合乎法律,也应当满足行政法规、部门规章、地方性法规以及有关食品安全标准的要求,才能进行足够严密的风险管理,建立高质量的合规体系。其三,合规管理制度应当具备有效性。合规实践中形式化的问题极为突出,一方面为企业增加了经营负担,另一方面也并未取得预期成效,无法满足法律与民众对于食品安全的期待。因此,应当深入食品企业的运行机制,洞悉其发展规律,建立食品安全合规的有效性标准,指引食品企业合规生产经营。

第74条第2款和第126条的立法说明:本部分的两条立法修正建议是互相印照的关系。第一,特殊食品生产经营者应当建立有效的合规管理制度。本法中的原有条文尽管注意到了特殊食品的特殊意义,但是仅要求"特殊食品生产企业建立生产质量管理体系",一方面,其规范的主体范围较窄,不能涵盖经营企业,另一方面,生产质量管理体系的内涵也较为狭窄,无法对特殊食品的各种风险进行妥当处理。因此,在第74条中增设第2款,明确规定规范主体同时包含特殊食品的生产、经营企业,并且其建立的合规管理制度必须经过有效性标准的检验。第二,对未按规定建立有效合规管理制度的特殊食品生产经营企业予以必要处罚。与前述说明形成呼应,对特殊食品生产经营企业的罚则也应当另行规定,该等企业未能建立有效的合规管理制度,应当由县级以上人民政府食品安全监督管理部门责令改正,给予警告;拒不改正的,处5000元以上50,000元以下罚款。但是,应当值得注意的是,尽管本条也对情节严重的情形规定了责令停产停业直至吊销许可证的严厉处罚,但是由于企业未建立有效合规管理制度只是一种不作为的状态,且不一定伴随严重的危害后果,甚至往往此时食品安全事故仍未发生,因此,应当谨慎适用特别严厉的处罚。

第149条的立法说明:新增规定属于合规从宽条款,与本法第126条对特殊食品生产经营企业的罚则并不冲突,两者是一般条款与特别条款的关系。本条要求食品监管机关在对食品生产经营企业的处罚上,将企业食品安全合规作为评价依据。食品监督管理部门或其他行政主体认为食品生产经营企业实施了违反本法规定的行为,拟对其处以罚款、吊销许可证等行政处罚时,应当考察该企业是否已经建立有效的合规管理制度,如是,则应当对其减轻或免除处罚。即使食品生产经营企业在实施违反本法规定的行为时,尚未建立有效的合规管理制度,主管机关也可以对其规定一定的期限,要求开展合规整改,如该等企业能够积极配合,妥当修复其违法行为产生的负面结果,建立合规管理制度并经主管机关的有效性审查,应当对其从宽处理,由于事后合规无法完全抹消既有违法行为的全部影响,因此,应当与事前合规形成区别化对待,即此时对相关企业从轻、减轻或者免除处罚。同时,该条款也包括了企业事后进行刑事合规的情形,即在对企业进行行政处罚时,应当将事前刑事合规的情形作为行政处罚的考量因素。

八、《药品管理法》的合规激励立法修正方案

1. 立法条文

(1)立法原文

《药品管理法》第七条:从事药品研制、生产、经营、使用活动,应当遵守法律、法规、规章、标准和规范,保证全过程信息真实、准确、完整和可追溯。

《药品管理法》第一百一十四条:违反本法规定,构成犯罪的,依法追究刑事责任。

(2)立法修正

建议将《药品管理法》第七条修改为:从事药品研制、生产、经营、使用活动,应当遵守法律、法规、规章、标准和规范,建立有效的药品安全合规管理制度,保证全过程信息真实、准确、完整和可追溯。

建议将《药品管理法》第一百一十四条修改为:违反本法规定,构成犯罪的,依法追究刑事责任。在对药品生产经营企业实施违反本法规定行为的责任认定上,应当考虑药品安全合规管理制度的建设情况。

2. 立法理由

第7条的立法理由:随着我国经济的迅速增长,国民人均寿命大幅提高,民众对于健康生活的追求不断向质量要素纵深发展。确保药品研制、生产、经营、使用全流程合法合规,符合社会利益的重大关切。近年来,药品监督管理部门开展了持续数年的强监管执法,药品行业中的诸多法律问题暴露无遗。在药品研制环节,违规开展药物临床试验;在生产环节,生产假药、劣药案件层出不穷;在经营环节,医药采购贿赂、依托互联网违规经营等屡见不鲜;在药品使用环节,医疗机构违规用药致人伤亡等。药品行业的健康有序发展呼吁建立药品安全管理合规制度,将合规内嵌于企业从设立到风险防范和危机处置的全流程,既可以促进药品企业安全生产、规范经营,也能在企业受到行政处罚乃至刑事制裁的时减轻企业责任。

第114条的立法理由:本条立法修正的核心要义在于明确规定当根据《药品管理法》的规定对企业处以行政处罚时,应当对已建立有效合规管理制度或有效开展合规整改的企业予以从宽处理,以形成对企业建立合规管理制度的激励机制。该条的立法理由与《食品安全法》第149条的立法修正理由相同。一方面,企业在违法事件发生前已建立有效的合规管理制度,意味着其已经履行了法律法规所期许的管理义务,对药品研制、生产、经营、使用等活动已足具规范谨慎性,仍然无法避免该等违法行为的产生,法律不应当对其进行过分谴责;另一方面,企业违法后,积极配合行政机关或第三方监管人的要求,开展合规整改,修复被侵害的法益,并建立指向未来的违法风险防范机制,对其处罚的必要性和特殊预防需求大大降低,为从宽处理提供了理论基础。

3. 立法说明

第 7 条的立法说明：本条规定于《药品管理法》的第一章“总则”，是从事药品行业的基本遵循。原条文要求从事药品研制、生产、经营、使用活动的主体应当遵守法律、法规、规章、标准和规范，是一种外部参照的视角，本立法建议稿进一步要求明确规定企业内部应当建立合规管理制度，是在企业内部对前述规范的呼应与落实。在药品企业合规实践中，存在大量“纸面上的合规”，即只在形式意义上具备了标准化流程，或仅仅止步于一系列的规章制度，但并未对药品企业因何违法违规的机制进行深入探究，也因此无法真正实现合规制度的应然目的。因此，必须在立法上明确合规管理制度的“有效性”要求，并进一步在实践经验总结、域外立法归纳的基础上细化有效性标准。

第 114 条的立法说明：药品监督管理部门或其他行政主体认为药品企业实施了违反本法规定的行为，拟对其处以罚款、责令停产停业整顿、责令限期改正、吊销资格等行政处罚时，应当考察该等企业药品安全合规管理制度的建设情况，应当根据事前合规或事后合规的情况，对企业做出符合比例原则的处罚。

九、《公司法》的合规激励立法修正方案

1. 立法条文

(1) 立法原文

《公司法》第五条：公司从事经营活动，必须遵守法律、行政法规，遵守社会公德、商业道德，诚实守信，接受政府和社会公众的监督，承担社会责任。

《公司法》第二十一条：公司的控股股东、实际控制人、董事、监事、高级管理人员不得利用其关联关系损害公司利益。

违反前款规定，给公司造成损失的，应当承担赔偿责任。

(2) 立法修正

建议将《公司法》第五条修正为：公司从事经营管理活动，必须遵守法律、法规、规章与章程的规定，遵守社会公德、商业道德，遵守国际规约

与商业惯例,诚实守信,接受政府和社会公众的监督,承担社会责任。

建议在《公司法》第二十一条之下增设一款,作为第二款,原第二款顺延为第三款,新增第二款内容为:公司应当采取有效措施确保与合作方的合作事项持续满足合规管理需要。

建议在第二百一十四条之后增加一条规定,作为第二百一十五条:公司违反本法规定,依法应受行政处罚的,应当积极开展合规整改,接受监督评估。

在对公司进行行政处罚时,应当将公司合规制度建设情况作为处罚裁量的依据之一。

2. 立法理由

第5条的立法修正理由:阐明企业合规之规范依据。立规方能明矩,企业合规的前提是明确企业需要遵守哪些规范。守法合规是任何企业必须遵守的基本原则,企业经营管理除了需要遵守法律、行政法规之外,还应当遵守地方性法规、部门或地方政府规章等规范性文件,以及企业制定的章程,如此才能保障在守法中防范风险、在合规中提升综合竞争力。推动企业合规走向国际化。近年来,我国企业在国际市场频频受挫,中兴、华为等事件警醒我们,面对当下复杂多变的国际经济形势与日趋严格的国际竞争环境,我国企业要与国际接轨,除了不断增强技术竞争力之外,还必须适应国际规则加强合规建设。在《公司法》中规定企业经营管理需要"遵守国际规约与商业惯例",有助于引导我国企业积极借鉴域外成熟经验,健全合规管理体系,实现企业"走出去"可持续发展。

第21条第2款的立法修正理由:管理好合作方(关联第三方)是企业合规的应有之义。社会分工的精细化使现代企业之间的交流合作越发普遍和深刻,然而,企业在合作中既能创造价值,同时也共担着经营风险与法律责任,对合作方的管理义务由此成为企业合规不可或缺的重要环节。在《公司法》中增加规定企业对合作方的管理责任,督促企业建立与合作方的风险共担机制,划定企业与合作方责任共担的范围与限度,推进企业合规改革深化。

新增第215条的立法理由:吸收企业合规改革的最新成果,规定涉案企业合规整改义务与合规有效性的监督评估机制,明确事前合规与事后合规的法效果。对涉案企业合规整改是我国企业合规改革的重要经验,最高人民检察院于2021年先后发布两批合规典型案例，着重强调要通过合规整改督促涉案企业加强自我管理、堵截风险漏洞；与之适应，要建立合规整改有效性的监督评估机制，为此，最高人民检察院联合司法部等有关部门发布了《关于建立涉案企业合规第三方监督评估机制的指导意见(试行)》《涉案企业合规建设、评估和审查办法(试行)》等规范性文件。对于企业而言，合规的最大动力在于卸责，根据企业合规管理体系的建设情况，区分事前合规与事后合规，分别赋予不同的法效果，督促企业积极建立合规管理体系。将长期累积的改革经验上升为立法规范，有助于充分释放治理效能，进一步在法治下推进改革、在改革中完善法治。

3. 立法说明

第5条的立法修正说明：《公司法》第5条对公司守法经营作出原则性规定，但该规定未能有效涵括合规的规范依据，需予以调整。第一，将“公司从事经营活动”改为“公司从事经营管理活动”。因为公司不仅对外经营需要合规，对内管理也需要合规，建立现代化的管理体系与规章制度。第二，将“遵守法律、行政法规”改为“遵守法律、法规、规章与章程”。部门规章是各个领域合规改革的经验成果；地方性法规与地方政府规章是企业合规建设地方经验的法治表达，章程是企业内部合规的直接依据，以公司立法形式将以上规范纳入进来、巩固企业合规改革初步成果，为企业合规改革纵深推进奠定坚实的法律基础。第三，增加规定“遵守国际规约与商业惯例”，引导企业适应国际规则的深刻调整，坚定实施“走出去”的国际化发展战略。

第21条第2款的立法修正说明：第三方关联责任的本质是共同体责任，即企业与合作方(关联第三方)合意成为风险承担的共同体。然而，合规的主体责任是管理好自身，对合作方(关联第三方)的管理责任相对次要，需要进行适度限制。基于企业合规改革的中国经验，宜选择“合作事项”作为企业与合作方合规管理的连接点，规定双方共同的合规管理义务限于“合作事项”，即“公司应当采取有效措施确保与合作方的合作事项持续满足合规管理需要”。考察合规的一般法效果，应当允许企业从第三方关联责任中退出，企业若对合作方采取了合理的合规管理措施、尽到了合规管理责任，就可以从责任共同体中退出或免除责任，这也是将连接点限定为“合作事项”的暗含之意。这样的公司立法设计，既充分吸收改革成果确立了合规的第三方关联责任,又为该项责任划定了相对合理的范围。

新增第 215 条的立法说明:现行《公司法》中没有单独规定企业合规及其法律效果,需要新增条文将这一最重要成果固定下来。一方面,明确了企业行政违法的合规整改义务,在立法层面促进涉案企业加强自我监督,完善合规管理体系;吸收改革经验,在立法上明确建立保障合规整改有效性的监督评估机制。另一方面,全面涵盖事前合规与事后合规,将合规制度建设的整体情况作为对公司违法处罚的评价依据之一,可以最大限度鼓励公司进行合规治理。对于事前已经建立完善合规管理体系的公司,应当认为该企业已经尽到了充分的合规管理义务,对此类涉案企业给予充分激励,"应当"减轻或免除处罚。对尚未建立完善合规管理体系的企业,在违法行为或犯罪行为发生后积极开展合规整改建立有效合规管理体系,给予一定激励,"可以"从轻或者减轻处罚,适度卸除责任。对事前合规与事后合规规定不同的法效果,体现了立法上的比例原则,保障了立法规范的合理性。

十、《商业银行法》的合规激励立法修正方案

1. 立法条文

(1)立法原文

《商业银行法》第五十九条:商业银行应当按照有关规定,制定本行的业务规则,建立、健全本行的风险管理和内部控制制度。

《商业银行法》第六十一条:商业银行应当按照规定向国务院银行业监督管理机构、中国人民银行报送资产负债表、利润表以及其他财务会计、统计报表和资料。

《商业银行法》第七十五条:商业银行有下列情形之一,由国务院银行业监督管理机构责令改正,并处二十万元以上五十万元以下罚款;情节特别严重或者逾期不改正的,可以责令停业整顿或者吊销其经营许可证;构成犯罪的,依法追究刑事责任:

(一)拒绝或者阻碍国务院银行业监督管理机构检查监督的;

(二)提供虚假的或者隐瞒重要事实的财务会计报告、报表和统计报

表的；

（三）未遵守资本充足率、资产流动性比例、同一借款人贷款比例和国务院银行业监督管理机构有关资产负债比例管理的其他规定的。

《商业银行法》第七十七条：商业银行有下列情形之一，由中国人民银行责令改正，并处二十万元以上五十万元以下罚款；情节特别严重或者逾期不改正的，中国人民银行可以建议国务院银行业监督管理机构责令停业整顿或者吊销其经营许可证；构成犯罪的，依法追究刑事责任：

（一）拒绝或者阻碍中国人民银行检查监督的；

（二）提供虚假的或者隐瞒重要事实的财务会计报告、报表和统计报表的；

（三）未按照中国人民银行规定的比例交存存款准备金的。

《商业银行法》第九十条：商业银行及其工作人员对国务院银行业监督管理机构、中国人民银行的处罚决定不服的，可以依照《中华人民共和国行政诉讼法》的规定向人民法院提起诉讼。

（2）立法修正

建议在《商业银行法》第五十九条之下增设一款，作为本条第二款：商业银行应当依照有关规定设立合规管理部门，建立、健全与自身经营范围、组织结构和业务规模相适应的合规风险管理体系。

建议在《商业银行法》第六十一条后增设一款，作为本条第二款：商业银行应当按照规定建立合规备案与合规报告制度。

建议将《商业银行法》第七十五条第二项修改为：提供虚假的或者隐瞒重要事实的报告、报表和统计报表的。

建议将《商业银行法》第七十七条第二项修改为：提供虚假的或者隐瞒重要事实的报告、报表和统计报表的。

建议在《商业银行法》第九十条之下增设一款，作为本条第一款，原第一款修改为第二款，新增第一款内容为：商业银行违反本法所规定行为的，应当进行合规整改，合规整改情况可作为对商业银行及其直接责任人员处罚的依据。

2. 立法理由

第59条第2款的立法理由：立法修正的目的在于建立商业银行的强制合规制度，强制性合规义务的设立将有力推动商业银行建立健全并充分执行行业合规标准,以独立权威的合规管理部门与合规负责人为支点,与建议增设的合规报告制度与合规处罚减免制度一同,引导行业合规风险管理体系迈向体系化、标准化、有效化。根据《商业银行合规风险管理指引》(银监发〔2006〕76号)的有关规定,合规管理是商业银行的核心风险管理活动之一,商业银行应建立适当的合规风险管理体系。通过新增本款规定,可与上述规范性文件的第二章、第三章规定的合规义务相契合,并通过该规范性文件对董事会、监事会和高级管理层的合规管理职责,以及对合规管理部门职责的详细规定得到进一步细化,有助于发挥该规范性文件的实际效用。

第61条第2款的立法理由:本款设立的目的在于通过合规备案与合规报告制度加强合规风险监督。作为强制性义务,外部监管是合规风险管理体系建设的必要保障。合规备案制度与合规报告制度能够提升商业银行建设合规风险管理体系的积极性,也是银保监会、中国人民银行参与商业银行合规风险管理日常监督的途径与法定依据。此外,新增本款规定,也可以实现与《商业银行合规风险管理指引》的进一步衔接。该规范性文件的第四章规定了合规风险的监督路径,建议新增的本款将与该规范性文件第26~29条的相关规定相互衔接,推动商业银行日常合规风险管理体系建设。

第75条第2项与第77条第2项的立法理由:两项规定删除了"财务会计"的限制后,可以涵括合规备案和合规报告制度,可为合规备案制度与合规报告制度的实施提供保障。同时,也可以弥补《商业银行合规风险管理指引》未赋予银保监会对商业银行合规备案以及合规报告的处罚权之不足,从而加强商业银行强制合规的效果。

第90条第1款的立法理由:本款规定为金融合规责任减免制度,通过合规整改,为商业银行及其工作人员行政处罚的减免提供法定依据,从而避免停业整顿、吊销经营许可证等严重后果的出现。

3. 立法说明

第59条第2款的立法说明:本款前半段的"有关规定"对应《商业银行合规风险管理指引》中的第三章。根据该规范性文件的规定,合规管理部门应当在合规负责人的管理下协助高级管理层有效识别和管理商业银行所面临的合规风险,具有提供合规建议、制定并执行合规管理计划、审核各项政策、程序的合规性等九大职能。合规管理部门及其负责人应当具有独立性并享有充分的资源。本款后半段对应《商业银行合规风险管理指引》中的第一、二、三、四章,主要为第二章。根据该规范性文件的规定,合规风险管理体系应当包括合规政策、合规管理部门的组织结构和资源、合规风险管理计划、合规风险识别和管理流程、合规培训与教育制度五种基本要素。高级管理层应当有效管理商业银行的合规风险,建立合规绩效考核、合规问责制度、诚信举报制度等保证合规计划的有效实施。

第 61 条第 2 款的立法说明:根据《商业银行合规风险管理指引》第四章的有关规定,"合规备案制度"是指商业银行应当及时将合规政策、合规管理程序和合规指南等内部制度向银保监会备案。根据《商业银行合规风险管理指引》第四章的有关规定,"合规报告制度"包括以下几个部分:一是应当及时向银保监会报送合规风险管理计划和合规风险评估报告;二是发现重大违规事件后按照重大事项报告制度的规定向银保监会报告;三是合规负责人的任命、离职的报告。

第 75 条第 2 项与第 77 条第 2 项的立法说明:依据《商业银行合规风险管理指引》的有关规定,立法修正所提出的"报告、报表和统计报表"既包括原有的"财务会计报告、报表和统计报表",也包括商业银行向银保监会、中国人民银行提供的合规内部制度报告、合规风险管理计划和合规风险评估报告以及在重大违规事件发生时的重大事项报告。

第 90 条第 1 款的立法说明:由于本立法建议对商业银行采取了强制合规的制度设计,将合规作为市场准入条件,任何一家商业银行进入金融市场都需要构建金融安全合规体系,不遵守强制性合规的管理要求,不及时进行合规备案或向主管部门报告的,将接受处罚。故而,本款所指的合规仅指事后合规,即使根据本法规定仅对直接责任人员进行处罚的,商业银行也应当进行合规整改。在事后合规的情形下,商业银行应当在主管部门的监督下完成合规整改,并根据整改效果,给予不同程度的从宽处理。这种从宽处理,既包括了对银行机构的处理,也包括了在仅处罚直接责任人员的情形下对直接责任人员的从宽处理。

十一、《保险法》的合规激励立法修正方案

1. 立法条文

(1)立法原文

《保险法》第八十五条：保险公司应当聘用专业人员，建立精算报告制度和合规报告制度。

《保险法》第一百七十一条：保险公司、保险资产管理公司、保险专业代理机构、保险经纪人违反本法规定的，保险监督管理机构除分别依照本法第一百六十条至一百七十条的规定对该单位给予处罚外，对其直接负责的主管人员和其他直接责任人员给予警告，并处一万元以上十万元以下的罚款；情节严重的，撤销任职资格。

(2)立法修正

建议在《保险法》第八十五条增设一款，作为本条第一款，原第一款改为第二款，新增第一款内容为：保险公司应当依照有关规定设立合规管理部门，建立、健全与自身经营范围、组织结构和业务规模相适应的合规风险管理体系。

建议在《保险法》第一百七十一条之后增加一款，作为本条第二款，该款内容为：保险公司违反本法所规定行为的，应当进行合规整改，合规整改情况可作为对商业银行及其直接责任人员处罚的依据。

2. 立法理由

第85条第1款的立法理由：本条文的设置目的与《商业银行法》第59条第2款相同，即规定了对保险公司的强制合规制度。通过设立该条款，可以与原《保险法》第85条、第86条相衔接，与《保险法》规定的保险公司合规报告制度相协调，促进保险公司合规风险管理体系的全面发展。根据《保险公司合规管理办法》(保监发〔2016〕116号)的有关规定，保险公司应当按照该规范性文件的规定建立合规管理制度，完善合规管理架构，明确合规管理责任。建议新增的条文与该规范性文件的第二章、第三章、第四章规定的合规义务相契合，并通过该规范性文件对董事会、监事会和高级管理层的合规管理职责，合规负责人和合规管理部门的组织架

构,以及合规管理的具体内容的有关规定进一步细化合规标准,有助于推动保险公司合规走向正规化。

第 171 条第 2 款的立法理由:条文的设置目的与《商业银行法》第 90 条第 1 款相同,即规定了保险公司合规责任减免制度,通过合规整改,为保险公司及其工作人员行政处罚的减免提供法定依据,从而避免停业整顿、吊销经营许可证等严重后果的出现。

3. 立法说明

第 85 条第 1 款的立法说明:第 85 条第 1 款前半段的“有关规定”对应《保险公司合规管理办法》中的第三章。根据该规范性文件的规定,保险公司应当设立负责人,负责人属于保险公司的高级管理人员。合规管理部门具有独立性,对董事会负责,总公司与分公司均应设立合规管理部门。合规管理部门履行制定、修改合规政策与年度合规管理计划等 12 项职能。第 85 条第 1 款后半段对应《保险公司合规管理办法》中的第一、二、三、四章,特别是第二、四章。根据该规范性文件的规定,保险公司应当建立三道防线的合规管理框架,保险公司各部门和分支机构为第一道防线,保险公司合规管理部门和合规岗位为第二道防线,内部审计部门为第三道防线。保险公司应当制定合规政策、相关规章制度,评估合规风险,提供合规风险报告,建立合规考核和问责机制,开展合规培训,建立有效的信息系统。

第 171 条第 2 款的立法说明:本款立法说明与《商业银行法》第 90 条第 1 款的立法说明相同。由于本立法建议对保险银行采取了强制合规的制度设计,将合规作为市场准入条件,任何一家保险公司进入保险市场均需要构建保险合规体系,不遵守强制性合规的管理要求,不及时向主管部门报告的,将接受行政处罚。故而,本款所指的合规仅指事后合规,在事后合规的情形下,保险公司应当在主管部门的监督下完成合规整改,并根据整改效果,给予不同程度的从宽处理。

十二、《证券法》的合规激励立法修正方案

1. 立法条文

(1)立法原文

《证券法》第一百二十八条:证券公司应当建立健全内部控制制度,采取有效隔离措施,防范公司与客户之间,不同客户之间的利益冲突。

证券公司必须将其证券经纪业务、证券承销业务、证券自营业务、证券做市业务和证券资产管理分开办理,不得混合操作。

《证券法》第二百二十条:违反本法规定,应当承担民事赔偿责任和缴纳罚款、罚金、违法所得,违法行为人的财产不足以支付的,优先用于承担民事赔偿责任。

《证券法》第二百二十四条:境内企业直接或者间接到境外发行证券或者将其证券在境外上市交易,应当符合国务院的有关规定。

(2)立法修正

建议在《证券法》第一百二十八条之下新增一款,作为该条第三款:证券公司应当依照有关规定设立合规管理部门,建立、健全与自身经营范围、组织结构和业务规模相适应的合规风险管理体系。

建议在《证券法》第二百二十条之下增设一款,作为该条第二款:对单位进行罚款的,应当根据其承担民事赔偿责任的情况,以及证券合规管理制度的建设情况等,决定罚款的数额。

建议将《证券法》第二百二十四条修改为:境内企业直接或者间接到境外发行证券或者将其证券在境外上市交易,应当符合国务院的有关规定,并建立有效的合规管理体系。

2. 立法理由

第128条第3款的立法理由:立法修正的目的在于建立证券公司的合规制度,在《证券公司和证券投资基金管理公司合规管理办法》(以下简称《办法》)、《证券公司合规管理实施指引》(以下简称《指引》)中,单位的合规总监、合规部门和合规管理人员,均已在证券公司的治理结构中占据了重要地位,如《指引》第15条第2款第2项明确规定了“公司董事

会、监事会、高级管理人员、合规总监或合规部门”，即将合规总监与合规部门作为与董事会、监事会、高级管理人员并列的部门或职位。故而，应当在立法上对证券公司的合规治理予以明确规定。

第220条第2款的立法理由：之所以对该条进行修改，主要是因为当前《证券法》的合规制度，主要集中于行政事后合规，缺乏事前合规的激励机制。根据《证券法》第171条的规定，在证监会对涉案单位或个人进行调查期间，只要被调查的当事人通过书面申请，承诺限期纠正违法行为、赔偿损失、消除损害或不良影响，证监会便可以中止对其的调查；倘若其履行了该承诺，证监会也可以终止对其的调查。当然，如果未履行承诺或者存在其他情形，证监会也有权恢复调查。“合规承诺制度”属于行政事后合规，在遭受调查并可能受到处罚的情况下，的确会使涉案单位积极整改，但这样的合规具有明显的被动性，而非企业自发的、融入企业文化的合规。因此，应当加入事前合规的规定，对于那些积极建立企业的合规文化、搭建企业的合规体系的主体，应当予以正向的激励；尤其对那些已经充分履行合规义务的单位，如果发现单位员工的违法行为，是其无论如何都避免不了的，应当避免对企业进行过度的惩罚，以此践行“法不强人所难”的法治原则。

第224条的立法理由：涉及跨境上市交易的证券，具有强制合规的必要性。之所以近几年来合规引发国内重点关注，是因为我国企业在“走出去”的过程中，频繁遭受国外制裁。例如，中兴通讯事件中，中兴通讯除了承担巨额罚款以及缴纳保证金，还要接受由美国商务部选派的合规协调小组的十年常驻，对中兴的合规状况进行实时监控整改。以美国为首的西方国家，已经建立起一套完整的合规体系，倘若我国不提升证券公司的涉外业务的合规义务承担，必将大大降低其核心竞争力，在国际竞争中处于被动挨打的地位。因此，也在涉及跨境发行证券或者上市交易等领域内，境内证券公司应当建立有效的合规管理体系，履行更高的合规义务。通过建立公司海外上市的强制合规制度，有助于以点带面，从涉外证券业务的强制合规，推动整个证券行业乃至各行业建立完善有效的合规管理制度。

3. 立法说明

第128条第3款的立法说明：在证券行业内，《办法》与《指引》已经先试先行，为合规治理纳入证券公司的治理架构作出了积极尝试和探索。对于本款规范内容的理解,应当参考《办法》与《指引》的相关内容。

第 220 条第 2 款的立法说明:新增本款规定的重点是将合规制度建设情况规定为“罚款数额”的影响因素。监管部门在对证券公司进行处罚时,应当考察证券公司有关证券活动合规管理制度的建设情况,在已经构建合规管理制度的情形下,应当对其从宽处罚。即使证券公司在实施违反本法规定的行为时,尚未建立有效的合规管理制度,主管机关也可以对其规定一定的期限,要求开展合规整改,如该等企业能够积极配合,消除违法原因、修复损害,建立合规管理制度并经过主管机关的有效性审查,应当对其从宽处理,但其从宽力度应当低于事前合规的情形。同时,该条款也包括了刑事合规的情形,即在“刑事先行”的情形下,对公司的行政处罚在刑事处罚之后时,应当将之前刑事合规的情形作为行政处罚的考量因素。

第 224 条的立法说明:本条立法建议的内容,主要对境内涉及跨境发行证券或者跨境上市交易的证券公司,要求其建立有效的合规管理体系。2018 年国家发改委联合外交部、商务部、人民银行、国资委、外汇局、全国工商联等七个部门制定发布了《企业境外经营合规管理指引》;2021 年国家市场监督管理总局也发布了《企业境外反垄断合规指引》。这些先试先行的指引,都要求海外上市企业承担更为严格的合规管理义务,也成为对本条规范内容解释的主要依据。

十三、《对外贸易法》的合规激励立法修正方案

1. 立法条文

(1)立法原文

《对外贸易法》第十条:从事国际服务贸易,应当遵守本法和其他有关法律、行政法规的规定。

从事对外劳务合作的单位,应当具备相应的资质。具体办法由国务院规定。

(2)立法修正

建议在《对外贸易法》第十条之下增设一款,作为该条第三款:对外贸易经营者建立有效的对外贸易合规制度的,对外贸易管理部门可以对其给予登记备案、授权许可等方面的便利措施。具体办法由国家对外贸易主管部门规定。

2. 立法理由

我国经济发展的双循环格局促使产业结构和供应链结构发生调整，而外贸企业首先面临各种困难和挑战。因此，要规避法律风险、实现自身健康发展，外贸企业就必须积极搭建内部合规体系，编制有效的合规计划。同时，《对外贸易法》与《出口管制法》密不可分，二者的调整对象存一定程度的交叉。在《出口管制法》已经明确规定企业合规制度的情况下，《对外贸易法》也应及时跟进，确保规范之间的协调性。此外，将为登记备案或授权许可等方面提供便利作为外贸企业制定合规计划或者实施有效合规计划的奖励，不仅可为外贸企业开展对外业务提供更多的指导和便利，而且可以正向激励民营企业积极构建合规制度，提升企业进行自我管理、自我纠错的积极性和主动性。

3. 立法说明

对外贸易合规制度的有效性，可以从以下方面进行评估：企业的董事长、总裁、总法律顾问或者首席合规官是否定期发布声明表达公司的合规要求和违反出口管制法律的合规责任等重要事项；企业是否结合其行业环境和具体业务找出合规管控的薄弱环节并加以整改；企业是否从合规要求出发对其业务流程进行合规管控；企业是否有专人提供进出口外贸的合规培训；企业管理层是否支持并鼓励员工及时提出合规咨询并及时识别和惩处违规行为。对于建立有效合规计划且运行良好的对外贸易企业，对外贸易管理部门可以通过简化登记备案流程、建立授权许可快速通道、引入"告知—同意"制度、推行远程在线审核等，为企业提供便利；以简化行政程序、缩短受理时间、提高办事效率的方式，激励企业加强内部合规建设。同时需要注意的是，基于从事对外贸易的主体和业务类型的差异，有关便利措施需要授权国务院对外贸易主管部门有针对性地制定。

十四、《出口管制法》的合规激励立法修正方案

1. 立法条文

(1)立法原文

《出口管制法》第三十九条：违反本法规定受到处罚的出口经营者，

自处罚决定生效之日起，国家出口管制管理部门可以在五年内不受理其提出的出口许可申请；对其直接负责的主管人员和其他直接责任人员，可以禁止其在五年内从事有关出口经营活动，因出口管制违法行为受到刑事处罚的，终身不得从事有关出口经营活动。

国家出口管制管理部门依法将出口经营者违反本法的情况纳入信用记录。

(2)立法修正

建议在《出口管制法》第三十九条之下增加一款，作为该条第三款：国家出口管制管理部门对对外贸易经营者进行处罚时，应当综合考虑单位出口管制合规制度的建设情况。

2. 立法理由

以介入时间为轴，企业合规可分为事前合规与事后合规。事前合规是在企业制定管理体制、财务制度和商业模式时，同步进行合规建设，促进企业履行合规义务，规避违法犯罪风险，事前合规主动性较强。事后合规则是企业根据已发生的违法犯罪行为，积极采取合规整改，杜绝相同或类似违法犯罪行为再次发生，并争取从轻、减轻或者免除处罚。只有将事前合规与事后合规相结合，形成全链条的合规体系，才能最大限度地发挥合规制度在防范法律风险、维护企业发展方面的优势。《出口管制法》第5条第4款明确规定了出口管制的合规制度，要求有关部门适时发布指南，引导经营者建立健全出口管制内部合规体系，规范经营行为。该法第14条还规定了作为合规激励机制的许可便利措施，即出口经营者建立出口管制内部合规制度且运行情况良好的，有关部门可对其出口有关管制物项给予通用许可等便利措施。然而《出口管制法》中却没有关于事后合规的规定，对于开展了合规整改的经营者也未在处罚上予以宽宥。这不仅导致出口管制合规体系不完整，还会弱化企业进行合规整改的积极性，使得出口管制有效合规效果不彰。因此，有必要在法律责任中对事后合规予以明确，与本法第14条的合规激励机制相呼应。

3. 立法说明

《出口管制法》第33～38条均适用本法第39条之规定。因此，对于本法第33～38条作出规定的，诸如出口经营者未取得相关管制物项出口经营资格而从事有关管制物项出口，以不正当手段获取许可证件或者非法转让许可证件，伪造、变造、买卖许可证件，明知出口经营者从事出口管制违法行为而仍为其提供代理、货运、寄递、报关、第三方电子商务交易平台和金融服务等不法行为的，只要出口经营者积极开展了合规整改，并且建立了有效的合规计划，就应当从轻或者减轻处罚。是否积极开展合规整改、建立了有效的出口管制合规计划，可以从如下方面进行考察：企业是否以公告文件形式承诺遵守出口管制法律法规；是否设立了合规管理委员会，确保出口管制合规计划的全面有效实施；是否编写了出口管制合规手册，出口管制合规手册是否完整、严密；是否与律师事务所等专业机构合作，组织并实施全面的出口管制合规培训；是否定期对业务流程进行合规风险评估，并对重点国家和重点业务环节进行审计和检查；是否对违反公司出口管制政策的高管以及员工进行处罚。只要企业实施了有效的合规整改，就应当在法律规定的处罚幅度内从轻处罚，或者在法律规定的处罚幅度之外减轻处罚。但是，对企业的宽宥的力度也应以合规有效性的程度来决定。

十五、《税收征收管理法》的合规激励立法修正方案

1. 立法条文

（1）立法原文

《税收征收管理法》第八条：纳税人、扣缴义务人有权向税务机关了解国家税收法律、行政法规的规定以及与纳税程序有关的情况。

纳税人、扣缴义务人有权要求税务机关为纳税人、扣缴义务人的情况保密。税务机关应当依法为纳税人、扣缴义务人的情况保密。

纳税人依法享有申请减税、免税、退税的权利。

纳税人、扣缴义务人对税务机关所作出的决定，享有陈述权、申辩权；依法享有申请行政复议、提起行政诉讼、请求国家赔偿等权利。

纳税人、扣缴义务人有权控告和检举税务机关、税务人员的违法违纪行为。

《税收征收管理法》第七十七条：纳税人、扣缴义务人有本法第六十三条、第六十五条、第六十六条、第六十七条、第七十一条规定的行为涉嫌

犯罪的，税务机关应当依法移交司法机关追究刑事责任。

税务人员徇私舞弊，对依法应当移交司法机关追究刑事责任的不移交，情节严重的，依法追究刑事责任。

《税收征收管理法》第八十六条：违反税收法律、行政法规应当给予行政处罚的行为，如违法行为在五年内未被发现的，不再给予行政处罚。

(2)立法修正

建议在《税收征收管理法》第八条之下增设一款，作为第六款：单位纳税人、扣缴义务人建立有效税务合规体系的，经有关部门认定后，依照法律、行政法规可享受相应的税收优惠政策。

建议在《税收征收管理法》第七十七条之下增设一款，作为第三款：单位纳税人、扣缴义务人有本法第六十三条、第六十五条、第六十六条规定的行为，情节轻微，不构成犯罪的，经税务机关责令合规整改后，可以减轻处罚。

建议在《税收征收管理法》第八十六条之下增设一款，作为第二款：税务机关对单位纳税人、扣缴义务人进行处罚时，应当综合考虑单位税务合规制度的建设情况。

2. 立法理由

第8条第6款的立法理由：企业合规作为一种重要的公司治理方式，本身并不会自动发挥作用，只有存在现实的外部激励机制才能得以激活。在税收征管领域，国家针对企业的不同情况出台了各项税收优惠政策，尽管税收优惠政策统一由专门法律法规规定，与增值税改革、个人所得税变革、环境保护税费改税等具有同等法律地位。随着税种的增多，税收优惠形式多样化，税收优惠政策复杂化和泛滥化导致企业进行税收筹划成本过高，企业突破法律规定，采取非法减轻税负的行为日益泛滥，严重影响国家税收收入。因此，在允许企业合理节税避税外，鼓励企业围绕防止自身非法手段减轻税负建立税务合规体系势在必行。将建立税务合规体系作为法定享受税收优惠政策的明确条件，能极大地激发企业推动合规体系建设的动力。

第77条第3款的立法理由：单位纳税人、扣缴义务人违反税法义务，实施税收征收管理制度的违法行为，应当承担法律责任。对于《税收征收管理法》第63条、第65条、第66条所规定的逃税、欠税和骗税行为，法律规定了倍比罚款制度以及相应的刑事责任条款。一方面,《行政处罚法》第 33 条第 1 款规定:"初次违法且危害后果轻微并及时改正的,可不予行政处罚。"这三类税务违法行为当然适用。但相对于一般税务违法行为,这三类税务违法行为在实践中较为多发,是企业普遍面临的税务风险领域。这些行为因危害性更大而规定更重的行政处罚,要求具有此三类税务违法行为的企业针对性开展税务合规整改并不当然加重企业负担。另一方面,通过要求企业开展税务合规整改,适当提高逃税、欠税以及骗税的违法成本,能够有效防止类似违法行为发生。

第 86 条第 2 款的立法理由:对于单位纳税人、扣缴义务人而言,企业在违法行为发生时已经建立有效税务合规计划,在企业面临税务行政处罚时,能够充分证明自身没有主观过错进而获得从轻、减轻甚至免除处罚的待遇。通过给予企业税务行政处罚上的宽缓处遇,积极鼓励有条件的企业建立税务合规体系,督促违法企业自我监管、自行堵塞管理漏洞。

3. 立法说明

第 8 条第 6 款的立法说明:单位纳税人、扣缴义务人建立有效合规体系,经有关部门认定后,依照法律、行政法规可享受相应的税收优惠政策。可以从以下方面予以理解:其一,单位纳税人、扣缴义务人建立税务合规体系并非强制性义务,企业可根据自身条件许可和现实需求建立税收合规体系。其二,单位建立有效税务合规体系,必须具有实质上防止企业税务违法行为的作用,而非形式"纸面合规",并且税务合规体系只有经过有关部门认定后,才具有享受税收优惠政策的权利。其三,单位纳税人、扣缴义务人,建立有效税务合规体系并经有关部门认定后,享受的税收优惠政策必须有相关法律、行政法规的依据。易言之,享受何种税收优惠政策以及享受之幅度必须以具有明确法律规定为前提。

第 77 条第 3 款的立法说明:单位纳税人、扣缴义务人有本法第 63 条、第 65 条、第 66 条规定的行为,情节轻微,不构成犯罪的,经税务机关责令合规整改后,可以减轻处罚。该立法建议可以从以下方面予以理解:其一,单位纳税人、扣缴义务人具有第 63 条、第 65 条、第 66 条规定的税务违法行为仍适用"首违不罚"的规定,在首次违法行为发生时,符合条件可以不予行政处罚,充分体现以人为本的审慎监管的执法理念。其二,税务机关责任企业开展税务合规整改,必须是当事企业具有此三项税务违法行为，并且违法行为情节轻微，没有构成相应税务犯罪。其三，税务机关责令当事企业进行合规整改，企业在特定期限完成并经过税务机关验收合格后，可以在确定行政罚款数额时减低罚款的数额。

第 86 条第 2 款的立法说明：该条设置的目的在于建立企业税务合规的激励机制，通过给予合规制度建设的处罚从宽奖励，鼓励企业广泛展开税务合规制度建设。单位纳税人、扣缴义务人在违法行为发生时已经建立有效的税务合规制度的，可以从轻、减轻、免除处罚。所谓有效的税务合规制度应当经过税务主管部门的认定，但建立有效税务合规体系并不意味一律不予行政处罚，而是需要有关税务部门综合违法事实、企业具体情况等统筹考虑。同样，在事后合规整改的情形下，税务主管机关也应当将合规整改的情况作为对企业酌定从宽处罚的依据。

十六、《反洗钱法》的合规激励立法修正方案

1. 立法条文

(1)立法/立法草案原文

《反洗钱法》第九条：国务院有关金融监督管理机构参与制定所监督管理的金融机构反洗钱规章，对所监督管理的金融机构提出按照规定建立健全反洗钱内部控制制度的要求，履行法律和国务院规定的有关反洗钱的其他职责。

围绕第九条的规定，《反洗钱法(征求意见稿)》第十一条提出修正规定：国务院有关金融监督管理机构参与制定所监督管理的金融机构反洗钱规章，对所监督管理的金融机构提出建立健全反洗钱内部控制制度要求，监督、检查所监督管理金融机构反洗钱内部控制制度的建立健全情况，在市场准入中落实反洗钱审查要求，依法处理国务院反洗钱行政主管部门提出的反洗钱监管意见和建议，履行法律和国务院规定的有关反洗钱的其他职责。

有关金融监督管理机构在审慎监管中发现金融机构违反反洗钱法律规定的，依法向反洗钱行政主管部门提出监管意见和建议。

《反洗钱法》第十四条：国务院有关金融监督管理机构审批新设金融机构或者金融机构增设分支机构时，应当审查新机构反洗钱内部控制制

度的方案;对于不符合本法规定的设立申请,不予批准。

围绕第十四条的规定,《反洗钱法(征求意见稿)》第十九条提出修正规定:国务院反洗钱行政主管部门开展或者会同国务院有关机关、部门、机构开展国家、行业、金融机构和特定非金融机构洗钱风险评估,根据风险状况合理配置监管资源,采取适当的风险防控措施。

(2)立法修正

建议对《反洗钱法》第九条及《反洗钱法(征求意见稿)》第十一条第一款中的监督、检查范围中增加“合规管理制度”:国务院有关金融监督管理机构参与制定所监督管理的金融机构反洗钱规章,对所监督管理的金融机构提出建立健全反洗钱内部控制制度要求,监督、检查所监督管理金融机构反洗钱内部控制和合规管理制度的建立健全情况,在市场准入中落实反洗钱审查要求,依法处理国务院反洗钱行政主管部门提出的反洗钱监管意见和建议,履行法律和国务院规定的有关反洗钱的其他职责。

建议对《反洗钱法》第十一条及《反洗钱法(征求意见稿)》第十九条中增加合规管理状况等评估依据的规定,修正后条文如下:国务院反洗钱行政主管部门开展或者会同国务院有关机关、部门、机构开展国家、行业、金融机构和特定非金融机构洗钱风险评估,根据风险和合规管理状况合理配置监管资源,采取分级管理和风险防控措施。

2. 立法理由

《反洗钱法》第 9 条及《反洗钱法(征求意见稿)》第 11 条第 1 款的立法理由:随着反洗钱工作形势不断变化,反洗钱监管从规则为本过渡到风险为本,反洗钱的义务内容已经由反洗钱扩展到反恐怖主义融资、防扩散融资。基于洗钱犯罪的严重危害性以及治理洗钱问题的特殊性,应该确立预防与惩罚相结合的立法理念,完善多部门协作机制,对金融机构以及其他反洗钱义务主体赋予防控金融风险的法定义务,推行合规制度。

《反洗钱法》第 11 条及《反洗钱法(征求意见稿)》第 19 条的立法修正理由:在此前“规则为本”理念指导下的反洗钱工作,由监管机构提出反洗钱监管要求,反洗钱义务主体针对其各项业务进行“监管清单”的逐项落实,但该方式未能根据业务风险情况区分对待,不能充分发挥洗钱风险的预防功能。“风险为本”的反洗钱监管则强调在开展反洗钱工作时,反洗钱监管部门和金融机构通过科学评估不同组织机构、业务、客户和交易等所面临的洗钱风险,决定反洗钱资源的投入方向和比例而采取差异化反洗钱措施,即以风险和合规管理状况为基础,用灵活的原则取代描述性、具体的监管要求。

3. 立法说明

《反洗钱法》第9条及《反洗钱法(征求意见稿)》第11条第1款的立法说明:金融机构和其他承担反洗钱义务的非金融机构应采取预防、监控措施,建立健全反洗钱内部控制和合规管理制度,履行客户尽职调查、客户身份资料和交易记录保存、大额交易和可疑交易报告、反洗钱特别预防措施等风险防控义务。其他单位和个人应当依法配合金融机构和特定非金融机构履行反洗钱义务开展的客户尽职调查,配合反洗钱调查;依法履行巨额现金收付申报、反洗钱特别预防措施等义务。为履行风险评估义务,金融机构应设立反洗钱专门机构,根据经营规模和洗钱风险状况配备人力资源,开展反洗钱培训和宣传工作,并通过内部审计或独立审计等方式,监督检查反洗钱内部控制和合规管理制度的有效实施,按照规定建立客户尽职调查制度,建立客户身份资料和交易记录保存制度,执行大额交易和可疑交易报告制度。

《反洗钱法》第11条及《反洗钱法(征求意见稿)》第19条的立法修正说明:该条将风险管理和合规管理相结合,明确洗钱风险评估职责,强调须履行反洗钱义务的特定非金融机构应当依据行业洗钱风险和合规管理状况采取相应的反洗钱措施,要求金融机构基于洗钱风险和合规管理状况建立分级管理和风险防控措施。该条修正后将与《反洗钱法(征求意见稿)》第27条、第28条、第29条建构起"风险为本"的反洗钱监管模式,高风险进行充分、完善的合规监管,低风险则进行特定条件下的简化合规监管。

十七、《网络安全法》的合规激励立法修正方案

1. 立法条文

(1)立法原文

《网络安全法》第九条:网络运营者开展经营和服务活动,必须遵守

法律、行政法规，尊重社会公德，遵守商业道德，诚实信用，履行网络安全保护义务，接受政府和社会的监督，承担社会责任。

《网络安全法》第七十四条：违反本法规定，给他人造成损害的，依法承担民事责任。

违反本法规定，构成违反治安管理行为的，依法给予治安管理处罚；构成犯罪的，依法追究刑事责任。

（2）立法修正

建议将《网络安全法》第九条修改为：网络运营者开展经营和服务活动，必须遵守法律、行政法规，尊重社会公德，遵守商业道德，诚实信用，履行网络安全保护义务，建立网络安全合规体系，接受政府和社会的监督，承担社会责任。

在认定单位责任时，监管部门应当考虑网络运营者建立网络安全合规体系的情况。

建议在《网络安全法》第七十四条之下增设一款，作为第三款：经有关主管部门责令进行合规整改后，网络运营者、网络产品或服务提供者有效履行网络安全保护义务的，可以从轻、减轻或者免除处罚。

2. 立法理由

企业合规作为一种公司治理方式，本身并不会自动地发挥作用，唯有建立外部的激励机制，这种公司治理方式才会得到激活。这些激励机制主要来自行政法和刑法上的奖励制度，也就是企业建立了合规管理体系，就可以得到行政监管部门的宽大行政处理，或者受到较为宽大的刑事处理。企业合规只有在法律确立了行政监管合规激励机制和刑事合规激励机制的前提下，才能得到有效实施。在所有的合规计划中，相较而言，刑事合规是最抢人眼球的，因为刑法是最严厉的一种处罚，可以说是法律长河中的最后一道堤坝，因而人们也无比重视，而不能轻易受到处罚。但从不轻易受到刑事处罚的目标角度来讲，行政合规才更具魅力和特色，因为只有挡住了行政处罚这道堤坝才能使刑法这道堤坝万无一失，故行政合规才更具实用性和安全性。从效益理论来讲，行政合规也更具效能和利益性。尤其对签署行政和解协议的违规企业而言，根据合同中设置的整改考验期，行政监管部门可以在督促其配合调查和自我披露的前提下，采取措施加大合规和整改力度。因此，我国有必要在网络安全领域引入行政监管合规激励机制，将网络安全合规作为推动企业合规制度建设的主要抓手。

3. 立法说明

网络安全行政监管合规激励机制主要包括两个方面：一方面，对于事前已经建立有效的网络安全合规体系的网络运营者（平台企业），可以此证明其对于关联人员（企业内部员工、高级管理人员、子公司、第三方、被并购方等主体）所实施的违法行为不存在主观过错，从而作为对网络运营者从宽处罚的正当根据，有利于引导网络运营者自觉建立网络安全合规体系；另一方面，对于那些经责令整改而建立起网络安全合规体系的网络运营者、网络产品或服务提供者，监管部门可以对其从轻、减轻或者免除处罚，代替"严刑峻法"式的行政执法方式，有利于构建行政监管部门督促违法平台企业自我监管、自我整改、自行堵塞管理漏洞的新型执法方式。

十八、《个人信息保护法》的合规激励立法修正方案

1. 立法条文

（1）立法原文

《个人信息保护法》第九条：个人信息处理者应当对其个人信息处理活动负责，并采取必要措施保障所处理的个人信息的安全。

《个人信息保护法》第七十一条：违反本法规定，构成违反治安管理行为的，依法给予治安管理处罚；构成犯罪的，依法追究刑事责任。

（2）立法修正

建议将《个人信息保护法》第九条修改为：个人信息处理者应当对其个人信息处理活动负责，建立个人信息保护合规体系，并采取必要措施保障所处理的个人信息的安全。

在认定单位责任时，监管部门应当考虑个人信息处理者建立个人信息保护合规体系的情况。

建议在《个人信息保护法》第七十一条增设一款，作为第二款：经履行个人信息保护职责的部门责令进行合规整改后，个人信息处理者有效

履行个人信息保护义务的,可以从轻、减轻或者免除处罚。

2. 立法理由

当前,我国监管部门对平台企业违规处理个人信息行为进行监管调查和行政处罚过程中,基本还停留在“通过处罚来威慑潜在违法者”的阶段。随着《个人信息保护法》的颁布实施,个人信息保护领域作出行政处罚的案件逐渐增多,处罚力度也日益升高。例如,据统计,在“守护消费”暨打击侵害消费者个人信息违法行为专项执法行动期间,全国市场监管部门共立案查办各类侵害消费者个人信息案件 1474 件,查获涉案信息 369.2 万条,罚没款 1946.4 万元,移送公安机关案件 154 件。这些被认定实施行政违法行为的个人信息处理者(平台企业),假如在受到巨额罚款后,在建章立制、防范违规行为方面无所作为,甚至将缴纳罚款作为对违规行为支付的必要代价,以至于为追求极高的违法利润,而持续不断地铤而走险,突破行政监管法律法规的底线,那么,行政处罚的效果将大打折扣,甚至形同虚设。因此,必须激发平台企业合规处理个人信息的内生动力。引导平台企业自觉建立个人信息保护合规体系,推行个人信息合规处理机制,是一种成本比较高昂的公司治理方式。假如没有强大的外部激励,几乎没有任何平台企业愿意主动采取这种公司治理方式。换言之,没有法定的合规激励机制,平台企业在建立个人信息保护合规体系方面就没有足够的动力和积极性。

3. 立法说明

行政监管合规激励机制是构建个人信息保护合规体系的核心,其中,对于事前建立个人信息保护合规体系的个人信息处理者,确立从宽处罚机制;对于事后整改建立个人信息保护合规体系的个人信息处理者,确立责任宽宥机制。

第 9 条的立法修正说明:在企业已经实施合规管理体系的情况下,企业已通过合规管理行为显示出不鼓励甚至禁止违法违规行为的主观意志,任何关联人员所实施的违法行为,已经不再体现企业的主观意识和主观意志,而纯属其个人行为。正是这种合规管理体系的建立,发挥了将企业责任与关联人员责任加以切割的作用。因此,在企业关联人员实施违法行为的情况下,如果个人信息处理者建立了有效的个人信息保护合规体系，就可以证明其对于关联人员所实施的违法行为不存在主观过错，可以此作为对个人信息处理者从宽处罚的正当根据。

第71条的立法修正说明：2021年颁布实施修订后的《行政处罚法》，对涉嫌行政违法的相对人确立了若干项从轻、减轻或者免除行政处罚的情节，其中，“初次违法且后果轻微并及时改正”的行为，具有一定的合规整改因素，这里所说的“改正”，在实践中包含堵塞制度漏洞、消除管理隐患和预防违法违规行为再次发生的因素，也就是通常所说的合规整改措施。就该法的立法原意来看，针对行政相对人的宽大处理措施，包含“合规激励”的因素。因此，可以在具有行政法属性的《个人信息保护法》的“法律责任”一章中引入合规整改制度，对于事后整改建立个人信息保护合规体系的个人信息处理者，在行政责任方面给予从轻、减轻、免除等宽大处理。

十九、《数据安全法》的合规激励立法修正方案

1. 立法条文

(1)立法原文

《数据安全法》第二十七条：开展数据处理活动应当依照法律、法规的规定，建立健全全流程数据安全管理制度，组织开展数据安全教育培训，采取相应的技术措施和其他必要措施，保障数据安全。利用互联网等信息网络开展数据处理活动，应当在网络安全等级保护制度的基础上，履行上述数据安全保护义务。

《数据安全法》第五十二条：违反本法规定，给他人造成损害的，依法承担民事责任。

违反本法规定，构成违反治安管理行为的，依法给予治安管理处罚；构成犯罪的，依法追究刑事责任。

(2)立法修正

建议将《数据安全法》第二十七条修改为：开展数据处理活动应当依照法律、法规的规定，建立健全全流程数据安全管理制度，建立数据安全合规体系，组织开展数据安全教育培训，采取相应的技术措施和其他必要

措施，保障数据安全。利用互联网等信息网络开展数据处理活动，应当在网络安全等级保护制度的基础上，履行上述数据安全保护义务。

建议在《数据安全法》第五十二条之下增设一款，作为第三款：在对相关组织违反本法规定的责任认定上，应当考虑该组织中数据安全合规制度的建设情况。

2. 立法理由

第27条的立法修正理由：数据被认为是21世纪新石油，数据蕴含着巨大的财产价值，数据安全犯罪成为新兴、高频的单位犯罪之一而成为刑事合规规制的重点，但刑法作为最后保障法应保持其谦抑性，在《数据安全法》的前置法中应引导数据处理者自己建立日常性的合规体系，规范信息处理者的信息处理行为，预防、监测相应的风险，并建立及时有效的应对措施，将企业运营中的数据安全风险降至最低，规范数据处理流程，保障数据流通安全与维护数据流通市场秩序。

第52条的立法修正理由：当数据处理者违规处理数据而可能面临行政、刑事风险时，应制定相应的合规激励机制。以立法认可的方式，通过减轻行政处罚，从侧面引导数据处理者及时补救挽损，同时形成事前预防、事中监测、事后整改的全流程数据合规体系。

3. 立法说明

第27条的立法修正说明：在《数据安全法》第27条中，明确信息处理者的合规义务，但由于合规义务与数据安全保障义务系种属概念，故通过适用“建立数据安全合规体系”的表述，保障逻辑的顺畅。建立数据安全合规具有预防风险的功能，是数据处理者履行安全保障义务的方式之一，同时增设数据处理者的合规义务也是当前世界各国的趋势所在，便于实现数据全球化，保障数据的安全流通。

第52条的立法修正说明：在引入数据安全合规义务的同时，也应当建立合规激励机制，鼓励负有数据安全合规义务的企业广泛展开合规制度建设。对于事前已经建立数据安全合规制度的，可以从轻、减轻或免除处罚；对于事后进行及时整改的，可以予以从轻处罚，在没有造成严重后果的情况下，也可以予以减轻或免除处罚。

二十、《民法典》的合规激励立法修正方案

1. 立法条文

(1)立法原文

《民法典》第八十六条:营利法人从事经营活动,应当遵守商业道德,维护交易安全,接受政府和社会的监督,承担社会责任。

《民法典》第一千零三十八条:信息处理者不得泄露或者篡改其收集、存储的个人信息;未经自然人同意,不得向他人非法提供其个人信息,但是经过加工无法识别特定个人且不能复原的除外。

《民法典》第一千一百九十四条:网络用户、网络服务提供者利用网络侵害他人民事权益的,应当承担侵权责任。法律另有规定的,依照其规定。

(2)立法修正

建议将《民法典》第八十六条修正为:营利法人从事经营活动,应当遵守商业道德,维护交易安全,履行合规管理职责,接受政府和社会的监督,承担社会责任。

建议将《民法典》第一千零三十八条修正为:信息处理者应履行网络安全合规义务或与个人信息主体的约定。信息处理者不得泄露或者篡改其收集、存储的个人信息;未经自然人同意,不得向他人非法提供其个人信息,但是经过加工无法识别特定个人且不能复原的除外。

建议将《民法典》第一千一百九十四条修正为:网络用户、网络服务提供者利用网络侵害他人民事权益的,应当承担侵权责任。法律另有规定的,依照其规定。网络服务提供者能够证明已经履行网络安全合规管理义务保护个人信息的,可以减免责任承担。

2. 立法理由

第86条的立法修正理由:本条修正的目的在于推动《民法典》与其他相关民商事法律法规的衔接。目前合规管理职责多体现于企业、事业单位等主体范围,在《公司法》"组织结构"章节内容中对董事、监事等职责范围规定中有所体现。《民法典》"法人"章节增加"履行合规管理职

责”内容，能够与其他法律进一步衔接，并从主体上规定合规管理职责的履行原则。此外，通过立法修正，也可以补充完整有关营利法人的内外活动准则。营利法人从事商事活动，需要遵守道德规范，通过维护交易安全推动市场活动顺利进行。同时，政府监督、社会监督和承担社会责任是对法人的主动和被动性活动要求。增加“履行合规管理职责”能够满足目前企业风险防控的现实要求，关注企业内部运行与外部法律的结合。

第1038条的立法修正理由：一是补全《民法典》有关个人信息处理者的法定义务。目前我国有关个人信息保护的法律法规多见于《民法典》《个人信息保法》《数据安全法》等内容中，《民法典》设第六章“隐私权和个人信息保护”专章保护个人信息。但是，《民法典》并未对信息主体的法定义务做更多表达。个人信息处理者包括网络平台等企业、单位，应当履行相应的安全合规义务，从内外两方面保护公民个人信息、保护企业信息，尽到相应的安全处理义务。二是补全信息处理者的职责缺失。增设“信息处理者应履行网络安全合规义务或与个人信息主体的约定”，能够补充《民法典》有关信息处理者职责缺失的总规范。企业中存在有风险防控系统、合约系统、人事系统、财务系统等，都涉及信息安全的管理和维护。与这些信息相关的维护人员分散在很多岗位，需要依据法律法规的规定，履行网络安全合规等法定义务，当不履行该类义务时，可能导致不良后果进而受到处罚

第1194条的立法修正理由：本条修正的目的在于补全企业对个人信息保护承担民事责任的相关规定。《民法典》提升了个人信息保护的层级，从民法作为基本法的角度保护个人信息与数据。企业的民事责任承担主要集中在未能履行网络安全合规管理义务或违反相关主体间的约定。在发生网络安全事件、个人信息侵权案件后，企业可能需要承担侵权责任或违约责任。因此，在网络服务提供者能够证明已经妥善履行网络安全合规管理义务保护个人信息，更进一步可能已经阻止后果发生时，可以减免责任承担。

3. 立法说明

第86条的立法修正说明：依据《民法典》第86条原有规定，目前营利法人的活动准则包括遵守商业道德、维护交易安全、接受政府和社会的监督和承担社会责任四项对外活动内容，缺乏对内管理职责。营利法人在

从事商业活动时,还需要关注内部控制和治理。新增内部"合规管理职责",则将企业商事活动的管理体系补充完整,将对内防控机制与对外法律义务相呼应,促进对外部法律法规的满足,实现企业利益的最大化。同时,《民法典》作为合规管理依据的重要法律,对其他平等主体间的法人活动起到规范综括作用。新增合规管理职责内容,也是对诸如《公司法》《个人信息保护法》等法律法规具体内容的概括规定,与之相衔接和映射。

第1038条的立法修正说明:本条修正旨在于设立个人信息处理者的网络安全合规义务。《个人信息保护法》《网络安全法》《数据安全法》等规定了个人信息处理者的范围和职责。《个人信息保护法》对有关"个人信息保护负责人"有所规定,例如,第52条规定处理个人信息达到国家网信部门规定数量的个人信息处理者应当指定个人信息保护负责人,负责对个人信息处理活动以及采取的保护措施等进行监督。个人信息处理者应当公开个人信息保护负责人的联系方式,并将个人信息保护负责人的姓名、联系方式等报送履行个人信息保护职责的部门。《数据安全法》提出"数据安全负责人和管理机构"之概念,第27条第2款规定重要数据的处理者应当明确数据安全负责人和管理机构,落实数据安全保护责任等。《民法典》作为涉个人信息保护的相关法律,对于相关人员的职责并未规定,需要进一步从原则上进行明确。通过设立网络安全合规义务,在原则上与其他法律法规相结合,规范企业的信息安全管理岗位和管理职责,进而维护信息安全,维护网络空间的自由流动和市场互动。

第1194条的立法修正说明:本条修正后可以与第1038条修正后有关个人信息处理者的网络安全合规义务衔接,形成更为严密的企业网络合规管理体系。此外,明确提供履行网络安全合规管理义务进而减免责任承担的法定依据,可以减少造成不必要的侵权责任承担和更严重的后果。

第四章 涉案企业合规有效性标准立法建议

第一节 涉案企业合规建设的有效性标准研究

一、问题的提出

涉案企业合规改革推行至今,以合规不捕、合规不诉、合规宽缓量刑建议、合规刑行衔接检察意见等激励机制为主体的制度框架已经形成,各方参与者的关注焦点转向如何提升涉案企业合规监督考察和合规整改的实质效果。2022 年 1 月 17 日,最高人民检察院检察长张军在全国检察长(扩大)会议上强调,深入推进涉案企业合规改革要落实第三方监督评估机制,确保企业"真整改""真合规"。① 2022 年 3 月 8 日,张军在最高人民检察院工作报告中总结涉案企业合规改革试点:"依法可不捕、不诉的,责成涉案企业作出合规承诺、切实整改;与国务院国资委、全国工商联等八部门共建第三方监督评估机制,司法、执法、行业监管联手,以严管体现厚爱。"②涉案企业的合规整改

---

① 参见徐日丹:《坚持能动履职全面提升法律监督质效》,载《检察日报》2022 年 1 月 18 日,第 2 版。

② 参见徐日丹:《张军作最高人民检察院工作报告》,载《检察日报》2022 年 3 月 9 日,第 2 版。

实效之所以为改革决策者高度重视，根本原因在于这一问题关涉本次改革的正当性根基。涉案企业合规改革被认为确立了一种“合规激励模式”，也就是检察机关针对涉嫌犯罪的企业，在其进行有效合规整改的情况下给予包括不起诉在内的宽缓处理。[①] 合规不起诉的检察建议模式中，检察机关更是在涉案企业只作出合规整改承诺时即决定不起诉，同时制发合规检察建议督促企业合规建设。截至 2022 年 7 月，全国检察机关已办理合规案件 2382 件，其中适用第三方监督评估机制案件 1584 件；对整改合规的 606 家企业、1159 人依法作出不起诉决定。[②] 面对大规模“合规整改出罪”机制可能引发的放纵犯罪、违反罪刑法定原则等质疑，固然应当推进刑法和刑事诉讼法的联动修改，解决企业合规改革的合法性问题，同时更应关注强化合规整改的严厉性和实效性，使其发挥超越刑罚的实质制裁和犯罪治理效果。[③] 唯有如此，企业合规改革才能在“保护民营企业”“优化营商环境”等政策性考量之上获得更为充分的正当性。

按照最高人民检察院的改革思路，保障涉案企业有效合规整改的基本方法有二：一是“因案明规”；二是强化审查。[④] 所谓“因案明规”，是指合规计划的设计要“量身定制”“有的放矢”“因罪施救”，力求务实、精准、管用，尤其是确保合规计划的针对性和可操作性。而强化审查主要是指建立合规监督考察制度，对涉案企业合规计划的执行情况进行监管、指导、评估，防止“虚假整改”“纸面合规”。目前，涉案企业合规监督考察已经形成两种模式：一种是检察机关自行监管模式，一般采取检察建议的方式启动合规考察，并由检察机关督促涉案企业合规整改；另一种是超过 60% 的企业合规案件适用的第三方监督评估模式，检察机关将案件移交第三方监督评估管理委员会，由后者遴选第三方组织对涉案企业合规整改情况进行监督、考察、评估、验收，第三方组织的评估结论成为检察机关作出不起诉等处理决定的重要依据。无论采取何种考察模式，检察机关

---

① 参见陈瑞华：《刑事诉讼的合规激励模式》，载《中国法学》2020 年第 6 期。

② 参见戴佳、赵晓明：《检察机关去年起诉单位犯罪数量明显下降》，载《检察日报》2022 年 7 月 27 日，第 1 版。

③ 参见刘艳红：《企业合规不起诉改革的刑法教义学根基》，载《中国刑事法杂志》2022 年第 1 期。

④ 参见徐日丹：《如何让好制度释放司法红利——全国检察机关全面推开涉案企业合规改革试点工作部署会解读》，载《检察日报》2022 年 4 月 6 日，第 1 版。

均需要发挥主导作用、承担主导责任,[1]对涉案企业的合规整改情况进行实质审查。即便是在第三方监督评估模式中,检察机关也会召开公开听证会,听取侦查机关、涉案企业及其辩护人、第三方组织,以及人大代表、政协委员、人民监督员等与会代表对合规整改和案件处理的意见。因此,在涉案企业合规整改、合规监管人监督评估、检察机关审查验收等涉案企业合规改革的各大关键环节,都需要确立涉案企业合规有效性标准,这已成为检察机关将企业合规改革向纵深推进亟待攻克的首要理论难题。

二、涉案企业合规建设的有效性标准之要素构造

企业合规建设作为一种法学交叉课题,在基本性质方面具有三层含义:一是企业督促高管、员工、客户、第三方合作伙伴等在经营过程中遵守法律法规;二是企业为防止或减轻因违法违规而遭受的各种损失所建立的公司治理体系;三是企业在行政法和刑法上受到宽大处理的执法激励机制。[2] 企业合规的各项含义在实践中自然而然地产生了有效性需求,企业要有效督促员工及第三方遵纪守法、要有效防范和管控合规风险、要得到执法机关对合规管理有效性的认可从而获得从宽奖励,就必须打造或者完善有效合规计划。这种有效合规计划所包含的程式和要素,就是有效合规计划的基本标准;涉案企业在刑事司法中为了获得检察机关作出的宽缓处理,开展合规整改和合规体系建设所需具备的基本要素,也就是涉案企业合规的有效性标准。

(一)涉案企业合规建设的有效性标准之特征属性

按照企业合规基本含义及有效性需求,企业合规有效性标准可以分为企业自我监管合规有效性标准、行政监管合规有效性标准、刑事合规有效性标准,厘清三者的关联性和差异性,是明确涉案企业合规有效性标准特征属性的关键所在。相对而言,自我监管合规与行政监管合规在有效性标准方面高度相似,而刑事涉案企业合规则具有特殊的有效性标准。

---

① 参见董坤:《论企业合规检察主导的中国路径》,载《政法论坛》2022年第1期。

② 参见陈瑞华:《企业合规基本理论》,法律出版社2020年版,第30页。

自我监管合规原本属于企业自主开展公司治理、落实企业社会责任的商业实践，但是在合规被作为法律义务和行政监管激励机制之后，合规管理从道德问题转化为法律问题。无论是基于防止引发行政机关监管调查的合规风险防控需要，还是追求获得行政机关从宽处罚的合规建设奖励，企业都必须依照行政机关发布的合规指南或个案达成的和解协议所确立的合规有效性标准进行合规体系建设。行政监管合规有效性标准于是成为企业自我监管所遵循的最重要指标。当然，一些合规管理经验丰富的大型企业在日常合规建设中还会参照行业协会制定的合规标准，并结合本企业经营情况和治理结构完成更高标准的合规动作，以便树立行业领先的合规形象，提升商业信誉和企业竞争力，这些市场化的更优合规实践反过来也会为行政监管合规有效性标准所吸收，推广成为企业自我监管的统一标准。

作为一种防范、识别、应对合规风险的公司治理体系，企业合规的设计和运行都要围绕特定合规风险而展开，体现风险导向性。行政监管合规的防控对象是行政合规风险，即避免企业因为违反行政法律法规的禁止性规定而构成行政违法，受到严厉的行政监管调查和处罚。自我监管合规的防控对象同时涵盖行政合规风险和刑事合规风险，企业在生产经营过程中既要防止受到行政处罚，更应竭力避免被定罪处刑。但鉴于刑法规定的单位犯罪均为法定犯，是在构成行政违法基础之上的刑事违法行为，违反行政法律法规本身往往成为法定犯的不成文构成要件要素，行政合法的行为必然不会构成刑事违法。[①] 行政刑法的这种行政从属性投射在合规风险防控领域，就意味着企业只要建立符合行政监管合规有效性标准的自我监管体系，即可实现对行政和刑事合规风险的双重防控，企业自我监管合规也因此趋同于行政监管合规。但是，刑事涉案企业合规相较于自我监管合规和行政监管合规，在有效性标准方面存在显著区别。涉案企业合规整改的首要目的在于预防再次实施同类犯罪，为此企业需要建立针对刑事合规风险的合规治理体系。

首先，刑事涉案企业合规的防控对象是刑事合规风险，其有效性标准

---

① 参见刘艳红：《法定犯不成文构成要件要素之实践展开——以串通投标罪“违反招投标法”为例的分析》，载《清华法学》2019 年第 3 期。

应针对刑事合规风险特征专门制定。行政合规虽然可以同时防范行政和刑事风险，但其与刑事合规的辐射范围和建设方法不尽相同。在环境保护、税收征管、安全生产、金融证券等领域，行政合规所合之“规”的范围要远远大于刑事合规，大量行政违法行为尤其是违反行政法设立的精细化管理义务行为，不具备转化为刑事违法行为的可能性；而在反垄断等行政合规的专门领域，更加没有刑事合规的存在空间。因此，涉案企业合规有效性标准不能直接套用行政监管合规标准，而应专注于为防控刑事合规风险确定合规整改和合规体系建设方法。至于如何实现刑事合规向行政合规的扩展和深化，则应通过企业合规改革的刑行衔接机制，由检察机关在作出案件处理决定后制发合规检察建议或检察意见，交由相关行政主管机关按照行政合规有效性标准督促企业进一步完善合规体系。①

其次，刑事涉案企业合规是一种专项合规治理体系，其有效性标准应紧紧围绕涉罪领域，要求建立特定专项合规而非“大而全”的全面合规。我国企业尤其是国有企业的自我监管合规实践往往将全面合规视为建设目标，例如，国资委 2018 年印发的《中央企业合规管理指引（试行）》明确要求中央企业建立合规管理体系应以“全面合规”为原则，加强市场交易、安全环保、产品质量、劳动用工、财务税收、知识产权等重点领域合规管理。部分检察机关在企业合规改革试点中也将全面合规作为刑事合规有效性标准，如要求涉嫌虚开增值税专用发票罪的企业在三个月考察期内同时完成税务、安全生产、产品质量、环保、知识产权、反商业贿赂等多领域合规，合规整改成为对涉案企业的“全身体检”。② 很难想象，涉案企业在现有三个月到一年的合规考察期内如何能够完成种目繁多的全面合规，为企业设定此类不切实际的合规有效性标准，最终只能收获花瓶式、形式化、重形不重质的纸面合规。③ 2021 年 6 月 3 日最高人民检察院联合八部委制发的《关于建立涉案企业合规第三方监督评估机制的指导意见（试行）》规定，涉案企业合规重在防止再次发生相同或者类似的违法

---

① 参见李奋飞：《涉案企业合规刑行衔接的初步研究》，载《政法论坛》2022 年第 1 期。

② 参见丁国锋：《无锡检察打通涉案民企“新生”路》，载《法治日报》2021 年 11 月 14 日，第 2 版。

③ 参见胡东林、赵宝琦：《推进企业合规工作应重点把握三个维度》，载《检察日报》2021 年 5 月 19 日，第 3 版。

犯罪。刑事合规计划必须具有针对性,因此,应当包括对犯罪原因的分析和针对犯罪原因而预采取的补救措施两项内容。[①] 刑事涉案企业合规有效性标准应在准确分析犯罪原因的基础上,聚焦于涉罪领域专项合规计划的有效性。

最后,刑事涉案企业合规兼具犯罪预防和制裁功能,其有效性标准应体现有效预防和有效制裁两大基本维度。无论着眼于一般预防还是特殊预防,刑事合规的犯罪预防功能已经为理论界和实务界普遍接受,合规计划被定义为"预防、发现和制止企业违法犯罪行为的内控机制",[②]有学者将由此演绎的刑事合规有效性标准总结为涵盖犯罪预防、识别、应对三个方面的合规制度、合规组织机构、合规文化、合规培训、合规风险识别、合规风险评估、合规风险处置、合规审计、合规调查、合规举报、问责与惩戒、持续改进 12 大核心要素。[③] 然而,一方面,这种合规体系引发了一些质疑,实证研究显示合规政策和行为守则并没有显著改变员工行为,[④]而且现代企业的经营规模、雇员数量和管理层级都在逐渐扩张,合规计划无论如何也无法影响所有雇员的思想和行为。[⑤] 此类质疑虽然不能从根本上否定刑事合规计划的犯罪预防功能,将合规计划的有效性标准定义为"彻底预防违法行为发生"也是一种理论上的误读,但这仍然可以提示我们,基于有效预防的合规体系不应成为刑事合规有效性的唯一标准。另一方面,合规计划最大的问题在于极易被模仿,当企业合规改革给予建立合规计划的企业极为宽大的处理结果时,就会导致刑法的威慑力和制裁性不足。[⑥] 因此,刑事合规还应发挥制裁功能,要求涉案企业在法益修复、业务改造、资金投入、人事处理、接受监管、社会公益等方面付出成本和代价,以契合最高人民检察院对涉案企业合规的"严管"机制定位,作为刑

---

① 参见王焰明、张飞飞:《企业刑事合规计划的制定要把握四个特性》,载《检察日报》2021 年 7 月 13 日,第 7 版。

② 参见马明亮:《作为犯罪治理方式的企业合规》,载《政法论坛》2020 年第 3 期。

③ 参见李玉华:《有效刑事合规的基本标准》,载《中国刑事法杂志》2021 年第 1 期。

④ See M. Schwartz, *The Nature of the Relationship between Corporate Codes of Ethics and Behaviour*, 3 J. BuS. Ethics 32, 247 (2001).

⑤ See D. Daniel Sokol, *Teaching Compliance*, 84 U. CIN. L. REV. 399, 401 (2016).

⑥ See Kimberly D. Krawiec, *Cosmetic Compliance and the Failure of Negotiated Governance*, 2 Washington University Law Quarterly 81, 491 (2013).

罚制裁功能的有效替代和有限犯罪预防功能的必要补充。

(二)涉案企业合规建设的有效性标准之要素形态

各国在制定涉案企业合规有效性标准时均采用评估视角和要素形态,也就是站在司法机关或者合规监管人的角度,规定若干合规管理的审查和评估要素,作为合规有效性的基本标准。例如,美国《组织量刑指南》规定了著名的有效合规计划七要素,即制定合规政策和程序、管理层承诺和重视、人事任免中的合规一票否决、培训沟通和合规举报、合规监控和审计、合规奖惩制度、合规应对制度。英国《反贿赂法指南》确立了反腐败合规有效性的六大原则,包括合比例程序、高层承诺、风险评估、尽职调查、沟通和培训、监控和评估。法国《萨潘第二法案》也规定了行为准则、合规举报、风险评估、尽职调查、会计控制程序、员工培训、纪律惩戒、合规审计等合规制度的基本要素。① 意大利关于企业合规的第231/2001号法令提及合规方案的要素包括识别犯罪领域、制定犯罪预防协议、确定财务资源管理方式、规定监督机构的信息披露义务、引入违法行为纪律惩戒机制等。② 相对于公布详尽的有效合规计划精细化模板,合规有效性标准的要素形态具有天然的优势,尤其是兼顾了不同规模和专项领域涉案企业合规计划建设的差异化需求。

一方面,大型企业和中小微企业的合规管理体系有效性标准不尽相同。大型企业的公司治理结构十分复杂,往往涉及多项业务领域和全产业链的合规管控,以及对国内外员工、业务部门、第三方商业伙伴、子公司、分公司的合规管理,还要协调公司股东会、监事会、董事会及其下设各专业委员会、法务部门、财务部门、人事部门的管理职能,因此,必须建立精密完备的合规管理体系。例如,组建贯穿公司各级组织机构的合规监管体系,聘任专职的首席合规官和合规专员,成立专门的合规委员会和合规管理部,才能实现合规风险的有效预防、识别和应对。但是对于中小微企业而言,公司组织结构简单、合规风险单一、业务领域固定,建立对标大

① 参见张远煌等编著:《企业合规全球考察》,北京大学出版社2021年版,第58、111、324页。

② 参见陈瑞华、李玉华主编:《企业合规改革的理论与实践》,法律出版社2022年版,第382页。

型企业的复杂合规管理体系既无可能也无必要，应当为其设立有效合规管理的最基本要素作为最低限度标准。大型企业和中小微企业的合规管理体系差异在自我监管合规领域已成共识，我国中小企业协会组织起草了《中小企业合规管理体系有效性评价》（中国中小企业协会团体标准 T/CASMES 19－2022）。该标准虽然保留了风险评估、教育培训、沟通举报、内部调查等有效合规计划基本要素，但是与国家标准《GB/T35770－2017 合规管理体系指南》和国际标准《ISO37301：2021 合规管理体系要求及使用指南》相比，各要素的评价内容大大简化，并且特别规定了合规机构设置的"比例相称原则"，强调合规管理机构和人员的规模与企业规模和合规管控水平相匹配。在刑事合规领域，各国有关涉案企业合规计划的上述"七要素""六原则"等有效性标准都是在此意义上制定的最低限度要素标准。

另一方面，不同犯罪领域涉案企业的专项合规管理体系有效性标准应有所区别。根据标准化法的规定，标准是指特定领域需要统一的技术要求。企业合规改革推进至今，理论界和实务界都接受了一个基本理念，那就是涉案企业合规整改需要建立的是"专项合规管理体系"，也就是针对所发生的犯罪行为，建立特定化的合规管理体系。[①] 税收、环保、招投标、安全生产等不同领域的专项合规有效性标准的差异已经在改革实践中具有诸多体现。例如，最高人民检察院编发了《涉案企业合规改革试点参考文件》，针对商业贿赂类犯罪、涉税类犯罪、环境污染类犯罪、数据安全类犯罪、安全生产类犯罪、知识产权类犯罪六大专项合规计划分别制定有效性评估审查重点。辽宁省人民检察院联合九部门出台的《关于建立涉罪企业合规考察制度的意见》也为污染环境罪、破坏自然资源罪、生产销售伪劣产品罪、走私犯罪、税收犯罪、商业贿赂犯罪等涉罪领域分别规定了不同的合规计划建设方式和考察重点。为了建立专项合规计划的专业化考察模式，部分试点地区还尝试对第三方专业人员名录库进行分专业、分领域管理，如南通市崇川区的专业人员名录库分为法律法务、生态环境、财税管理、市场监管、经济金融、知识产权、信息网络、安全生产八大专业领域；江苏省张家港市根据涉税犯罪、安全生产犯罪、污染环境犯罪、侵犯知识产权犯罪四大高发犯罪，组建了四大领域的专业人员名录库，个

---

① 参见陈瑞华：《企业有效合规整改的基本思路》，载《政法论坛》2022 年第 1 期。

案中在具体涉罪领域名录库内随机抽取合规监管人。[①] 专项领域合规计划的具体展开方式当然各有侧重，但是，有效合规计划的范式构造仍然是一以贯之的，所有专项合规计划都要求包含合规政策体系、合规组织体系、合规流程体系等合规要素，各国立法中合规计划的简易化要素形态有助于确立通行有效的基本标准。

（三）涉案企业合规建设的有效性标准之要素完善

尽管当前刑事合规有效性标准的要素形态具备兼容性较强的独特优势，但是这些要素既没有充分体现刑事合规的特征属性，未将其与自我监管合规以及行政监管合规的有效性标准加以区分，也没有考虑事前合规与事后合规的差异，将有效合规整改与有效合规计划混为一谈，更没有意识到涉案企业合规是一个持续整改的动态环节，将合规计划的有效性仅仅等同于合规计划设计的有效性，而未给出合规计划运行效果的判断方法，因此，仍然不能为刑事涉案企业合规提供令人满意的有效性标准。

首先，上述刑事合规有效性标准的各项要素来源于自我监管合规，缺乏对刑事合规要素特征的体现。例如，刑事合规要求涉案企业制定合规政策应当紧紧围绕防范刑事合规风险展开，至多将作为法定犯不成文构成要件要素的部分行政违法行为纳入合规管控对象，这是刑事合规针对性的基本要求。又如，刑事合规还应体现制裁性，在合规有效性标准中需要引入有效制裁要素，涉案企业应当立即停止存在违法隐患的商业活动，关闭从事违法业务的分支机构，必要时转变主营业务领域，重新开发新型业务模式；还应当惩处违法责任人，解除实际控制人或职业经理人的管理权限，必要时改组董事会和监事会，甚至将高级管理人员全部撤换，这些负担性的制裁标准体现了刑事合规的严厉性。

其次，即便是在刑事合规内部，也有事前合规与事后合规之分，两者的合规激励原理以及相应的合规有效性标准并不完全一致。事前合规是指涉案企业在犯罪行为发生前已经建立的合规管理体系，往往能够为企业带来责任切割或罪责减免的激励效果；而事后合规是指涉案企业在犯

① 参见钱丽、陈迪：《江苏张家港合规智能管理平台——合规监督评估第三方组织实现随机规范抽取》，载《检察日报》2021年10月9日，第3版。

罪行为发生后,通常是在刑事诉讼过程中、在检察机关或者合规监管人的监督下进行的合规整改活动,司法机关基于处刑必要性、一般预防效果、社会公共利益等综合考量给予涉案企业宽缓处理。美国《组织量刑指南》等立法例规定的合规有效性标准,几乎都是针对事前合规确立的基本要素,属于一种“面向未来的合规计划”。企业一旦建立合规培训、合规监控、合规举报等合规管理制度,就被认为履行了对未来可能发生违法行为的防范义务,因而事前合规可以作为罪责减免甚至责任抗辩事由。① 与此不同的是,涉案企业事后合规整改既需要建立面向未来的专项合规计划,更应当首先完成“面向过去的制度纠错”,在分析犯罪原因的基础上进行针对性的管理漏洞填补和制度缺陷修复。例如,张家港市S公司销售假冒注册商标的商品案作为最高人民检察院发布的第二批企业合规典型案例之一,检察机关在合规不起诉启动阶段通过走访调查了解到S公司的管理漏洞在于“企业采购程序不规范,对供货商资质和货品来源审查不严,单据留存不全”,因而在合规整改环节,S公司主要完成了针对性的制度修复,“在税务方面,公司从以往直接与代账会计单线联系,转变为与会计所在单位签订合同,对财务人员应尽责任、单位管理职责进行书面约定。在知识产权方面,公司明确渠道商应提供品牌授权证明并备案,每笔发货都注明产品明细,做到采购来路明晰、底数清晰”。② 这些针对性的制度修复措施显然不同于体系化的合规计划搭建。独立于有效合规计划的有效制度修复要素,成为事后合规与事前合规在建设方法和有效性标准方面的关键区别。

最后,对于有效合规计划标准而言,基本内容也不限于合规政策、合规组织、预防机制、识别机制、应对机制等“静态要素”,而应从合规计划的体系设计和运行效果两个环节确立全过程的有效性标准。在行政监管合规领域,企业合规协议被认为是行政机关开展过程性监管的制度

① 万方:《合规计划作为预防性法律规则的规制逻辑与实践进路》,载《政法论坛》2021年第6期。

② 孙风娟:《最高检发布第二批企业合规典型案例》,载《检察日报》2021年12月16日,第1版。

设计。[1] 刑事合规也是如此，涉案企业合规整改是一项系统性工程，在三个月到一年的合规考察期内经历制定合规整改方案、监督合规整改过程、评估合规整改效果等多个阶段，涉案企业最终获得宽缓的案件处理结果。相应地，企业合规计划也应从最初的方案设计逐步落地见效，经过有效运行和改进而在评估阶段取得实际效果，切实发挥防范、识别、应对刑事合规风险的功能。正是考虑到合规整改的全过程评估需求，美国司法部《司法手册》提出著名的有效合规计划"三问"：第一，企业合规计划是否设计良好？第二，企业合规计划是否得到认真执行？第三，企业合规计划在实践中是否有效？美国司法部刑事部《企业合规计划评估》（Evaluation of Corporate Compliance Programs）在这种合规计划设计、执行、效果三阶段论的基础上，进一步规定了各阶段的重点评估要素。检察官在合规计划设计阶段应着重审查合规计划的全面性，包括风险评估、政策和程序、培训和沟通、合规举报和调查程序、第三方管理、并购管理六大要素；在合规计划执行阶段主要关注合规计划的去纸面化，包括中高管理层承诺、充分的职能和资源保障、合规奖励和惩戒机制三大要素；在合规计划效果阶段重点考察合规计划发挥持续预防和应对违法行为发生的实际效果，包括持续改进、定期测试和审查，违法行为调查，分析和纠正潜在违法行为三大要素。[2] 美国司法部的有效合规计划三阶段论针对过程性的合规整改树立了较为全面的有效性评估要素，也为我国一些法律界人士所接受。[3] 但是，三阶段论的要素配置区分度不强，体系结构仍然较为混乱。例如，执行阶段的合规奖惩要素、效果阶段的合规审查和内部调查要素都属于有效合规计划初始设计阶段必须包括的基本内容，而合规计划的执行和效果之间并没有泾渭分明的界限，设计良好的合规计划经过有效执行，必然能够产生理想的犯罪预防效果。

---

① 参见周佑勇：《契约行政理念下的企业合规协议制度构建——以工程建设领域为视角》，载《法学论坛》2021 年第 3 期。

② See U. S. Department of Justice Criminal Division, *Evaluation of Corporate Compliance Programs*, https://www. justice. gov/criminal-fraud/page/file/937501/download (last visited on 20 April 2022).

③ 参见郭小明、刘润兴：《如何确保刑事合规计划得以有效实施》，载《检察日报》2021 年 8 月 6 日，第 3 版；谢鹏程：《论涉案企业合规从宽检察改革的内在逻辑》，载《民主与法制周刊》2021 年第 42 期。

综上所述,涉案企业合规有效性标准应体现刑事合规和事后合规的要素特征,包括针对性的有效制度修复和全过程的有效合规计划两大组成部分。有效制度修复标准要求涉案企业在准确查找导致犯罪发生的管理漏洞和制度缺陷的基础上进行针对性纠错,改造特定经营方式和审批流程,涵盖制度缺陷查明和管控漏洞修复两大要素。有效合规计划标准要求对涉案企业合规计划的设计和运行效果进行全过程审查,标准设定不再参考设计、执行、效果的三阶段论,而采用设计和运行效果的二阶段论,在设计阶段考察涉案企业合规计划的要素全面性,在运行效果阶段专注于审查合规计划“去纸面化”的运行实效,确保设计良好的各项合规计划要素全面落地生效,切实发挥预防、识别、应对刑事合规风险的制度功能。有条件的地区还可以采用法律大数据认识论和方法论的“领域理论”支撑大数据合规的探索。①

三、涉案企业合规建设有效制度修复的针对性标准

涉案企业合规建设的有效性标准,是一套包含有效制度修复和有效合规计划的要素体系,两者密切关联、有机结合,共同发挥涉案企业合规整改标准、合规监管人监督评估标准、检察机关审查验收标准等三重制度功能。

这三重制度功能主要体现在:一是涉案企业合规有效性标准是涉案企业合规整改的基本参照。企业为了说服检察机关启动合规考察程序,除提交“认罪认罚承诺书”和“合规考察程序申请书”以外,一般还应当开展合规自查、制定合规整改方案,向检察机关提交“合规自查报告”和“合规整改方案”。其中,合规自查的目的在于调查分析导致违法行为发生的企业管控漏洞和制度缺陷,合规整改方案则是企业进行制度修复和合规体系建设的自我规划,涉案企业唯有按照合规有效性标准展开自查和整改,才能最大限度获得检察机关的认可,被纳入合规考察程序。二是涉案企业合规有效性标准是合规监管人监督评估的基本依据。合规考察程序启动后,合规监管人参与企业合规整改,主要完成三项工作:首先,审查企

---

① 参见王禄生:《论法律大数据“领域理论”的构建》,载《中国法学》2020 年第 2 期。

业此前完成的初步合规自查和整改计划,进一步调查分析企业发生违法行为的原因、识别管控漏洞,并根据企业自查报告确定验收标准;其次,指导企业落实合规整改方案,监督企业进行制度修复和合规体系建设的进程和效果,及时提出修正和改进意见;最后,在考察期结束前完成合规有效性评估,出具"第三方合规考察报告"。① 合规监管人的上述工作都要求以涉案企业合规有效性标准为指引,从有效制度修复和有效合规计划两个角度加以监督、指导和评估。三是涉案企业合规有效性标准是检察机关审查验收的基本规范。当前,检察机关在企业合规改革中几乎享有不受限制的自由裁量权,②从选定合规考察案件、启用合规监管人、设置合规考察期,到最终进行合规验收并作出案件处理决定,都缺乏切实可行的标准。而企业是否通过合规考察验收,意味着将面临获得不起诉决定或被提起公诉这两种截然不同的命运,在此意义上,涉案企业合规有效性标准的明确极大纾解了裁量权过大引发的改革正当性危机。检察机关依据有效制度修复和有效合规计划两大基本要素作出审查,判断合规整改对未来实施同类犯罪的预防效果,③以此作为评估涉案企业再犯可能性的核心标准,有助于涉案企业合规制度实质正义的实现。

(一)涉案企业合规建设的有效制度修复之作用原理

相对于有效合规计划流程性建设,涉案企业的有效制度修复更加具有紧迫性和针对性,却也因为其个性化特征而使涉案企业、合规监管人、检察机关在制度实践中难以把握。我国企业合规改革初期的试点机关鲜少关注这一问题,但随着改革的逐步深入,到最高人民检察院发布第一批企业合规改革试点典型案例时,有效制度修复已经成为合规整改有效性的基本标准之一。典型案例如张家港市L公司污染环境案的涉案企业不仅建立起合规内控体系,还针对污染物处理制度漏洞修复了生产经营管

---

① 参见陈瑞华、李玉华主编:《企业合规改革的理论与实践》,法律出版社2022年版,第276页。

② 参见张亚逸:《公司犯罪追诉的新路径:以美国暂缓起诉协议为中心》,载《苏州大学学报(法学版)》2020年第3期。

③ 参见刘艳红:《中国反腐败立法的战略转型及其体系化构建》,载《中国法学》2016年第4期。

理体系，改变了野蛮粗放的发展运营模式；上海市A公司等虚开增值税专用发票案的涉案企业不仅建立了合规审计、内部调查、合规举报等有效合规制度，还针对税务管理制度漏洞聘请专业人士进行税收筹划；王某某等对非国家工作人员行贿案的涉案企业不仅构建了有效的合规组织体系和合规风险防范报告机制，还针对商业贿赂漏洞重整内部架构和人员，着手制定企业内部反舞弊和防止商业贿赂指引等一系列规章制度；新泰市J公司等建筑企业串通投标系列案件的涉案企业不仅围绕所涉罪名及相关领域开展合规建设，完善公司重大法务风险防控机制，还针对公司治理结构漏洞完成了公司监事会的人事调整。①

美国检察官办理企业合规案件的经验体现出一种"整体性合规改造"的独特思路。根据美国学者的研究，实践中制度修复措施的重要地位没有得到凸显，大多数暂缓起诉协议要求涉案企业强化合规管理体系，只有"少数协议（255份协议中的23份，占比9%）旨在通过改进合规之外的方法改变企业治理"，这些方法主要是针对性的制度修复，包括终止特定业务、关闭违规子公司、改变按照销售额提成的薪酬发放方式等。② 有效制度修复在美国既没有被规范性文件明确规定为有效合规整改的基本要素，理论界和实务界也未形成有效制度修复和有效合规计划相分离的基本理念。但是，这并不意味着美国检察官在大多数案件中不要求特定的制度修复措施，而是将其融入有效合规计划的具体设计。例如，2020年以来，空中客车公司和德意志银行都因海外腐败行为与美国司法部达成暂缓起诉协议，反海外腐败法执法案件的合规整改条款内容高度相似，主要由高管承诺、合规政策与程序、定期风险评估、任命合规组织、合规培训和指导、内部举报和调查、执行和惩戒、第三方关系、合并和收购、监督和测试等有效合规计划要素构成。两起案例的制度修复要素都体现在合规政策与程序部分，不仅要求建立旨在防止海外腐败行为的道德与合规政策和程序，还应针对财务会计管理漏洞改造财会管理体系，以确保账簿和记录的准确与完备。这一针对性管理系统要求保障以下要素：一是交

---

① 参见最高人民检察院：《企业合规改革试点典型案例》，载《检察日报》2021年6月4日，第2版。

② 参见［美］布兰登·L.加勒特：《美国检察官办理涉企案件的启示》，刘俊杰、王亦泽等译，法律出版社2021年版，第85页。

易必须根据管理层的授权执行；二是保留交易记录，使财务报表编制符合通行会计原则和任何有关标准；三是使用公司资产必须取得管理层授权；四是定期进行资产审计。① 又如，艾司隆数据管理公司（Epsilon Data Management）因向欺诈组织非法出售公民个人信息而就电信欺诈指控与美国司法部达成暂缓起诉协议，合规整改条款同样在有效合规计划体系的“政策和程序”部分设立了两类要求：一是制定数据保护合规政策和程序，加强客户合规尽职调查，旨在发现和防止将消费者数据转移或出售给从事欺骗性营销活动的实体或个人，这是有效合规计划的基本要素；二是针对市场营销管理漏洞建立消费者营销审查机制，要求涉案企业对消费者推销或其他创新性营销手段进行定期、抽样、实例等方式的风险审查，确保向客户提供消费者数据行为的合法性，②这体现了有效制度修复的基本思路。

由此可见，有效制度修复无论是作为涉案企业合规有效性的独立标准，还是与有效合规计划相融合而成为整体性合规改造的重要成分，基于犯罪原因查明的针对性漏洞修复都是其发挥整改作用的根本原理。具体而言，有效制度修复的针对性体现在两个方面：一是针对管控漏洞的有效填补；二是针对带病商业模式和责任人员的有效制裁。制度修复措施着眼于导致犯罪发生的深层管理制度因素，往往涉及经营管理、财务管理、税务管理等区别合规管理体系的专项治理制度，以弥补合规计划无法替代和改造经营、财务、法务等专项治理结构的遗憾。合规与法务、内控、审计、监察等治理机制一样，都是企业的一种日常性自我监管方式，合规计划并非企业监督治理的唯一手段，有效合规计划的缺失也不是导致犯罪发生的唯一原因。相反，合规管理体系必须建立在商业模式合乎法律，以及业务部门经营管理、财务部门会计核算、审计部门审计稽核等风险控制“三道防线”有效运转的前提之上，进一步发挥合规专项治理的功能。因此，国资委印发的《中央企业合规管理指引（试行）》明确提出合规管理体系的协同联动建设原则，要求中央国有企业推动合规管理与法律风险防

---

① U. S. Department of Justice, Deferred Prosecution Agreement with Airbus SE; U. S. Department of Justice, Deferred Prosecution Agreement with Deutsche Bank.

② U. S. Department of Justice, Deferred Prosecution Agreement with Epsilon Data Management.

范、监察、审计、内控、风险管理等工作相统筹、相衔接，确保合规管理体系有效运行。正是在此意义上，涉案企业合规整改的首要工作不是急于建立流程化的合规计划，而是诊断导致犯罪发生的内部管理体系漏洞，如上述污染环境罪对应的生产经营管理漏洞、虚开增值税专用发票罪对应的税务管理漏洞、商业贿赂犯罪对应的财务管理漏洞、电信欺诈犯罪对应的市场营销管理漏洞等，开展针对性的改造商业模式和经营管理流程、规范财务列支和报表编制、激活公司有关治理结构和调整组织人事等制度修复工作。而对于违法违规的特定业务、存在严重治理缺陷的分支机构、承担直接实施和管理责任的人员，由于不再具有修复价值，应将其关闭、解散或辞退。唯有如此，针对性制度修复才能有效完成，在此基础上建立的有效合规计划，也才能够发挥长效的犯罪预防作用。

（二）有效制度修复要素之一：查明深层制度缺陷

作为涉案企业合规有效性标准的两大维度之一，有效制度修复的关键在于查明导致犯罪发生的制度管控漏洞，并进行针对性的制度修复，为有效合规计划的体系性建设奠定制度基础。经营和管理制度表征着企业的思想和行为，除决定、批准、授意、纵容、指挥、具体实施犯罪的直接责任人员因素以外，查明真正归属于单位本身的犯罪原因需要深入挖掘制度层面的缺陷和漏洞。这些根植于商业模式和管理方式的犯罪诱因如果仍然得到保留，即便合规计划的要素再完备、合规管理的成效再显著，违法违规行为依然会不断发生，再次构成犯罪只是时间问题。因此，涉案企业合规整改的首要任务就是完成有效制度修复，涉案企业应当首先查明制度缺陷和管控漏洞，再进行制度修复。

涉案企业合规改革的试点经验表明，企业为说服检察机关启动合规监督考察程序，在进入审查起诉程序之后一般会立即开展合规自查，识别导致犯罪发生的制度缺陷和管控漏洞，并提交合规自查报告。在合规考察程序中，检察机关和合规监管人还会继续从事犯罪原因查明工作，既可以督导涉案企业深入开展这种具有合规内部调查性质的自查活动，也可以亲自进行阅卷、走访和研判，从笼统模糊的“公司管理不善”走向具体的专项管控漏洞查明，确保深层制度缺陷得到揭露。最高人民检察院发布的第二批企业合规典型案例更加生动细致地体现了何为“深层制度缺陷”：上海市J公司假冒注册商标案的涉案企业在合同审核、财务审批、采购销售等具体环节存在管理漏洞；张家港市S公司销售假冒注册商标的商品案的涉案企业采购程序不规范，对供货商资质和货品来源审查不严，单据留存不全；山东省沂南县Y公司串通投标案的涉案企业存在缺乏招投标管理制度，内部审批不严，账簿登记不实，工资发放不规范等特定制度问题；随州市Z公司康某某等人重大责任事故案的涉案企业存在安全生产管理制度不健全、操作规程执行不到位等专门问题；深圳市X公司走私普通货物案的涉案企业的制度缺陷在于过关价格申报和税款缴纳管理。①

至此，查明制度缺陷和管控漏洞的基本标准已渐明朗。首先，制度缺陷通过犯罪发生原因分析得以揭示，但绝不同于犯罪事实的重复描述。污染环境罪的私设暗管排放废水、虚开增值税专用发票罪的无真实货物交易虚开发票、串通投标罪的暗箱操作统一控制报价等案件事实，都不属于涉案企业制度上的缺陷。其次，制度缺陷必须是深入公司治理层面的具体经营和管理漏洞，片面追求经济利益、法律意识淡薄、规章制度不健全、内部管理不完善等指征不明的表述不能满足犯罪原因查明的准确性要求。最后，实践中涉案企业常见的制度缺陷和管控漏洞有：(1)商业模式存在违法基因，部分商业模块甚至符合犯罪构成要件，如直销、互联网金融、数据爬取等商业行为本身，存在严重的违法违规风险，很容易构成传销、非法吸收公众存款、侵犯公民个人信息等犯罪；(2)市场营销管理缺陷，企业鼓励或者默许员工通过支付回扣和业务返点等方式拓展市场，以及销售人员按照销售额提成的薪酬制度，极易滋生商业贿赂犯罪风险；(3)生产管理失范，企业在生产链前端缺乏有效的安全生产管理制度，在生产链后端未建立污染物处理及排放措施，造成重大责任事故类犯罪和污染环境等犯罪；(4)财务管理模式存在漏洞，财务审批和财务审计制度流于形式，原始凭证审核、账簿信息记录、关键涉税节点把关不严，导致虚开增值税专用发票、逃税等犯罪得不到有效防控；(5)合同管控存在缺陷，合同真实性和合法性审核不力，导致侵犯知识产权、侵犯公民个人信

① 参见孙风娟：《最高检发布第二批企业合规典型案例》，载《检察日报》2021年12月16日，第1版。

息、销售伪劣商品等犯罪发生,合同履行的全流程管控机制缺失,致使利用未实际执行的虚假合同掩盖的非法经营、商业贿赂、挪用资金等犯罪无法被及时发现;(6)第三方管理“真空”,供货商、经销商、代理商等第三方商业伙伴的营业资质、经营方式、货品来源、销售渠道审查不严格,企业成为第三方违法犯罪的共犯,或者成立掩饰、隐瞒犯罪所得罪;(7)现代公司治理结构不合理,董事会的督导职能和监事会的监督职能未激活,代议制的公司组织方式和决策机制无法有效运转,董事长或实际控制人“一言堂”,权力配置和人事结构失衡,导致合同、财务、生产、营销等各项管理制度形同虚设。

深层制度缺陷的查明不仅是涉案企业合规整改标准之一,还是合规监管人监督评估和检察机关审查验收的重要标准。制度缺陷查明要素的审查关键在于识别管控漏洞的准确性和深度。一是审查涉案企业依据犯罪构成要件对商业模式的违法性的判断和认识。如涉嫌非法经营罪的企业,应当对商业模式中未取得经营许可或未经有关部门批准的经营行为和扰乱市场秩序的情节具有充分认知。二是审查涉案企业依据业务流程回溯查找管理漏洞的准确性。涉案企业在商业模式违法性判断的基础上查找业务、财务、法务管理流程中存在的公司治理漏洞,如根据财务总监虚开发票的违法行为,应当锁定财务审批管理制度缺陷。三是审查涉案企业依据公司治理结构发现权力配置问题的深度。在商业模式的违法缺陷和公司治理的管控漏洞的背后,都可能隐藏着公司权力配置的不合理之处,如公司经营和管理权集中于董事长、实际控制人、职业经理人等个别强权人物,董事会和监事会等现代公司治理结构失活,才是最终导致犯罪发生的深层原因。一旦这种权力配置结构无法得到根本改变,任何管理制度的建立和管控流程的完善都将成为流于形式的“纸面工程”。

(三)有效制度修复要素之二:针对性制度修复

查明制度缺陷和管控漏洞之后,涉案企业的结构性缺陷和深层致罪因素得到揭示。其后的针对性制度修复工作一般包括两种方式:对于各项瑕疵经营模式和管理方式应当逐一进行补正和修复,这是有效制度修复的犯罪预防面向;对于不再有改造和修复价值的违法业务模式和病态组织结构应当立即终止、关闭、解散、辞退,这既是犯罪预防的现实需要,也体现了有效制度修复的制裁面向。具体而言，首先，涉案企业应消除瑕疵商业模式中的高风险致罪因素。例如，将主要盈利方式从收取入会费改为实际销售产品的利润，将多类资产管理产品嵌套的金融业务方式改为严格区分银行、信托、证券、基金、保险的资产管理业务，将数据采集方式从爬取改为基于“告知—同意”的授权获取等，并对整改后的商业模式进行合规审查，出具合规评估报告。

其次，涉案企业应针对合同、财务、第三方等特定环节的管理漏洞建立针对性管控制度。例如，规范市场营销管理，取消回扣和返点等商业贿赂性质的市场推广方式，处理商业贿赂违规责任人，视违法情节将其调岗、降级、降薪、开除、移交司法机关等；建立生产管理制度，按照法律法规和国家标准的要求组织安全生产管理、污染物排放管理，必要时将污染物处置外包给专业机构，并在整改完成后委托安全生产或环境保护研究机构出具评估报告；严格财务治理，完善财务和审计内部控制体系，加强票据凭证和财务账簿管理，聘请税务师进行税收筹划，聘请会计师事务所出具审计报告；完善全流程合同审核和管理制度，确保合同订立和执行的全过程都能得到合法性和真实性审查，建立连通业务、法务、财务等部门的合同审批流程和管理平台；强化第三方管理，在采购、销售、咨询、代理、招投标等环节全面建立针对第三方合作伙伴的尽职调查和退出机制，并建立定期资质审核、黑白名单等管理制度。

再次，涉案企业应激活现代公司治理结构。董事会和监事会的正常运转是有效合规计划的公司制度基础，合规制度给公司权力带来的最重大变化是董事会作为公司最高权力机关发挥督导职能，并通过组建下属委员会进行授权和放权，以解决权力集中于股东会，公司治理中的两权分立不足、组织化水平低下的问题。[①] 因此，针对公司权力配置失衡的问题，涉案企业治理结构的首要修复工作是加强董事会建设，确保董事会具有完整的公司经营决策权，并强化董事会对经理层的监督，[②]防止大股东和总经理擅权独断损害公司利益。此外，涉案企业还应当注重监事会建设，充分发挥监事会的监督制约职能，建立完善监事会对董事会、执行董

---

① 参见邓峰：《公司合规的源流及中国的制度局限》，载《比较法研究》2020 年第 1 期。

② 参见梁上上：《公司权力的归属》，载《政法论坛》2021 年第 5 期。

事、经理层的监督机制，以及对经营和财务管理制度缺陷和管控漏洞的监督检查制度。

最后，涉案企业应主动切割不具有修复价值的商业模式和组织成员。一方面，并非所有带病经营方式都有合规改造的必要性和可能性，也并非所有企业都有修复瑕疵商业模式并保持平稳经营的能力。一般而言，主营业务模式的修复价值较高，尤其是对于主营业务单一的小微涉案企业，带病商业模式的合规改造关系到企业存续问题。但对于难以完成去犯罪构成要件处理，或者合法化经营后难以创造稳定利润的主营业务模式，则应当立即停止，涉案企业需要转换赛道、开发新的合法业务领域，并证明能够凭借新的商业模式持续经营获利。而对于存在重大违法隐患的非主营业务或者主营业务的部分板块，原则上应当从涉案企业中剥离，除非能够提供令人信服的改造方案。2005 年毕马威会计师事务所因帮助客户设计并实施未经登记的欺诈性避税方案而涉嫌欺诈和税务犯罪，与美国司法部达成的暂缓起诉协议就要求终止该公司的所有对私税务业务，①这种制裁性的涉罪业务剥离，值得借鉴。另一方面，对于单位犯罪责任人员，涉案企业也应当视其违法情节作出处分决定，至少应解除主管责任人员的经营管理权限，必要时甚至要求更换整个管理层成员。鉴于我国试点中暴露出对民营企业和企业家保护有余而制裁不足的问题，提升违法商业模式和责任人员的制裁力度显得十分紧迫且必要。

在合规监管人和检察机关的审查标准方面，制度修复的审查要点在于修复措施的针对性和彻底性。首先，审查涉案企业改造后商业模式的合法性和可行性。针对完成合规改造的商业模式，一方面审查其合法合规情况，着重审查商业模式合规评估报告，确保合规风险控制在可接受范围；另一方面审查该商业模式的可行性，涉案企业在采取新的商业模式之后要能够平稳运营盈利，因而再次走上犯罪道路、重操旧业的概率大幅度降低。其次，审查涉案企业管理制度建设的针对性和完备性。针对涉案企业存在的管理漏洞，着重审查整改过程中进行针对性制度建设的情况，相关的财务、合同、生产、市场推广、发展第三方商业伙伴的管理流程应当

---

① 参见［美］布兰登·L. 加勒特：《美国检察官办理涉企案件的启示》，刘俊杰、王亦泽等译，法律出版社 2021 年版，第 84 页。

得到完备的建立，具有专门的规章制度和审批监督流程加以规范。再次，审查涉案企业公司权力运行的规范性和透明度。重点审查涉案企业经过治理结构改造后，对负有责任的大股东的股权稀释、将实际控制企业的强权责任人剔除出管理层、激活董事会和监事会的有效运转等建立现代公司治理结构和代议制权力运行模式的情况，以及审查公司作出战略，业务、人事、财务等重大事项决策的公开性和透明度。最后，审查涉案企业剥离违法商业模式和处理违规责任人的果断性和严厉性。其中，审查违法商业模式的剥离情况，重在涉案企业是否及时终止不具有修复价值的非主营业务；审查涉案企业针对违法违规责任人的处理情况，重点在于是否剥夺责任人再次利用职权实施违法违规行为的能力，审查企业将责任人降级降薪、调离工作岗位、予以解聘和开除、移交司法机关等具体惩戒动作。

四、涉案企业有效合规计划的全过程标准

涉案企业合规改革的推进使“合规计划”的概念和要素普及开来，试点案件的合规整改和监督考察工作也许会忽视针对性制度修复的若干要求，却几乎都会将有效合规计划的打造作为涉案企业合规有效性的基本标准。以合规政策体系、合规组织体系、合规程序体系为蓝本，合规文件、合规风险评估、合规培训、合规举报、合规奖惩等制度要素已经深入人心，这无疑是本次改革取得的重大成就。但是，当前的涉案企业有效合规计划建设仍然存在诸多问题，在分析和解决这些关键问题的基础上，有效合规计划的作用原理能够得到充分揭示，涉案企业有效合规计划的基本标准也得以进一步完善。

（一）涉案企业有效合规计划的作用原理

涉案企业合规改革的合规激励性质决定了涉案企业只有打造有效合规计划、建立合规治理体系，才能获得合规从宽的案件处理优惠。① 合规计划有效性标准的合理确定与严格把握成为涉案企业“真整改”“真合

① 参见李玉华：《我国企业合规的刑事诉讼激励》，载《比较法研究》2020年第1期。

规”的题中应有之义。然而,改革实践中涉案企业建立的合规计划究竟有效与否,检察机关和第三方监管人又能否对合规计划有效性作出专业的评估,仍然是不无疑问的。

首先,涉案企业合规考察不合格的案例极其少见。在全国检察机关办理的近千件涉企业合规案件中,虽然最高人民检察院没有披露具体数据,但从公开报道的案例情况来看,涉案企业几乎都能通过合规考察,而极少出现合规考察认定为不合格的案例。湖北省随州市某矿业公司非法占用农用地案作为考察不合格的典型案例引起最高人民检察院的高度关注,但是第三方监督评估组织作出考察结论的主要依据并不是合规计划建设不符合标准,而是涉案企业申请合规监管动机不纯、认罪不实,以及制度修复措施落实不到位。[①] 过高的合规考察合格率显然说明有效合规计划标准的实践把握非常宽松,涉案企业既然不会因为合规计划无效而被继续追诉,自然也就失去了建立有效合规计划的基本动力。

其次,司法实践高度重视涉案企业的合规文化建设,将其提升到与合规治理结构相同甚至更为重要的地位。前述典型案例深圳市 X 公司走私普通货物案,就将合规文化建设作为与合规组织体系、制度体系、运行机制并列的有效合规计划四大要素之一。还有人认为,合规政策和程序等只是合规有效性的技术(形式)指标,以态度、习惯和氛围为指标的合规文化才是合规有效性的实质要件,合规建设和有效性评估都应当遵循从形式到实质,从技术指标到文化指标的基本路径。[②] 其实,学界对合规文化的质疑早在单位犯罪归责原则的讨论中即初现端倪,以公司文化作为入罪基础的企业文化责任论受到了猛烈地批判。公司文化被认为是公司治理结构的衍生品,受公司治理结构影响,并且公司文化过于模糊,在司法实践中难以把握。[③] 合规有效性标准中的合规文化同样存在这些问题,涉案企业当然需要以营造合规文化为目标开展合规计划建设,但其无法作为可评估、可量化的有效性指标,因而不应成为合规有效性标准的组

① 参见邱春艳:《企业合规改革,第三方监管如何落实——涉案企业合规第三方监督评估的实践与思考》,载《检察日报》2021 年 12 月 17 日,第 1 版。

② 参见李勇:《涉罪企业合规有效性标准研究——以 A 公司串通投标案为例》,载《政法论坛》2022 年第 1 期。

③ 参见时延安:《合规计划实施与单位的刑事归责》,载《法学杂志》2019 年第 9 期。

成部分。

最后,合规考察验收偏重评估合规计划的有效设计而非实施效果,纸面合规问题仍然大量存在。按照第三方监督评估机制的要求,涉案企业应当提交专项或者多项合规计划,制定可行的合规管理规范,构建有效的合规组织体系,健全合规风险防范报告机制,第三方监管人对涉案企业合规计划的可行性、有效性与全面性进行审查,并在合规考察期内对合规计划履行和完成情况进行全面检查、评估和考核。当前,检察机关和第三方监管人对合规计划有效设计的审查较为成熟,但对合规计划运行效果的审查则缺乏行之有效的标准,实践中探索的文本审阅、抽样检查、座谈会议、针对性提问、调查问卷、飞行检查、穿行测试、想定作业等检查方法,只有在合规运行效果有效性标准的指引下,才能发挥“真检查”“真评估”的理想效果。

因此,涉案企业有效合规计划标准应得到明确设定和严格执行,在合规计划的全面设计和有效运行的全过程确立合规治理体系和治理结构的专门要素。有效合规计划之所以成为风靡世界的公司治理方式,并让监管机关愿意为合规计划的普及转变执法方式,在监管执法中构建合规激励机制,根源在于公司的合规治理结构具有实实在在的违法预防功能。这种长效的预防机制既不同于真假难辨的认罪悔过和守法承诺,也不同于模糊不清的企业文化,而是以合规制度体系和合规流程体系为保障的客观治理结构。企业是依靠制度和程序运转的组织体,合规治理结构发挥有效管理作用的方式正是将组织体成员的决策和经营活动装进制度和流程的“笼子”里,将组织体运行纳入合规管控的轨道。例如,贯穿研发、生产、销售、服务等经营全流程的合规风险评估制度能够有效管控合规风险,[①]行使合规一票否决权避免企业从事存在重大违法隐患的经营活动;健全的合规手册和合规培训制度能够切实向各岗位一线员工传达合规理念和行为规范,确保合规政策落地见效;合规举报、合规内部调查、合规奖惩等合规制度形成的组合拳,能够第一时间识别和应对违法违规行为,处置违规责任人,及时切割企业责任与员工责任。有效合规计划通过一系列事前预防、事中识别、事后应对的合规风险专项治理体系构筑起牢固的

---

① 参见林沈节:《食品安全风险警示的法律分析》,载《东南法学》2021 年第 2 期。

合规防护网,只要合规计划仍然在有效运行,企业内部各类人员的生产经营活动就会受到合规制度的管控和约束。虽然无法保证每一位员工都不再实施违法行为,预防一些低级别的无赖雇员(rogue employee)实施犯罪仍然十分困难,但有效合规计划至少可以确保公司不会爆发系统性违法事件,再次实施同类违法犯罪行为构成单位犯罪的概率被降到最低。

(二)有效合规计划要素之一:合规体系设计

涉案企业完成针对性制度修复之后,开始进入合规计划建设环节,按照合规计划设计和运行效果的二阶段论,合规体系的有效设计是涉案企业合规计划全过程有效性标准的第一项要素。虽然所有合规有效性评估标准都强调企业合规建设没有一定之规,美国司法部《企业合规计划评估》也开宗明义地指出检察官不得使用任何严格的公式来评估企业合规计划的有效性,但这并不意味着合规计划的建设、考察、评估不需要遵循特定的原则要求和要素标准。具体而言,涉案企业合规计划的有效设计应当符合风险导向、要素完备、全面覆盖等三项基本要求,这也是检察机关和合规监管人进行合规计划设计有效性审查的三大维度。

首先,风险导向要求涉案企业建立专项合规计划。企业合规作为一种风险防控机制,其有效设计必须以风险为导向,任何一家企业从无到有建立合规计划的第一项工作都是开展合规风险评估,锁定企业的合规风险领域,据此建立针对特定风险的专项合规计划。涉案企业合规也是如此,只不过合规风险的确定更加便捷,涉罪领域是合规风险集中爆发的重点领域,涉案企业自然应当建立涉罪专项合规计划。例如,企业涉嫌污染环境罪,应打造环保合规计划;涉嫌侵犯公民个人信息罪,应打造数据合规计划;涉嫌虚开增值税专用发票罪,应打造税收合规计划;等等。至于涉罪领域之外的高风险领域专项合规计划,例如,高污染企业涉嫌污染环境罪,经过合规风险评估发现还存在商业贿赂的重大合规风险,则可以在基本完成环保合规计划建设,通过评估验收之后,在刑事追诉程序之外由行政监管机关和行业协会共同督促企业再打造反商业贿赂合规计划,实现从涉罪合规向全面合规的提升。

其次,要素完备要求涉案企业建立体系化合规计划。经过自我监管合规长期的商业自主实践和市场化发展,包含合规政策、合规组织、合规预防程序、合规识别程序、合规应对程序的有效合规计划基本要素已经得到广泛认可。涉案企业之间根据企业规模和部门结构的不同,专项合规计划的资源投入量和精细化程度必然有所区别,但无论如何,涉案企业设计的合规计划至少应当具备以上基本要素,才能发挥最低限度的犯罪预防效果。(1)合规政策是企业向各级员工传达法律要求、划定行为边界的制度体系,其不同于法律条文的简单梳理汇编,而需要将法律规范融入具体业务场景,并进行图文并茂的演绎和说明,使其具有简明可读的特性,这是有效合规的制度基础。(2)合规组织是企业为执行合规政策和流程所建立的专门管理团队,负责开展政策制定、合规岗位管理、合规稽查等工作,这是有效合规的人力资源保障,小微企业即便没有组建合规团队的必要和可能,也至少应当由高级管理人员承担合规管理岗位职责。(3)合规预防程序是事前防范合规风险的流程体系,一般包括风险调查和合规培训两种方式。涉案企业需要针对各项业务活动和交易主体开展合规风险调查,排查潜在违法违规风险,由此形成的“合规调查报告”应作为开展业务活动的必经程序和合法依据;合规培训则起到宣贯合规政策、激活合规流程、培养合规技能的关键作用,涉案企业应针对全体员工和重点岗位、重点风险领域员工制订分类培训内容,并及时组织考试、问答、模拟演练等培训效果测试。(4)合规识别程序是事中发现违法违规行为的监控体系,核心要求是建立合规举报制度,涉案企业应当开通举报热线、网站、邮箱等多种举报途径,并建立举报人保护制度,营造便捷、安全、高效的合规举报机制。(5)合规应对程序是事后处置违法违规行为的惩戒体系,涉案企业应当建立合规内部调查和合规奖惩制度,在合规风险爆发后立即查明违规事实和责任人,在开展损害补救和制度修复工作的同时,对责任人进行严厉惩处、对举报人进行高额奖励。预防、识别和应对三大合规程序缺一不可,共同组成完整的合规管理流程,任何涉案企业的专项合规计划都应具备这些基本要素。

最后,全面覆盖要求涉案企业建设全流程合规计划。要素完备的合规计划固然形成了一套静态的标准化合规制度与流程,但正如实务界人士常常批判和质疑的那样,合规计划极其容易被模仿和复制而成为纸面工程,如何确保其真正融入企业经营管理活动可能是同样重要且复杂的问题。因此,全面覆盖原则要求合规计划深入公司业务流、组织流、管理流的全流程:合规计划应覆盖技术研发、产品设计、市场销售、物流运输、售后服务等业务全流程,尤其是合规风险调查的对象要涵盖各项业务活动;合规计划应覆盖组织全流程,包括董事会、业务部门、子公司、分公司等部门机构,以及高管、员工、第三方商业伙伴等组织成员和关联主体,尤其是合规组织要深入最小业务单元,将业务部门作为合规建设的首要责任主体和第一道防线;合规计划还应覆盖行政、人事、财务、法务、审计等公司管理全流程,既要将各专项管理活动纳入合规管控的对象,也要注重合规风控职能融合,建立协同联动防控机制,形成合规管理与专项管理相互赋能、有机结合的治理格局。

(三)有效合规计划要素之二:合规运行效果

涉案企业合规计划全过程有效性标准的第二项要素是合规运行效果。合规计划的有效设计的确只是有效合规计划的形式标准,正如我国学者所担忧的,"涉案企业通过事后合规制度直接作不起诉处理,但企业是否仅仅满足了合规计划的形式要求,是否将合规计划真正实施,客观上需要一定时间的考察"。① 作为有效合规计划的实质要素,合规运行效果标准需以涉案企业在合规考察期内有较为充分的时间运行、测试、调整合规计划为基础条件,检察机关和合规监管人运用多样化审查方法,分别对合规政策、合规组织体系、合规预防体系、识别体系、应对体系等要素作出运行有效性评估。

第一,专项合规政策的制定效果评估。首先,评估合规政策的员工认可度。设计阶段认为制定良好的合规政策,在实际投入使用时常常面临员工"读不懂、不会用"的困境,合规政策在各部门和不同文化程度员工中的认可度,可以作为可读性和可操作性的衡量标准。其次,评估合规政策的更新频率,根据法律法规的变化、新型业务活动的开展、合规风险管控点的增加、政策执行中发现的漏洞,合规政策需要作出相应的调整和更新,以适应商业实践中不断涌现的新场景、新风险。最后,评估合规政策的适用范围,合规政策和相应的合规行为准则应向所有员工提供,并列入与第三方合作伙伴签订的合同附件中,覆盖所有商业交往对象。

① 参见孙国祥:《企业合规改革实践的观察与思考》,载《中国刑事法杂志》2021年第5期。

第二,专项合规组织体系运行效果评估。首先,评估合规组织架构的合理性。对于大型企业,应当具备首席合规官、合规部门、专职合规官、兼职合规联络员等多级合规组织体系;对于中小微企业,可以根据企业规模和资金状况合理简化合规组织架构,但至少应保证专人专岗负责合规体系建设。其次,评估合规组织的独立性、权威性、专业性、资源充沛性。独立性评估要求合规组织成员不得担任其他经营管理、财务管理职务,与经营部门、财务部门不存在利益冲突,从而保障合规监管的中立性。权威性评估要求首席合规官具有公司高级管理人员地位,合规组织成员具有调阅、检查所管辖部门的业务活动和财务活动文件和信息的权力,从而保障合规监管的可行性。专业性评估要求合规组织成员具有合规专业知识和专业技能,能够胜任合规管理工作。资源充沛性评估要求涉案企业为合规组织搭建提供资源支持,合规组织资金投入应当占到营业收入的一定比重。最后,评估合规组织的履职效果,通过审查合规官的招聘和任免记录、合规组织成员薪酬发放表、合规部门工作报告和工作记录等内容,判断合规组织资质适格、勤勉履职、有效开展合规管理工作的情况。

第三,专项合规预防体系的运行效果评估。首先,评估合规风险调查的制度化建设情况以及合规风险评估工作的实际效果。重点审查企业定期开展风险识别和评估工作的合规风险评估报告,评估企业识别、应对合规风险的专业能力,尤其是根据评估报告处置合规风险、否决风险业务的情况。其次,评估合规尽职调查的常态化运行情况,重点审查企业在发展客户、第三方商业伙伴时进行合规尽职调查的自觉性,以及根据合规尽职调查报告对客户和第三方进行分级管理、实践退出机制的情况。最后,评估合规培训的开展情况。一方面,审查体现涉案企业开展合规培训的次数、覆盖范围、培训内容的相关记录,在培训内容方面要求涉案企业根据培训对象的不同开展针对性培训,并将以往的合规事件及处分纳入培训内容;另一方面,考察合规培训效果,以及涉案企业采取员工访谈、问卷调查、组织考试等方式考核培训效果的情况。

第四,专项合规识别体系的运行效果评估。首先,评估合规举报制度的有效运行情况。重点测试合规举报途径 24 小时畅通情况,并检查企业受理举报、开展调查、惩治责任人、奖励举报人的响应工作全流程是否合理建立并持续有效运行。其次,评估合规报告的制度化建设和信息通达性，重点审查涉案企业建立合规专员定期或不定期针对违规事件制作专项合规报告的情况，合规报告是否能逐级上报至董事会，并且切实引起公司最高管理层的充分重视和果断应对。

第五，专项合规应对体系的运行效果评估。评估涉案企业应对违法违规事件的实际表现，若在考察期内未发现新的违法违规行为，则可以采用模拟测试法，考察应对机制的运行情况。首先，评估合规内部调查的及时性和科学性，涉案企业应在违法行为发生后立即实施应急预案，组织合规专业人员开展内部调查。其次，评估补救措施和惩戒机制的运行有效性，涉案企业应当采取补救措施最大限度减小和修复危害后果，并启动惩戒机制，处置违法责任人。再次，评估主动上报违法事件和配合调查的积极性，涉案企业应当向监管部门主动汇报违法事件，并作出固定证据、提交情况说明和内部调查报告、披露违法责任人等积极配合调查的实际表现。最后，评估合规奖惩制度的实际运行效果，审查涉案企业将合规表现与部门考核、干部任用、奖金发放等相挂钩的情况，以及奖励举报人、惩戒责任人的具体动作。

五、结语

从有效制度修复和有效合规计划两个维度确立涉案企业合规有效性标准，既是涉案企业合规作为刑事合规和事后合规的特征要求，又兼顾了涉案企业合规整改的针对性和过程性，为检察机关和合规监管人的审查、验收、评估工作提供了指标和依据。有效制度修复标准要求涉案企业在查明导致犯罪发生的深层制度因素的基础上，有效填补管控漏洞和制度缺陷，激活现代公司治理结构，并果断切割不具有修复价值的商业模式和组织成员。有效合规计划标准根据合规计划设计和运行效果的二阶段论，要求审查涉案企业合规计划的设计有效性和要素完备性，并评估各要素的实际运行效果。

在完成有效制度修复的针对性审查和有效合规计划的全过程评估之后，检察机关和合规监管人将作出合规考察结论。对于合规整改消极懈怠，制度缺陷和管控漏洞识别不深入、修复不彻底，专项合规体系要素设计不完备、要素运行纸面化的涉案企业，持续合规预期较差，应当作出考察不通过的结论，并对涉案企业及直接责任人员提起公诉。对于合规整改态度积极、配合监督考察，深入开展针对性制度修复，建立要素完备、落地有效的专项合规计划，持续推动合规体系改进和完善的涉案企业，由于其保持了常态化、长效化的合规管理和合规经营状态，检察机关在综合考量犯罪情节、案件性质、公共利益等因素的基础上，一般可以对涉案企业作出合规不起诉的决定，或者提出轻缓处罚的量刑建议。检察机关对轻微犯罪案件中认罪认罚、积极组织企业开展合规整改的涉案责任人员，可以作出酌定不起诉的决定。通过以上完备的涉案企业合规建设的有效性标准的运行，可以更好地发挥对刑事涉案企业合规的犯罪预防长效机制的作用。

第二节　涉案企业合规有效性标准之实践运用

一、问题的提出

合规（又称合规计划、企业合规、刑事合规）①正在推动公司治理经历一场悄无声息的革命。时至今日，对于大型企业特别是跨国企业来说，已进入“合规时代”。2020 年 3 月，最高人民检察院开展第一轮企业合规改革试点；2021 年 3 月又启动更大规模的第二轮改革试点，范围涵盖北京等 10 个省、直辖市，共计 30 多个市级检察院和 200 多个基层检察院正如火如荼地推进改革试点工作，相关合规不起诉的案例也不断涌现。

涉罪企业建立和实施有效合规计划将获得从宽甚至免除处罚，通过这种激励措施将预防犯罪的职责由国家转给私人，是一种合作型犯罪治理模式，表明“刑法的演进受到了民法协商一致原则以及在公法领域已被

---

① “刑事合规”是德国及我国学者从刑事激励措施角度研究合规时而习惯使用的术语，在其发源地美国并无类似表述，一般使用“合规计划”“企业合规”“合规”的表述。这些术语内涵相同，只是表述习惯和角度不同而已。事实上，“合规计划”的“规”不仅包括刑事法律，还包括行政法规、行业准则甚至商业伦理等，从这个意义上来说，“刑事合规”如果“望文生义”会产生误解和误导。最高人民检察院的官方文件中使用的是“企业合规”而非“刑事合规”。本节使用“企业合规”“合规计划”的表述。

讨论已久的由国家化到私人化一般发展的影响”。[①] 这也是刑法物性特征受到民法人性属性的影响向柔性化方向发展中的一环。[②] 只有被证明是有效的合规计划,才能作为对涉罪企业从宽甚至免除处罚的事由,但合规有效性标准从合规诞生之日起就是个难解之题。如何防止合规计划只是企业为了逃避处罚和制裁而制作的“装饰门面的合规”(cosmetic compliance)或“纸面合规”(paper program)? 这是改革试点能否成功的根本性问题。在我国改革试点初期,就应当密切关注企业合规的有效性问题。国内目前的理论研究偏重宏观构建,对合规计划有效性标准的研究成果匮乏,这与实践界试点热火朝天的场面是不相称的。2021 年 6 月 3 日,最高人民检察院联合司法部、财政部等 8 个单位印发《关于建立涉案企业合规第三方监督评估机制的指导意见(试行)》,要求检察机关对企业的合规计划委托第三方进行监督和评估,但囿于没有成熟的理论成果和经验积累,没有对合规计划的有效性及其审查标准进行具体规定。可以说,企业合规审查和评估的有效性标准是当前企业合规试点改革的重中之重。

以一起串通投标案为例(以下简称 A 公司串通投标案)。案情如下:2015 年至 2017 年,犯罪嫌疑单位江苏省某建设集团有限公司(以下简称 A 公司)主管公司招投标工作的总经济师孙某(另案处理,已判刑),在多个建设工程项目的投标过程中,与其他投标单位串通报价,累计中标金额共计人民币 34. 1 亿余元。A 公司注册资本 6. 5 亿元,拥有特级资质,年施工产值超百亿,年纳税总额超 2 亿元,在册员工 6000 余人,带动农民工就业约 3 万人。犯罪嫌疑单位 A 公司涉嫌串通投标罪一案进入审查起诉阶段后,A 公司承诺合规,并建立和实施合规计划。3 个月之后,检察机关组织进行第一次合规专业评估,认为尽管企业建立了形式符合 ISO 37301《合规管理体系指南》标准的合规管理体系,但缺乏有效性。后该企业根据评估意见对合规计划进行修订、完善,确立重塑合规文化的目标,并写入公司章程,实施“2021 ~ 2023 三年合规行动计划”,持续推进合

① [德]托马斯·罗什:《合规与刑法:问题、内涵与展望——对所谓的“刑事合规”理论的介绍》,李本灿译,载赵秉志主编:《刑法论丛》2016 年第 4 卷,法律出版社 2017 年版。

② 参见刘艳红:《人性民法与物性刑法的融合发展》,载《中国社会科学》2020 年第 4 期。

规文化,为此:(1)建立“合规一票否决”制,即首席合规官、合规部门对公司中高层的业务决策进行合规审查并拥有一票否决权。(2)建立合规月度培训制度,将合规计划编入员工手册,并附负面清单和典型案例;选塑一名员工作为“合规标杆员工”,且该员工当选该公司所在市的党代表。(3)全面修订经营开发流程,修改绩效考核细则,将合规与晋升、奖金挂钩,每季度考核一次。6 个月之后经过第二次评估,被认为具备有效性,2021 年 10 月 15 日检察机关对该企业作出相对不起诉。第一次评估为什么认为缺乏有效性?第二次评估为什么认为具备有效性?其标准何在?值得探究。

二、合规有效性标准的历史变迁

到底什么样的合规计划才是有效的?合规有效性有无标准?从合规制度正式诞生发展到今天,该问题远未达成共识。企业合规计划的有效性标准与合规计划一样,有一个发展的历程。

(一)“七要素”标准及其困境

合规计划的有效性问题在其发源地美国,从诞生之日起就如影随形,原因在于合规计划的体系很容易被模仿,通过模仿而搭建合规计划体系,并没有真正降低不当行为的发生率,司法机关和监管机构也很难确定其有效性。合规有效性的标准如何确立?曾被誉为“黄金标准”的就是 1991 年《组织量刑指南》中的“七要素”标准。

1991 年美国联邦量刑委员会发布的《组织量刑指南》列出了合规计划的有效性审查评估的七个要素:(1)基于可能存在的风险,为不同业务部门制定明确的合规标准和程序,以防止和检测违法犯罪行为。(2)高级管理人员对合规的承诺、监督和支持。例如,如果管理层对合规性的承诺有任何含糊之处,无论是上层、中层还是下层,员工都可能会觉得违反竞争法“值得冒这个风险”,以实现额外的销售额来满足内部目标。(3)在招聘员工和员工晋升过程中筛选不道德的人员。(4)持续地开展培训和教育。(5)监督、审计和报告要求以及定期对项目有效性进行自我评估。(6)纪律执行、激励与合规情况一致。(7)发现违法犯罪行为后采取纠正措施。[①] 这七个要素成为企业、律师、企业合规师设计合规计划的重要参考,也是检察官评估审查企业合规有效性的重要标准。《组织量刑指南》只是简要列举了上述七个要素,而将细节留给了实践。总体上来看,这些所谓的有效性标准与合规计划的通用要素雷同,因此,对于企业来说,很容易在形式上满足这样的要求;同时,这些标准的总体基调是强调控制和监督,对于监管机关来说,似乎又很难评定某项合规计划实现了这样的目标,"七要素"很难真正作为检测有效性的工具。A 公司串通投标案中,在第一次评估前,A 公司对照 ISO 37301《合规管理体系指南》建立了合规计划,上述七个要素都有所体现,但并未将这些要素真正融入企业经营各环节中。

(二)"组织文化"要素的引入

由于"七要素"难以奏效,美国业界对其质疑声不断。安然、世通、泰科等公司丑闻强烈地表明合规计划似乎失灵了,其在预防企业违法犯罪方面的有效性受到质疑,这就迎来了《组织量刑指南》2004 年的修改。美国联邦量刑委员会对"七要素"进行了重大修改,主要体现为:一是组织领导的角色。管理机构(对一个公司来说,就是董事会)必须了解合规计划,并且应该对合规计划的实施和有效性进行合理的监督;高级人员中的一个(或多个)具体个人(如行政人员或主要业务部门的负责人)应被指定为该计划的总负责人;应该指定一个特定的人负责合规程序的日常操作,对于大型组织来说,这将是首席道德与合规官(CECO)。组织应该授予此人足够的资源、适当的权限并能够直接向管理层报告。二是组织促进和执行其计划的责任。与 1991 年《组织量刑指南》一样,组织应该通过"适当的纪律措施"来执行该计划。然而,在 2004 年《组织量刑指南》框架下,组织不应该只关注于惩罚那些从事不当行为的人,还应该为员工提供激励,让他们遵守该计划。三是要求组织定期评估风险,并根据需要修改合规计划。根据 1991 年的《组织量刑指南》,该组织只被要求在出现故障时修改其合规计划。这次修改旨在避免"纸面计划"的问题,不能让合规计划

---

① See Maurice E. Stucke, *In Search of Effective Ethics & Compliance Programs*, Journal of Corporation Law, Vol. 39, Issue 4 (Summer 2014), p. 796 – 797 (769 – 832).

“在抽屉里积满灰尘”。美国联邦量刑委员会认为,这些变化将“引领企业合规的新时代”。[①] 四是引入组织文化,特别提到了“合规和道德计划”,以其他方式促进组织文化,鼓励道德行为和遵守法律的承诺,强调组织文化而不仅仅是法规遵循计划的技术实现。这是采纳了合规和道德咨询公司(Legal Research Network)的首席执行官多夫·塞德曼(Dov Seidman)的建议,他认为企业文化不仅要促进“守法”,还要促进“道德行为”。[②]

2004 年《组织量刑指南》最微妙的变化,就是一方面引入了组织文化,另一方面又没有对什么是组织文化进行描述。但是,咨询小组的报告提供了关于美国联邦量刑委员会当时对组织文化的思考过程。报告指出,一般来说,公司致力于合规计划,不仅限于简单的守法,而且要根据“亚里士多德式的习惯养成”[③]和可持续的企业形象来做正确的事。董事会和高级管理人员必须成为美德的传道者,并坚持模范和传达这一承诺的重要性,以应对相反的内部和外部压力。[④] 美国联邦量刑委员会于 2010 年再次修订了《组织量刑指南》,提高了设立首席道德与合规官(或类似角色)的重要性。[⑤] 2004 年和 2010 年修订《组织量刑指南》的基本初衷是试图阻止“纸面合规”,将组织文化作为合规和道德计划的一部分,鼓励制定真正有效的合规计划以及整合合规与企业文化。

此外,美国司法部发布过多个版本的企业诉讼备忘录,1999 年的《霍尔德备忘录》鼓励检察官调查该组织不当行为的普遍性及其过去的不当行为历史,以证明管理层创造了一种鼓励或至少纵容此类行为的企业文化。2003 年的《汤普森备忘录》明确指出,未被公司人员有效内化并成为

① See David Hess, *Ethical Infrastructure and Evidence-Based Corporate Compliance and Ethics Programs: Policy Implications from the Empirical Evidence*, New York University Journal of Law and Business, Vol. 12, Issue 2 (Spring 2016), p. 338 – 339(317 – 368).

② See David Hess, *Ethical Infrastructure and Evidence-Based Corporate Compliance and Ethics Programs: Policy Implications from the Empirical Evidence*, New York University Journal of Law and Business, Vol. 12, Issue 2 (Spring 2016), p. 335(317 – 368).

③ 按照亚里士多德关于习惯养成的学说,“习惯是德性来源”。

④ See Donald C. Langevoort, *Cultures of Compliance*, American Criminal Law Review, Vol. 54, Issue 4 – Annual Survey of White Collar Crime (Fall 2017), p. 947(933 – 978).

⑤ See David Hess, *Ethical Infrastructure and Evidence-Based Corporate Compliance and Ethics Programs: Policy Implications from the Empirical Evidence*, New York University Journal of Law and Business, Vol. 12, Issue 2 (Spring 2016), p. 340(317 – 368).

公司文化一部分的合规计划将被视为无效。备忘录经过了多次迭代，直到写入美国《检察官手册》中。然而，关于合规计划中企业文化的讨论一直在持续，美国司法部每年定期发布有效合规计划评估指南。2015 年，美国司法部欺诈科主任安德鲁·魏斯曼(Andrew Weissmann)试图解决合规有效性标准问题，聘请曾担任渣打银行全球反贿赂/腐败事务负责人的陈慧(Hui Chen)担任司法部首位“企业合规专家”，研究合规有效性标准，这一人事安排曾引起业界广泛关注。2019 年美国司法部发布的《企业合规计划评估指南》避开了“公式化”评估合规计划的有效性，而是要求检察官使用“一种常识性和务实的方法”来评估合规计划，就三个基本问题进行调查：第一，公司的合规程序设计是否合理？第二，该程序是否得到诚实和充分的应用？换句话说，该项目是否得到有效实施？第三，公司的合规程序是否在实践中发挥作用？可以分别概括为设计合理性、执行有效性、结果有用性“三要素”。

随着企业合规在全球范围内的普及，国际标准化组织于 2014 年制定了 ISO 19600《合规管理体系指南》，后于 2018 年 11 月启动修订，形成了 2021 年 ISO 37301《合规管理体系指南》。ISO 37301《合规管理体系指南》最大的特点是融入企业文化，以长期成功为目标的组织需要保持合规的文化，合规嵌入组织的文化和员工的行为态度中，应当成为企业核心价值和公司治理的一部分，倡导将合规管理与财务风险、质量、安全等其他管理过程和运营需求、流程结合起来。

从上述发展历程来看，企业合规有效性的标准经历了从技术性指标转向文化指标的过程。从某种意义上来说，企业合规的历史，就是从管控到企业文化的历史。① 时至今日，越来越多的美国公司负责合规领导岗位的是首席道德与合规官(CECO)而不是首席合规官(CCO)。在美国，立法者越来越多地将文化视为良好合规的关键，“合规文化”一词已进入普通法律话语，既描述了目标又描述了标志。② 从终极意义上来说，合规计划是否有效，关键在于合规有无成为一种企业文化。

---

① See Cristie Ford & David Hess, *Can Corporate Monitorships Improve Corporate Compliance?*, Journal of Corporation Law, Vol. 34, Issue 3 (Spring 2009), p. 689 - 692(679 - 738).

② See Donald C. Langevoort, *Cultures of Compliance*, American Criminal Law Review, Vol. 54, Issue 4 - Annual Survey of White Collar Crime (Fall 2017), p. 935, 942(933 - 978).

三、以企业文化为核心的合规有效性标准之重构

企业文化是一种价值观念,如果说社会文化系统是由社会成员共有的价值和规范组成,[①]那么,企业(组织)文化就是由员工共有的价值和规范组成,因此,企业文化指的是一种共同拥有的观念——"意义构建"——在任何给定的组织内部关于遵守法律的重要性或正当性的观念。[②] 笔者认为,企业文化才是合规有效性的核心标准,应当以企业文化为核心重构合规有效性的标准。

(一)企业文化作为合规有效性核心标准的证成

企业文化被定义为指导个人和组织行为的一套共同的规范和信念。这些规范和信念由企业的领导塑造,通常表达为共同的价值观或指导原则,并通过组织中的各种系统和程序加以强化。[③] 这种共同的价值观和指导原则会影响员工的行为选择,这是法人(单位)犯罪责任承担的基础;反之,有效的合规计划作为法人(单位)不承担或减少承担责任的依据,二者是一体两面的关系。因此,合规有效性标准问题与法人(单位)犯罪责任归责理论密切相关。笔者认为,企业文化作为合规有效性核心标准的依据在于以下方面:

首先,从法人(单位)犯罪归责理论基础来看,企业合规是国家给予建立了有效的预防违法犯罪行为规制体系的企业予以减免罪责的制度设计。合规计划有效与否直接与罪责归属基础相关,可以分解为两个问题:一是当企业涉罪时,什么情况下可以追究一个没有"灵魂"和"肉体"组织的责任?二是当企业建立了合规计划时,什么情况下可以减免一个没有"灵魂"和"肉体"组织的责任?前者是组织承担责任的正当性基础,后者

---

① 参见秦明瑞:《系统的逻辑——卢曼思想研究》,商务印书馆2019年版,第6页。

② See Donald C. Langevoort, *Cultures of Compliance*, American Criminal Law Review, Vol. 54, Issue 4 - Annual Survey of White Collar Crime (Fall 2017), p. 944(933 - 978).

③ See David Hess, *Ethical Infrastructure and Evidence-Based Corporate Compliance and Ethics Programs: Policy Implications from the Empirical Evidence*, New York University Journal of Law and Business, Vol. 12, Issue 2 (Spring 2016), p. 336(317 - 368).

是减免责任的正当性基础,这两个问题是一体两面的关系,因此,作为减免组织责任依据的合规计划有效性的核心标准,还是要回到组织责任正当性理论基础上来。

关于法人(单位)犯罪的归责理论基础历来是刑法学争议的焦点问题,由社会学家卢曼的社会系统论发展而来的系统责任论成为有力的学说。[①] 卢曼认为,社会与生物一样,是一种自我指涉的系统,其不仅具有自我组织、自适应,也具有自我指涉(self-referen-tiality)与自我再生(autopoiesis)等特性。系统的维系及存续,完全倚靠系统内部不断运作的自我再生。卢曼认为,整个世界,包括物质世界及人类社会,其性质和构造都是充满着各种不可预测的因素,在本质上是处于一种混沌不明的状态,身在其中的事物或事件之间也都是相互影响、因果交错的,没有固定的界限和规则,存在偶变性。没有一种必然性不遭遇偶变性的干扰或影响。偶变性的优越之处在于它能更具体地呈现事物实际存在的现象,并构造出比必然性更加复杂的结构,使世界的实际结构更为具象。同时,虽然此种现象造成因果系列的相互交叉及渗透,不免使混乱加剧,却也为这种混乱无序提供了一个有序的机会。人类社会系统中的心理因素及行为的期待,就为这种混乱带来希望及机会。亦即透过社会系统中人类的反思性沟通及共同的价值需求,转化偶变性为可控制、可预测的,建立行为的期待及规范的期待,架构出社会的规则,以沟通化解分歧、解决失望的问题。卢曼区分了三个社会系统类型,分别为互动、组织和全社会,互动和组织是全社会的组成要素,其中组织作为社会系统是通过成员条件以及作出决定的技术来进行自我再生。[②] 企业同样属于自我再生的系统,不同系统之间的区别仅在于它们实现自我再生的方式不同。企业通过企业决策进行自我再生,人类通过思维过程进行自我再生,法律系统通过法律沟通进行自我再生。通过企业内部的结构变化和演进,来抵御市场复杂性与偶变性,对员工行为过程进行固化,形成一种企业文化,这种企业文化影响员工做出不偏离常规的妥当选择。就此而言,企业文化是一个

① 参见李勇:《企业附条件不起诉的立法建议》,载《中国刑事法杂志》2021 年第 4 期。

② 参见 Geor Kneer,Srmin Nassehi:《卢曼社会系统理论导引》,鲁贵显译,巨流图书公司 2000 年版,第 142 页。

更适合理解公司主体性的概念,它也很好地吻合法律与社会运动的最新发展。① 因此,企业员工实施的不法行为选择,其实是企业系统的行为选择,企业为此“买单”就具有了正当性。同样,当涉罪企业重建合规计划,如果能够重塑企业文化,通过企业内部治理结构的变化,来抵御复杂性与偶变性,形成一种正能量的企业文化,对员工行为方式进行固化和纠偏,影响员工做出不偏离常规的妥当选择,那么,这种合规计划就是有效的;反之,如果仅有形式意义或技术意义上的合规计划、员工手册,没有引起企业内部治理结构的变化,没有形成一种抵御复杂性和偶变性的企业文化,对员工妥当的行为选择没有产生实际影响,这样的合规计划就是徒有虚名的“纸面合规”。因此,只有企业文化才是合规有效性的核心标准。

其次,从合规实践的角度来看,其一,技术指标很容易被模仿,也很容易流于形式、落于纸面。与本节开头案例中 A 公司一样的任何一家公司,都可以在短时间内套用 ISO 37001《合规管理体系指南》建立一套看起来“高大上”的合规计划体系,但是企业文化则是融入企业血脉、“DNA”之中的,唯有长期坚持才能塑造形成,而难以一夜之间进行“纸面架构”。其二,合规计划的本质特点是“最佳实践”。合规具有动态化、多样性的特质,官方制定一个“公式化”合规计划的“万能模板”是困难的,况且刑法中有近 500 个罪名,成千上万个规模不同、行业各异的公司,制定一个“万能模板”几乎是不可能完成的任务。正因为如此,美国学者才发出“标准化:神话还是现实”的诘问。② 其三,官方模板化地发布技术指标清单,企业更容易模仿,制定一份写满技术指标的合规计划有效性清单可能会适得其反。在清单上“打钩”更容易让公司做到,也更容易让司法机关进行审查,但这种做法可能“阻碍了对如何提高有效性的批判性判断”。③

---

① See Carlos Gómez-Jara Díez, *Corporate Culpability as A Limit to the Over Criminalization of Corporate Criminal Liability: The Interplay Between Self-Regulation, Corporate Compliance, and Corporate Citizenship*, New Criminal Law Review: An International and Interdisciplinary Journal, Vol. 14, No. 1 (Winter 2011), p. 78(78 – 96).

② See Jim Ambrose, Laurel Burke, Lisa Horvath, Doug Penn & Monica Woods, *Compliance Program Standardization: Myth or Reality*, Reventive Law Reporter, Vol. 14, Issue 2 (Summer 1995), p. 8(8 – 45).

③ See Maurice E. Stucke, *In Search of Effective Ethics & Compliance Programs*, *Journal of Corporation Law*, Vol. 39, Issue 4 (Summer 2014), p. 801(769 – 832).

总之，与其问公司是否“完成”了合规计划的实施，不如问企业的文化走向何方？类似于“七要素”的东西，仅能作为有效性的技术指标，只是形式要件，这些形式要件有无转化为企业文化才是有效性的实质标准。例如，一个企业建立了反商业贿赂合规计划，也成立了专门的合规部门，但是业务人员开展业务时主要通过给回扣的方式进行，其他员工在开展业务时会遵循“大家都是这么干的”的做事原则，新进的员工在“师傅带徒弟”的引导下也会这么干，而管理层追求的是销售业绩，至于如何完成业绩并不关心，对于“大家都是这么干的”的潜规则睁一只眼闭一只眼，甚至还拨付专门的“公关费”用于实施商业贿赂。这种商业贿赂的企业文化很容易在企业中形成。反过来，既然商业贿赂的企业文化能够形成，理论上拒绝商业贿赂的清廉企业文化就是完全可以实现的，如果在企业内部形成一种“行贿是可耻的”的道德氛围和习惯，那么，清廉的企业文化就实现了。本节开头的案例，A 公司负责招投标的总经济师带头进行串通投标，上行下效，久而久之形成具有普遍性的潜规则，属于系统性犯罪，[①]这种不规范的投标行为一定程度上已经成为企业文化的一部分，涉案后重建合规计划就是要扭转这种企业文化。

(二) 以企业文化为核心的合规有效性标准重构

如前所述，企业承担责任的正当性基础以及合规计划有效性的核心标准在于企业文化，其理论根基均在于社会系统论。卢曼的社会系统论是受到两位生物学家马图拉纳(Maturana)和瓦列拉(Varela)对神经生物学研究的启发，将生物学上的自我再生概念引进到社会体系论与法律观之中，产生了法律自生体系说。合规计划是企业预防违法犯罪的系统，合规计划就是要为企业构建一套以企业文化为核心的免疫系统，这与生物免疫系统高度相似。涉案企业，要获得从宽处罚就必须重建“免疫系统”。无独有偶，“合规”概念原本就起源于医学领域，表达的是遵循医嘱之意。[②] 回归本源，找到来时路，或许更容易知道走向何方。一个有效的

---

① 参见陈瑞华:《企业合规出罪的三种模式》，载《比较法研究》2021 年第 3 期。

② 参见李本灿:《我国企业合规研究的阶段性梳理与反思》，载《华东政法大学学报》2021 年第 4 期。

合规计划就是为企业重构一套阻止和预防违法犯罪行为的免疫系统。

生物免疫(immunity)是机体识别和排除抗原性异物,维持机体正常生理平衡和稳定的功能。免疫系统有三大基本功能:(1)免疫防御,清除病原微生物及其他抗原性异物;(2)免疫监视,清除突变或畸变细胞;(3)免疫自身稳定。免疫效果的产生体现在免疫应答上,免疫应答是指抗原进入机体后,免疫活性细胞对抗原分子的识别、活化、增生、分化以及最终发生免疫效应的一系列复杂的生物学反应过程。免疫应答的最终效果是产生抗体或致敏细胞及其产物。[①] 与生物免疫系统类似,公司采用了一系列内控机制来抵御违法犯罪风险的合规计划,其实就是重建公司的免疫系统,所要预防的违法犯罪行为就是"抗原"。这个"抗原"就是合规风险,即由于系统性地、不可预见地或者孤立地违反法律法规、内部标准和政策以及关键利益相关者的期望而产生的不利后果,包括可能会导致的财务损失、声誉受损、监管制裁,并且在严重情况下会导致特许经营权的丧失或并购失败等。[②] 有效的合规计划是能够真正起到免疫效果的免疫系统,而真正有效的免疫系统必须以企业文化为核心,技术性指标只是实现文化指标的条件。技术(形式)指标和文化(实质)指标的具体内容及其相互关系阐述如下:

1. 技术(形式)指标。企业合规有效性的技术指标只是有效性的形式要件,而有无形成合规的企业文化才是实质要件。当然,合规的企业文化不可能凭空产生,需要建立在一定的技术指标基础之上。就像生物机体的免疫效果不是凭空产生的一样,而是需要免疫器官组织、免疫细胞和免疫分子,从而实现免疫的防御、监视等功能。换言之,合规的技术指标未必能产生合规的企业文化,但是合规企业文化的产生确实离不开合规的技术指标。例如,属于合规有效性技术指标的"领导层对合规的绝对承诺和率先垂范",这种以上率下的模范效应当然是形成合规企业文化的必要条件。合规有效性的技术指标包括以下方面:

(1)合规免疫防御体系。与生物免疫防御体系类似,合规免疫防御

---

① 参见李君瓔、黄惟让主编:《免疫生物学概论》,高等教育出版社1992年版,第134～144页。

② See Robert C. Bird & Stephen Kim Park, *Turning Corporate Compliance into Competitive Advantage*, U. of Pennsylvania Journal of Business Law, Vol. 19:2, p. 298(2017).

体系就是建立起防御违法犯罪风险的体系,具体包括以下内容:①政策和程序。在精准识别风险的基础之上,制定公司的政策和程序,要符合“四性”即适应性、针对性、具体性和可操作性,并写入公司章程。合规政策和程序应是动态的,根据法规或业务环境的变化定期审查和更新,确保合规管理制度与具体风险始终相适应。例如,前述案例A公司的合规计划,第一次评估时,合规的政策和程序停留在“严禁……严禁……”等口号上,没有嵌入投标业务具体流程中,不符合适应性和针对性的要求。②组织保障。领导层、高级管理层对合规计划的支持和绝对承诺是合规计划有效性普遍共识的技术指标,被形象地称为“一把手”工程。如果员工看到“一把手”对合规采取消极应对的态度,那么,他们就会知道这个合规计划其实就是用来“应付检查”的,这个合规计划就不可能真正发挥效用。③资源配置。有效的合规计划的创建和执行需要一个精干团队的持续努力,需要付出一定的资源和成本。在公司内部应该有一个独立的机构负责合规计划的执行和实施,其负责人通常被称为首席合规官以及其他合规官员(中小型企业可以是合规专员)。这些合规官应当有一定的地位并保持独立性,首席合规官能够直达公司管理层,可以直接向公司最高管理者汇报。A公司串通投标案中,在检察机关的建议下,A公司的首席合规官由纪委书记兼任,并且对招投标决策具有一票否决权。国有企业、大型企业中纪委书记是特殊岗位,专门从事监督执纪,兼具独立性和权威性,由纪委书记兼任首席合规官是最佳选择。④培训与沟通。认知是预防的前提,通过培训、沟通将合规制度和理念传达到每一位公司成员,让每一个公司成员都了解、认同和接受公司的合规政策。A公司串通投标案第二次合规整改过程中,建立了合规月度培训制度,实现了合规培训常态化,并且全程留痕,实现“文件化信息”。

(2)合规免疫监视体系。生物体的免疫监视就是要识别、杀伤并及时清除体内突变细胞,将入侵人体的病原微生物或变异细胞等“识别”和“区分”出来以保护肌体的健康。对于企业来说,就是“识别”并“区分”违法犯罪风险。免疫监视体系的功能就在于随时监测和发现潜在、隐藏的“病毒”。具体包括以下要素:①定期风险评估。合规风险是动态的,会随着环境、业务等因素动态变化,因此,风险点从来都不是固定的,也没有一劳永逸的风险评估报告,企业需要定期进行风险评估,并应采取适当措施修改合规计划的各项要求。②“吹哨人”制度(举报制度),要有相应的保密措施可以让员工毫无负担地举报不当行为。③合规巡视制度,通过自上而下的定期、不定期巡视。④审计制度。合规审计是监视风险最重要的手段,如反垄断审计、反腐败审计等。⑤风险分级制度。对监视到的风险进行等级划分,为相应的应答措施提供依据,针对不同等级风险制定不同应对措施。合规是有限度的、不完美的,虽然通过强有力的执法和明确的授权可以遏制恶劣行为,但是错误、事故和误解依然不可避免,实践中总有瑕疵。[①] 因此,进行分级分类管理是理性选择,把“闯红灯”与“谋杀”同等对待是糟糕的。在A公司串通投标案中,A公司在第二阶段合规整改中建立了SOD风险系数评估法,进行了风险分级。

(3)合规免疫应答体系。生物体的免疫应答是指机体受抗原刺激后,免疫细胞对抗原分子识别、活化、增殖和分化,产生免疫物质发生特异性免疫效应的过程,通过有效的免疫应答,机体得以维护内环境的稳定。对于企业来说,就是对监测到的风险以及已经实现的风险作出反应,具体包括以下方面:①启动内部调查。一旦发生不当行为,合规体系应当能够快速响应,启动调查,并持续追踪和回复调查结果。②合规问责与奖惩。合规要求只有与企业及其人员的利益结合起来,才能触动企业人员将合规作为行为习惯。尤其是要将合规与人员的录用、晋升、薪酬结合起来,不合规的行为应当被问责、受到惩戒。③应急处置。发生重大合规事件,能够果断作出适当的应急处置,例如,补救挽损、缴纳罚款、赔偿被害人、调查处理责任人,移送司法机关并配合司法机关调查。④持续改进。合规是一个不断变化、演变的动态系统,合规或不合规的状态会随着时间的推移而演变,监管的要求也会不断变化,合规也需要不断改进。[②]

综上,合规免疫系统的技术指标,可以概括如表4-1所示。

---

① See Robert C. Bird & Stephen Kim Park, *Turning Corporate Compliance into Competitive Advantage*, U. of Pennsylvania Journal of Business Law, Vol. 19:2, p. 296-297 (2017).

② See Robert C. Bird & Stephen Kim Park, *Turning Corporate Compliance into Competitive Advantage*, U. of Pennsylvania Journal of Business Law, Vol. 19:2, p. 290-292 (2017).

表 4-1 合规有效性的技术指标

免疫防御体系	(1)政策和程序;(2)组织保障;(3)资源配置;(4)培训与沟通
免疫监视体系	(1)定期风险评估;(2)"吹哨人"制度;(3)合规巡视制度;(4)合规审计制度;(5)风险分级制度
免疫应答体系	(1)启动内部调查;(2)合规问责与惩戒;(3)应急处置;(4)持续改进

2. 文化(实质)指标。合规免疫系统要实质地发挥效果就需要形成"免疫记忆",将技术指标转化为企业文化。企业文化具有抽象性、模糊性,但并非不可把握。文化的不可见性是一个挑战,但是,研究文化的社会学家和人类学家长期以来一直指出文化的可见标志——神话、图腾、仪式——可以让我们一睹信仰的实质和力量。[①] 企业文化并非不可具象。如何判断上述技术指标有无内化为实质的企业文化,合规的技术指标有无融入企业的"DNA"之中? 笔者认为,可以从以下三个维度进行考察:

(1)态度。态度是个体对特定对象(人、观念、情感或者事件等)所持有的稳定的心理倾向。心理学研究表明,态度是可以随着环境、经验和事实改变的。关于态度与行为的关系在社会心理学领域有大量研究成果,其中最为著名的理论是 Fishbein 和 Ajzen 于 1975 年提出的理性行为理论(theory of reasoned action),该理论认为态度(attitudes)与主观规范(subjective norms)共同决定了行为意向。[②] 当一个企业的员工,对某种事物的态度达成一种共识,这种共识就会影响行为意向,进而逐渐形成一种文化。如果一个企业的员工对合规经营持一种积极的态度,那么,这种态度具有相互感染性,将逐步形成一种合规的文化。反之,如果管理人员对合规持愤世嫉俗的态度,就会形成一种不尊重合规的文化。这种态度反过来又会煽动不道德行为,通过破坏经济稳定的不道德商业行为对整个社会造成破坏。[③] 合规计划的目标就是要促使员工树立一种"做正确的

---

① See Donald C. Langevoort, *Cultures of Compliance*, American Criminal Law Review, Vol. 54, Issue 4 - Annual Survey of White Collar Crime (Fall 2017), p. 956(933 - 978).

② 参见李斌、马红宇:《习惯研究的现状与展望》,载《心理科学》2012 年第 3 期。

③ See Robert C. Bird & Stephen Kim Park, *Turning Corporate Compliance into Competitive Advantage*, U. of Pennsylvania Journal of Business Law, Vol. 19, p. 288(2017).

事”的态度。这种态度是可测量的，实践表明，在A公司案例中，我们采取匿名问卷调查、员工随机访谈、特殊合作伙伴访谈等方式能够衡量员工的合规态度。

（2）习惯。从心理学的角度来说，习惯是学习到的“目标—导向”（goal-directed）行为，它并不是随机养成的，而是指向特定目标的或者说是由目标引导的，习惯是一系列的行为变成了对某特定线索的自动化的反应，它具有获得稳定的目标或者到达某种终极状态的功能。心理学研究表明，习惯是可以通过环境、态度、目标促进而形成的，也是可测量的。[①] 合规的企业文化实现的路径需要从每个人的行为习惯开始。企业合规如果能实现亚里士多德式的“美德是一种习惯”，那无疑是有效的。合规的行为实际上是由惯性驱动的习惯性文化实践。文化人类学家长期以来一直报告说，社会群体倾向于发展整体伦理或道德取向。随着时间的推移，这些取向会组合成一个模式，用于这种整体模式的术语是“精神”。[②] 合规文化很大程度上取决于守法是一种美德的信念在公司中的传播和流行。通过合规的技术指标设定“做正确的事”的目标，积极引导，并通过一系列合规技术措施，将合规转化为公司人员的行为习惯。

（3）氛围。一个企业的氛围是员工对组织的共同看法，因为它涉及组织的各个方面。氛围是基于员工如何看待所有这些不同的行动和事件的总和。[③] 合规计划如果能创造一种鼓励模范行为的氛围，便可能是阻止不当、违法犯罪行为的最佳方式。同样，如果一个企业充满“庸懒散”的氛围，这种氛围会传染，即使原本一个充满创业激情的新进员工，他的这种激情很快就会被这种氛围消磨掉。同样，一个“做正确的事”的合规氛围，会感染每一个员工谨慎做事。有效的合规计划与其说是具体的行为蓝图，不如说是一个过程和承诺。组织有责任营造一种组织氛围以减少不当行为。合规文化很大程度上取决于守法是一种美德的信念在公司

① 参见李斌、马红宇：《习惯研究的现状与展望》，载《心理科学》2012年第3期。

② See Greg Urban, *Corporate Compliance as a Problem of Cultural Motion*, Rutgers University Law Review 69, No. 2 (Winter 2017), p. 517(495 – 532).

③ See David Hess, *Ethical Infrastructure and Evidence-Based Corporate Compliance and Ethics Programs: Policy Implications from the Empirical Evidence*, New York University Journal of Law and Business, Vol. 12, Issue 2 (Spring 2016), p. 347 – 348(317 – 368).

中的传播和流行，而形成一种氛围。文化作为一种氛围，具有从众性和“传染性”。A公司案例中，孙某作为工程投标负责人，带头实施串通投标行为，形成一种不正当氛围，下级员工会受到传染而“同流合污”。孙某安排经营开发部的部长助理郑某邀约其他投标单位“商量”投标价格，侦查人员问郑某为何不反对这种行为，郑某回答称“这是公司甚至行业的惯例和潜规则”。这说明串通投标已成为该公司的一种不良氛围，重建合规计划的目标就是要扭转乃至清除这种不正当的氛围，重塑一种排斥、鄙视串标、围标的氛围，让企业的全体员工都坚守这样的观念——通过串通的方式中标工程项目是可耻的，让拒绝串通投标成为该企业文化的重要内容。“态度—习惯—氛围”也是层层递进的关系，从公司领导层到一线员工，每一个企业成员先有对合规拥护和信仰的态度，才能培育每个人的合规行为习惯，最后形成人人合规的文化氛围。

3. 技术（形式）指标与文化（实质）指标的关系。技术指标要求建立起合规管理制度，相当于先要建立起免疫体系的物质基础，如免疫器官、免疫细胞。有无形成“免疫记忆”，合规有无成为一种企业文化，则是实质指标。技术指标与文化指标的关系可以概括为以下方面：

（1）条件与目标的关系。技术指标是显性指标，是基础条件。合规计划一方面是“最佳实践”，另一方面也具有共同的特点和规律，具有可模仿性，容易被“勾选”，也容易流于形式，容易形成“纸面合规”。但是文化指标是隐性指标，是目标和结果，具有不可复制性，不可模仿性，审查评估的重点是技术指标有无内化为态度、习惯和氛围。技术指标是实现文化指标的必要条件，但不是充分条件；有技术指标这个条件未必能实现文化指标的目标，这取决于技术指标在企业管理中有无真正地实施并发挥效力。

（2）阶层递进的关系。先有技术指标，后有文化指标，二者是阶层递进关系。企业合规有效性的判断标准，先看有无建立起基本的合规管理制度，是否具备技术指标的基本要求。技术指标是形式判断，如果符合技术指标，再进入第二步的实质判断，看是否符合文化指标。如果第一步技术指标不满足，也就是企业根本没有建立合规管理制度，例如，既没有专门的合规人员（首席合规官或合规专员），也没有举报热线，也不存在奖惩机制，那么就无需进行第二步的判断。如果第一步符合技术指标的要求，但是还不能得出合规计划有效性的结论，还必须进行第二步的文化指标判断，看相关的合规要求有无实质性发挥作用，成为一种态度、习惯、氛围。环顾四周，所见之处，员工都在“做正确的事”，这样的态度、习惯和氛围，才是合规有效性的真实写照。

笔者所构建的合规有效性标准（见图4－1），与传统的“七要素”和“三要素”（设计合理性、执行有效性、结果有用性）相比，具有以下特点：一是将合规文化指标独立出来，赋予其核心地位，并进一步具象为层层递进的“态度—习惯—氛围”；二是技术指标借鉴免疫学建立“防御—监视—应答”的严密体系，整合了“七要素”和“三要素”的合理成分，使其更具逻辑性、更具可操作性；三是厘定了技术指标和文化指标的关系，形成可检测、更具操作性（检测方法见下文）的从形式到实质的位阶判断关系，解决了传统“七要素”和“三要素”中技术指标与组织文化之间暧昧、杂糅的关系。

- 合规计划有效性标准
  - 技术（形式）指标
    - 合规免疫防御体系
    - 合规免疫监视体系
    - 合规免疫应答体系
  - 文化（实质）指标
    - 态度
    - 习惯
    - 氛围

图4－1　合规计划有效性标准

四、合规有效性标准之运用

难以评估合规计划的有效性不仅仅是由于缺乏共识的标准，更是由于缺乏运用标准进行评估、审查的手段和方法。如前所述，合规计划的有效性标准可以采取“技术指标”到“文化指标”的二阶层标准，前者是形式标准，即在技术指标上涉案企业的合规免疫体系是否完备；后者是实质标准，即有无建立起以企业文化为核心的免疫屏障，形成“免疫记忆”。有效性标准只是提供了一种衡量标准，采用何种方法来评估和审查一个涉案公司的合规计划有无达到这样的标准，这就是运用标准的方法问题。从实践运作来看，评估、审查的方法大多依赖于“桌面”上的台账资料和纸质报告。如果企业的合规计划是“纸面”的，而评估、审查的方法也是

“纸面”的，这种双重“纸面合规”是企业合规制度之大忌，要像防止“纸面合规”一样防止“纸面评估”。

（一）合规有效性标准的运用主体

1. 检察机关主导。企业合规与认罪认罚从宽制度一样，本质上属于诉前程序，涉案企业与检察机关合作，属于控辩合作型司法。无论是合规（附条件不起诉）还是提出从宽的量刑建议，都是在诉前进行的。因此，检察机关成为理所当然的主导者。检察机关必须履行企业合规有效性审查、评估的主导责任。这种主导责任体现在以下方面：

首先，对合规计划运行过程及结果有效性的评估、审查责任。涉案企业从合规计划启动到最终合规计划有效性的监管评估，检察机关始终对整个过程起主导作用，并最终对有效性与否作出终局性决定，以此作为案件处理决定依据。尽管美国的暂缓起诉协议需要法官批准，但是这种批准完全流于形式。[①] 原因一方面在于作为一种诉前程序，法官自始就未参与，最终也就无法对合规有效性作出判断；另一方面在于企业合规作为“最佳实践”，法官的消极居中裁判角色决定了其无法深入实地进行跟踪监管、评估。

其次，委托第三方监管中的主导责任。企业合规不仅仅是法律问题，更是一个企业管理问题，极具专业性。在美国，合规已经成为一些大学的独立专业和课程。2000 年的一项调查发现，美国只有 29% 的合规官拥有法律学位，这反映了这一角色的演变，它似乎不再仅仅被视为“法律技术人员”的领域。[②] 因此，检察官难以独立完成合规有效性的监管、评估、审查，委托第三方成为国际上较为通行的做法。但是需要特别注意的是，第三方监管本质上是检察机关委托第三方机构或人员进行监管。检察机关是委托方，第三方机构或人员是受托方，检察机关必须履行委托方的主导责任。检察机关是有效性标准运用的主体，第三方机构或人员本质上是

① See Benjamin M. Greenblum, *What Happens to a Prosecution Deferred ? Judicial Oversight of Corporate Deferred, Prosecution Agreements*, Columbia Law Review, Vol. 105, No. 6 (Oct., 2005), p. 1898(1863 - 1904).

② See Cristie Ford & David Hess, *Can Corporate Monitorships Improve Corporate Compliance?*, Journal of Corporation Law, Vol. 34, Issue 3 (Spring 2009), p. 693(679 - 738).

协助检察机关、受检察机关委托履行监管责任。对第三方监督评估组织的组成人员名单、涉案企业合规计划、评估考察报告等负有审查责任,必要时应当开展实地调查核实工作。检察机关应当与第三方机构或人员、涉案企业签订三方委托协议。对于监管人员的选任,检察机关必须发挥主导作用,确保符合"三性"要求——独立性、专业性和公开性。第三方监管员应当保持独立性,遵循业务回避原则,制定合规计划的人员及其所在单位,与评估监管合规有效性的人员及其所在单位必须是分离的,也不能是该公司企业的股东或有其他任职。为了保持独立性,监管人员的报酬不应当是企业直接支付给第三方机构或人员,而应当由涉案企业先行支付到检察机关或第三方监管委员会的专用账户,组成合规基金,在检察机关的监督下实现专款专用。涉案企业费用缴纳的标准,按照涉案的罪名、违法犯罪的严重程度、缴纳能力等综合考量。专业性要求监管人员必须具备合规的专业知识和实践能力,可以实行企业合规师从业资格制度。公开性要求监管人员名单库应当向社会公开,接受公众监督。

2. 协同监管。对涉案企业合规计划的监管,可以分为直接监管、协同监管和市场应变监管(market contingent regulation)。[①] 直接监管属于传统的命令和控制型监管,官方通过调查、起诉为后盾使用强制力强制被监管企业遵守法定的监管目标。市场应变监管通过市场的税收、许可、强制披露等方式,向受监管公司提供激励或信号来影响公司行为,监管机构目标的实现取决于公司对这些激励或信号的反应。协同监管包括各种混合形式的治理,其中监管机构利用其与私人治理制度和基于公司或行业的自我监管的关系,具有去中心化、公私合作的特点。

由于企业合规本质上是一种合作型司法,对于企业犯罪治理来说,属于协商治理模式,因此,协同监管是企业合规计划有效性监管的最佳方式。协同监管是基于监管机构和被监管企业之间不断进行的商议和沟通,在协同监管框架下,政府监管机构与企业和社会共同承担实现政策目标的责任。在许多情况下,管理权力从国家政府机构移交给附属机构和民间社会行动者。

---

① See Robert C. Bird & Stephen Kim Park, *Turning Corporate Compliance into Competitive Advantage*, U. of Pennsylvania Journal of Business Law, Vol. 19:2(2017), p. 289(285 - 340).

需要指出的是,这种协同监管与检察机关主导作用是不矛盾的,检察机关不过多干预具体的监管过程,但是对监管员的选任、监管员提供的报告、有效性审查都必须起主导作用。最高人民检察院联合 8 个单位发布的《关于建立涉案企业合规第三方监督评估机制的指导意见(试行)》确定的原则是"检察主导、各方参与,客观中立、强化监督"。可以说,这是一种协同监管模式。协同监管模式被认为是这一种合规监管的成功模式,原因在于它创造了由资源共享、合作和信任建立措施产生的共赢局面。这种共赢效应可能使企业达到合规均衡,在这种均衡中,公司在其合规实践中在技术和配置上都具有效率。换句话说,公司以尽可能低的成本实现了最大的风险降低效益。① 监管机构通过与涉案公司建立合作伙伴关系以及分享专业知识来进一步做出回应。在这一点上,公司不仅可以更好地了解监管机构的目标和态度,而且还可以从负责执行合规的机关学习如何最好地有效合规。这反过来又可以促进对监管合规的进一步投资,从而进一步加深信任关系,扩大信息交流,并降低双方的监控成本,创造了一种通常被称为"元监管"的状态。在"元监管"伙伴关系中,政府仅在远处观察公司行为,关注的不是监控而是评估公司的合规职能和控制,并确保它们正常运作。② 监管不再是硬生生的命令,而是成为监管者鼓励公司实施和维持其内部合规控制最佳实践的一种手段。这恰恰是企业文化核心标准所追求的"润物细无声"的效果。A 公司串通投标案中,检察机关主导多个行政机关成立第三方监管委员会,并经推荐、公示等程序组建了合规监管评估专家库,随机抽取三人组成监管评估小组,开展合规有效性监管评估。

(二)合规有效性标准运用之方法

评估、审查涉案企业的合规计划有效性,基本方法就是按照从形式到实质,从技术指标到文化指标。先从技术指标角度评估、审查涉案企业有无建立起三大免疫体系(免疫防御、免疫监视、免疫应答),再从实质角度

---

① See Robert C. Bird & Stephen Kim Park, *Turning Corporate Compliance into Competitive Advantage*, U. of Pennsylvania Journal of Business Law, Vol. 19:2(2017), p. 325(285 – 340).

② See Robert C. Bird & Stephen Kim Park, *Turning Corporate Compliance into Competitive Advantage*, U. of Pennsylvania Journal of Business Law, Vol. 19:2(2017), p. 316 – 320(285 – 340).

评估、审查合规有无成为企业的文化（态度、习惯和氛围）。具体审查方法：

1. 常规审查。常规审查方法侧重于合规有效性的技术指标，主要是通过调阅企业的档案、文件、财务资料等。比如，调阅企业的章程、规章制度、举报热线记录、培训档案、尽职调查报告、绩效奖惩记录、人员晋升资料等，以审查该企业的合规计划有无满足技术指标的要求，以及这些技术指标的实际运行情况。A公司案例中，第三方监管小组对A公司近三个月的55个投标项目的全部文件、档案资料、会计账目等进行审查，未发现问题。这些常规审查方法容易流于"书面"，其意义主要在于审查合规计划有无满足技术指标这一必要的前提条件。实质的企业文化指标，这种常规方法难以发挥作用。有实证研究表明，大多数的监管报告是纯粹描述性的或平淡的正面叙述，或者是选择一种"魔法"公式，评估意见只是叙述的摘要，提供了公司负面和正面的总结以及监管员对改进建议的概述，监管员并未提供合规计划实现任何特定结果或绩效水平的证明。监管员所做的充其量只是提供一套关于有哪些证据表明合规管理体系的各个要素已经到位以及如何改进的意见。在最坏的情况下，合规监管意见只是对公司已采用的政策的描述，很少考虑该政策是否实际上符合一个有效的合规体系，该政策是否已在整个组织中实施。[①] A公司的案例中，第一次评估听证主要通过查阅书面文件、台账的方式，在技术指标上基本符合要求，但是对于这些写在纸面上的技术指标，有无内化为企业人员的行为习惯、态度乃至形成一种氛围，无法通过书面文件和台账来检测。

2. 飞行检查。飞行检查（unannounced inspection）是跟踪检查的一种形式，指事先不通知被检查部门实施的现场检查。飞行检查是国际上产品认证机构对获证后的工厂最常用的一种跟踪检查方法。飞行检查可以避免某些形式主义的东西，发现被检查对象的实际情况。鉴于企业合规计划及其有效性监管容易流于"双重纸面"，飞行检查是十分必要和有效的。这里的飞行检查包括三个方面：一是检察机关作为主导责任的履行方，可以对涉案企业进行飞行检查；二是检察机关作为第三方监管的委托

---

① See Christine Parker, *Regulator-Required Corporate Compliance Program Audits*, Law & Policy, Vol. 25, Issue 3 (July 2003), p. 228 – 229(221 – 244).

方,对被委托方的监管履职情况进行飞行检查;三是受委托的第三方监管组织或人员可以对被监管企业进行飞行检查。飞行检查作为一种突击性检查,具有秘密性、突击性、迅速性和检查项目内容的不确定性等特点,有利于强化企业的自律意识和守法自觉性,是检测企业合规计划是否有效实施、是否融入企业员工的内心、是否潜入经营的各个方面和环节、是否成为一种企业文化的重要手段。飞行检查与下述问卷、访谈、免疫测试相结合,能够兼顾合规有效性的技术指标和文化指标。

3. 问卷、访谈。问卷、访谈是了解企业管理人员及员工对合规的态度、习惯以及有无形成一种文化氛围的有效手段。该方法的关键在于设计合理且有针对性的“调查问卷”和“访谈提纲”。实证研究表明,大多数的监管报告都没有检查实际客户交易或决策的样本,以确定合规流程是否实际产生了合规结果。[①] 以匿名问卷或随机访谈的形式,就合规流程与员工讨论每个阶段实际发生的情况,确定员工和或客户如何看待公司的合规要求(态度)以及行为习惯。例如,审查合规培训沟通实施情况,仅查培训记录甚至是“逢训必考”的试卷,也未必能真正审查出其有效性,因为这些技术性指标容易“作假”。如果对参加过培训的员工进行匿名访谈,通过几个提问,就能确切地知道有无培训及培训的效果如何,并进一步确定员工有无从内心接受培训内容,并内化为工作中坚守的态度和习惯。前述 A 公司案例,在第二阶段监管评估过程中,笔者组织团队研究“问卷调查表”和“访谈提纲”,问题设计遵循从技术指标到文化指标逐步递进的原则。在飞行检查中,随机在公司花名册中抽取经营开发部的中层及一线员工进行访谈,并临时召集 100 名员工进行匿名问卷调查。例如,针对文化指标中的“态度”,我们设计了这样的问题:投标项目通过资格预审后,其他公司找到你称:“为了节约成本,大家商量一个报价浮动区间,然后公平竞争,这样对大家都好”,你会怎么做?选项设计:A. 向领导汇报;B. 直接拒绝;C. 不知道怎么办;D. 写下你自己的办法。在访谈中,类似问题我们会进一步追问:如果你的上级要求你去联系其他投标单位,你会怎么做?是先执行再汇报,还是向合规部举报,或者你有其他办

---

① See Christine Parker, *Regulator-Required Corporate Compliance Program Audits*, Law & Policy, Vol. 25, Issue 3 (July 2003), p. 230(221 - 244).

法。又如，针对文化指标中的“习惯”，我们设计这样的问题：资格预审通过后，接下来你会做哪些工作？根据他的回答，检测其开展业务流程是按照以往的惯例执行，还是按照新的合规流程执行，以此检测合规制度有无转化为行为习惯。再如，针对文化指标中的“氛围”，我们设计这样的问题：庞某被选为“合规标杆员工”并当选党代表，你觉得她当选的原因是什么？对她身边的其他员工有什么影响？这是从正面角度检测合规氛围的形成。另外从负面角度设计了这样的问题：如果你和你身边的同事知道某经理通过串通报价而中标，超额完成当季度业绩，他及其所带领的团队获得丰厚奖金，你会怎么做？选项设计：A. 羡慕；B. 祝贺；C. 让他们请客；D. 鄙视；E. 举报。再通过对回收的样本进行统计分值，按照不达标、达标、良好、优秀进行分级评估，以确定有无形成“环顾四周，所见之处，员工都在做正确的事”的态度、习惯和氛围。

4. 免疫测试。企业合规作为企业预防违法犯罪的免疫系统，是否起到免疫屏障的作用，最有效的检测路径就是免疫应答测试，这也是避免“案头书面”审查弊端的有效方法。生物免疫系统有无产生免疫应答，可以通过接触到病毒后进行抗体检测。企业合规的免疫测试有点类似于“钓鱼执法”。例如，一个涉案企业的合规计划中禁止员工收受旨在对其工作施加不当影响的宴请或礼品，那么，为了检测这一合规条款有无实际产生效果，就可以实际测试业务员是否会拒绝礼品或宴请邀约。例如，在前述A公司串通投标案中，可以抽查投标项目，监管人员假装是另一家投标公司的人员，在投标报价前的“敏感期”，打电话邀约A公司负责该项目的人员出来吃饭，测试其态度。

我们将这种检察机关主导下企业合规有效性审查、评估方法概括为“1+1+2”检测模型（见图4-2），其中第一个“1”是常规审查法，侧重合规有效性的技术指标；第二个“1”是飞行检查法，兼顾合规有效性的技术指标和文化指标；“2”是指问卷访谈法和免疫测试法，侧重于合规有效性的文化指标。[①] 文化指标相对抽象，但并非不可衡量，当我们把文化指标具象为态度、习惯和氛围的时候，就可以通过问卷、访谈和免疫测试的方

① 南京市建邺区人民检察院作为企业合规的第二批试点单位，已经将该“1+1+2”模型转化为工作机制，投入实践运行，实践证明成效明显。

法进行检测。这种依赖于随机抽样的盲测实验可以非常便宜地衡量员工在现实工作环境中是否遵从合规。① 尽管被问卷、被访谈的人员中可能存在少数人刻意迎合公司希望得到的答案而故意说谎,尽管被免疫测试的人员的表现可能具有偶然性,但是只要样本足够多,这些少数性、偶然性的问题不会影响基本结论的真实性。在 A 集团公司的第二阶段评估过程中,我们采取了这种测试模式,对测试结果进行了分析,达到了合格的标准,基本符合合规文化指标的要求,也说明第一次评估后采取的致力于合规文化的完善举措取得了一定效果。②

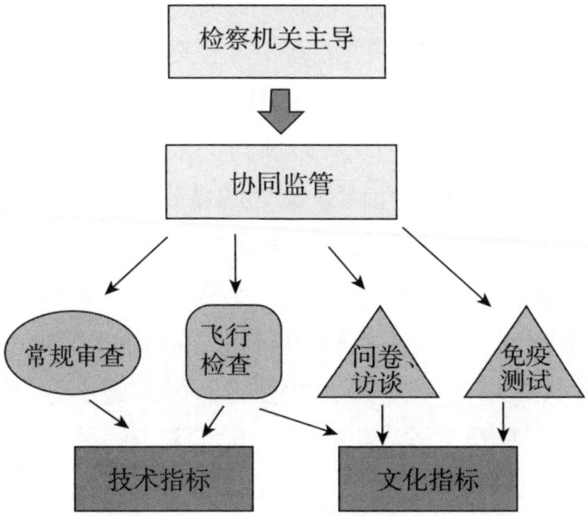

图 4－2　"1＋1＋2"合规有效性检测模型

五、余论

经过评估审查被判断为有效的合规计划,从刑事法的角度来说,作为

① See Brandon L. Garrett & Gregory Mitchell, *Testing Compliance*, Law and Contemporary Problems, Vol. 83, Issue 4 (2020), p. 79(47－84).

② 当然,就 A 公司的合规计划有效性评估而言,囿于目前法律对办案期限的限制,导致样本数量偏少、检测次数不足、检测周期过短,评估结果的准确性还有诸多缺陷,但这不是本章提出的评估标准和方法的缺陷。

量刑从宽甚至出罪事由。[①] 鉴于刑法和刑事诉讼法立法上的缺位,目前主要是作为量刑从宽或不起诉的依据。笔者认为,未来应当通过修改刑法和刑事诉讼法,将有效合规计划作为实质的出罪因素。“形式入罪、实质出罪”是贯彻实质法治国罪刑法定原则的核心要义。[②] 在积极刑法观的主导下,立法活性化时代到来,[③]行政犯及“公司刑法”的罪名体系越来越庞大,企业犯罪风险增大,在司法上坚守消极主义立场,拓宽单位犯罪的出罪事由势在必行,而合规计划无疑是最佳路径。这对预防和治理企业犯罪,进而提高国家治理能力和治理体系现代化具有重要意义。

从刑法学的角度来说,企业犯罪的实质出罪通道不可能从构成要件符合性中寻找,通向光明的出罪通道——预防必要性。按照传统的犯罪构成,预防必要性只能作为量刑因素考量,难以成为违法或责任阻却事由。但是,罗克辛的目的理性体系为预防必要性作为责任阻却事由打开了一条通道。罗克辛目的理性体系最大的特点是以新康德主义哲学为根基,以规范的可交谈性为实质内涵的罪责概念,融入刑事政策的考量,将是否具有预防必要性作为责任的内容,唯有罪责和以预防为目的的处罚必要性两个要素同时具备,才能认为行为人具有答责性。[④] 答责性的理论依据在于“在具有规范可交谈性的情况下仍实施不法行为”,这种不法行为破坏了法和平和法安全,动摇了一般的法律意识。[⑤] 罗克辛将犯罪成立的第三个评价阶层“有责性”(schuld)重新命名为“答责性”(Veranwortlichkeit,或译为负责性),有责性只是施加刑罚的必要条件,而不是充分条件,即除有责性外,还需要具有制裁的一般预防必要性和特殊预防必要性,方才具有答责性。答责性所纳入的规范,由此就成为第三个

---

① 参见陈瑞华:《论企业合规的性质》,载《浙江工商大学学报》2021 年第 1 期。

② 参见刘艳红:《形式入罪实质出罪:无罪判决样本的刑事出罪机制研究》,载《政治与法律》2020 年第 8 期。

③ 参加刘艳红:《化解积极刑法观正当性危机的有效立法》,载《政治与法律》2021 年第 7 期。

④ 参见[德]克劳斯·罗克辛:《刑事政策与刑法体系》,蔡桂生译,中国人民大学出版社 2011 年版,第 79 页。

⑤ 参见[德]克劳斯·罗克辛:《德国刑法学总论(第 1 卷)》,王世洲译,法律出版社 2005 年版,第 568 ~ 570 页。

阶层中刑事政策衡量的真正载体。[①] 简言之，罗克辛的目的理性犯罪论体系的第三个阶层包含两个方面的内容：一是传统的罪责；二是预防必要性。以罪责和预防必要性为内容的责任阶层，是构成要件与违法性之后的第三个阶层。这样一来，“在缺乏罪责之外，如果缺乏预防性刑事惩罚的必要性，也能够导致排除责任”，[②]进而实现实质出罪。

建立并实施了有效合规计划的“企业公民”在规范上具有“可交谈性”，为遵守法规范做出真诚的努力，这表明其原则上是一名忠诚于法律的“企业公民”，通过合规计划的建立和实施，恢复了法和平和法安全，而不需要特殊预防，同时也对其他企业形成良好的守法示范作用而不需要一般预防。因此，预防的必要性缺乏，进而缺乏答责性，实现实质出罪。就此而言，企业合规作为实质的出罪事由在理论上是有空间的，详细展开已经超过本节的议题范围，留待另文详述。

第三节　涉案企业合规有效性评估与审查办法

2022 年 1 月 17 日，全国检察长（扩大）会议强调，要着力监督“整改”，督促第三方组织、人员做到“真监督”“真评估”，确保涉案企业“真整改”“真合规”。2022 年 3 月 8 日，最高人民检察院检察长张军在最高人民检察院工作报告中总结涉案企业合规改革试点：依法可不捕、不诉的，责成涉案企业作出合规承诺、切实整改；与国务院国资委、全国工商联等八部门共建第三方监督评估机制，司法、执法、行业监管联手，以严管体现厚爱。当前，涉案企业合规监督考察主要有两种模式：一种是检察机关自行监管模式，即采取检察建议的方式启动合规考察程序，并由检察机关督促、监督、验收涉案企业合规整改。另一种是第三方监督评估模式，即检察机关将案件移交第三方监督评估管理委员会，由后者组建第三方组织对涉案企业合规整改情况进行监督、考察、评估、验收，

---

① 参见[德]克努特·阿梅隆：《罗克辛刑事政策性刑法体系批判》，张志钢译，载《南大法学》2021 年第 3 期。

② 参见[德]克劳斯·罗克辛：《德国刑法学总论》（第 1 卷），王世洲译，法律出版社 2005 年版，第 558 页。

第三方组织的评估结论成为检察机关处理案件的重要参考。无论采取何种模式,检察机关均需要承担案件主导责任,在案件处理过程中对涉案企业的合规整改情况进行实质审查。因此,涉案企业合规整改有效性审查的原理和方法是检察机关将涉案企业合规改革向纵深推进亟待攻克的首要难题。

一、涉案企业刑事合规有效性的审查原理

刑事合规有效性审查与评估的目的在于考察涉案企业合规整改的实际效果,亦即涉案企业是否完成商业模式的除罪化改造和合规管理体系的有效搭建。对此,应当掌握三个基本原理:

1. 一企一策的要素式审查。刑事合规有效性的根本标准是有效预防再犯,根据案件类型、罪刑轻重、企业规模、经营漏洞、治理结构的不同,涉案企业有效合规整改的具体标准应有所区别,因此,刑事合规有效性标准是要素式而非精细化的。所谓要素式的审查标准,是指涉案企业需要以上述有效合规要素为有效合规整改的必备条件,而除罪化改造、合规政策、组织体系等要素的具体实现方案则因企而异。例如,要求一家只有20名员工的小微型企业设置包括合规管理委员会、首席合规官、合规部、合规专员等四级架构的合规组织体系,既不现实也无必要,但该企业仍需设置专门的合规组织,由具有高级管理人员职位的合规官负责合规计划建设。实践中,在开展合规有效性审查时,应以整改准备环节检察机关或第三方组织批准的合规整改计划为蓝本,着重考察涉案企业履行整改义务以达到既定目标的情况。

2. 合规整改的全过程审查。合规整改效果取决于企业的过程性努力,涉案企业合规监督评估机制本质上是一种过程性监管和制裁制度,合规整改有效性审查应当注重对合规整改的全过程审查。首先,审查涉案企业在三个月至一年的合规考察期中,是否按照合规整改计划的时间和流程安排积极推进整改工作,是否定期向检察机关提交阶段性报告,或者是否配合第三方组织的监管。其次,审查涉案企业已经完成的商业模式改造和已经搭建的合规计划是否落地执行,新的商业模式要求进入平稳运营状态,合规计划要求发挥预防、监控、应对违法违规行为的全方位效

果。最后，审查涉案企业是否制定了长远的合规建设计划，在刑事追诉程序结束后，长期保持合规状态，持续维持合规治理结构，不断改进和完善合规体系建设。

3. 治理结构的专门性审查。涉案企业能够通过合规整改出罪，最重要的原因在于企业是依靠制度和结构运转的组织体。合规犯罪预防功能的本质即为合规治理结构发挥了有效管理作用，将组织体成员的活动装进规章和制度的笼子里，使组织体运行纳入合规的轨道。有观点认为，刑事合规有效性审查的重点应是企业文化，但企业文化一来过于模糊，难以提炼出易于司法实践把握的客观标准，二来具有变动性和不稳定性，即便是经考察认为已经确立了合规的企业文化，也极有可能因新业务的开展或者领导层的换届而发生变化。因此，涉案企业刑事合规有效性的评估和考察应从企业文化回归治理结构的专门性审查，将企业合规治理结构的合理建构和有效运转，作为判断合规整改有效性的主要依据。

二、涉案企业刑事合规有效性的审查方法

涉案企业刑事合规有效性的审查方法主要包括除罪化改造有效性的审查和合规体系有效性的审查两种方法。

1. 除罪化改造有效性的审查方法。涉案企业除罪化改造有效性审查应聚焦于犯罪原因诊断的准确性和纵深度审查，以及制度纠错的针对性和彻底性审查。

第一，审查犯罪原因诊断的准确性和纵深度。首先，依据犯罪构成要件审查涉案企业针对商业模式的违法性认识。例如，涉嫌非法经营罪的企业，应当对商业模式中未取得经营许可或未经有关部门批准的经营行为和扰乱市场秩序的情节具有充分认知。其次，依据业务流程回溯审查涉案企业查找管理漏洞的准确性。涉案企业应当在违法性认识的基础上查找业务管理流程中存在的公司治理漏洞，例如，根据财务总监虚开发票的违法行为，应当锁定财务审批和管理的制度缺陷。最后，依据权力结构分析审查涉案企业运行机制的深层问题。无论是商业模式的违法还是公司治理的漏洞，背后都可能隐藏着公司权力结构的不合理之处，例如，公司权力掌握在个别强势人物手中，现代公司治

理体系失活，是最终导致犯罪发生的根本原因。若这种治理模式无法得到根本改变，任何经营模式的优化和合规体系的建立都将是流于形式的“纸面工程”。

第二，审查制度纠错的针对性和彻底性。一是审查涉案企业改造后商业模式的合法性和可行性。针对完成除罪化改造的商业模式，审查该商业模式的合法合规情况，着重审查商业模式合规评估报告，确保合规风险在可接受范围，以及审查该商业模式的可行性。二是审查涉案企业管理制度建设的针对性和完备性。针对涉案企业存在的管理漏洞，着重审查整改过程中进行针对性制度建设的情况，相关的财务、合同、生产、市场推广、发展第三方商业伙伴的管理流程应当得到完备的建立，具有专门的规章制度和审批流程加以规范。三是审查涉案企业处理违规责任人的果断性和严厉性。审查涉案企业针对违法违规责任人的处理情况，重点在于审查是否剥夺责任人再次利用职权实施违法违规行为的能力，审查企业将责任人降级降薪、调离工作岗位、予以解聘和开除、移交司法机关等具体惩戒动作。四是审查涉案企业公司权力运行的规范性和透明度。重点审查涉案企业经过治理结构改造后，对大股东的股权稀释、将实际控制企业的强权责任人剔除出管理层、激活董事会和监事会的日常运转等建立现代公司治理结构和代议制权力运行模式的情况，以及审查公司作出战略、业务、人事、财务等重大事项决策的公开性和透明度。

2. 合规体系有效性的审查方法。基于要素式审查、全过程审查、专门性审查的基本原理，涉案企业合规体系有效性审查应当从以下方面展开：

第一，审查专项合规政策和员工手册的有效制定。专项合规政策和员工手册应当涵盖专项领域法律法规的禁止性和义务性规定，将其转化为公司内部规章制度。专项合规政策和员工手册应当包含总册和分册，分册旨在引入具体业务场景后对总册进行细化，明确单个业务活动的风险及管控点，使一线员工能够清晰了解合规要求和具体的合规动作，在遇到具体的合规问题时有据可依，实现规则的透明化、可视化，保障规则的及时性和可落地性。涉案企业没有针对本企业实际情况制定，而是直接复制头部企业的合规政策条款，既没有作出契合本企业经营情况的修改，也没有依据本企业的行业特征进行优化，审查认定为不合格。

第二,审查专项合规组织体系的有效搭建。审查大型企业,应当要求其建立四级合规组织体系,包括董事会下设的合规管理委员会、首席合规官、合规管理部、业务单元中的合规专员。审查中小微企业,可以根据企业规模和资金状况合理确定合规组织简化方式,但至少应保证专人专岗负责合规体系建设。审查合规组织的独立性、权威性、专业性、资源充沛性。独立性审查要求合规组织成员不得担任其他经营管理、财务管理职务,与经营部门、财务部门不存在利益冲突,从而保障合规监管的中立性。审查专项合规组织体系的有效运行情况,通过审查合规组织成员招聘和任免记录、合规组织成员薪酬发放表、合规组织成员工作报告和工作记录等内容,判断合规组织体系的实际运转情况。

第三,审查专项合规防范体系的有效建设。首先,审查合规风险评估的制度化建设情况以及合规风险评估工作的实际效果,重点审查《合规风险评估报告》文本和根据评估报告处理、消除合规风险点的具体事例。其次,审查合规尽职调查的常态化运行情况,重点审查企业在发展客户、第三方等业务活动时是否自觉开展合规尽职调查,并且根据尽职调查结果对其进行合规管理。最后,审查合规培训的开展情况,这主要涉及考察涉案企业开展合规培训的次数、覆盖范围、培训内容的相关记录,以及考察涉案企业采取员工访谈、问卷调查、组织考试等方式检测培训效果的情况。

第四,审查专项合规监控体系的有效建设。首先,审查合规审计的专业性和《合规审计报告》文本内容,重点审查外部审计机构的专业资质、《合规审计报告》的记录留存,以及涉案企业根据审计报告修补制度漏洞、处理违规责任人和一票否决违规业务的实际动作。其次,审查合规举报制度的有效运行情况,重点测试合规举报途径 24 小时畅通情况,并检查企业受理举报、开展调查、惩治责任人、奖励举报人的相应工作全流程是否合理建立,以及经过一段时间运行后是否确有实效。最后,审查合规报告的制度化建设和信息通达性,重点审查涉案企业建立合规专员定期或违规事件发生时制作专项合规报告逐级上报至合规管理委员会和董事会的实践情况,确保合规报告引起公司最高管理层的充分重视和果断应对。

第五,审查专项合规应对体系的有效建设。在违法事件发生后,企业的应对表现是审查刑事合规有效性的重中之重。一方面,审查应对体系制度建设的完备性。涉案企业应当根据应对体系的四项要求,结合专项领域制定应对规范。另一方面,审查应对体系的实际运行效果。通过检查涉案企业应对合规事件的实际表现,作出应对体系建设是否合格的判断。如果涉案企业在合规整改期间未发现违法违规行为,则可以采取全真模拟测试法,考察应对机制的运行情况。

三、涉案企业刑事合规有效性的审查结论与案件处理

经过刑事合规有效性审查,检察机关或者第三方组织将作出审查结论,作出合规整改验收意见或者出具合规验收评估报告,检察机关将结合审查结论,在综合考量案件性质、犯罪情节、公共利益的基础上,作出相应的案件处理决定。

1. 刑事合规有效性审查结论的作出。在完成刑事合规有效性的要素式审查后,检察机关或第三方组织将作出是否通过合规考察的审查结论,需要为此设置合理的实务方案。

首先,作出审查不通过结论的情形。一是整改过程消极懈怠,既不有效执行合规整改计划,也不配合检察机关和第三方组织监管。二是犯罪原因诊断不准确、不深入,企业相关的管理漏洞和落后的公司治理结构仍然存在。三是整改后的商业模式仍然存在重大合规风险,或者明显无法为企业持续性创造利润。四是专项合规体系建设不完备,明显缺乏专项合规政策与员工手册、合规组织体系、合规防范体系、监控体系、应对体系等要素。五是专项合规体系纸面化,经过记录查阅、员工访谈、模拟测试等检查发现合规要素无法有效运行,持续合规预期较差。

其次,作出审查通过结论的情形。涉案企业整改态度积极,配合检察机关和第三方组织的监管,有效开展犯罪原因诊断、制度纠错、商业模式改造工作,建立要素完备、落地有效的专项合规计划,持续推动合规体系改进和完善,保持常态化、长效化的合规管理和经营状态。

最后,作出拟通过结论并附带补正要求的情形。涉案企业具备积

极的整改态度和主动配合合规监管的实际行为，并已有效完成商业模式和治理结构的除罪化改造，然而在专项合规体系建设方面，虽然已经具备了合规体系的基本要素，但在完备性和有效性上仍然存在一些缺陷和瑕疵，此时应当对其作出拟通过的审查结论，同时附带补正要求。例如，合规政策未能随着近期法律修改作出及时更新，员工手册未采用通俗化的语言、故事化的案例、图文并茂的形式但可读性不强，合规风险评估报告和合规尽职调查报告制作不规范，合规培训后未组织员工签署合规承诺书，合规审计未委托外部专业机构进行，合规举报途径操作便利性不足，合规内部调查程序设计不符合程序正义的基本要求，等等。

2. 刑事合规有效性审查后的案件处理机制。检察机关结合刑事合规有效性审查结论，在综合案件因素考量后可以分别作出以下三类决定：

第一，刑事合规有效性审查结论为不通过，检察机关应当作出起诉决定。涉案企业在审判阶段积极开展合规整改，通过刑事合规有效性审查的，检察机关可以视情况作出撤回起诉的决定或者发表轻缓处罚的量刑建议。

第二，刑事合规有效性审查结论为通过，检察机关在综合考量犯罪情节、案件性质、公共利益等因素的基础上，一般可以对涉案企业作出不起诉的决定，或者提出轻缓处罚的量刑建议。检察机关对轻微犯罪案件中认罪认罚、积极组织企业合规整改的涉案责任人员，可以作出酌定不起诉的决定。

第三，刑事合规有效性审查结论为拟通过并附带补正要求，检察机关在综合考量诸要素的基础上，一般可以对涉案企业作出不起诉的决定，或者提出轻缓处罚的量刑建议。检察机关可以制发检察意见，将案件线索和合规材料移送有关行政主管机关，督促涉案企业按照补正要求完善合规管理体系。

附：

涉案企业合规建设、评估和审查办法(试行)

全联厅发〔2022〕13 号

为深入学习贯彻习近平新时代中国特色社会主义思想，全面贯彻习近平法治思想，完整、准确、全面贯彻新发展理念，认真落实最高人民检察院、司法部、财政部、生态环境部、国务院国资委、税务总局、市场监管总局、全国工商联、中国贸促会《关于建立涉案企业合规第三方监督评估机制的指导意见(试行)》(以下简称《指导意见》)及其实施细则，依法推进企业合规改革试点工作，规范第三方监督评估机制(以下简称第三方机制)相关工作有序开展，结合工作实际，制定本办法。

第一章　总　　则

第一条　涉案企业合规建设，是指涉案企业针对与涉嫌犯罪有密切联系的合规风险，制定专项合规整改计划，完善企业治理结构，健全内部规章制度，形成有效合规管理体系的活动。

涉案企业合规评估，是指第三方监督评估组织(以下简称第三方组织)对涉案企业专项合规整改计划和相关合规管理体系有效性进行了解、评价、监督和考察的活动。

涉案企业合规审查，是指负责办理案件的人民检察院对第三方组织的评估过程和结论进行审核。

针对未启动第三方机制的小微企业合规，可以由人民检察院对其提交的合规计划和整改报告进行审查。

第二条　对于涉案企业合规建设经评估符合有效性标准的，人民检察院可以参考评估结论依法作出不批准逮捕、变更强制措施、不起诉的决定，提出从宽处罚的量刑建议，或者向有关主管机关提出从宽处罚、处分的检察意见。

对于涉案企业合规建设经评估未达到有效性标准或者采用弄虚作假手段骗取评估结论的，人民检察院可以依法作出批准逮捕、起诉的决定，提出从严处罚的量刑建议，或者向有关主管机关提出从严处罚、处分的检察意见。

第二章　涉案企业合规建设

第三条　涉案企业应当全面停止涉罪违规违法行为，退缴违规违法所得，补缴税款和滞纳金并缴纳相关罚款，全力配合有关主管机关、公安机关、检察机关及第三方组织的相关工作。

第四条　涉案企业一般应当成立合规建设领导小组，由其实际控制人、主要负责人和直接负责的主管人员等组成，必要时可以聘请外部专业机构或者专业人员参与或者协助。合规建设领导小组应当在全面分析研判企业合规风险的基础上，结合本行业合规建设指引，研究制定专项合规计划和内部规章制度。

第五条　涉案企业制定的专项合规计划，应当能够有效防止再次发生相同或者类似的违法犯罪行为。

第六条　涉案企业实际控制人、主要负责人应当在专项合规计划中作出合规承诺并明确宣示，合规是企业的优先价值，对违规违法行为采取零容忍的态度，确保合规融入企业的发展目标、发展战略和管理体系。

第七条　涉案企业应当设置与企业类型、规模、业务范围、行业特点等相适应的合规管理机构或者管理人员。

合规管理机构或者管理人员可以专设或者兼理，合规管理的职责必须明确、具体、可考核。

第八条　涉案企业应当针对合规风险防控和合规管理机构履职的需要，通过制定合规管理规范、弥补监督管理漏洞等方式，建立健全合规管理的制度机制。

涉案企业的合规管理机构和各层级管理经营组织均应当根据其职能特点设立合规目标，细化合规措施。

合规管理制度机制应当确保合规管理机构或者管理人员独立履行职责，对于涉及重大合规风险的决策具有充分发表意见并参与决策的权利。

第九条　涉案企业应当为合规管理制度机制的有效运行提供必要的人员、培训、宣传、场所、设备和经费等人力物力保障。

第十条　涉案企业应当建立监测、举报、调查、处理机制，保证及时发现和监控合规风险，纠正和处理违规行为。

第十一条　涉案企业应当建立合规绩效评价机制，引入合规指标对企业主要负责人、经营管理人员、关键技术人员等进行考核。

第十二条　涉案企业应当建立持续整改、定期报告等机制，保证合规管理制度机制根据企业经营发展实际不断调整和完善。

第三章　涉案企业合规评估

第十三条　第三方组织可以根据涉案企业情况和工作需要，制定具体细化、可操作的合规评估工作方案。

第十四条　第三方组织对涉案企业专项合规整改计划和相关合规管理体系有效性的评估，重点包括以下内容：

（一）对涉案合规风险的有效识别、控制；

（二）对违规违法行为的及时处置；

（三）合规管理机构或者管理人员的合理配置；

（四）合规管理制度机制建立以及人力物力的充分保障；

（五）监测、举报、调查、处理机制及合规绩效评价机制的正常运行；

（六）持续整改机制和合规文化已经基本形成。

第十五条　第三方组织应当以涉案合规风险整改防控为重点，结合特定行业合规评估指标，制定符合涉案企业实际的评估指标体系。

评估指标的权重可以根据涉案企业类型、规模、业务范围、行业特点以及涉罪行为等因素设置，并适当提高合规管理的重点领域、薄弱环节和重要岗位等方面指标的权重。

第四章　涉案企业合规审查

第十六条　第三方机制管委会和人民检察院收到第三方组织报送的合规考察书面报告后，应当及时进行审查，重点审查以下内容：

（一）第三方组织制定和执行的评估方案是否适当；

（二）评估材料是否全面、客观、专业，足以支持考察报告的结论；

（三）第三方组织或其组成人员是否存在可能影响公正履职的不当行为或者涉嫌违法犯罪行为。

经第三方机制管委会和人民检察院审查，认为第三方组织已经完成监督评估工作的，由第三方机制管委会宣告第三方组织解散。对于审查中发现的疑点和重点问题，人民检察院可以要求第三方组织或其组成人员说明情况，也可以直接进行调查核实。

第十七条　人民检察院对小微企业提交合规计划和整改报告的审

查,重点包括合规承诺的履行、合规计划的执行、合规整改的实效等内容。

第十八条　第三方机制管委会收到关于第三方组织或其组成人员存在行为不当或者涉嫌违法犯罪的反映、异议,或者人民检察院收到上述内容的申诉、控告的,双方应当及时互相通报情况并会商提出处理建议。

第十九条　第三方机制管委会或者人民检察院经审查合规考察书面报告等材料发现,或者经对收到的反映、异议或者申诉、控告调查核实确认,第三方组织或其组成人员存在违反《指导意见》及其实施细则规定的禁止性行为,足以影响评估结论真实性、有效性的,第三方机制管委会应当重新组建第三方组织进行评估。

第五章　附　　则

第二十条　本办法所称涉案企业,是指涉嫌单位犯罪的企业,或者实际控制人、经营管理人员、关键技术人员等涉嫌实施与生产经营活动密切相关犯罪的企业。

对与涉案企业存在关联合规风险或者由类案暴露出合规风险的企业,负责办理案件的人民检察院可以对其提出合规整改的检察建议。

第二十一条　涉案企业应当以全面合规为目标、专项合规为重点,并根据规模、业务范围、行业特点等因素变化,逐步增设必要的专项合规计划,推动实现全面合规。

第二十二条　大中小微企业的划分,根据国家相关标准执行。

第二十三条　本办法由国家层面第三方机制管委会负责解释。自印发之日起施行。

中华全国工商业联合会办公厅
最高人民检察院办公厅
司法部办公厅
财政部办公厅
生态环境部办公厅
国务院国有资产监督管理委员会办公厅
国家税务总局办公厅
国家市场监督管理总局办公厅
中国国际贸易促进委员会办公室
2022年4月19日

第四节　中小企业合规有效性标准的确定方案

企业合规的本质内涵是改造企业的治理结构、重塑企业的合规文化，这一本质内涵可以具体化为各种要素，进而形成规律性的共性指标。《中小企业合规管理体系有效性评价》是国内首部关于中小企业合规管理体系有效性评价的团体标准。在理解和运用过程中，需要把握评价标准与建设标准、技术指标与文化指标、正文与附件、中型企业与小微企业、评价方法与评价标准等五组关系，并准确评价机构设置和职责配置、合规风险识别、合规风险应对、持续改进、合规文化建设等具体指标。

中小企业合规管理体系有效性评价

（中国中小企业协会团体标准 T/CASMES 19—2022）

前言（略）

引言（略）

1　范围

本标准确立了中小微企业合规管理体系有效性评价的总体原则和方法，规定了评价机制和评价指标。

本标准适用于中小微企业自身开展合规管理体系有效性评价，也适用于国家机关、行业协会、认证机构等相关方面对中小微企业合规管理体系有效性的评价。

2　规范性引用文件

下列文件中的内容通过文中的规范性引用而构成本文件必不可少的条款。其中，注日期的引用文件，仅该日期对应的版本适用于本文件；不注日期的引用文件，其最新版本（包括所有的修改单）适用于本文件。

ISO 37301 合规管理体系　要求及使用指南

3　术语和定义

ISO 37301 界定的以及下列术语和定义适用于本文件。

3.1

合规管理体系有效性　effectiveness of compliance management system

识别、监控和处置合规风险(3.2),形成合规文化(3.6)的实效及其程度,包括合规计划制定、合规计划执行和合规计划实施结果的有效性。

3.2

合规风险　compliance risk

因未遵守组织合规义务(3.3)而发生不合规(3.5)的可能性及其后果。

3.3

合规义务　compliance obligations

组织强制性地必须遵守的要求,以及组织自愿选择遵守的要求。

3.4

合规　compliance

履行组织的全部合规义务(3.3)。

3.5

不合规　noncompliance

未履行合规义务(3.3)。

3.6

合规文化　compliance culture

贯穿整个组织的价值观、道德规范、信仰和行为,并与组织结构和控制系统相互作用,产生有利于合规(3.4)的行为规范。

注:价值观是组织所崇尚的文化的核心,是组织行为的基本原则。

4　总体原则

合规管理体系有效性评价应遵循以下原则:

a)全面性原则。评价内容和结果能够反映企业合规管理体系建设、运行的整体情况,包括建立、实施、运行、维护、持续改进等过程,这些过程依托或者包含于一套具有持续改进和自我强化能力的合规管理体系中,且与企业内的其他管理体系协同。

b)差异性原则。针对不同行业中小企业的特点,设定不同的评价内容、指标以及指标权重。权重的设置根据中小企业的合规风险、经营规模、业务范围、行业特点等因素决定。

c)明确性原则。对于每项评价内容和指标确立明确的评价准则，给出一致的评价方法，以确保评价结果的相对稳定，且具有可比性。

d)可证实性原则。所设置的评价机制和评价指标，便于理解和采集，能够通过客观的追溯方法或溯源材料得到证实，且评价的过程和结论也能够得到客观证实。

e)引导性原则。坚持缺陷查找与合规价值观引领相结合，评价结果既能反映中小企业合规管理取得的成效和存在的不足，又能引导中小企业树立良好的合规价值观，持续改进合规管理体系。

5　评价方法、内容和流程

5.1　评价方法

合规管理体系有效性评价可以根据评价内容和指标的具体情况，采用文件审阅、问卷调查、访谈调研、飞行检查、穿行测试、感知测试、模拟运行等评价方法。

5.2　评价内容

合规管理体系有效性评价包括对合规管理机构设置和职责配置（见第6章）、合规风险识别（见第7章）、合规风险应对和持续改进（见第8章）、合规文化建设（见第9章）等方面的评价。具体评价指标见附录A、附录B和附录C。

5.3　评价流程

5.3.1　合规管理体系有效性评价一般包括评价准备、评价实施和评价报告三个阶段。

5.3.2　在评价准备阶段，组建评价小组，制定评价方案，明确评价目的、范围、评价方法、需要收集的信息和数据、分工、进程等要求。

评价小组应由具备被评价企业所属行业的专业知识、经验和技能的人员与具备实施评价活动所需要的合规知识、经验和技能的人员组成。评价机构及其评价人员应具有相应资质。

5.3.3　在评价实施阶段，评价小组按照评价机制和评价指标实施评价。

对于评价实施过程中发现的重大问题及重要评价结论，评价小组应当与被评价的企业主要负责人进行沟通，就相关问题进行核实。

5.3.4　在评价报告阶段，评价小组根据评价实施情况，撰写评价报告。

评价报告至少包括以下内容：

a)评价活动的组织者、评价小组相关信息；

b)被评价企业的基本信息；

c)评价目的、范围和依据；

d)评价的程序和方法；

e)评价所依据的信息及其来源；

f)评价结论；

g)合规管理问题和改进建议。

6　机构设置和职责配置

6.1　合规管理机构设置和职责配置的有效性评价应当以合规管理机构的适当性、独立性和权威性作为基本标准。

6.2　企业应根据业务、规模和行业特点设置适当的合规管理机构，包括以下方面：

a)设置合规领导机构。有董事会的企业设合规管理委员会，没有董事会的企业设合规领导小组。

b)确定合规管理第一责任人。法定代表人或实际控制人是企业合规的第一责任人，并作为合规管理委员会或合规领导小组的成员。各业务部门的负责人在其领域内也负有相应的合规管理责任。

c)设置合规管理机构。中型企业一般应设合规管理部门，小微企业应配备至少一名合规专员，合规专员应由具备合规管理资质或相关专业能力的人员担任，可以聘请兼职的企业合规师或者律师等。

6.3　合规领导机构确定企业合规目标，配置合理资源支持合规管理工作，监督和协调合规管理体系运行。

合规管理部门或合规专员应及时有效识别企业合规义务，制订合规政策与管理流程，管控合规风险，保障合规目标的实现。

企业各业务部门应设置合规联络员，协助合规管理部门或者合规专员工作。

6.4　合规领导机构履行企业合规领导职能，包括以下方面：

a)设定合规绩效指标，评价合规目标达到程度；

b)监督企业合规管理体系运行情况；

c)定期听取合规管理部门或者合规专员的专题汇报；

d）对违规行为及时作出适当的处理决定并予以公示；

e）确保合规管理部门、合规专员、合规联络员在企业内部开展合规工作不受阻碍；

f）确保合规管理部门、合规专员、合规联络员能够获取开展合规工作需要的员工信息、文件信息和所需要的数据。

6.5　合规管理部门或合规专员独立履行合规管理职能，表现在以下方面：

a）合规管理部门或合规专员应获得合规领导机构的正式授权，获得必要的人员配备和经费保障；

b）合规管理部门或合规专员有权直接向合规领导机构汇报合规工作，必要时可直接向法定代表人或实际控制人汇报合规工作；

c）合规管理部门或合规专员保持合规工作的独立性。

6.6　合规管理部门或合规专员应在企业内部具有一定权威，表现在以下方面：

a）在信息知情、参与决策、关键岗位控制、重点经营活动、重要经营管理文件审查等方面发挥作用；

b）企业经营的重要决策工作应经过合规评审程序，并经合规领导机构签署意见；

c）合规管理部门认为企业的重要决策存在重大风险的，有权向合规领导机构报告；

d）经营范围单一的小微企业，合规专员应当对上述事项进行审查并出具合规审查意见。

6.7　合规管理部门或合规专员职责主要有以下方面：

a）合规工作的计划、执行、检查、监督、整改和报告；

b）合规义务的收集、识别、汇编、转化为内部规章制度；

c）合规风险的评估、监控、处置；

d）开展合规培训，弘扬合规文化。

6.8　各业务部门的合规联络员具有明确的合规管理职责，表现在以下方面：

a）对本部门合规工作的执行情况实施监控；

b）及时向部门负责人、合规管理部门或合规专员报告疑虑或不合规行为；

c）及时向部门传递企业的合规政策及其变更。

7　合规风险识别

7.1　合规义务的梳理和辨别是合规风险识别的基础。

7.2　合规义务识别机制,包括能够识别与企业业务活动、产品和服务相关的自愿性义务和强制性义务的机构、方法、制度和流程。

7.3　合规义务识别机制的实施,包括配备人员,规定方法,落实制度,实施流程,形成识别合规义务的文件化信息。

7.4　合规义务识别机制的实施保障,包括领导支持、人力资源、预算、必备物项工具,开展培训与交流等。

7.5　合规义务识别机制的实施效果,包括识别出重要合规义务、合规风险,并将这些合规义务与业务活动、产品和服务相关联,确保识别合规义务的机制与管理措施更新相结合。

7.6　合规风险的评估和分级机制,包括根据风险发生概率和影响程度,对合规风险进行评估和分级的机构、方法、制度和流程。

7.7　合规风险评估和分级机制的实施,包括配备人员,规定方法,落实制度,实施流程,形成合规风险评估、分级的文件化信息。

7.8　合规风险评估和分级机制的实施保障,包括领导支持、人力资源、预算、必备物项工具,开展合规培训与交流,关注并培育合规文化等方面。

7.9　合规风险评估和分级机制的实施效果,包括确定合规风险等级和优先管理顺序,并将这些排序、分级的合规风险与业务活动、产品和服务相关联,确保合规风险评估和分级与管理措施更新相结合。

8　合规风险应对和持续改进

8.1　合规风险应对

8.1.1　合规风险应对机制,包括企业根据合规评估和分级结果,设置合规风险应对责任人、应对措施、应对流程,记录与沟通机制、监督与检查机制,以及针对突发合规事件的应对预案。

8.1.2　企业合规风险应对机制的实施,包括配备人员,落实应对措施,实施应对流程或应对预案,开展第三方、雇员等相关方的合规尽职调查,形成合规风险应对的文件化信息,以及对合规风险应对机制有效性进行定期或不定期评审。

8.1.3　合规风险应对机制的实施保障,包括领导支持、人力资源、预算、必备物项工具,开展合规培训与交流,关注并培育合规文化等方面。

8.1.4　合规风险应对机制的实施效果,包括合规风险应对机制与业务活动、产品和服务结合，嵌入业务流程，并与企业其他机制协同，有效预防或处置了中高等级的合规风险。

8.2　日常监测

8.2.1　合规风险日常监测机制，包括日常监测合规风险的机构、方法、措施、频率、信息来源、结果运用、操作流程等，以及明确监控重点人员、重点岗位及重点环节。

8.2.2　日常监测措施包括监控计划、预警指标、合规审计、管理层合规评审、合规调查等。

8.2.3　合规风险日常监测机制的实施，包括配备人员，针对新制度和流程、新业务、新产品、新市场启动管理层合规评审，实施合规审计，对违规行为启动调查，形成日常监测的文件化信息，以及对日常监测机制的有效性进行定期或不定期评审。

8.2.4　合规风险日常监测机制的实施保障，包括领导支持、人力资源、预算、必备物项工具，开展合规培训与交流，关注并培育合规文化等方面。

8.2.5　合规风险日常监测机制的实施效果，包括日常监测程度与业务活动、产品和服务匹配，监控范围覆盖重点人员、重点岗位和重点环节，监控主体及时发现违规预警信号并启动合规调查，监控结果作为合规管理持续改进的依据。

8.3　举报机制

8.3.1　违规行为举报机制，包括受理举报的机构、举报渠道、举报信息保密制度、举报人保护制度、举报处置流程以及合规疑虑与咨询程序等。

8.3.2　举报机制的实施，包括配备人员，受理并处置举报，形成举报的文件化信息，以及对举报及其处理结果进行分析，包括在未接到举报的情形下对举报机制的有效性进行分析。

8.3.3　举报机制的实施保障，包括领导支持、人力资源、预算、必备物项工具，开展合规培训与交流，关注并培育合规文化等方面。

8.3.4　举报机制的实施效果，包括员工信任并愿意使用举报渠道，接收到举报，通过举报发现违规行为和合规管理漏洞，并采取持续改进措施。

8.4　报告机制

8.4.1　合规报告机制，包括有关合规报告的对象、内容、形式、周期、流程等制度以及有关合规报告真实性、客观性和全面性的要求。

8.4.2　合规报告机制的实施，包括配备人员，该人员依照制度和流程向最高管理层提交了合规报告，合规报告受到充分保护、未被篡改。

8.4.3　合规报告机制的实施保障，包括领导支持、人力资源、预算、必备物项工具，开展合规培训与交流，关注并培育合规文化等方面。

8.4.4　合规报告机制的实施效果，包括最高管理层收到合规报告，合规报告信息真实、客观、全面，基于合规报告信息优化合规管理。

8.5　持续改进

8.5.1　持续改进机制，包括制定合规整改措施和违规问责制度，指定人员跟踪和评估合规风险的变化，持续调整或更新管控措施，具备相关机制以对管控措施与合规管理目标的偏离进行原因分析，采取相应措施确保合规管理与企业的实际情况相适应。

8.5.2　持续改进机制的实施，包括对具体不合规行为进行整改和问责，具有实施持续改进机制的文件化信息，定期或不定期对持续改进机制有效性进行评审。

8.5.3　持续改进机制的实施保障，包括领导支持、人力资源、预算、必备物项工具，开展合规培训与交流，关注并培育合规文化等方面。

8.5.4　持续改进机制的实施效果，包括具体不合规行为得到整改，违规事件责任人被问责，相同或类似的不合规事件得到有效防范、尽早发现或避免，系统性漏洞或责任缺失得到补救，公司员工及利益相关方认可企业在合规管理改善方面的尝试和努力。

9　合规文化建设

9.1　合规文化建设的有效性评价应以各个层级、各领域员工所具备的合规知识、合规意识、合规信念和合规行为为基本标准。

9.2　主要负责人和管理层的合规承诺和表率作用对合规文化的形成和提升具有重要作用。

9.3　各层级员工都作出合规承诺，并对其合规职责进行绩效考核。

9.4　合规信息的沟通与传达，包括合规知识和观念的宣传、培训、沟通等。

9.5　合规文化的形成，包括对不合规行为的反应、行为习惯的改变、顾客或者客户对其合规形象的印象。

中国中小企业协会

2022年5月23日

附录 A
(规范性)
合规管理机构设置和职责配置评价指标

表 A.1 给出了合规管理机构设置与职责配置的评价指标。

表 A.1　合规管理机构设置和职责配置评价指标

一、合规机构设置评价	
(一)合规领导机构设置	
中型企业	企业制定某个机构作为企业合规领导机构(如合规管理委员会或者合规领导小组)
	合规领导机构有明确定位和职责
	合规领导机构人员构成与结构合理
	企业法定代表人或实际控制人应是企业合规的第一责任人
	企业的法定代表人或实际控制人是合规管理委员会或合规领导小组成员
小微企业	企业负责人监督合规管理体系有效运行
	无法组建领导机构的,企业管理最高层为合规领导机构
	企业法定代表人或实际控制人应是企业合规第一责任人
(二)合规管理部门设置	
中型企业	企业有专门合规管理部门
	合规管理机构配备了合规专员
小微企业	有内部或者外聘的合规专员负责合规管理工作
	合规专员具备相应合规管理资质或者相关专业能力
二、合规职责配置评价	
(一)合规领导机构的职责	
中型企业	依据企业合规目标实现情况对企业进行评价
	能够监督和协调企业合规管理体系运行
	定期听取合规管理部门汇报
	对违规行为及时作出适当的处理决定并适当公开
	支持合规管理部门工作不受阻碍
	支持合规管理部门获取企业员工信息、文件信息和所需要的数据

续表

中型企业	支持合规管理部门能力获取来自外部有关部门的专业意见
	对合规管理部门及人员实施合规绩效考核
	合规管理部门有合理经费保障
	合规管理人员具备相应的专业能力
小微企业	依据企业合规目标实现情况对企业进行评价
	支持合规专员工作不受阻碍
	对合规人员实施合规绩效考核
(二)合规管理部门的职责评价	
1.合规管理部门的独立性	
中型企业	获得合规领导机构特别授权
	获得必要的人员配备和经费保障
	产生利益冲突的,应主动提出回避,另由他人担任
小微企业	同上
2.合规管理部门的权威性	
中型企业	对信息知情、参与决策、关键岗位控制、重点经营活动进行审查
	对产品立项、发布等关乎企业经营的重要决策工作开展合规评审
	合规管理部门报告合规领导机构后,对合规评审事项具有否决权
小微企业	合规专员对信息知情、参与决策、关键岗位控制、重点经营活动进行审查
	合规专员对产品立项、发布等关乎企业经营的重要决策工作开展合规评审
	合规专员报告企业管理机构后,对合规评审事项具有否决权
三、合规人员职责配置评价	
(一)合规专员	
中小微企业	计划、执行、检查、整改企业合规工作
	收集、识别、转化合规义务
	评估、监控、预防合规风险
	开展合规培训、弘扬合规文化
(二)合规联络员	
中小微企业	对企业合规工作的执行情况实施把控
	及时向合规管理部门或合规专员报告不合规行为

附录 B
(规范性)
合规风险识别、应对和持续改进评价指标

表 B.1 给出了合规风险识别、应对和持续改进的评价指标。

表 B.1 合规风险识别、应对和持续改进的评价指标

一、合规风险识别	
(一)强制性义务的识别	
中型企业	有人员或部门识别与其业务活动、产品和服务相关的重要强制性义务
	具备识别与其业务活动、产品和服务相关的强制性义务的方法或举措
	具备识别与其业务活动、产品和服务相关的强制性义务制度或流程
	具有评估必须遵守的义务要求报告或其他载体
	具备表明已实施识别强制性义务机制的工作事例或其他信息
	领导支持识别强制性义务
	具备识别强制性义务的人力资源、预算、必备物项工具等
	进行合规培训与交流
	关注并培育合规文化
	识别到强制性义务、合规风险强制性义务与业务活动、产品和服务相关联
	识别强制性义务的机制与现有管理措施相匹配
小微企业	有人员或部门识别与其业务活动、产品和服务相关的重要强制性义务
	具有评估必须遵守的义务要求的报告或其他载体或具备表明已实施该机制的工作事例或其他信息
	领导支持识别强制性义务
	具备识别强制性义务的人力资源、预算、必备物项工具等或进行合规培训与沟通或关注并培育合规文化
	识别到强制性义务、合规风险或强制性义务与业务活动、产品和服务相关联或识别强制性义务的机制与现有管理措施相匹配

续表

(二)自愿性义务的识别	
中型企业	有人员或部门识别与其业务活动、产品和服务相关的重要自愿性义务
	具备识别与其业务活动、产品和服务相关的自愿性义务的方法或举措
	具备识别与其业务活动、产品和服务相关的自愿性义务的制度或流程
	具有评估自愿性义务的报告或其他载体
	具备表明已实施识别自愿性义务机制的工作事例或其他信息
	领导支持识别自愿性义务
	具备识别自愿性义务的人力资源、预算、必备物项工具等
	进行合规培训与沟通
	关注并培育合规文化
	识别到自愿性义务、合规风险
	自愿性义务与业务活动、产品和服务相关联
	识别自愿性义务的机制与现有管理措施相匹配
小微企业	有人员或部门识别与其业务活动、产品和服务相关的重要自愿性义务
	具有评估自愿性义务要求的报告或其他载体或具备表明已实施该机制的工作事例或其他信息
	领导支持识别自愿性义务
	具备识别自愿性义务的人力资源、预算、必备物项工具等或进行合规培训与沟通或关注并培育合规文化
	识别到自愿性义务、合规风险或自愿性义务与业务活动、产品和服务相关联
	或识别自愿性义务的机制与现有管理措施相匹配
(三)合规风险评估、分级	
中型企业	有人员或部门根据风险发生概率和影响程度对与其业务活动、产品和服务相关的合规风险进行评估、分级
	具备对上述不同等级合规风险进行评估、分级的方法或举措
	具备对上述不同等级合规风险进行评估、分级的制度或流程
	具备对合规风险进行评估、分级的静态或动态载体
	领导支持识别强制性义务

续表

中型企业	具备识别强制性义务的人力资源、预算、必备物项工具等
	进行合规培训与沟通
	关注并培育合规文化
	识别出了优先级的合规风险
	合规风险评估与分级的合规风险与业务活动、产品和服务相关联
	合规风险评估与分级机制与现有管理措施相匹配
小微企业	有人员或部门根据风险发生概率和影响程度对与其业务活动、产品和服务相关的合规风险进行评估、分级
	具备对合规风险进行评估、分级的静态或动态载体
	领导支持进行合规风险评估与分级
	识别出优先级的合规风险
二、合规风险应对与优化管理	
(一)合规风险应对	
中型企业	确定相关人员制定并实施合规风险应对措施
	有基于合规评估、分级结果的应对措施
	具备实施合规风险应对措施的流程
	具备突发合规事件的应对预案
	具备对第三方、雇员的合规尽职调查机制
	具有实施风险应对机制的报告或其他载体
	具备表明已实施风险应对机制的工作事例或其他信息
	定期或不定期对合规风险应对机制有效性进行评审
	领导支持合规风险应对机制
	具备合规风险应对机制的人力资源、预算、必备物项工具等
	进行合规培训与沟通或关注并培育合规文化
	有效处置了优先级的合规风险
	合规风险应对机制与业务活动、产品和服务等有关的商业场景相结合
	合规风险应对机制嵌入业务流程或合规风险应对机制与企业其他机制协同

续表

小微企业	有基于合规评估、分级结果的应对措施
	具有实施风险应对机制的报告或其他载体或具备表明已实施风险应对机制的工作事例或其他信息
	领导支持合规风险应对机制
	有效处置了优先级的合规风险
	合规风险应对机制与业务活动、产品和服务等有关的商业场景相结合
	合规风险应对机制嵌入业务流程
(二)日常监测	
中型企业	有专门人员或部门进行日常监测
	具备日常监测的方法或举措或重要节点
	具备日常监测的制度或流程
	具有日常监测的报告或其他载体或具备表明已实施日常监测机制的工作事例或其他信息
	定期或不定期对合规风险和管理措施有效性进行评审
	领导支持日常监测
	具备日常监测的人力资源、预算、必备物项工具等
	进行合规培训与沟通或关注并培育合规文化
	具备日常监测计划
	定期或不定期实施审计
	定期或不定期实施管理层审核
	日常监测程度与业务活动、产品和服务匹配
	日常监测程度与现有管理措施匹配
	针对合规疑虑、合规风险信号,必要时启动合规调查
小型企业	有专门人员或部门进行日常监测
	具备日常监测的方法或举措或重要节点
	定期或不定期对合规风险和管理措施有效性进行评审
	日常监测程度与业务活动、产品和服务匹配
	领导支持日常监测
	定期或不定期进行管理层评审

续表

微型企业	有专门人员或部门进行日常监测
	领导支持日常监测
	定期或不定期进行管理层评审
(三)举报机制	
中型企业	具备举报制度或流程
	具备举报的渠道
	有特定人员负责举报信息的处理
	明确对举报人保护的措施,比如对举报信息的保密和反打击报复
	有特定人员实施举报机制
	有举报信息的记录
	有对举报事项进行处置的记录
	领导支持举报机制
	具备举报机制的人力资源、预算、必备物项工具等
	进行合规培训与沟通或关注并培育合规文化
	员工信任并愿意使用举报渠道
	接收到举报
	如在一个财年内未接到任何举报,启动举报机制的有效性分析
	对举报处理结果进行分析,发现漏洞并为优化合规管理提供依据
小型企业	有特定人员负责举报信息的处理
	具备举报的渠道
	有特定人员实施举报机制或有举报信息的记录或有对举报事项进行处置的记录
	领导支持举报机制
	具备举报机制的人力资源、预算、必备物项工具等
	员工信任并愿意使用举报渠道
微型企业	有特定人员负责举报信息的处理
	具备举报的渠道(鼓励或强调及时举报,包括正式或非正式的投诉渠道,不要求建立专门的举报机制)

续表

微型企业	有特定人员实施举报机制或有举报信息的记录或有对举报事项进行处置的记录
	领导支持举报机制
	员工信任并愿意使用举报渠道
(四)报告机制	
中型企业	有明确的合规报告人、接收报告人
	具备或规定了合规报告内容
	具备或规定了合规报告形式
	具备或规定了合规报告周期
	确保报告信息真实、客观、全面
	最高管理层定期或不定期收到报告
	或具备表明已实施报告机制的工作事例或其他信息
	领导支持报告机制
	具备报告机制的人力资源、预算、必备物项工具等
	进行合规培训与沟通或关注并培育合规文化
	对报告内容进行研判以为提升合规管理提供依据
小微企业	有明确的合规报告人、接收报告人
	具备或规定了合规报告内容
	确保报告信息真实、客观、全面
	最高管理层定期或不定期收到报告
	领导支持报告机制
	对报告内容进行研判以为提升合规管理提供依据
(五)持续改进	
中型企业	确定相关人员跟踪评估相应风险的变化及管控措施的持续调整或更新
	定期或不定期对制度措施与合规管理目标的偏离分析的制度或方法
	采取相应措施确保合规管理的适应性
	具有实施持续改进机制的报告或其他载体
	具备表明已实施持续改进机制的工作事例或其他信息

续表

中型企业	定期或不定期对持续改进机制有效性进行评审
	对具体违规、不合规事件进行整改和问责
	领导支持持续改进
	具备持续改进的人力资源、预算、必备物项工具等
	进行合规培训与沟通或关注并培育合规文化
	相同或类似的违规、不合规事件得到有效防范、尽早发现或避免
	系统性漏洞或责任缺失得到弥补
	或公司员工及利益相关方认可企业在合规管理改善方面的尝试和努力
小微企业	确定相关人员跟踪评估相应风险的变化及管控措施的持续调整或更新
	具备表明已实施持续改进机制的工作事例或其他信息
	对具体违规、不合规事件进行整改和问责
	领导支持持续改进
	相同或类似的违规、不合规事件得到有效防范、尽早发现或避免

附录 C
（规范性）
合规文化建设评价指标

表 C.1 给出了合规文化建设的评价指标。

表 C.1　合规文化建设的评价指标

（一）最高管理层的重视	
中小微企业	最高管理层倡导合规的价值和理念
	最高管理层从自身做起，践行合规理念，率先垂范
（二）合规承诺	
中小微企业	最高管理层承诺自上而下建设合规文化
	最高管理层利用各种时机、场合推广合规文化
	企业员工认同企业合规文化，并作出认同的承诺
	在招聘新员工、员工晋升时，将合规文化作为考察因素
	奖励符合企业合规文化的行为，树立典型、模范或榜样
	惩戒不遵守合规文化的员工和行为，包括管理层为了实现业务目标鼓励或默许员工实施不合规行为、阻止合规人员有效履行职责等行为，面对竞争利益时违反合规承诺的行为等
（三）合规文化沟通与传达	
中小微企业	最高管理层以明确且毫不含糊的措辞传达、传播并通过实例表明企业尊重合规文化
	通过日常培训、刊物、网络平台等多种方式宣传和推广合规文化
	对社会进行必要的合规文化传播，使社会和公众了解企业的合规文化
（四）合规文化的形成	
中型企业	企业员工从行为和习惯上自觉践行、互相传递合规理念
	当本企业或同行业企业出现不合规行为时，能够主动进行自我反思
	合规管理体系运行后，定期开展员工合规行为习惯的调查和分析
	顾客或客户感知和体验到企业的合规文化
小微企业	企业员工从行为和习惯上自觉自发践行，合规意识互相传递和影响
	合规管理体系运行后，适时开展员工合规行为习惯的调查和分析

第五节　专项合规有效性参考指标的分级设计

一、合规有效性审查步骤

序号	评估内容	证明材料列举	关注点
1	合规计划的可行性、有效性、全面性	(1)合规计划； (2)合规计划的可行性、有效性、全面性分析材料	(1)涉案企业完成合规计划的可能性以及合规计划本身的可操作性； (2)合规计划对涉案企业预防治理涉嫌犯罪行为或类似违法犯罪行为的实效性； (3)合规计划是否覆盖涉案企业在合规领域的薄弱环节和明显漏洞
2	合规计划的完成程度	(1)涉案企业提交的定期书面报告； (2)第三方监督评估小组针对合规计划执行情况提出的意见、建议； (3)监督考察报告	(1)合规计划承诺的合规整改事项、措施是否按期完成，是否定期完成书面报告； (2)第三方监督评估小组对企业合规计划执行情况的认可度； (3)合规验收评估结果
3	合规整改的针对性	(1)公司调整治理结构的文件、章程； (2)存在隐患业务、产品、经营方式、商业模式整改措施； (3)对企业经营管理模式整改措施； (4)修改完善的专项管理制度	(1)有针对性的制度纠错和管理修复； (2)对存在缺陷的治理结构、业务管理、财务管理、人事管理、商业模式作出撤销和改造的措施
4	建立涉罪同类风险建立的专项合规管理体系	(1)涉罪风险领域重点环节、重点岗位、重点人员管理； (2)专业合规管理体系参考指标体系验收情况	为同一类型犯罪的预防确立整体的、全面的和长远的管理机制
5	以全面合规为目标制定的合规整改措施、合规管理体系	(1)企业负面行为清单、风险排查报告； (2)企业整体合规管理体系运行情况报告	(1)除涉罪风险外其他合规领域薄弱环节和突出问题建立合规管理体系； (2)主要针对大中型企业，小微企业仅需具备合规管理体系的核心要素

二、合规有效性审查参考指标

本参考指标设置安全生产、环境保护、纳税信用和知识产权保护四个领域的合规有效性审查参考指标，参照张家港市应急管理局制定的《张家港市工业企业"创蓝行动"》、江苏省发改委、市场监督管理局《江苏省企事业环保信用评价办法》（苏环规〔2019〕5 号）、国家税务总局《纳税信用管理办法（试行）》等进行制定。第三方监督评估组织可根据企业具体情况进行适当调整。

注意事项：企业开展安全生产、环境保护等多项合规的情况下，可建立统一的合规管理体系，但要将开展的专项合规要素在统一的合规管理体系中体现。

（一）安全生产专项合规指标体系

指标类别	一级指标	二级指标	三级指标
合规管理	有效的合规管理制度	书面合规计划	1. 书面合规计划包含以下要素： （1）建立合规组织体系，如合规管理组织架构、成立合规综合管理部门、各部门的合规责任； （2）制定纲领性合规管理规范、合规政策、合规行为准则； （3）梳理合规风险，针对重点领域制定管理制度； （4）明确合规计划承诺完成时限； （5）建立合规预防体系、识别体系、应对体系等运行机制； （6）其他有利于合规管理的相关制度、措施
		合规管理组织体系	2. 合规管理组织体系审查重点： （1）合规管理组织架构设置是否合理、明确； （2）企业主要负责人是否是企业合规体系建设的第一责任人； （3）管理层对合规的公开承诺、董事会对合规管理体系建设的监督，公司章程有无加入合规内容； （4）合规综合管理部门的设置以及职能职责、履职的独立性； （5）其他部门的合规职能职责
		合规管理规范	3. 合规管理规范包含以下要素： （1）是否制定了合规管理办法制度文件，且覆盖面广、内容完整； （2）是否制定专项的合规管理制度、指引、流程； （3）是否建立合规管理台账制度

续表

指标类别	一级指标	二级指标	三级指标	
合规管理	有效的合规管理制度	合规政策	4. 合规政策是企业全部的合规管理制度,包括专项合规计划的全部内容,可以是企业税务、环保、安全生产、知识产权等任一方面	
			5. 企业将合规政策作为与第三方合作伙伴签订合同的附件使用,要求对方遵循相关合规政策	
		合规行为准则	6. 结合不同岗位风险点制定针对性、可操作的员工行为准则,明确员工责任	
			7. 企业向所有员工提供合规手册并进行有效合规培训	
	有效的合规运行机制	合规预防体系	8. 合规风险评估制度	(1)已制定合规风险识别评估制度、流程; (2)根据业务所在国的相关法律和监管环境变化,定期识别梳理法律、合规义务; (3)已经开展过合规风险识别评估的具体工作:采取何种方法识别、分析及应对相关风险;收集分析了哪些相关信息或指标以对合规风险进行评估; (4)确定合规重点管控领域; (5)对于影响较大的风险建立风险预警机制
			9. 尽职调查制度	(1)公司合规审查制度、流程; (2)合规审查的范围(如投资并购、合作伙伴尽职调查); (3)合规审查开展情况; (4)合规尽职调查范围涵盖重点合规风险管控领域; (5)合规尽职调查开展的情况
			10. 合规培训制度	(1)历年合规培训计划、培训记录; (2)有针对性的合规培训(董事会成员、业务部门、专题、新员工入职); (3)过去一年合规培训的人数与覆盖率; (4)培训的效果(考核); (5)业务领导讲授专业领域的合规案例; (6)将以往的合规事件及处分纳入培训内容; (7)开展针对高风险部门人员/关键岗位(如海外人员)的专门合规培训; (8)供应商的合规培训情况,公司定期制定合规培训方案、开展了合规培训
			11. 合规文化建设制度	(1)公司的合规价值观、愿景与使命; (2)新入职的员工是否签署员工行为规范承诺书; (3)推动行业合规; (4)合规宣传活动策划; (5)公司网站投放、开展合规报道等宣传活动

续表

指标类别	一级指标	二级指标	三级指标	
合规管理	有效的合规运行机制	合规识别体系	12. 合规报告制度	(1)举报与调查制度; (2)合规举报的途径,24 小时匿名举报渠道; (3)调查的流程、打击报复零容忍
			13. 合规巡视制度	(1)合规管理部门对潜在合规风险定期巡查、结果汇报; (2)深入分析内控风险中的合规性目标是否管控到位; (3)建立健全应对业务实质性风险的保障措施
			14. 合规奖惩制度	(1)公司合规考核制度与计划; (2)对各部门、所属企业负责人的年度合规考核评价; (3)对员工合规职责履行情况的评价; (4)干部选用、晋升对合规的审查; (5)奖金与合规挂钩; (6)对防范重大合规风险或挽回重大损失给予集体或个人表彰和奖励; (7)对落实合规管理工作不力或因重大合规风险造成损失的人员问责
		合规应对体系	15. 不当行为调查制度	(1)不当行为及时调查; (2)组织调查的人员和范围、调查处置方式等
			16. 不当行为纠正制度	(1)采取的惩戒措施、补救措施和问责机制,包括对以前合规计划中发现的不当行为进行的纪律处分,及对合规计划修订的情况; (2)提交董事会年度合规报告
			17. 行政监管应对制度	(1)协调配合,及时应对重大风险; (2)制定行政监管应对方案,与行政主管部门的沟通、协商机制
	合规管理保障	—	18. 领导发挥关键作用	领导积极参与合规管理工作;参与讲课
			19. 合规专项预算	(1)预算批准情况; (2)基于风险和有效合规管理而批准的合规预算; (3)预算的充足性:预算数与人员编制

续表

指标类别	一级指标	二级指标	三级指标
安全生产	第一责任人责任落实情况	第一责任人责任到位	20. 企业主要负责人每季度组织开展安全生产检查
		安全管理机构和人员配备	21. 企业按要求设置安全管理机构或者足额配备安全管理人员
		安全生产经费投入	22. 企业制订年度安全生产费用提取使用计划
			23. 企业有每季度安全投入使用记录,4 份以上记录
		安全生产标准化建设	24. 企业开展安全生产标准化建设,三级
			企业开展安全生产标准化建设,小微
	落实全员岗位责任情况	建立健全全员安全生产责任制	25. 企业建立全员安全生产责任制;3 份以上责任书
		安全生产教育培训	26. 企业主要负责人培训合格证书在有效期内
			27. 企业安全管理人员培训合格证书在有效期内
			28. 企业定期对员工进行安全生产教育培训;4 次以上
		责任制考核奖惩	29. 企业每年组织全员安全生产责任制落实情况考核
	落实安全防控责任情况	安全风险辨识管控	30. 企业开展风险辨识和分级管控,并落实安全风险报告制度
		事故隐患排查治理	31. 企业定期组织开展事故隐患排查治理,并对隐患逐条落实整改,一月一次

续表

指标类别	一级指标	二级指标	三级指标
安全生产	落实安全防控责任情况	危险源安全管理	32. 企业对具有较大或以上危险因素的生产经营场所和有关设施设备，应建立运行、巡检、维修、保养的专项安全管理制度，一季度一次
		危险作业安全管理	33. 企业对员工三违（违章作业、违章指挥、违反劳动纪律）现象的奖惩措施并严格执行
			34. 企业制定登高、有限空间、动火等危险作业的安全管理制度，并执行作业审批
		消防安全管理	35. 企业建筑防火不存在以下任一违规现象： （1）在消防道内堆放杂物堵塞消防通道或违规利用消防通道从事生产、储存等功能； （2）车间应急疏散通道是否堵塞，安全出口是否设置应急照明和疏散指示； （3）企业是否私自进行违章搭建； （4）企业是否使用泡沫夹芯板搭建
	落实基础管理责任情况	特种设备管理	36. 企业对所有特种设备和安全附件进行定期检测或校验
		职工安全防护管理	37. 企业按要求发放安全防护用品
		外包等业务安全管理	38. 企业制定外包项目管理制度并做好外包项目审核
	落实应急处置责任情况	应急救援能力建设	39. 企业按要求制定本单位的应急救援预案，配备必要的应急救援器材、设施、药品
			40. 企业按要求定期组织员工开展应急救援知识培训和应急演练

续表

指标类别	一级指标	二级指标	三级指标
安全生产	其他测评项	工伤发生情况	41. 企业本年度工伤保险费率缴存等级基准费率的 80%
		法定检测情况	42. 建筑、设备等的防雷设施每年至少检测一次
		现状评价情况	43. 使用危险化学品企业每三年开展现状评价或专家定期检查
		奖励表彰情况	44. 企业安全生产工作获得监管部门的推广或奖励
		执行“三同时”制度	45. 近一年内投入生产的新建项目是否有“三同时”报告
企业生产经营活动中如有下列情形之一，合规有效性评估一票否决			
安全生产			1. 企业 1 年内发生过亡人生产安全责任事故
			2. 企业有重大隐患且未整改完成
			3. 企业被列入“安全生产黑名单企业”
			4. 近一年内受到安全生产监督管理部门的行政处罚
			5. 危险化学品重大危险源未进行每三年一次评价并备案
			6. 企业本年度工伤保险费率缴存等级为行业基准费率的 120%
			7. 使用危险化学品企业每三年未开展现状评价或专家定期检查

(二)环境保护专项合规指标体系

<table>
<tr><th>指标类别</th><th>一级指标</th><th>二级指标</th><th colspan="2">三级指标</th></tr>
<tr><td rowspan="8">合规管理</td><td rowspan="7">有效的合规管理制度</td><td>书面合规计划</td><td colspan="2">1. 书面合规计划包含以下要素：
(1)建立合规组织体系，如合规管理组织架构、成立合规综合管理部门、各部门的合规责任；
(2)制定纲领性合规管理规范、合规政策、合规行为准则；
(3)梳理合规风险，针对重点领域制定管理制度；
(4)明确合规计划承诺完成时限；
(5)建立合规预防体系、识别体系、应对体系等运行机制；
(6)其他有利于合规管理的相关制度、措施</td></tr>
<tr><td>合规管理组织体系</td><td colspan="2">2. 合规管理组织体系审查重点：
(1)合规管理组织架构设置是否合理、明确；
(2)企业主要负责人是否是企业合规体系建设的第一责任人；
(3)管理层对合规的公开承诺、董事会对合规管理体系建设的监督，公司章程有无加入合规内容；
(4)合规综合管理部门的设置以及职能职责、履职的独立性；
(5)其他部门的合规职能职责</td></tr>
<tr><td>合规管理规范</td><td colspan="2">3. 合规管理规范包含以下要素：
(1)是否制定了合规管理办法制度文件，且覆盖面广、内容完整；
(2)是否制定专项的合规管理制度、指引、流程；
(3)是否建立合规管理台账制度</td></tr>
<tr><td rowspan="2">合规政策</td><td colspan="2">4. 合规政策是企业全部的合规管理制度，包括专项合规计划的全部内容，可以是企业税务、环保、安全生产、知识产权等任一方面</td></tr>
<tr><td colspan="2">5. 企业将合规政策作为与第三方合作伙伴签订合同的附件使用，要求对方遵循相关合规政策</td></tr>
<tr><td rowspan="2">合规行为准则</td><td colspan="2">6. 结合不同岗位风险点制定针对性、可操作的员工行为准则，明确员工责任</td></tr>
<tr><td colspan="2">7. 企业向所有员工提供合规手册并进行有效合规培训</td></tr>
<tr><td>有效的合规运行机制</td><td>合规预防体系</td><td>8. 合规风险评估制度</td><td>(1)已制定合规风险识别评估制度、流程；
(2)根据业务所在国的相关法律和监管环境变化，定期识别梳理法律、合规义务；
(3)已经开展过合规风险识别评估的具体工作：采取何种方法识别、分析及应对相关风险；收集分析了哪些相关信息或指标以对合规风险进行评估；
(4)确定合规重点管控领域；
(5)对于影响较大的风险建立风险预警机制</td></tr>
</table>

续表

指标类别	一级指标	二级指标	三级指标	
合规管理	有效的合规运行机制	合规预防体系	9. 尽职调查制度	(1)公司合规审查制度、流程； (2)合规审查的范围(如投资并购、合作伙伴尽职调查)； (3)合规审查开展情况； (4)合规尽职调查范围涵盖重点合规风险管控领域； (5)合规尽职调查开展的情况
			10. 合规培训制度	(1)历年合规培训计划、培训记录； (2)有针对性的合规培训(董事会成员、业务部门、专题、新员工入职)； (3)过去一年合规培训的人数与覆盖率； (4)培训的效果(考核)； (5)业务领导讲授专业领域的合规案例； (6)将以往的合规事件及处分纳入培训内容； (7)开展针对高风险部门人员/关键岗位(如海外人员)的专门合规培训； (8)供应商的合规培训情况,公司定期制定合规培训方案、开展合规培训
			11. 合规文化建设制度	(1)公司的合规价值观、愿景与使命； (2)新入职的员工是否签署员工行为规范承诺书； (3)推动行业合规； (4)合规宣传活动策划； (5)公司网站投放、开展合规报道等宣传活动
		合规识别体系	12. 合规报告制度	(1)举报与调查制度； (2)合规举报的途径,24小时匿名举报渠道； (3)调查的流程、打击报复零容忍
			13. 合规巡视制度	(1)合规管理部门对潜在合规风险定期巡查、结果汇报； (2)深入分析内控风险中的合规性目标是否管控到位； (3)建立健全应对业务实质性风险的保障措施
			14. 合规奖惩制度	(1)公司合规考核制度与计划； (2)对各部门、所属企业负责人的年度合规考核评价； (3)对员工合规职责履行情况的评价； (4)干部选用、晋升对合规的审查； (5)奖金与合规挂钩； (6)对防范重大合规风险或挽回重大损失给予集体或个人表彰和奖励； (7)对落实合规管理工作不力或因重大合规风险造成损失的人员问责

续表

指标类别	一级指标	二级指标	三级指标	
合规管理	有效的合规运行机制	合规应对体系	15. 不当行为调查制度	(1)不当行为及时调查; (2)组织调查的人员和范围、调查处置方式等
			16. 不当行为纠正制度	(1)采取的惩戒措施、补救措施和问责机制,包括对以前合规计划中发现的不当行为进行的纪律处分,及对合规计划修订的情况; (2)提交董事会年度合规报告
			17. 行政监管应对制度	(1)协调配合,及时应对重大风险; (2)制定行政监管应对方案,与行政主管部门的沟通、协商机制
	合规管理保障	—	18. 领导发挥关键作用	领导积极参与合规管理工作;参与讲课
			19. 合规专项预算	(1)预算批准情况; (2)基于风险和有效合规管理而批准的合规预算; (3)预算的充足性:预算数与人员编制
环境保护	建设项目合规管理	企业建设项目环保手续合规管理	20. 企业建设项目应依法履行环评手续及“三同时”	
			21. 环评文件及环评批复应齐全	
			22. 企业现场情况应与环评文件内容保持一致	
			23. 环评批复 5 年后项目才开工建设的,应重新报批环评	
	环保验收合规管理	环保竣工验收	24. 项目投运后进行环保竣工验收,环保竣工验收手续完备	
	废水处理合规管理	废水处置合规管理	25. 废水处理设施运维台账齐全	
			26. 环境风险单元具备防渗漏、防腐蚀、防淋溶、防流失措施	
			27. 实行雨污分流,并且具有清净废水系统以及雨水排水系统风险防控措施	
			28. 生活污水的污染防治控制,对生活用水、新鲜水消耗实行定额考核管理	
			29. 具有清净废水系统的总排口监视及关闭设施	
			30. 具有生产废水处理系统风险防控措施,事故废水收集措施齐全	
			31. 设置应急事故水池并确保事故排水收集设施在事故状态下能顺利收集泄漏物与消防水,事故水池能保持足够的缓冲容量	

续表

指标类别	一级指标	二级指标	三级指标
环境保护	废气处理合规管理	废气处理设施检查	32. 废气处理设施运行记录齐全
			33. 按照规定设置采样孔及采样平台
			34. 在禁止设置新建排气筒的区域内新建排气筒
			35. 料场、货物的扬尘与生产过程中的粉尘按要求采取了防治颗粒物污染的措施或设备
	固废、危废合规管理	源头分类管理	36. 危险废物与一般废物分开,工业废物与办公、生活废物分开,固态、液态、泥态、置于容器中的气态废物分开,可利用的与不可利用的废物分开,有热值的与没有热值的废物分开;性质不相容的废物分开,利用与处置方法不同的分开
			37. 按照废弃物分类,设置临时放置点、废物箱,并分别设置明显标识
		一般固体废物的处理	38. 一般固体废弃物的处理优先考虑资源的再利用
			39. 在生产、办公和生活过程中产生的固体废弃物,可回收利用和一般固体废弃物由各单位自行委托当地环卫部门处置,危险固体废弃物由管理处办公室委托专业的单位统一进行处置
			40. 固体废弃物的处理情况记录在《固体废弃物清单》中
		危废污染防治责任	41. 建立危废管理制度、危废管理图表、岗位责任制度、安全操作规程
		标识制度管理	42. 危险废物的容器与包装物必须粘贴危险废物标签
			43. 收集、贮存、运输、利用、处置危险废物的设施、场所,必须设置危险废物识别标志
		管理计划	44. 危险废物管理计划报当地县级以上环保部门备案
			45. 管理计划内容有重大改变的,应当及时申报
		危废标识规范化管理	46. 危险废物贮存间门口需张贴标准规范的危险废物标识与危废信息板,屋内张贴企业《危险废物管理制度》。危险废物贮存间内禁止存放除危险废物及应急工具以外的其他物品
			47. 危险废物贮存间需按照"双人双锁"制度管理,即两把钥匙分别由两个危废负责人管理,不得一人管理
			48. 不同种类危险废物应有明显的过道划分,墙上张贴危废名称,液态危废需将盛装容器放至防泄漏托盘内并在容器粘贴危险废物标签,固态危废包装需完好无破损并系挂危险废物标签,并按要求填写
			49. 建立台账并悬挂于危废间内,转入及转出(处置、自利用)需要填写危废种类、数量、时间及负责人员姓名
			50. 危险情况与安全措施必须分别遵照《危险废物贮存污染控制标准》危险用语与安全用语填写

续表

<table>
<tr><th>指标类别</th><th>一级指标</th><th>二级指标</th><th>三级指标</th></tr>
<tr><td rowspan="10">环境保护</td><td rowspan="10">噪声污染合规管理</td><td rowspan="4">噪声源运行控制</td><td>51. 岗位操作人员要按时巡检,发现设备运转异常时,及时上报并查出原因,若确系设备“带病”运行,要立即报告机动工程部、生产运行部,进行修复</td></tr>
<tr><td>52. 各种设备应按制度定期润滑,尤其是高噪声源设备的润滑,使设备正常运转,降低噪声</td></tr>
<tr><td>53. 工艺设备检修时,高噪声源设备要同步检修,做到油路、汽路畅通,油标醒目,油量充足,保证设备的长周期平稳运行</td></tr>
<tr><td>54. 产生噪声源的单位,必须保证防治噪声污染设施的正常运转。改造、拆除或闲置噪声污染防治设施的必须报请主管部门批准</td></tr>
<tr><td rowspan="3">噪声治理与防护</td><td>55. 质量安全环保部门每年年初根据上级公司的目标及本单位的需要,针对生产区域高强度噪声源制定综合治理目标、指标</td></tr>
<tr><td>56. 新装置要选购制造精度高、噪声低的设备,防止噪声污染</td></tr>
<tr><td>57. 认真执行“三同时”原则,在改建、扩建、新建装置的同时,对噪声超标部位必须落实噪声防治设施,避免新的噪声污染</td></tr>
<tr><td>个人防护</td><td>58. 员工在高噪声岗位现场作业要戴耳塞、护耳罩等防护用品,加强个人防护</td></tr>
<tr><td rowspan="2">监督检查</td><td>59. 企业应对本单位噪声情况进行日常监督、检查</td></tr>
<tr><td>60. 环保站按监测计划负责进行厂界环境噪声及生产区域高强度噪声源的监测,做好记录及统计上报工作</td></tr>
<tr><td colspan="4">企业生产经营活动中如有下列情形之一,合规有效性评估一票否决</td></tr>
<tr><td colspan="3" rowspan="4">环境保护</td><td>1. 近一年内受到环境生态部门的行政处罚</td></tr>
<tr><td>2. 近二年内被判处污染环境罪或被提起环境保护公益诉讼</td></tr>
<tr><td>3. 发生重、特大环境污染事故</td></tr>
<tr><td>4. 未落实地方生态环境主管部门规范性工作要求</td></tr>
</table>

(三)税务专项合规指标体系

<table>
<tr><th>指标类别</th><th>一级指标</th><th>二级指标</th><th colspan="2">三级指标</th></tr>
<tr><td rowspan="8">合规管理</td><td rowspan="7">有效的合规管理制度</td><td>书面合规计划</td><td colspan="2">1. 书面合规计划包含以下要素:
(1)建立合规组织体系,如合规管理组织架构、成立合规综合管理部门、各部门的合规责任;
(2)制定纲领性合规管理规范、合规政策、合规行为准则;
(3)梳理合规风险,针对重点领域制定管理制度;
(4)明确合规计划承诺完成时限;
(5)建立合规预防体系、识别体系、应对体系等运行机制;
(6)其他有利于合规管理的相关制度、措施</td></tr>
<tr><td>合规管理组织体系</td><td colspan="2">2. 合规管理组织体系审查重点:
(1)合规管理组织架构设置是否合理、明确;
(2)企业主要负责人是企业合规体系建设的第一责任人;
(3)管理层对合规的公开承诺、董事会对合规管理体系建设的监督,公司章程有无加入合规内容;
(4)合规综合管理部门的设置以及职能职责、履职的独立性;
(5)其他部门的合规职能职责</td></tr>
<tr><td>合规管理规范</td><td colspan="2">3. 合规管理规范包含以下要素:
(1)是否制定了合规管理办法制度文件,且覆盖面广、内容完整;
(2)是否制定专项的合规管理制度、指引、流程;
(3)是否建立合规管理台账制度</td></tr>
<tr><td rowspan="2">合规政策</td><td colspan="2">4. 合规政策是企业全部的合规管理制度,包括专项合规计划的全部内容,可以是企业税务、环保、安全生产、知识产权等某一方面</td></tr>
<tr><td colspan="2">5. 企业将合规政策作为与第三方合作伙伴签订合同的附件使用,要求对方遵循相关合规政策</td></tr>
<tr><td rowspan="2">合规行为准则</td><td colspan="2">6. 结合不同岗位风险点制定针对性、可操作的员工行为准则,明确员工责任</td></tr>
<tr><td colspan="2">7. 企业向所有员工提供合规手册并进行有效合规培训</td></tr>
<tr><td>有效的合规运行机制</td><td>合规预防体系</td><td>8. 合规风险评估制度</td><td>(1)已制定合规风险识别评估制度、流程;
(2)根据业务所在国的相关法律和监管环境变化,定期识别梳理法律、合规义务;
(3)已经开展过合规风险识别评估的具体工作:采取何种方法识别、分析及应对相关风险;收集分析了哪些相关信息或指标以对合规风险进行评估;
(4)确定合规重点管控领域;
(5)对于影响较大的风险建立风险预警机制</td></tr>
</table>

续表

指标类别	一级指标	二级指标	三级指标	
合规管理	有效的合规运行机制	合规预防体系	9. 尽职调查制度	(1)公司合规审查制度、流程; (2)合规审查的范围(如投资并购、合作伙伴尽职调查); (3)合规审查开展情况; (4)合规尽职调查范围涵盖重点合规风险管控领域; (5)合规尽职调查开展的情况
			10. 合规培训制度	(1)历年合规培训计划、培训记录; (2)有针对性的合规培训(董事会成员、业务部门、专题、新员工入职); (3)过去一年合规培训的人数与覆盖率; (4)培训的效果(考核); (5)业务领导讲授专业领域的合规案例; (6)将以往的合规事件及处分纳入培训内容; (7)开展针对高风险部门人员/关键岗位(如海外人员)的专门合规培训; (8)供应商的合规培训情况,公司定期制定合规培训方案、开展了合规培训
			11. 合规文化建设制度	(1)公司的合规价值观、愿景与使命; (2)新入职的员工是否签署员工行为规范承诺书; (3)推动行业合规; (4)合规宣传活动策划; (5)公司网站投放、开展合规报道等宣传活动
		合规识别体系	12. 合规报告制度	(1)举报与调查制度; (2)合规举报的途径,24小时匿名举报渠道; (3)调查的流程、打击报复零容忍
			13. 合规巡视制度	(1)合规管理部门对潜在合规风险定期巡查、结果汇报; (2)深入分析内控风险中的合规性目标是否管控到位; (3)建立健全应对业务实质性风险的保障措施
			14. 合规奖惩制度	(1)公司合规考核制度与计划; (2)对各部门、所属企业负责人的年度合规考核评价; (3)对员工合规职责履行情况的评价; (4)干部选用、晋升对合规的审查; (5)奖金与合规挂钩; (6)对防范重大合规风险或挽回重大损失给予集体或个人表彰和奖励; (7)对落实合规管理工作不力或因重大合规风险造成损失的人员问责

续表

指标类别	一级指标	二级指标	三级指标	
合规管理	有效的合规运行机制	合规应对体系	15. 不当行为调查制度	(1)不当行为及时调查; (2)组织调查的人员和范围、调查响应方式等
			16. 不当行为纠正制度	(1)采取的惩戒措施、补救措施和问责机制,包括对以前合规计划中发现的不当行为进行的纪律处分,及对合规计划修订的情况; (2)提交董事会年度合规报告
			17. 行政监管应对制度	(1)协调配合,及时应对重大风险; (2)制定行政监管应对方案,与行政主管部门的沟通、协商机制
	合规管理保障	—	18. 领导发挥关键作用	领导积极参与合规管理工作;参与讲课
			19. 合规专项预算	(1)预算批准情况; (2)基于风险和有效合规管理而批准的合规预算; (3)预算的充足性:预算数与人员编制
纳税信用	涉税申报信息	按照规定申报纳税	20. 按规定期限纳税申报	
			21. 按规定期限代扣代缴	
			22. 按规定期限填报财务报表	
			23. 评价年度内未出现非正常原因增值税或营业税连续 3 个月或累计 6 个月零申报、负申报的	
			24. 自纳税人向税务机关办理纳税申报之日起满 3 年的	
		增值税抄报税	25. 增值税一般纳税人未按期抄报税的	
		出口退(免)税申报与审核	26. 按规定设置、使用和保管有关出口货物退(免)税账簿、凭证、资料的;未按规定装订、存放和保管备案单证的	
			27. 按规定报送出口退税申报资料的	
			28. 在规定期限内办理出口退(免)税资格认定的	
			29. 从事进料加工业务的生产企业,按规定期限办理进料加工登记、申报、核销手续的	

续表

指标类别	一级指标	二级指标	三级指标
纳税信用	涉税申报信息	按规定报送相关涉税资料	30. 按规定时限报送财务会计制度或财务处理办法；使用计算机记账，在使用前将会计电算化系统的会计核算软件、使用说明书及有关资料报送主管税务机关备案的；纳税人与其关联企业之间的业务往来向税务机关提供有关价格、费用标准信息；按规定提供其他涉税资料的
			31. 在规定时限内向主管税务机关报告开立（变更）账号的
			32. 提供真实涉税资料，如实反映涉税资料的
	税（费）款缴纳信息	未欠缴税（费）款	33. 按规定期限缴纳已申报或批准延期申报的应纳税（费）款
		未欠缴税款金额	34. 至评定期末，已办理纳税申报后纳税人在税款缴纳期限内缴纳税款
		按规定履行代扣代缴义务	35. 已代扣代收税款，按规定解缴的
			36. 履行扣缴义务
		未被核定征收	37. 日常管理中未被税务机关依职权核定计算税款的
	发票与税控器具信息	发票开具、取得、保管、缴销、报告	38. 使用电子器具开具发票，按照规定保存、报送开具发票数据的
			39. 按规定开具发票；纸质发票加盖发票专用章；按规定保管纸质发票；按规定缴销发票；按规定向税务机关报告发票使用情况；按规定跨境或跨使用区域携带、邮寄、运输或者存放纸质空白发票
		税控器具安装、使用、保管	40. 按照税务机关的要求安装、使用税控装置的；按规定申请办理增值税税控系统变更发行的
			41. 按规定保管税控专用设备
	登记与账簿信息	税务登记	42. 按规定期限办理税务登记或扣缴税款登记或变更税务登记的；按规定开具或核销外出经营管理证明的
			43. 法律规定对纳税人进行强制认定，纳税人在规定时限内办理税务认定的（如增值税一般纳税人认定等）
		账簿与凭证	44. 按照规定设置账簿、记账凭证以及其他纳税资料的；按照规定保管账簿、记账凭证以及其他纳税资料的
			45. 按照国家统一的会计制度规定设置账簿，并根据合法、有效凭证核算，向税务机关提供准确税务资料的

续表

指标类别	一级指标	二级指标	三级指标
企业生产经营活动中如有下列情形之一,合规有效性评估一票否决			
纳税信用			1. 增值税优惠申报材料虚假;消费税优惠申报材料虚假;营业税优惠申报材料虚假;企业所得税优惠申报材料虚假;车船使用税优惠申报材料虚假;印花税优惠申报材料虚假;契税优惠申报材料虚假;土地增值税优惠申报材料虚假;城市维护建设税优惠申报材料虚假;资源税优惠申报材料虚假;耕地占用税优惠申报材料虚假;土地使用税优惠申报材料虚假;房产税优惠申报材料虚假
			2. 虚开增值税专用发票或非善意接收虚开增值税专用发票的;非法代开发票的;私自印制、伪造、变造发票,非法制造发票防伪专用品,伪造发票监制章的;转借、转让、介绍他人转让发票、发票监制章和发票防伪专用品的;知道或者应当知道是私自印制、伪造、变造、非法取得或者废止的发票而受让、开具、存放、携带、邮寄、运输的;违反增值税专用发票管理规定或者违反发票管理规定,导致其他单位或者个人未缴、少缴或者骗取税款的
			3. 有非正常户记录的纳税人;非正常户直接责任人员注册登记或负责经营的其他纳税户;D 级纳税人的直接责任人员注册登记或负责经营的其他纳税户
			4. 在规定期限内未补交或足额补缴税款、滞纳金和罚款
			5. 存在逃避缴纳税款、逃避追缴欠税、骗取出口退税、虚开增值税专用发票等行为,构成犯罪的;骗取国家出口退税款,被停止出口退(免)税资格未到期的;以暴力、威胁方法拒不缴纳税款或者拒绝、阻挠税务机关依法实施税务稽查执法行为的
			6. 存在偷税行为,未构成犯罪,但偷税(逃避缴纳税款)金额 10 万元以上且占当年各税种应纳税总额 10% 以上,已缴纳税款、滞纳金和罚款的
			7. 存在逃避追缴欠税、骗取出口退税、虚开增值税专用发票等税收违法行为,未构成犯罪,已缴纳税款、滞纳金和罚款

（四）知识产权专项合规指标体系

<table>
<tr><th>指标类别</th><th>一级指标</th><th>二级指标</th><th colspan="2">三级指标</th></tr>
<tr><td rowspan="9">合规管理</td><td rowspan="8">有效的合规管理制度</td><td>书面合规计划</td><td colspan="2">1. 书面合规计划包含以下要素：
（1）建立合规组织体系，如合规管理组织架构、成立合规综合管理部门、各部门的合规责任；
（2）制定纲领性合规管理规范、合规政策、合规行为准则；
（3）梳理合规风险，针对重点领域制定管理制度；
（4）明确合规计划承诺完成时限；
（5）建立合规预防体系、识别体系、应对体系等运行机制；
（6）其他有利于合规管理的相关制度、措施</td></tr>
<tr><td>合规管理组织体系</td><td colspan="2">2. 合规管理组织体系审查重点：
（1）合规管理组织架构设置是否合理、明确；
（2）企业主要负责人是否是企业合规体系建设的第一责任人；
（3）管理层对合规的公开承诺、董事会对合规管理体系建设的监督，公司章程有无加入合规内容；
（4）合规综合管理部门的设置以及职能职责、履职的独立性；
（5）其他部门的合规职能职责</td></tr>
<tr><td>合规管理规范</td><td colspan="2">3. 合规管理规范包含以下要素：
（1）是否制定了合规管理办法制度文件，且覆盖面广、内容完整；
（2）是否制定专项的合规管理制度、指引、流程；
（3）是否建立合规管理台账制度</td></tr>
<tr><td rowspan="2">合规政策</td><td colspan="2">4. 合规政策是企业全部的合规管理制度，包括专项合规计划的全部内容，可以是企业税务、环保、安全生产、知识产权等任一方面</td></tr>
<tr><td colspan="2">5. 企业将合规政策作为与第三方合作伙伴签订合同的附件使用，要求对方遵循相关合规政策</td></tr>
<tr><td rowspan="2">合规行为准则</td><td colspan="2">6. 结合不同岗位风险点制定针对性、可操作的员工行为准则，明确员工责任</td></tr>
<tr><td colspan="2">7. 企业向所有员工提供合规手册并进行有效合规培训</td></tr>
<tr><td>有效的合规运行机制</td><td>合规预防体系</td><td>8. 合规风险评估制度</td><td>（1）已制定合规风险识别评估制度、流程；
（2）根据业务所在国的相关法律和监管环境变化，定期识别梳理法律、合规义务；
（3）已经开展过合规风险识别评估的具体工作：采取何种方法识别、分析及应对相关风险；收集分析了哪些相关信息或指标以对合规风险进行评估；
（4）确定合规重点管控领域；
（5）对于影响较大的风险建立风险预警机制</td></tr>
</table>

续表

指标类别	一级指标	二级指标	三级指标	
合规管理	有效的合规运行机制	合规预防体系	9. 尽职调查制度	(1)公司合规审查制度、流程； (2)合规审查的范围(如投资并购、合作伙伴尽职调查)； (3)合规审查开展情况； (4)合规尽职调查范围涵盖重点合规风险管控领域； (5)合规尽职调查开展的情况
			10. 合规培训制度	(1)历年合规培训计划、培训记录； (2)有针对性的合规培训(董事会成员、业务部门、专题、新员工入职)； (3)过去一年合规培训的人数与覆盖率； (4)培训的效果(考核)； (5)业务领导讲授专业领域的合规案例； (6)将以往的合规事件及处分纳入培训内容； (7)开展针对高风险部门人员/关键岗位(如海外人员)的专门合规培训； (8)供应商的合规培训情况,公司定期制定合规培训方案、开展合规培训
			11. 合规文化建设制度	(1)公司的合规价值观、愿景与使命； (2)新入职的员工是否签署员工行为规范承诺书； (3)推动行业合规； (4)合规宣传活动策划； (5)公司网站投放、开展合规报道等宣传活动
		合规识别体系	12. 合规报告制度	(1)举报与调查制度； (2)合规举报的途径,24 小时匿名举报渠道； (3)调查的流程、打击报复零容忍
			13. 合规巡视制度	(1)合规管理部门对潜在合规风险定期巡查、结果汇报； (2)深入分析内控风险中的合规性目标是否管控到位； (3)建立健全应对业务实质性风险的保障措施
			14. 合规奖惩制度	(1)公司合规考核制度与计划； (2)对各部门、所属企业负责人的年度合规考核评价； (3)对员工合规职责履行情况的评价； (4)干部选用、晋升对合规的审查； (5)奖金与合规挂钩； (6)对防范重大合规风险或挽回重大损失给予集体或个人表彰和奖励； (7)对落实合规管理工作不力或因重大合规风险造成损失的人员问责

续表

指标类别	一级指标	二级指标	三级指标	
合规管理	有效的合规运行机制	合规应对体系	15. 不当行为调查制度	(1)不当行为及时调查; (2)组织调查的人员和范围、调查处置方式等
			16. 不当行为纠正制度	(1)采取的惩戒措施、补救措施和问责机制,包括对以前合规计划中发现的不当行为进行的纪律处分,及对合规计划修订的情况; (2)提交董事会年度合规报告
			17. 行政监管应对制度	(1)协调配合,及时应对重大风险; (2)制定行政监管应对方案,与行政主管部门的沟通、协商机制
	合规管理保障	—	18. 领导发挥关键作用	领导积极参与合规管理工作;参与讲课
			19. 合规专项预算	(1)预算批准情况; (2)基于风险和有效合规管理而批准的合规预算; (3)预算的充足性:预算数与人员编制
知识产权保护	合同管理	合同涉知识产权事项管理	20. 对合同中有关知识产权条款进行审查,并形成记录	
			21. 对检索与分析、预警、申请、诉讼、侵权调查与鉴定、管理咨询等知识产权对外委外业务应签订书面合同,并约定知识产权权属、保密等内容	
			22. 在进行委托开发或合作开发时,应签订书面合同,约定知识产权权属、许可及利益分配、后续改进的权属和使用等	
			23. 承担涉及国家重大专项等政府支持项目时,应了解项目相关的知识产权管理规定,并按照要求进行管理	
	保密管理	知识产权保密管理	24. 明确涉密人员,设定保密等级和接触权限	
			25. 明确可能造成知识产权流失的设备,规定使用目的、人员和方式	
			26. 明确涉密信息,规定保密等级、期限和传递、保存及销毁的要求	
			27. 明确涉密区域,规定客户及参访人员活动范围等	

续表

指标类别	一级指标	二级指标	三级指标
知识产权保护	立项管理	立项阶段的知识产权管理	28. 分析该项目所涉及的知识产权信息，包括各关键技术的专利数量、地域分布和专利权人信息
			29. 通过知识产权分析及市场调研相结合，明确该产品潜在的合作伙伴和竞争对手
			30. 进行知识产权风险评估，并将评估结果、防范预案作为项目立项与整体预算的依据
			31. 按规定保管税控专用设备
	开发管理	研究开发阶段的知识产权管理	32. 对知识产权信息、相关文献及其他公开信息进行检索，对项目的技术发展状况、知识产权状况和竞争对手状况等进行分析
			33. 在检索分析的基础上，制订知识产权规划
			34. 跟踪与监控研究开发活动中的知识产权，适时调整研究开发策略和内容，避免或降低知识产权侵权风险
			35. 督促研究人员及时报告研究开发成果
			36. 及时对研究开发成果进行评估和确认，明确保护方式和权益归属，适时形成知识产权
			37. 保留研究开发活动中形成的记录，并实施有效的管理
	采购管理	采购阶段的知识产权管理	38. 在采购涉及知识产权的产品过程中，收集相关知识产权信息，以避免采购知识产权侵权产品，必要时应要求供方提供知识产权权属证明
			39. 做好供方信息、进货渠道、进价策略等信息资料的管理和保密工作
			40. 在采购合同中明确知识产权权属、许可使用范围、侵权责任承担等
	生产管理	生产阶段的知识产权管理	41. 及时评估、确认生产过程中涉及产品与工艺方法的技术改进与创新，明确保护方式，适时形成知识产权
			42. 在委托加工、来料加工、贴牌生产等对外协作的过程中，应在生产合同中明确知识产权权属、许可使用范围、侵权责任承担等
			43. 保留生产活动中形成的记录，并实施有效的管理

续表

指标类别	一级指标	二级指标	三级指标
知识产权保护	销售管理	销售和售后阶段的知识产权管理	44. 产品销售前,对产品所涉及的知识产权状况进行全面审查和分析,制定知识产权保护和风险规避方案
			45. 在产品宣传、销售、会展等商业活动前制定知识产权保护或风险规避方案
			46. 建立产品销售市场监控程序,采取保护措施,及时跟踪和调查相关知识产权被侵权情况,建立和保持相关记录
			47. 产品升级或市场环境发生变化时,及时进行跟踪调查,调整知识产权保护和风险规避方案,适时形成新的知识产权
企业生产经营活动中如有下列情形之一,合规有效性评估一票否决			
知识产权保护			1. 存在未经注册商标所有人许可,在同一种商品上使用与其注册商标相同商标的情况
			2. 存在销售明知是假冒注册商标的商品的情况
			3. 存在伪造、擅自制造、销售他人注册商标标识的情况
			4. 存在假冒他人专利的情况
			5. 存在未经著作权人许可,复制发行其文字作品、音乐、电影、电视、录像作品、计算机软件及其他作品的情况
			6. 存在以盗窃、利诱、胁迫或其他不正当手段获取权利人商业秘密的情况

（张家港市人民检察院供稿）

附录 “企业合规改革视野下刑事实体法的修改与完善”研讨会实录

2022年5月8日，中国政法大学建校70周年系列学术活动之“企业合规改革视野下刑事实体法的修改与完善”研讨会在中国政法大学举行。最高人民检察院党组成员、副检察长杨春雷，中国政法大学校长马怀德出席并致辞。最高人民检察院有关部门负责人，多所高校、研究机构的专家学者通过线上方式参会发言。现公开发布会议综述如下。

开幕式及主旨演讲

开幕式由中国政法大学刑事司法学院院长刘艳红教授主持。刘艳红教授首先对出席会议的领导和专家学者表示感谢，并指出，本次研讨会是刑事司法学院为庆祝中国政法大学建校70周年举办的一次学术盛会，其主题聚焦“企业合规改革视野下刑事实体法的修改与完善”。此外，刘艳红教授指出，最高人民检察院领导和推进的涉案企业合规改革是习近平法治思想的生动实践，也是一次原创性、标志性和引领性的制度创新，本次研讨会的召开必将为推进构建具有中国特色的涉案企业合规司法制度贡献积极力量。最后,刘艳红教授预祝所有参会的老师和同学能够学有所得、学有所获。

一、杨春雷副检察长致辞

最高人民检察院副检察长杨春雷对企业合规检察研究激励的建设和发展提出了以下几点希望:

一是胸怀“国之大者”,以更高的政治站位推进检校合作,助力涉案企业合规改革。党的十八大以来,以习近平同志为核心的党中央高度重视依法平等保护各类企业合法权益,要求完善各类市场主体公平竞争的法治环境。习近平总书记多次强调,市场主体是经济的力量载体,保市场主体就是保社会生产力。要千方百计把市场主体保护好,为经济发展积蓄基本力量。企业合规改革具有很强的政治性、政策性和专业性。建设好、发展好企业合规检察研究基地,首先要提高政治站位,胸怀“国之大者”,将改革试点工作的重要意义向学术界和理论界宣传好、介绍好。

二是坚持问题导向,以更强的担当精神破解改革难题。随着企业合规改革的全面推进和企业合规理论研究的逐步深入,合规的理论与实务争议问题显现,有些还比较复杂疑难甚至尖锐。例如,刑事实体法中单位刑事责任论的重构、单位责任与个人责任的分离、刑事程序法中合规附条件不起诉的制度设计、合规改革实践中有效合规体系构建与考察等。研究解决企业合规的重点难点理论问题时,既要立足中国实际,结合中国国情,坚持实践和问题导向,又要拓宽研究视野,学习借鉴国外有益成果,同时也要注意避免理论与实践“两张皮”或者生搬硬套、食洋不化。下一步建议充分利用研究基地这一平台,继续把立法建议、研究工作抓紧抓实,确保工作质效。

三是加强人才培养,更新理念,实现检校资源共享。企业合规是新兴研究领域,涉及多学科、多专业,面临许多新情况新问题,跨学科、复合型的合规人才尤为稀缺与宝贵。建设好、发展好研究基地,要强化检校交流互动,在合规人才培养上下功夫。下一步建议要有效依托研究基地这一平台,加强合规人才培养相关工作。比如,可以探索联合培养合规方向的应用型法学博士。又如,可以通过吸纳学校有关专家学者进入各级第三方监督评估机制、专业人才库的方式，为改革试点及第三方机制提供有利人才保障。

四是强化平台搭建，以更实工作举措拓展合作深度广度。建设好、发展好研究基地，要在平台整合搭建上下功夫，不断拓展合作的深度和广度，提升整体合作效能，指导改革试点与司法实践。比如，可以依托中国政法大学的《政法论坛》《比较法研究》等优质理论阵地，组织企业合规主题理论文章，推动研究解决基础性理论问题。可以利用最高人民检察院检察应用理论研究课题的平台，共同组建课题团队，联合开展专题调研，对包括企业合规行刑衔接、长臂管辖等在内的课题进行深入研究，将理论成果反哺司法实践。

二、马怀德校长致辞

中国政法大学校长马怀德指出，2017 年 5 月 3 日，习近平总书记考察法大时强调，要打破高校和社会之间的体制壁垒，将实际工作部门的优质实践教学资源引入高校，加强法学教育、法学研究工作者和法治实践工作者之间的交流。企业合规研究、企业合规检察研究基地的建立就是落实总书记重要讲话精神的务实举措，也是检校合作、共同践行习近平法治思想的广阔平台。无论是从建设法治社会、推动企业普遍守法、优化营商环境的角度，还是聚焦涉外法治建设长臂管辖的有效应对，企业合规建设的法治意义都毋庸置疑。我国企业合规改革进入了“深水区”，经过两年改革试点，案件类型不断丰富拓展，但是试点工作还存在推进不平衡、总体办案量不多、适用的罪名和辐射范围有限、一些地方对第三方机制不会用、不敢用等问题。这些问题的解决离不开社会各界特别是学界的智力支持。筑牢合规制度的理论根基，才能保证这项改革走得稳、走得远、走得好。中国政法大学与最高人民检察院共同建设的企业合规检察研究基地设立正逢其时。

此外，马怀德校长指出，企业合规改革中刑事法和行政法的衔接问题，与其说是衔接，不如说是协同，需要打破部门法的壁垒，整合法律资源，实现国家和企业的共治目标。可以以此为契机，探索新的跨学科的研究范式，并同步培育一个新兴学科即合规学。企业合规检察研究基地的建立将极大地助力学校的同步实践教学改革向纵深发展。未来我们可以考虑将合规全流程纳入本科生、研究生的培养体系,为国家合规建设储备专业化的人才。

最后,马怀德校长表示,法大深感建设企业合规检察研究基地使命光荣、责任重大。法大将牢记“国之大者”,以更高的政治站位,推进与最高人民检察院的全方位、全天候、全领域的合作,以更加务实的工作举措助力破解改革难题,为建设中国特色现代企业治理体制和法治社会贡献我们法大的智慧。

三、陈瑞华教授作主旨演讲

北京大学法学院教授陈瑞华教授主要阐述了三个问题,即合规的历史、合规的模式以及引入合规需要重视的问题。

(一)合规的历史

起初,合规属于公司治理问题,是企业为了克服外部监管的有限性、局限性而建立的自我监管、自我管理、自我治理的方式。公司治理价值目标的演变经历了三个阶段:第一阶段,股东、投资人利益保护论。公司治理强调保护股东、投资人的利益。第二阶段,利益相关者保护论。企业以营利为目的,追求利润最大化。单纯保护股东、投资者的利益,可能导致企业违背社会责任,违法违规、违反道德。于是,利益相关者保护理论应运而生,主张不仅应当保护股东、投资人的利益,而且应当保护大量利益相关者的利益,包括企业的员工、企业的债权人、企业的代理人、企业的客户乃至企业所在的社区。第三阶段,企业的社会责任论。利益相关方的范围过于宽泛,且均属于与企业的经营利益相关的各方。对于违反国家法律法规、国际惯例、企业伦理的行为有待管理。因此,出现了企业的社会责任论,强调企业不仅要保护投资人、股东的利益以及相关者的利益,而且要保护社会公共的利益。

后来,合规进入政府监管的范围。面对企业在经营过程中出现的大量的违规违法乃至犯罪情况,单纯依靠企业自我管理远远不足,于是政府监管大力加强,政府逐渐介入到企业的生产经营过程当中。1977 年,美国制定了《反海外腐败法》,合规首先出现在反腐败领域,并从欧美开始出现了与行政监管、刑事司法密切相关的发展动向。1991 年,美国颁布了《联邦量刑指南》,首次将合规写入刑法,成为法定的减轻处罚情节。1995 年前后,美国逐渐开始在刑事司法领域大量运用暂缓起诉协议(DPA)和不起诉协议(NPA)。2002 年,随着安达信事件的爆发,适用暂缓起诉协议和不起诉协议的案例大幅增长。

(二)合规的模式

1. 模式介绍

进入 21 世纪,北美和欧洲各国在合规领域的发展沿袭了两条道路。一是事前合规,即实体出罪模式。事先建立有效合规管理体系的企业可以在实体法上获得无罪抗辩的机会。二是事后合规,即程序出罪模式。犯罪前,企业没有合规管理体系;犯罪后,在刑事诉讼过程中,企业与检察机关达成和解协议,企业承诺认罪,承认犯罪事实、配合调查、积极披露、有效补救,承诺建立合规管理体系。

2. 模式比较

事后合规模式的优势在于,为可能被起诉、被定罪的企业提供了建立合规的强大动力,有利于将合规切实引入企业中。然而,其本身具有一定的局限性。一是考察期的限制。实践中的考察期过于短暂,制作科学、准确、全面、有针对性的企业自查报告尚且困难,改造企业的经营模式、商业模式、治理结构更加难以实现。二是监管人员水平参差不齐。合规监管人来源复杂,而且对合规的认识、对公司治理整改的认识是有待加强的。三是企业急功近利,想要尽快拿到无犯罪记录,难以耐心整改。四是行刑衔接问题。检察机关与行政机关在法律框架内缺乏有效的激励机制和协作机制,考察期结束后,难以保证行政机关会听从检察机关的检察建议。

事前合规模式具有一定优势。一是引入实体出罪机制,为企业建立日常性的合规管理体系提供了强大动力。二是激活企业建立合规管理体系的自主性,促使企业认真地进行风险识别、风险评估、风险管理,针对自身风险,建立有针对性的专项合规计划。

(三)需要重视的问题

一是单位独立意志理论。确立单位独立意志理论可以为单位实体出罪奠定基础。单位的人格独立于责任人的人格。合规整改实际上是单位集体意志的表达,证明单位没有故意和过失,从而可以出罪。

二是预防犯罪理论。过去,法律体系强调严刑峻法,仅在刑罚执行过程中注重预防犯罪。合规进入刑事诉讼法之后,将预防犯罪作为不起诉的条件,可以在刑事诉讼过程中预防犯罪。

三是合规激励理论。为了提高司法效率、提高定罪量刑的准确率,国家不得不放弃部分刑罚权,激励企业通过合规预防犯罪换取宽大处理。

四是公共利益保护衡量理论。公共利益保护衡量理论是在实体法和程序法上引入合规管理体系的重要现实基础。企业的生死存亡关系到当地的税收、就业、高科技产业,关系到企业的员工、投资人、债权人、代理商、供应商、客户、所在社区等主体的利益。企业背后的公共利益是将合规引入刑法、刑事诉讼法的重要考量因素。

四、谢鹏程所长作主旨发言

最高人民检察院检察理论研究所谢鹏程所长主要从犯罪论、刑罚论和刑事政策三个方面展开主旨发言,对有关合规与刑法修改问题谈了一些个人看法。

第一个方面,从犯罪论的角度看,合规纳入刑法的问题主要是合规能不能作为定罪的阻却理由以及单位责任与个人责任的适当分离问题。谢鹏程所长认为,如果单位事先设置了比较有效全面的合规管理体系,那么至少可以证明单位已经尽到其预防犯罪或者合理注意的义务,即在主观上就可能没有过错或者过错很轻微。从这个意义上说,有效的合规管理体系可以作为一个出罪的理由。从定罪论角度,我国现在对单位犯罪实行双罚制,在一般情况下,责任人的刑事责任与单位的刑事责任是一体的,但实际上单位责任与个人责任在某些情况下是可以且应当分离的。因此,在这种意义上说,我国单位犯罪的定罪理论是存在一定局限性的,有创新发展的空间。

谢鹏程所长提出,关于单位责任与个人责任的关系,不管是一元论、二元论,还是适度分离论,其根本理论基础都是犯罪预防。单位犯罪预防的重点应该是个人还是集体?如果把单位犯罪预防的重点放在集体上,那么单位犯罪刑事责任就应当实行单位责任与个人责任的适当分离。如果采纳二元论,实践中可能会发生企业家借企业主体逃避自身刑事责任的情况。

第二个方面,从刑罚论的角度看,刑法可修改的内容比较多。

第一,有效合规管理是否应该作为定罪量刑的法定情节,即单位实行有效合规管理的,可以从轻、减轻或者免除处罚?域外有不少立法例,我国《刑法》第 30 条、第 31 条有关单位犯罪的规定过于简略,有没有必要引入合规情节,进一步发展相关条款,作出更全面的规定?

第二,我国现行的附条件不起诉程序,只适用于未成年人,将来是否可以将单位纳入附条件不起诉适用范围?如果将附条件不起诉适用范围扩展到单位,就需要研究其适用的对象、适用的条件,是否要从责任人的刑罚或者单位的罚金数额等方面做一些限定?此外,考察期限如何设置,一年、两年、三年都是有必要的,要不要再放得更长一点?美国的考察期限过长对企业和司法机关都是一个负担,也不一定有必要,甚至可能被滥用。一般一到三年就合适,特殊情况可以延长到五年。

第三,单位犯罪的罚金可否适用缓刑?域外有国家设置了罚金的缓刑。也有问题要研究,譬如,全部还是部分罚金适用缓刑?有些情况下涉案企业必须缴纳一定的罚金,使其受到必要的报应,这样才公正。有一部分罚金适用缓刑,可以督促涉案企业切实实行合规管理,有效预防犯罪。我国对企业的罚金应不应该设置限额,起点和最高点是多少,也是值得研究的。

第四,行刑衔接机制有老问题也有新问题。司法机关在作出刑事处罚的决定后,主管行政机关如何做出适当的行政处罚,衔接不好就会导致处罚畸轻畸重。这实际反映了刑事合规案件的行刑衔接机制建设的必要性。谢鹏程所长认同马怀德校长提到的“协同处理”观点,应当让主管行政机关参与办案,协调处罚方式。美国办理刑事合规案件,往往有商务部等若干相关的行政主管部门和司法部一起办案。结合我国实际,就是检察机关办理刑事合规案件的时候可以邀请主管行政机关参与,协同处理,以便实现最好的法律效果、社会效果和政治效果。

第五,单位犯罪可否建立累犯制度?谢鹏程所长认为,单位犯罪客观上存在累犯的情况,对于假合规、纸面合规的企业应当从重处罚。因此,在刑法中如何建立单位犯罪累犯制度值得研究。任何预防措施包括合规管理的效果都不是绝对的,即使可以减少或者避免一些犯罪,但不可能完全避免犯罪。对那些真合规的企业,我们应该给予一定的司法激励;而对那些假合规并再次发生同类犯罪的企业,应该从重处罚。

第三个方面,从刑事政策的角度看,合规从宽反映了新时代刑法发展的要求,也为刑法发展提供了良好的契机。

首先,1979 年《刑法》难免有浓厚的计划经济的色彩,1997 年修订的《刑法》总体上与我国市场经济发展相适应,近二十多年来经过多次修订,得到了很大的完善,也吸收了德国、日本等国家的刑法理论和立法经验,基本上实现了刑法的现代化。但是,谢鹏程所长认为,我国刑法还没有充分反映中国特色社会主义市场经济发展的水平和需要,在理念、结构和域外适用等方面都存在一定的局限性,这与我国经济在世界经济格局中的地位是不相称的。

其次,我们已经步入风险社会,社会的信息化和犯罪的国际化迅速发展。这是刑法遇到的“百年未有之大变局”。我国刑法如何适应这个发展趋势并在这个过程中完成从跟随到引领的角色转变。这是我国后发优势之一,也是走向世界刑法发展的前沿,实现弯道超车的重大历史机遇。

最后,刑事政策的创新。宽严相济是我国的基本刑事政策。2018 年《刑事诉讼法》修改所建立的认罪认罚从宽制度是宽严相济刑事政策的落实和创新。近两年来,最高人民检察院提出的“少捕慎诉慎押”刑事司法政策也是宽严相济刑事政策的具体落实和创新。谢鹏程所长认为,随着涉案企业合规改革的发展,合规从宽刑事政策作为宽严相济刑事政策的落实和创新,呼之欲出。

合规从宽政策应该包括两个方面的基本内容,即“真合规从宽”和“假合规从严”。相对来说,“真合规从宽”做得和讲得都比较多,而“假合规从严”则做得和讲得都很少。主要问题是假合规从严中的“从严”如何去把握,刑法上缺乏相应的规定,理论上也缺乏研究。

第一单元　企业合规改革与单位刑事责任论的重构

第一单元的主题为“企业合规改革与单位刑事责任论的重构”，由中国政法大学刑事司法学院曲新久教授主持，五位主题发言人分别为南京大学法学院孙国祥教授、清华大学法学院黎宏教授、东南大学法学院院长欧阳本祺教授、中国人民大学刑事法律科学研究中心主任时延安教授和北京师范大学刑事法律科学研究院院长助理彭新林教授。

一、孙国祥教授作主题发言

孙国祥教授首先肯定了本次论坛主题深厚的理论价值。因为随着合规改革试点的深入，刑事合规的运行被发现难以脱离实体法的支撑，难以脱离对单位犯罪的规则路径和模式的分析。因此，理论界又回到了单位犯罪的原问题，即有单位犯罪的刑事责任理论。

对此，孙国祥教授的主题发言主要围绕四个问题展开。

第一，是否需要通过刑事立法来明确合规义务的强制性？在现阶段对于单位犯罪规则模式的讨论中，单位的组织体责任即单位的固有责任虽然较为流行，但其内涵并不明晰。有观点认为，组织体责任就是组织体的过错责任。企业与员工之间存在监督与被监督的关系，企业担任员工的合规保证人角色。据此，刑法将企业对员工的合规监督任务上升为刑事义务，企业责任来源于雇员实施的与职业相关的犯罪行为。对应到企业合规改革之中，有学者认为，单位未实施合规治理时应当被直接推定为故意或过失，同时建议修改《刑法》第 31 条，在企业违背合规义务时追究单位负责人、高级管理人员的刑事责任。

但孙国祥教授持反对意见，认为不应将企业的合规义务与企业的合规治理义务相混淆。企业遵守法律的义务并不能直接推导出制定和实施合规计划的合规治理义务，在法律缺乏特别规定的情况下，企业的合规治理应当属于企业自治的范畴。合规的精髓在于国家与企业的共治，在没有直接实施犯罪的情况下，企业是否进行合规治理本就不应是强制性的。

反之,设立刑事合规义务意味着合规治理不再是合作共治的产物,而完全是刑法强制力与威慑力的结果,这将极大地扩大单位犯罪的成立范围。而即使国外设定刑事合规义务的国家也仅将其局限于特定领域,如法国的《萨潘第二法案》仅指向反腐败。

第二,是否应将严格责任适用于单位犯罪?孙国祥教授表示反对。早期的法人犯罪采取了严格责任,甚至域外还有延续严格责任的现行立法例。然而,这与我国的单位犯罪规定并不相同。我国单位犯罪的立法及修正受制于刑法的基本原则,如主客观相统一原则,而严格责任制度一旦被引入就将架空主观要素,不具有正当性。

第三,如果不将缺乏合规计划作为入罪事由,那么,是否需要将其明确为企业犯罪的法定出罪事由?孙国祥教授认为,这可能需要进一步的思考。因为出罪事由是为符合犯罪的行为设定的例外,对于在单位犯罪中引入了替代责任、严格责任的法域而言这是可行的。但在我国主客观相统一原则的要求下,单位犯罪本就要求具备单位意志,此时单位建立的合规制度发挥的是证明单位缺乏犯罪或过失的作用,应当阻却构成要件的符合性,也就是入罪而非出罪的可能性。结合我国合规第一案,未来在修法过程中可以强调企业合规后不构成犯罪,但这不是法定的出罪事由,而是不构成犯罪的提示性规定。

第四,如何处理单位和责任人的关系?目前各地的改革事件中,学界关于对责任人的不起诉,或者是对企业、责任人双不起诉的处理存在质疑。有观点认为,合规不起诉改革的根基在于单位犯罪的分离构造,也即单位与责任人员的分别出罪,并建议在《刑法》第 30 条作出说明。孙教授主张,二者应当彻底分离,针对同一个犯罪事实和罪名,单位及成员的规则基础并不相同。单位成员只对自己参与单位犯罪的特定行为负责,单位合规后成员依然承担个人犯罪责任。但考虑到目前公布的相关典型案例以中小微企业为主,这些企业的特征为企业意志与企业主个人意志高度重合。事后的企业合规往往体现了二者的共同意志,企业被出罪后也依赖于企业主才能存续。因此,企业合规对负责人的连带激励作用具有一定的合理性,但二者适用不起诉的实体条件应该有所区分。企业的不起诉主要考虑有效的合规计划,而企业成员的不起诉则基于《刑事诉讼法》的规定,要求刑期在 3 年以下、犯罪情节轻微,其中成员对合规整改的贡献既可以被融入情节的考察中,也可以作为认罪认罚从宽的适用条件。

二、黎宏教授作主题发言

黎宏教授围绕“企业合规不起诉改革的立法和司法障碍及其消除”展开主题发言。

黎宏教授首先指出,我国企业合规不起诉改革最大的障碍在于,司法解释将单位犯罪理解为了单位领导决定或者单位集体决定的犯罪,而忽视了单位自身作为组织体的特性。这不仅使得单位笼罩在其组成人员的违法行为的阴影之下,更使得企业合规不起诉缺乏法条支持。

黎宏教授认为,要消除这一障碍,就需要对单位犯罪的相关立法进行修改,让单位真正成为超越其组成人员的组织实体。具体来说,就是把处罚单位犯罪的《刑法》第 31 条修改为:“单位犯本罪的,对单位判处罚金,并对其直接负责的主管人员和其他直接责任人员判处刑罚。但是在单位制定有妥当的防止该犯罪发生的合规制度并认真实施的时候,可以从轻、减轻或者免除处罚。在单位已经切实履行了其合规义务时,可以不负刑事责任。”

黎宏教授认为,这一修改的意义主要有以下三点:

一是维持我国刑法中所确立的单位犯罪是单位自身犯罪的理念。我国《刑法》第 30 条明确规定,单位犯罪是公司、企业、事业单位、机关、团体实施的犯罪,而非其中的自然人犯罪。这一修改使得《刑法》第 31 条与第 30 条相一致,维持了刑事立法的体系性。

二是为企业合规不起诉制度的实施消除实体法上的障碍。《刑法》第 31 条规定的双罚制使得企业和其组成人员紧紧地捆绑在一起,二者形成了一荣俱荣、一损俱损的关系。所导致的直接结果是对单位从业人员业务违法行为只有两种选择,或者作为单位犯罪被双罚或者作为个人犯罪被单罚,绝对没有可能出现构成单位犯罪,但只处罚其中的个人,单位被从宽处理或免予处罚的现象。这种没有退路的选择,使得单位失去了合规建设的动力,也使得企业合规丧失了存在的价值。

三是为单位过失犯的存在提供解释空间。由于我国《刑法》分则重点处罚单位的犯罪,几乎都是故意犯罪,因此,我国刑法给人的一个直观印象是我国刑法不处罚单位过失犯罪。然而,从刑事政策的角度讲,我国当初之所以规定单位犯罪,主要是为了让单位加强对其雇员的监督管理,从而保证企业活动合法有序地进行。因此,处罚单位过失犯罪具有强烈的现实针对性。这一修改将单位犯罪的核心转移到单位是否建立了有效的合规计划上,正迎合了处罚单位过失犯罪的需求。

三、欧阳本祺教授作主题发言

欧阳本祺教授的报告大致分为三部分:(1)我国单位犯罪追责体系的缺陷;(2)单位刑事责任根据的重构;(3)我国企业合规不起诉的一些基本要素。

在第一部分,欧阳本祺教授指出我国单位犯罪追责体系主要有以下四个问题。其一,无论是刑法条文还是司法解释,均对单位犯罪中的自然人设置了比自然人犯罪更轻的刑罚,这使得司法实践中被告人为了获得量刑上的优惠,会努力地将自己的自然人犯罪辩护成单位犯罪。而办案机关有时候为了获得对单位的高额罚金,也会半推半就地把自然人犯罪办成单位犯罪。这就使得无辜的单位的利益受到损害。其二,我国部分单位犯罪适用单罚制,仅处罚其中的自然人,这使得单位完全可以通过给予经济补偿的方式,任命一名专门负责承担刑事责任的副总,从而逃避自身的刑事责任。其三,由于现在对单位犯罪主要适用的是相对不起诉,而相对不起诉只适用于情节轻微的犯罪行为,因此,司法实践中检察院为扩大企业合规不起诉的适用,选择对情节轻微进行虚化的解释,将一些情节严重的行为亦当作情节轻微处理,这就导致了企业合规不起诉的混乱。其四,根据《刑事诉讼法》规定,绝对不起诉的适用前提是企业没有犯罪事实,或有犯罪事实,但具有《刑事诉讼法》第16条规定的情形之一。然而在司法实践中,部分人民检察院出于稳企业、保就业的目的,盲目扩大绝对不起诉的适用范围,将众多单位犯罪当作自然人犯罪处理,变相纵容了单位犯罪产生。

在第二部分,欧阳本祺教授对三种单位刑事责任根据进行了评介。第一种是美国的雇主责任论,即单位要为其员工在业务活动中的所有犯罪负责。第二种是意大利的固有责任论,即如果员工的犯罪行为能归属于单位的管理瑕疵，并且单位对员工犯罪具有预见可能性，则要追究单位的“刑事责任”。第三种是黎宏教授提倡的组织体责任论，即如果员工的犯罪行为能归属于单位的管理瑕疵，并且满足相应的主观要件（故意或过失），则构成单位犯罪。欧阳本祺教授认为，美国的雇主责任论实际上是一种无过错的严格责任，在民事诉讼中或许合理，但在强调主客观相统一的我国刑法中，没有存在的空间。意大利的固有责任论和黎宏教授的组织体责任论均强调单位的管理瑕疵，这一点值得借鉴，但我国的单位刑事责任根据应包括两部分，一是单位要为自身的决策负责；二是单位要为自身的管理瑕疵负责。

在第三部分，欧阳本祺教授对江苏企业合规不起诉的基本要素进行了介绍。具体而言，主要包括以下七点：其一，企业合规不起诉强调自愿性，需要涉案企业有开展合规建设的意愿，并主动向检察院提出书面申请；其二，检察院应在收到企业合规申请书 10 日内，结合案件重点审查涉案企业是否符合适用条件；其三，是否开展企业合规不起诉一般由分管检察长决定，案情较为复杂的，应当报请检查长或检察委员会决定；其四，开展企业合规的决定需要逐级逐层上报省检察院的护航民企工作专班审核把关；其五，企业合规程序启动以后，应由第三方机制管委会启动第三方机制，并选任组成第三方监督评估组织；其六，企业合规考察期由检察院决定，一般不少于 3 个月，在考察期间检察院有职责审查第三方监督评估组织报送的定期书面报告、合规考察书面报告；其七，检察院根据涉案企业的合规整改情况，做出起诉或不起诉决定，并有权提出量刑建议、检察建议或检察意见。

四、时延安教授作主题发言

时延安教授围绕“重新思考对单位的刑罚”展开主题发言。

时延安教授认为，对企业合规不起诉的探讨需要回到问题的原点，重新思考对单位的刑罚问题。在刑法理论中，无论是主客观相统一原则还是责任主义原则都是针对自然人提出来的原则，因而未必能适用于单位犯罪。在司法实务中，单位的故意、过失的认定无法脱离自然人，基本上都是以推定的方式来认定。即便承认单位的主观责任，其也与自然人存在不同之处。因此,需要重新思考对单位制裁的意义。

现阶段,单位犯罪理论需要解决以下三个问题。首先,自然人与单位刑事诉讼的双轨制问题。在司法实务当中需要将自然人的追诉和单位的追诉进行分离。这个问题依据现有的刑法理论可以解决,不需要刑事立法上的调整,主要是涉及刑事诉讼程序设计问题。其次,设计单位合规不起诉的实体条件,必然需要考虑单位犯罪的量刑问题。例如,江苏省关于企业合规的改革文件提出,自然人的刑罚不能超过3年,否则便不能适用合规不起诉。这样的要求使得企业合规受制于自然人犯罪。刑法学界对单位犯罪法定刑的研究较少,单位的法定刑主要是罚金,存在理论研究不足的问题,但是可以突破。最后,对单位的制裁需要分级,避免单位制裁的随意性。现阶段,对单位的制裁主要是罚金,缺乏其他刑罚类型的法律供给,所以需要重新设计单位的法定刑。

时教授认为解决以上问题,需要思考几个原初性的问题。其一,为什么要用刑事制裁来惩罚单位?其二,对单位判处罚金和处以罚款有何不同?如果希望通过罚金达到更强的惩罚效果的话,为什么不直接规定更为严厉的制裁?其三,如果刑罚就是对惩罚对象基本权利的限制和剥夺,单位的基本权利是什么?应该如何限制乃至剥夺?

基于对单位本质以及公司、企业的存在形式、结构和运营方式等问题的现实思考。时教授对以上三个问题提出了自己的见解。其一,对单位进行刑事制裁的原因是为了对其进行最严厉的制裁、限制其基本权利并通过刑事制裁确保国家对经济和社会的规制秩序。其二,对单位配置罚金刑,过于看重单位的营利性质。公司、企业确实是以营利为目的的,但其同样具有社会性。而财产权虽然是公司、企业的基本权利,但并非最为重要的权利。最为严重的制裁还应是剥夺单位的存在可能性,包括剥夺主体资格和强制破产。其三,公司、企业最为基本的权利是经营权和经营自主权,而财产权是相对次要的权利。公司、企业的人格权应该是和财产权相当的权利。

因此,对单位的刑罚种类,应该进行重构。首先,最轻的是罚金刑,仅剥夺单位的财产权;其次,是以强制合规和罚金刑,限制企业经营自主权。强制合规应理解为对企业经营自主权的强制干涉,属于公权力主导下对企业经营自主权的渗透;再次,以强制托管和罚金刑,剥夺企业一定时间内的经营自主权;最后,最重的是强制破产和剥夺营业资格以及罚金刑,直接剥夺企业的经营权。

时教授认为,结合合规不起诉来讨论单位犯罪不能仅仅考虑犯罪论的问题,还需要考虑刑罚论中量刑制度设计的问题,从而"一揽子"解决单位犯罪存在的问题。目前,合规不起诉的发展中存在刑法和刑事诉讼法脱轨的状况,需要刑法跟上刑事诉讼法的步伐。

五、彭新林教授作主题发言

彭新林教授对企业合规改革与单位刑事责任论的重构进行了全面思考。

彭新林教授指出,我国传统的单位刑事责任理论都是以个人刑事责任为基础,以个人和单位的联系为媒介,通过单位内部特定自然人的行为和意志来追究单位刑事责任的一元模式,否定单位的独立意志。这种一元制不符合近代刑法的责任主义原则,难以将单位犯罪和单位成员的个人犯罪加以区分,可能不当扩大或缩小单位犯罪的成立范围。

在企业合规思潮和域外法人犯罪理论的冲击和影响下,国内出现了重构单位刑事责任理论的呼声。其核心观点都是强调单位具有独立于自然人的刑事归责的模式,有独立的意志,不需要依托于自然人的行为和主观过错来认定单位的刑事责任。二元制的单位刑事责任理论主张将单位自身的因素和企业文化等因素作为认定主观罪过的标准,对单位主体进行独立的归责评价,在危害结果发生时独立认定单位的刑事责任和自然人的刑事责任。这一理论涉及单位刑事归责的核心问题,即单位到底是因为自身的罪行而承担刑事责任,还是因为单位员工犯罪而承担替代责任或转嫁责任。

虽然目前的刑事和刑事诉讼法没有专门的企业合规的规定,但是刑法中的相关罪名以及一些刑事政策已经呈现企业合规的苗头,例如,拒不履行信息网络安全管理义务罪和强令他人违章冒险作业罪在其前置性规定中,要求单位建立预防犯罪的机制,遵守前置性的法规。相关规定本质上为单位设定了合规义务,单位只有履行相应义务,才能享受合规在减免刑事责任方面的优待。

目前,司法实践中,司法机关在是否追究单位刑事责任的问题上忽视了对企业合规计划的考量,针对把企业合规作为无罪抗辩事由的做法持比较保守的态度。兰州中院即便在审理的雀巢公司员工侵犯个人信息案中,针对区分单位刑事责任和自然人刑事责任方面作出了新的探索,但是,该案的判决还是延续了以单位内部的自然人行为为前提来认定单位刑事责任的一元制模式。

在实体法层面,合规计划在刑事责任认定和处罚上所展示出来的种种优势,克服了一元制模式的弊端。无论是把有效合规计划作为影响单位犯罪量刑的情节,还是将其作为单位刑事责任抗辩的重要事由,都是以肯定单位具有独立于单位员工的主观意志和行为为前提。

从单位犯罪治理体系和治理能力现代化、实现对单位犯罪积极的一般预防效果、缓和我国现阶段刑事立法中存在单位犯罪圈不断扩大与长期以来形成的“厉而不严”的单位犯罪立法政策之间矛盾的角度,当下推行的企业合规改革对单位刑事责任的影响,甚至推动单位刑事责任论的重构,确有必要而且正逢其时。然而,企业合规作为一个舶来品,在引入我国的过程中,难免会产生一些问题。彭新林教授就此提出自己的看法。

其一,要加强单位刑事责任理论的研究。相比英美法系国家,我国单位刑事责任理论的发展时间比较短,基础薄弱。企业合规对单位刑事责任的影响和冲击,绝不仅仅局限于提出确立组织体刑事责任或者进行简单的立法修改,而是涉及整体的刑事归责模式,甚至在广泛意义上涉及犯罪构成模式的重塑问题。现阶段,需要加强单位刑事责任理论方面的研究,特别是发挥刑法教义学的逻辑推理、法律解释和体系化功能,对单位刑事责任的相关概念和原理进行深入分析,尤其是分析企业合规计划对单位犯罪的不法要素和责任要素的影响,把企业合规与单位刑事责任归责的改进和完善有机结合起来。

其二,发挥刑事立法对企业合规改革的引领、推动和保障作用。总体上,我国刑事立法还没有成体系的刑事合规激励机制。这也是我国企业合规的推进缺乏动力的一个原因。一方面,行政监管部门颁布了许多合规指南,发展成了变相审批,如果后续没有配套的行政激励机制,企业合规便成为企业义务的扩张,而难以发挥预防企业犯罪的功效;另一方面,刑法和刑事诉讼法也没有与企业合规相配套的激励措施。因此,若要推动企业合规改革对刑事责任的重构,需要立法的支持和保障,甚至可以考虑在《刑法》总则中对单位犯罪做出专章的规定。

其三,协同推进企业治理和企业犯罪治理理念的转型升级。一方面,合规计划本质上是企业社会责任的一部分,要推动企业合规改革的深入发展,离不开企业治理结构的优化,也离不开企业治理结构的转型升级;另一方面,需要推动企业犯罪治理理念的转变。我国高发的企业犯罪表明传统的企业治理理念越来越难以跟上经济社会发展的现实需求,需要以涉案企业刑事合规改革作为契机,推动我国企业犯罪治理理念从注重事后惩罚向注重事前预防转变,从报应性司法向恢复性司法转变,从对抗性司法向协商性司法转变,从国家单独治理向国家和企业共同治理转变。

其四,防范重构单位刑事责任之后可能面临的问题。第一,企业合规改革中,单位刑事责任重构之后,可能会出现放纵单位犯罪的现象;第二,涉案企业实施有效合规计划,可能会暴露自身的问题,以致竞争对手的打压;第三,目前的企业合规改革,针对中小微企业,存在内生动力不足的问题;第四,单位刑事责任重构后面临单位主观罪过的判断问题。一方面,单位的主观意志难以与单位员工的主观意志彻底分开;另一方面,从企业文化之间的角度来综合考虑单位的罪过可能存在标准过于随意的问题,容易导致司法机关自由裁量权的滥用。

第二单元　企业合规改革中刑事法与行政法的衔接

第二单元的主题为“企业合规改革中刑事法与行政法的衔接”,由中国政法大学刑事司法学院王平教授主持,五位发言人分别为清华大学公共管理学院于安教授、中国政法大学诉讼法学研究院郭烁教授、中国政法大学比较法学研究院院长解志勇教授、郑州大学法学院院长苗连营教授和中国人民大学法学院李奋飞教授。

一、于安教授作主题发言

于安教授主要围绕我国涉罪企业合规如何确定范围和基本制度框架

展开讨论。

于安教授首先指出,我国企业合规与域外先行性国家的企业合规实践存在重大差别。例如,从试点发布的案例看,我国的企业合规主要集中于中小企业,而域外国家的企业合规则主要集中于大企业,这一特点决定了建立我国涉罪企业合规的独特框架具有必要性;又如,针对中小企业如何展开合规;再如,如何处理中国刑事诉讼法和行政法律之间的关系。于安教授认为,至少需要考虑以上两个问题来构建我国的企业合规框架。于安教授认为,我国要完善以行政监管为中心的合规制度,或许可以考虑建立以行政法为基础的合规制度。

后于安教授从程序性衔接、制度性衔接、处罚衔接和行政规制性监管的衔接四个方面展开,对刑事合规和行政合规的衔接问题做了非常翔实的阐述。

一是程序性的衔接,即如何建构行政主管机关和检察机关的衔接制度的问题。于安教授认为,在程序性衔接上,应由检察机关首先启动,由检察机关邀请行政主管机关在合规全过程中协同合作,其中检察机关发挥主导作用,行政主管机关协同进行,例如,在目前第三方机制中,就急需突出行政机关的合作。

二是制度性的衔接,即行政法制度与合规制度如何衔接的问题。例如在政府采购中,对供应商存在一定要求,其中涉及供应商是否有重大违法记录的问题,重大违法记录包括刑事处罚记录和一些行政处罚记录,可见其中行政处罚和刑事处罚存在一定的衔接。对此,于教授表示,能否进行一些新的延伸?例如,能否将刑事处罚延伸至更多的行政许可规定中?

三是处罚的衔接,这是最常见、也是最迫切的衔接。我国行政处罚制度与域外国家存在巨大区别,我国大量的行政处罚在现行有经验的国家看来,并非行政处罚。与此同时,围绕行政处罚,过去和现在关注的问题也存在差别,在过去,行政处罚法中的衔接问题主要是以罚代刑的问题,目前的问题却不仅限于此,例如,将从轻减轻处理转变为给予行政处罚,其中的程序应如何设计的问题。可见,在处罚衔接的过程中,需考虑中国行政处罚和刑事处罚的特有关系。

四是行政规制性监管的衔接,这是最重要的衔接。因为在刑法涉及保护两类秩序(社会主义市场经济秩序、社会主义市场管理秩序)的罪名中,多数是基于行政管理秩序建立的。行政规制性的监管问题是指,由于我国央地关系的特殊性,在行使监管权时,各地不一定遵循一般性要求,可能存在很强的地方特点,一系列经济类犯罪的发生和这一监管失灵存在很大关系。解决监管失灵,需建构一套制度性机制,需考虑在涉案企业合规的背景下,如何继续改进行政监管机制。

二、郭烁教授作主题发言

在具体展开论证之前,郭烁教授分析了行刑衔接问题的重要性来源。首先,在中国的语境之下,刑事合规主要是由人民检察院主导的。但是把视线转移到欧洲、美国这些合规开展较早、发展相对成熟国家的话,大量的合规主要指的并非刑事合规,而是行政合规,因而行刑衔接的问题自然会产生。其次,从中国的实体法角度可以为行刑衔接找到法律依据。2014 年党的十八届四中全会通过的《中共中央关于全面推进依法治国若干重大问题的决定》中提到,应当健全行政执法和刑事司法衔接机制,实现行政处罚和刑事处罚无缝对接。而在 2021 年 8 月中共中央、国务院印发的《法治政府建设实施纲要(2021 - 2025 年)》中也提到了要完善行政执法和刑事司法的衔接。另外,还有《在行政执法中及时移送涉嫌犯罪案件的意见》《行政执法机关移送涉嫌犯罪案件的规定》以及一些特殊门类(如环保领域)的具体规定,与此相关的法规规范和政策性的文件大致可以有 80 余部。最后,从整个立法体系而言,大陆法系国家和英美法系国家均采取一元论的立法体系,即并非严格区分违法和犯罪。而我国虽然目前存在犯罪圈扩大、一元化的趋势,但是仍然坚持行政违法和刑事处罚的二分,而这也就意味着对行刑衔接问题的重要性的格外强调。

接下来,郭烁教授就职能方面的衔接、如何衔接、协同治理、行刑衔接的证据问题、国际视角下的衔接问题五方面发表看法。

第一,关于行刑职能衔接的问题。我国目前是由检察院来主导刑事合规进程的,但是行政部门没有任何相关的法定义务。虽然企业合规在初期探索阶段可以依靠部门之间的协调来实现,但是长久来看,通过立法来把行政机关的法定义务确定下来是更合理的做法。

第二,关于行刑如何衔接的问题,也即谁和谁衔接的问题。监察法和刑事诉讼法在这个问题上已经讨论许久。具体的讨论涉及谁和谁衔接，衔接中以谁为主，或者在特定的情况下以谁为主等问题，在此应该通过分类讨论来分析此问题。根据田野调查显示，有些从事外贸的企业宁可被检察院起诉、被刑事处罚。原因在于，行政机关更加清楚企业的痛点在哪里，比如，罚金、责令停产停业甚至吊销执照等。现实中的企业并非都认为刑事合规不处罚一定会带来更轻的后果。在谁和谁衔接以及如何衔接的问题上，可以划分不同的案件类型加以考虑。

第三，关于协同治理或者从源头治理的问题。东莞近期在打击环境类违法时的合规做法值得借鉴，即行政机关介入的合规模式。违法企业通过恢复原状、公开道歉承诺等方法，获得行政处罚的从轻处理，这一做法对企业、执法者、公众多方而言均产生了积极影响。从源头治理应当采取类型化的思维方法。企业刑事合规问题所触犯的罪名除贿赂类外，其余多体现为行政犯，而行政犯领域内部又有巨大差别，如可分为环境类案件、涉税类案件、涉知识产权类案件等。在美国的合规体系中，不同领域的行政犯均有完备的备忘录来规范。备忘录里既包括实体法内容，也包括程序法内容。就此而言，协同治理具有重要意义。另外，应当体现处罚结果的互认，行政处罚机关作出的行政处罚的数额不见得比检察院作出的罚金刑要低。对此应当进行统筹考虑或者全盘考虑。

第四，关于行刑衔接证据视角的问题。目前对该问题的讨论并不充分。其一，现行立法规定了 8 种法定证据种类，行政机关在行政执法和查办案件过程中收集的物证、书证、视听资料、电子数据等证据材料，可以在刑事诉讼中作为证据使用。在当事企业或者当事人自认的情况之下，是不是所有的口供拿到刑事犯罪之中来均需要重新收集，基于硬件环境和软件环境改革的当下，该问题值得进一步讨论。其二，行政机关和刑事司法机关对于案件事实的证明标准并非一致。是否所有检察机关不能够认定的事情，行政机关也不能够认定。由于不同部门法证据标准的不同，该问题也值得被讨论。其三，同样涉及行政和刑法证据标准的问题，例如，醉驾案件之中公安交管部门作出的认定能否直接拿到刑事司法中适用的问题也是需要讨论的。

第五，关于国际视角的问题。中国的企业合规实践中大量的案例都是针对中小微企业的，而欧美国家的企业合规则主要针对跨国、巨型的企业。因此,在域外的企业合规语境之中有很强的协商性司法的特色,体现了国际治理的视角。总之,今天讨论的话题兼具国内治理的视角和国际治理的视角,是很有前景或者说很具前瞻性的一个话题。

三、解志勇教授作主题发言

解志勇教授主要围绕行政法在企业合规中的适用领域展开讨论,通过具体案例对行政合规计划做了详细的介绍,深入浅出,翔实生动。

发言伊始,解志勇教授表示,以往谈论的行刑衔接问题很容易被理解为在企业合规过程中企业责任的具体处理问题,例如,无需企业承担刑事责任时改为承担行政责任的问题,但今天其要谈论的内容略有变化,具体而言,主要围绕以下三个方面展开:

第一,在静态监管意义上的企业合规。企业合规首先是静态意义上的,即企业在日常经营过程中的合规,这项职责的履行很大程度上要以行政监管类的法律作为基本依据。一旦发生事故,企业需依据内部合规计划进行整改。

第二,已行政违法但还未触及刑法,或是还未进入刑事合规程序的企业,在未来也存在行政法层面合规处理的可能。在我国,行政违法和刑事犯罪遵循二元的处理方法,这使我们难以理解,为何减轻处罚的犯罪行为最后却作行政处理?这实际上体现了两大法系的差异,也是未来要探索的制度建构。行政层面的合规探索已有实例,例如,在市场监管总局对美团、阿里巴巴的处罚决定中,均明确提到了合规建设的问题。以对美团的处罚决定书为例,其中责令停止违法行为的第四项说道:“根据刑事处罚法坚持的处罚教育相结合的原则,本机关结合调查过程中发现的问题,制作行政指导书,要求当事人全面整改,依法合规经营”。相较于以往的行政指导书,“依法合规经营”明确提到“合规”二字。另外,在指导书第三大项说道:“完善企业内部监督管理制度,建立全方位合规控制体系,将各业务线、各环节纳入法律合规框架,建立并有效执行反垄断合规制度,明确合规流程,完善合规治理、合规检查、合规考核等内部机制,定期开展合规培训,增强反垄断合规意识,提升合规能力。定期向合规部门报告合规工作,自觉维护公平竞争的市场秩序”,其中非常明确地存在合规要求的条款。指导书最后说道:“制定合规方案,明确合规整改内容和时限,报送合规报告,接受社会监督”,也很明显具有合规整改的性质。在上述美团、阿里巴巴案件中,二者均没有犯罪,但行政违法的行政指导却明确要求建立合规体系,可见,行政合规已进入探索阶段。

第三,在合规章程的指引之下,有效合规计划的制定、实施、监管、验收、评估、出罪后的责任承担,均需以行政法律为依据。首先,合规计划的制定过程需以行政法律为依据,正如美团案件中的行政指导书所言,违反反垄断法就必须制定有针对性的合规计划,其基本法律依据是行政监管类的法律。其次,合规计划的实施需以行政法律为依据,虽存在争议,如实施方式是自我实施还是第三人监管,又由谁来监管,但只要行政机关作为主要监督机关,就必定存在行政法律作为依据。再次,合规的有效评估需以行政法律为依据,即对是否达到检察机关设定的标准的判断,如果涉及犯罪,需将刑事法和行政法结合共同评估,如果只是行政违法,验收评估标准则主要来自行政监管法律或行业部门标准,无论是实质性标准还是程序性标准,主要来源均为行政法。最后,出罪后的责任承担上,行政法律和刑事法需共同配合,二者间的衔接尤为重要。

四、苗连营教授作主题发言

针对企业合规研究,苗连营教授提出了三个重要问题。

第一,合规的内涵和外延应当如何界定?合规与合宪性、合法性的本质距离如何区分?

第二,如果把“规”界定为,企业为了预防犯罪所制定的具有出罪或减刑功能的一些管理措施,它的制定主体——企业,同时也是这些措施的实施主体,不合规在更大的程度上是市场主体的自治行为。对企业来说,合规经营是为了获取更大的利润,这是一种本能,也是一种冲动。在这种情况下,应当把企业合规看作一种内部的行为,还是看作一种应受外部监督和制约的行为,是值得思考的问题。

第三,合规针对的是企业,但企业不同于普通的公民和社会组织。企业是最重要的社会财富创造者。创造财富、获得利润是它的本能和追求,它通过合法经营、创新、提升产品质量等方式追求最大的利益。如果企业的核心行为在这些方面，很显然与企业的行为发生联系最密切的是政府，而不是司法权。企业所有的行为与税务、产品质量、知识产权保护、土地、税收、物价等一系列问题紧密相关。因此，政府对企业合规的认识更直接或者说更密切。而且现在市场改革的一个核心问题是政府与市场的关系。从让市场在资源配置中发挥基础性作用，到让市场在资源配置中发挥决定性作用，到建立现在的有为政府和有效市场有机结合等，改革的核心问题始终是政府和市场的关系。此时面临的问题是，司法权能否绕过、绕开行政权直接对企业的行为，对市场主体的行为进行评价？这就涉及如何定位行政权和司法权之间的关系，以及如何在法理与宪法上认识司法权和行政权的属性功能之问题。

五、李奋飞教授作主题发言

中国人民大学法学院李奋飞教授认为，企业合规改革不仅是一场司法改革，更是一场社会综合治理改革，既离不开公安机关、检察机关和人民法院的积极参与，也离不开行政执法机关的积极配合。在指导企业实现有效合规方面，目前存在一定的局限性。李奋飞教授从程序启动、合规考察、处理结果三个方面谈及对实现涉案企业合规新型衔接问题的看法。

首先，程序驱动的衔接。对于企业犯罪案件的处置，首先由行政机关进行查处，发现违法行为涉嫌犯罪后，再移交公安机关立案侦查。然后公安机关侦查终结，再移交检察机关审查起诉。在实践中，三机关经常在企业犯罪案件的定性调查、侦查路径和处理方式上发生分歧。很多原本是单位犯罪的案件，公安机关和检察机关只按自然人犯罪追究，法院也只能按自然人犯罪作出判决。目前检察机关正在积极探索建立双向衔接机制。2021 年 10 月，最高人民检察院发布了《关于推进行政执法与刑事司法衔接工作的规定》，该规定以检察机关的法律监督权作为纽带，搭建行刑桥梁。李奋飞教授认为这种双向衔接机制尚未充分地考虑企业犯罪案件的特殊性，难以充分地服务于企业合规改革。一方面，企业犯罪案件的侦查比较复杂，公安机关需要迫切地得到行政机关的技术支持，才能够实现高效的办理。另一方面，企业犯罪案件对社会公共利益的影响比较大。若对企业定罪，可能会导致企业破产倒闭，员工失业，甚至对行业经济产生非常严重的冲击。检察机关在处理企业犯罪案件时,会涉及对企业的经营情况、企业违法历史、企业影响力等方面的社会调查,此时需要行政机关的充分配合。

对此,李奋飞教授提出两个建议:一是要建立检察引导下的行刑联合办案小组制度。对于企业涉嫌犯罪的案件,行政执法机关移送案件后,如果公安机关已经决定立案,行政机关不能先行作出行政处罚的决定,但是不应当停止调查程序,而是与公安机关联合执法,此时可以由监察机关进一步发挥法律监督的职能作用,提前介入案件的侦查。在国外,企业犯罪绝大多数都是由检察机关直接侦办,而我们国家的侦查体制是公安侦查,但是检察机关要在侦查阶段提前介入,主导行刑机关成立联合办案小组。只有这样才能够统筹各机关的执法资源,共同发现企业犯罪案件的事实真相。二是要建立合规准入联系听证制度。因为处理企业犯罪,会对公共利益产生重大影响,因此需要保障公众的知情权、参与权。除此之外,还要尊重行政执法机关的意见。如果不邀请行政执法机关参与进来,一方面无法实现案件办理的有效配合,另一方面容易产生情绪性的抵制。

其次,合规考察方面的衔接。合规考察衔接上,主要存在两个方面的问题:一是就合规考察的评判标准,目前行刑机关没有形成统一的意见。有效合规不仅要求企业实现经营和管理模式的去犯罪化,还要实现前置的去违法化。二是就合规考察活动的实施,行刑机关缺乏有效的配合。检察机关自行监管和第三方监管之间的关系尚未明确,通过实践调研,发现存在滥用第三方监管的情况。第三方监管的资源实际非常有限,如果将其用于微小企业,会导致资源的过度消耗和浪费。对此,李奋飞教授提出了两点建议:一方面,行政机关与检察机关需要联合制定有效合规标准。行政机关已经出台了一些合规指引性文件,在大合规和部分专项合规的标准制定方面,积累了一些经验。因此,检察机关在制定刑事合规标准的时候,应当组织有关行政机关参与进来。在行政合规经验的基础上,要强化犯罪风险点的预防,而且要根据中小微企业的实际情况做出简化和调试。另一方面,应当明确第三方监管的必要性原则。肯定第三方监管机制可适用于以下三类合规整改难度比较大的案件:第一类是企业规模大的案件。企业的规模越大,企业越复杂,合规难度越高。第二类是涉罪情节比较重的案件。合规监管除了保障合规有效性以外,还有一定的惩罚功能，也需要适用合规监管。第三类是企业合规基础比较差的案件。部分企业并未建立企业制度，若缺乏第三方监管，短期内很难完成。至于合规难度小的案件，检察机关可以自行监管，进而实现社会资源的优化配置。

最后，在处理结果上如何实现衔接的问题。目前存在的问题主要是，企业合规对企业刑事责任和行政责任的减免尚未确认，存在与行刑执法效果相左的风险，因此，未来需要确立行政执法机关和刑事执法机关手段配合原则，建立合规结果互认的事先协议制度。在刑事实体法确立合规的罪责减免功能之前，检察机关有必要商请行政执法机关与涉罪企业签署包括补救措施在内的合规监管协议。涉罪企业是否承诺履行，是否最终履行了包括行政处罚在内的各种补救责任等因素，应当成为检察机关决定是否启动合规考察程序以及是否对其予以从宽处理的重要依据。

第三单元　有效合规体系的建构与考察

第三单元的主题为“有效合规体系的建构与考察”，由中国政法大学刑事司法学院卫跃宁教授主持，五位发言人分别为中央民族大学法学院院长韩轶教授，安徽师范大学法学院院长（挂职）、北京师范大学刑事法律科学研究院副院长周振杰教授，天津大学法学院刘霜教授，南京市人民检察院法律政策研究室李勇主任和东南大学反腐败法治研究中心执行主任钱小平副教授。

一、韩轶教授作主题发言

韩轶教授围绕“网络数据安全领域企业合规体系建构”展开讨论。

企业的刑事法律风险防控以降低刑事犯罪风险为其基础功能，兼有推动企业合理承担社会责任的扩张功能。企业面临的刑事法律风险呈现多样性、动态性的特点，故企业需要针对特定风险点进行合规体系建构，并随风险变化及时更新合规体系。进入互联网时代，数据对企业而言已然成为财富，具备价值属性；大数据技术的广泛应用，也成为企业提高竞争力的关键因素。在此背景下,网络数据安全的刑事风险和企业合规体系构建作为全新问题,与企业发展紧密相连,也是刑事立法的全新对象,单位犯罪主体尤其是其规制重点。韩铁教授从以下四个层面对该问题进行了深入分析。

第一,基本功能指向。刑事合规是企业合规的基石,其理念是刑法中的预防。建立完善网安刑事合规体系才能起到预防数据风险、强化公司治理、构建和完善现代企业制度的作用。该体系发挥着两种功能:一是基础功能,即降低企业犯罪风险。一方面,建构与完善企业自身数据安全内部控制和治理流程,避免企业自身成为犯罪对象,保护企业核心数据财富;另一方面,保障企业数据管理规定同法律法规、政策、行业规范等外部规范保持一致,形成社会利益保障和企业数据保护双赢的局面。二是扩展功能,即提升企业整体价值。从社会价值角度,履行生产经营职责,创造经济价值、社会财富;从社会责任角度,履行社会管理职责,保证社会管理秩序稳定。数据合规对以上功能发挥具有推动作用。

第二,企业合规视角下数据安全犯罪。近几次的刑法修正案体现出数据安全领域是刑法修改的重要内容。企业在收集、管理、利用数据时可能会触犯侵犯公民个人信息罪、拒不履行信息网络安全管理义务罪,两者从企业对公民个人数据保护义务、网络数据管理义务角度提出了新的刑事合规的要求。

第三,网络数据安全企业合规的基本风险点。风险分为一般风险与特殊风险。前者是企业在一般运营中经常会出现的风险,如商业贿赂。后者是企业基于自身特殊性而产生的风险,如数据风险,具体包括:企业滥用数据垄断地位引发的法律风险,企业侵犯个体数据自决权引发的法律风险,企业侵犯国家数据安全引发的法律风险。

第四,网络数据安全合规的一般方案。首先,企业要有合规的基本认知和意识。其次,要有合规的一般方案。建立企业整体数据安全防控管理、个人数据合规、企业个人数据控制权保障合规、企业数据泄露防控、第三方数据处理、数据安全应急管理等制度。

最后,韩铁教授对发言进行了简要总结,指出企业在积极探索网络数据技术应用和创新,通过技术引领获得企业新的竞争优势的同时也会出现新的法律风险隐患,因此,技术创新和行为合规需同步进行。企业要从顶层设计上,将网络数据安全刑事合规贯穿运营始终。规范化数据管理策略、处理流程是企业建立数据合规体系的出发点,是企业承担社会责任的表现,更是企业化解合规风险、求发展的必要准备。

二、周振杰教授作主题发言

周振杰教授的报告分为“宏观的合规体系建构的四个基本问题”与“第三方监督评估机制”两个部分。在具体的报告之前,周振杰教授首先对探讨范围(视域)予以简要界定,所谓“有效合规体系”,并不局限于企业内部如何建立有效的合规体系,而是从治理的角度及社会大背景来思考该问题。

(一)宏观的合规体系建构的四个基本问题

1. 建立有效合规体系的目标是什么

有学者提出“建立合规体系,或者说实施刑事合规制度的目标是放过企业,严惩个人”。在现行的试点中也出现了相应的“双不起诉的现象”,即既不起诉企业,也不起诉个人。

针对这两种观点,周振杰教授认为:第一,建立刑事合规体系的初衷并不是要放过企业。接受合规监管,可能也是一种制裁,尤其是在国外的刑事合规试点当中,个人依旧是按照个人的处罚原则去处理的,并不是说要严惩。第二,双不起诉现象的出现跟当前试点的特殊背景存在一定联系。首先,当前试点的合法基础,或者说规范基础,是《刑事诉讼法》第177条第2款规定的“相对不起诉制度”;其次,当前试点的案件范围是根据自然人可能判处的刑罚来确定的,本身判处3年以下就已经是很轻的案件,再对其进行合规治理,就会造成一种“双不起诉”的现象。所以无论是放过企业、严惩个人还是“双不起诉”,都应该属于建立合规体系的途径,而不是建立合规体系的最终目标。

建立有效合规体系的最终目标应该是:“实现可持续发展”与“实现治理能力和治理体系的现代化”两大目标。第一,实现可持续发展。可持续发展包括企业的可持续发展和社会的可持续发展两层含义。对企业不起诉、合规监管,是要保证企业能够合规合法地发展,能够长远地发展下去。企业的可持续发展也就决定了社会的可持续发展,因为现在的企业是社会发展的主要动力,尤其是现代科学技术在生活中发挥了主导的作用。第二,实现治理能力和治理体系的现代化。现代社会与传统的农工社会不同,现代社会是一个非常复杂的社会,治理一元化已经难以适应现代社会的要求,现代社会的治理需要社会生活的各个方面都参与进来,需要各个主体的参与。实施合规,本质上是让企业参与到社会治理当中来。

2. 建立有效合规体系的起点是什么

建立有效合规体系的起点是刑事责任。刑事合规仍然在刑法的范围之内,而责任主义是近代刑法的基本原则,责任主义禁止单纯的结果罚,依据行为人所造成的损害结果对其进行处罚,需要行为人主观上存在故意或过失。但企业的故意和过失与个人的故意和过失并不相同,因为从企业合规的角度来看,个人责任和企业责任并不相同,个人责任偏向于道义责任,而企业责任更偏向于社会责任。从不同的本质出发,其构成要素和判断逻辑都应该有所不同。这就是为什么国外的一些合规立法是以合规治理的情况来推定企业是否承担责任,承担多大的责任。

3. 建立有效合规体系的合法性基础是什么

当前合规试点的规范基础主要是《刑事诉讼法》中的不起诉制度以及认罪认罚从宽制度。从试点的典型案例来看,可能这样的规范基础是不充分的。尤其是刑法当中的规范基础并不充分,虽然目前能够从教义学的角度出发,认为一些不作为犯罪中的作为的义务可以构成规范基础,但是这样远远不够。刑法应当做出相应修改,尤其是要从企业责任的本质出发,把一些合规治理的情况纳入故意和过失的判断中来。这样才能在实体法上为企业合规体系,尤其是有效合规体系的建立奠定一个合法性基础。

4. 建立有效合规体系的主体是什么

建立有效合规体系的主体包括三方:第一方就是执法与司法机关;第二方是企业;第三方不仅包括监督评估的主体,尤其是第三方监督评估机制的委员会或者专家小组,也包括社会公众。因为评估结论是否公正,是否能够扶正企业的合规,是否落到实处,是否发生真实的改变,这些都需要一个常识判断。比如,食品产业本身认为自己的合规已经做得很好,第三方机制也做出了一个肯定性的结论,但是食品在社会上能不能够得到认同需要社会公众进行评估。

(二)第三方监督评估机制

从2021年6月开始,我国从国家层面到地方层面,都在纷纷建立第三方机制的管委会,第三方机制的管委会的功能之一是要成立第三方监督评估组织。第三方监督评估组织来监督合规计划的制定实施情况,评估合规治理是否达到相应标准。

关于第三方组织的构成与运行机制,周振杰教授提出了两点思考:其一,第三方组织有没有实现合规体系的目标,即有没有达到让各个主体参与进来,把犯罪预防的责任分散开来的目标?其二,评估结论的性质是什么?能否对评估结论进行分级处理?有的诉讼法学者认为评估结论是鉴定结论,如果采取这种观点,大致能够对应刑法中的提供虚假证明文件罪。建议对评估结论分级处理,可以分成优良中下进行处理。

三、刘霜教授作主题发言

刘霜教授围绕有效合规计划的构建,从中、意比较研究的视角展开讨论。

(一)我国企业合规改革三大疑难问题

当前我国企业合规改革呈现鲜明的特色:检察主导。而为什么要由检察机关来主导企业合规改革呢?主要是基于企业合规改革的"三重治理逻辑",首先是企业内部治理的重要方式,也是社会治理的创新方式,更是当前助力我们国家治理体系和治理能力现代化的一个重要举措。企业合规改革面临战略风险、经营风险、财务风险和合规风险,其中唯有合规风险是企业最应当重视的,因为它有可能使企业面临生死存亡的风险。

基于此,刘霜教授概括出三大难题:第一,企业原动力不足,内在机制匮乏;第二,企业合规改革从宽、出罪,法律依据不足;第三,检察机关主导的社会治理如何介入企业内部管理及介入程度。

(二)意大利的企业合规及其合规计划

意大利宪法和刑法是不承认法人犯罪的,为了规避宪法障碍,意大利立法者动用他们比较卓越的立法机制,颁布了2001年第231号法令。意大利企业责任的成立是以企业内部自然人的行为构成犯罪为前提的,其中第6条和第7条规定有效合规计划是企业免责的唯一路径。意大利企业犯罪的归责标准分为主观标准和客观标准,主观标准中的组织性罪过非常具有特色,企业是否可以免责需要解决的重要问题是如何避免组织性罪过,但企业可以因为提前制定了合规计划而免责。

意大利第231号法令还专门规定了有效合规计划包括五个方面:第一,要确定最有可能犯罪的领域;第二,制定旨在规划企业如何预防犯罪的协议;第三,确定适合预防犯罪的财务资源管理方式;第四,规定监督机构的信息披露义务;第五,要有相应的制裁措施。意大利的有效合规计划具备“预防性特征”“义务性特征”“个性化动态化”等特征。就有效合规计划的构建而言,首先,企业合规计划不能等同于行业规则或者合规指南;其次,有效合格计划应当提前构建且具备基本要素;最后,有效合规计划的评估,评估主体由法官组成,亦即只能由法官来决定企业是不是能够因为合规而免责。

刘霜教授强调了意大利合规制度对我国的启发意义。首先,应当注重企业刑事合规的法定化,包括实体法与程序法修改,以及制定企业合规专门法。其次,我国单位犯罪的归责基础既非严格责任也非组织性罪过。再次,由事后惩治的单位犯罪模式转向事先预防的企业合规模式。最后,采用配额罚金制,增设褫夺资格处罚。

(三)有效合规计划的构建

刘霜教授指出,有效合规计划的构建,包括有效地预防合规风险、有效地识别违规行为、有效地应对违规事件三方面。此外,刘霜教授提倡一种进行专项的合作计划,目前全世界有四大专项计划风靡全球,即反商业贿赂合规计划、数据保护合规计划、出口管制合规计划、反洗钱合规计划。

(四)企业合规改革发展的建议

在理念方面,应该贯彻稳慎、有序、多元的企业合规改革理念;在依据方面,合规免责的法定化是刻不容缓的;在合规整改方面,以全面合规为目标,以专项合规为重点;在合规的发展方面,应当要协调不同主体间的配合、衔接与监督关系。

四、李勇主任作主题发言

李勇主任围绕“合规计划的设计以及评估考察”展开报告。李勇主任首先指出,企业合规在实体法上要想获得正当化,必须建立在一个有效的合规计划上。在此前提下,重点讨论了当前企业合规建构考察中存在的以下问题:

第一,企业建立的合规计划完全停留在纸面上。无论是检察机关的考察还是监管委员会的考察都存在纸面监管的问题,监管并不到位,可以称为“双重纸面”。特别是对企业的风险识别往往停留在表面。曾经有一个制定合规计划的团队根本没有去过目标企业进行考察,在短短一个月之内就把合规计划建立起来了,这样制定出来的合规计划显然是流于表面的。

第二,合规管理体系假大空。很多合规计划书通篇都是“严禁”“不得”“不允许”,而这些条款都是法律条文中明确规定的,并没有和企业的具体业务相结合。这也源于制定合规计划的往往都是法律从业者,对公司治理、管理学缺乏研究。

第三,合规计划的建设、实施、监管是“两张皮”。很多负责制定合规计划的人并不负责具体实施,这也导致了两者的分离。

第四,专业性不足。合规计划的制定不单纯是一个法律问题,而是一个企业管理的问题,所以一定是法学和管理学交叉进行的。

在列举了上述问题以后,李勇主任对如何解决这些问题、建立一个有效的合规计划发表了见解:

第一,合规计划设计的指导思想。其应当是改造企业的治理结构和重塑企业文化两个要点。很多企业开展业务行贿给回扣,其实际上的企业文化就是以行贿为荣，而合规计划的目标就是要改善这种企业文化，重塑行贿可耻、廉洁向上的文化。

第二，合规计划设计的基本原则。要遵循“三性原则”的要求：首先是适宜性，即遵照企业的特点量身制定；其次是充分性，即合规计划结构合理、程序完善、资源充足，能够满足企业管理和控制过程的需要；最后是有效性，也是最终的目标，而适宜性和充分性都是有效性的充分保障。

第三，合规计划设计的基本要素。新版的指标总共有七项要素。重点考虑的是要以风险为导向，建立三大体系：风险识别体系、风险监控体系、风险应对体系。在风险识别体系中，要组织环境的合规义务识别，不能只是为了不构成刑事犯罪而制定合规计划，这样的合规计划肯定是不过关的。

第四，合规计划有效性的具体考察。李勇主任的基本意见是，可以参考美国司法部 2020 年版的企业合规计划评估指南，考察合规计划的设计是否合理、合规计划是否被真诚地认真地实施以及合规计划在实践当中是否起到了作用。在这三个基本的考察点之下，设有 50 个一级指标和 168 个二级指标。在考察企业合规计划是否达标时，要从技术和企业文化两个维度同步进行。

五、钱小平副教授作主题发言

钱小平副教授围绕“合规体系的构建与刑法立法的完善”展开讨论，并将发言所涉有效合规体系限于事后合规范畴。

钱小平副教授指出，所谓有效合规体系构建，是指司法机关在对涉案企业作出是否宽大处理决定时，对合规体系是否能够发挥相应的防范监控、应对违法行为的作用所采取的一种评估标准。按照一般的有效合规的标准来说，分为三个方面：一是企业是不是已经有一个良好的书面合规计划；二是企业是否已经设立了独立权威的合规组织体系，是否建立了合规的奖惩机制；三是这个合规体系是否能够良好运行，发生违规时能否识别风险，进行自我纠正和报告。尽管已经有了这三个普遍的判断标准，但是在实践中实际上还是有大量的涉案企业急于获得检察机关的不起诉决定或者法院的从宽处罚从而进行纸面合规，没有将合规整改真正贯彻到企业的治理之中，导致犯罪原因没有能够得到有效的遏制，组织再犯的危险性也没有降低。所以,在构建一个有效的合规体系的评估上面有一个无法回避的问题,就是存在合规陷阱。合规陷阱实际上是针对司法机关而言的,即司法机关被纸面合规所蒙蔽,不当地做出了一些对涉案企业的不起诉决定或者从宽处罚。产生合规陷阱的原因主要有两个方面:一是目前缺乏独立的企业合规的出罪程序;二是缺乏对无效合规的刑罚威慑。

对于如何解决这两个方面的问题,钱小平副教授提出了以下见解:

对于第一个问题,应该将单位合规出罪程序从一般程序中剥离出来单独规定,这样的话就可以不受侦查审查、起诉时间的限制。另外,要确立单位责任与个人责任的分离,关键在于对于单位归责原则的一种确认。从组织责任论角度来讲,由决策机关按照内部程序做出的决策,当然是单位意志的表现方式,但不是全部的单位意志。单位的管理体系、制度规章、企业文化才是单位意志的表现形式。而且这种基于组织体自身的整体意志,比决策程序所反映出来的自然人意志产生更早,在单位成立的时候就已经出现了,所以更能准确地反映单位的真实意志。在决策机关的自然人意志与单位的整体组织意识发生冲突的时候,单位承担责任的基础只能是单位组织体的整体意志。在这个过程中,企业合规就是非常重要的一个检验标准。充分而有效的企业合规表明企业对犯罪的一种反对态度。单位企业既无犯罪故意,也无犯罪过失。这个时候决策者、决策机构的自然人的意志和单位整体意志就不相符合,由个人来承担责任,这就是单位犯罪的实质犯罪论的一种体现。正如刘艳红教授所主张的,应当将单位责任和单位成员责任进行彻底地分离,将单位犯罪视为两个行为、两个犯罪主体、两个处罚主体的聚合犯罪。在刑法立法上,应当对单位整体意志和自然人意志的分离、单位责任和自然人责任分离做出明确的规定,即应当积极地推动《刑法》第 30 条和第 31 条的立法修正。《刑法》第 30 条应当立足于事前合规的出罪,第 31 条应当立足于事后合规从宽处理。无论是事前合规出罪还是事后合规从宽处理,都需明确规定,在单位不负刑事责任或者从宽处理的情况之下,不影响自然人的刑事责任。

对于第二个问题,要建立合规整改后的合规特别累犯制度。当前合规试点是由检察机关主导或引入第三方组织,对涉案企业合规整改进行评估,将单位合规整改作为不起诉和从宽量刑的依据,体现了鼓励有效合规的一种正向激励。但是面对合规陷阱,有必要采取相应的一些惩治性的手段,针对无效合规建立从严从重处罚的负向激励,以预防单位再次犯罪,并且确保正向激励的效果,可以考虑在立法上设置单位特别累犯制度,当单位在合规整改以后再犯类似罪的,说明合规失败,单位的组织危险性比较高,对其从严处罚也有利于发挥刑罚的特殊预防和一般预防功能,督促在社会范围内进行实质的有效的合规建设。

另外,钱小平副教授提出,要建立针对特定犯罪的强制合规制度。合规实际上本来是企业内部的一种自治性权利而非企业应当履行的一种法律责任。强制合规会提高合规的强制力和威慑力,当然也存在国家权力干预的边界问题。法国是世界上第一个在刑法中规定强制合规制度的,主要针对的是腐败犯罪,将合规作为一种附加刑,如果合规不成功,将会承受更为严厉的处罚,包括对责任人的处罚。我们国家可以借鉴。

钱小平副教授认为,如果要设置强制合规制度,可以考虑在两类犯罪中设置,一是采取单罚制的生产安全类犯罪,例如,重大劳动安全事故罪、工程重大安全事故罪,这些犯罪不处罚单位。但如果仅处罚责任人员不对单位进行强制合规的话,不能够消灭再犯的结构性风险。二是行贿类犯罪。要从根本上遏制行贿,就需要通过具有威慑性的强制性合规来重塑企业文化,这个时候就不能按照自愿合规的方式来处理,而是应当将预防行贿作为所有单位都应当遵守的一种强制性义务。

第四单元　企业合规改革的未来走向

第四单元的主题为“企业合规改革的未来走向”,由最高人民检察院法律政策研究室高景峰主任主持,四位发言人分别为中国人民公安大学法学院院长李玉华教授、中国政法大学诉讼法学研究院院长熊秋红教授、山东大学刑事合规研究中心执行主任李本灿教授和北京师范大学刑事法律科学研究院院长张远煌教授。

一、李玉华教授作主题发言

中国人民公安大学法学院院长李玉华围绕从试点探索到立法规范、

合规主体和阶段向前向后继续延伸和拓展、从刑事领域的合规到行政领域的合规、从全面合规到专项合规和从对国内企业的合规到对国际企业的合规五个方面提出专业意见。李玉华教授认为：

第一，该项改革是最高人民检察院主动抓住历史机遇、探索业务领域，积极参与社会治理的重要体现。从2020年最高人民检察院推动合规试点至今已经两年有余，现在已经完成两轮试点，目前第三轮试点全面铺开，也已经取得了大量有益成果。第一轮试点主要针对中小微企业，第二轮则引入第三方监管机制、开始对大企业开始试点，后又出台一系列配套文件、建立国家层面的人才库用以指导试点工作。经此铺垫，关于企业刑事合规的立法已经呼之欲出。下一阶段，也将逐渐重视关于此问题的立法工作研究，其具有当下的和长远的多重意义。当下我国立法回应的一个重点是“合规不起诉”，在刑法领域主要解决的是合规的出罪与从宽量刑问题，在刑事诉讼法领域主要解决的是附条件不起诉及相应争议点。

第二，企业合规与刑事诉讼阶段的问题。向前要延伸到公安机关的侦查阶段，向后要延伸到人民法院的审判阶段。这也是该问题未来发展的一个趋势。从司法办案系统来讲，案件办理的“向前”“向后”拓展也是一个重要的问题：向前的侦查阶段涉及强制措施、清理积案等一系列问题，公安机关若能参与到这一问题的研究中来，将对该议题的发展完善有更大裨益。在审判阶段，域外的一些经验值得我们参考。如很多国家都确立了“暂缓起诉”制度，该制度出现于审判阶段，原因便在于防范检察官的自由裁量权之滥用，如英国、意大利等均体现出类似精神。另外，目前的合规议题通常涉及出罪、量刑从轻的问题，都需要法官进行回应，因此向后的延伸也不可避免。

第三，刑事领域合规到行政领域合规的转化问题。合规制度作为司法改革重要一环，是由检察机关在刑事诉讼当中推动，属刑事领域范畴。但在探索、试点过程中，实践中出现大量行政犯向刑事犯转化的问题，即违反行政法规达到一定程度构成刑事犯罪的情形。首先，合规问题，意味着源头治理，重在防范。因而刑事领域的犯罪延伸，不可避免地需要“溯源”到行政领域。其次，向行政领域的延伸，将更好地遏制违法犯罪问题。另外，域外企业合规经验也可供我国借鉴。如在美国，行政领域的合规与刑事领域的合规便存在交叉情形。诸如美国商务部、联邦贸易委员会等在行政监管当中经常大量涉及合规问题,行政执法和刑事执法亦存在交替进行的情形。

第四,从全面合规向专项合规的转化问题。我国对合规的认识经历了一个过程。最初之时各方没有足够的经验,故初期出台的指南、指引等均是“大合规”,系“全面合规”。但在具体实践中的合规各有其特点:不同行业、企业、风险点、业务开展等均有差异。故该议题应当是由全面合规向专项合规发展。

第五,从国内企业合规到国际企业合规的发展问题。在“六保六稳”的契机之下,我国企业合规议题在初级探索阶段,主要面对的是国内的中小微企业。但我国企业在“走出去”的过程当中必然涉及国际竞争,由此便涉及国际企业合规问题。未来,我国合规的研究范围还会包括大企业、跨国企业,我国也不能只在其他国家的长臂管辖之下被动地进行合规。所以下一步对大企业乃至国际企业进行主动合规也是未来发展的方向。所以,在中国企业合规的过程中,我们既要进行本土化的合规,也要注意到国际合规中的共性问题,诸如国际标准等。相信在这个过程当中,中国在合规领域的实践也会给世界贡献“中国智慧”“中国经验”。

二、熊秋红教授作主题报告

熊秋红教授提出,当前刑事诉讼法领域有大、中、小三种引入合规的立法方案,结合立法时机、立法争议问题、立法的模式选择三个方面建议刑法与刑事诉讼法最好同时修改,但若考量起诉便宜主义,可先在刑事诉讼法中引入合规。

熊秋红教授指出,现阶段企业合规面临着是否入法以及如何入法的问题。综观目前刑事诉讼法学界的讨论,主要存在大、中、小三种立法方案:大方案为增设单位刑事案件的诉讼程序;中方案为增设企业合规刑事诉讼特别程序;小方案为只解决企业合规不起诉和暂缓起诉的问题。究竟应当采取哪一种方案,不仅涉及对企业合规改革本身的认识,也涉及对立法的时机是否成熟、立法技术上的难度等相关因素的考量。关于企业合规的立法方案,熊秋红教授围绕立法时机、立法争议问题、立法模式的选择三个方面发表专业意见。

第一,关于企业合规的立法时机问题。熊秋红教授认为,企业合规立法符合世界范围内企业合规发展的总体趋势,并指出当下构成我国企业合规入法契机的四个因素。从美国的情况来看,就实体法层面而言,其关于法人犯罪的处罚理论经历了一个从宽到严、再从严到宽的发展过程;就程序法层面而言,在 2001 年之后,检察官通过暂缓起诉协议来重建企业,被视为具有划时代意义的事件。从大陆法系国家的情况来看,随着时代的发展,传统的犯罪主体一元化理论受到诸多挑战,一些国家已经明确承认了法人可以成为犯罪主体,比如法国。在意大利,虽然明确承认法人可以成为犯罪主体存在宪法上的障碍,但企业合规作为法人行政责任的重要考量因素,影响企业责任的判定标准和制裁措施。而从我国目前的情况来看,至少存在四个方面的因素构成企业合规入法的契机:一是单位犯罪经历了从无到有、从少到多、从宽到严再从严到宽的发展过程,与美国法人犯罪的演变经历不谋而合;二是对企业合规的关注从公司法、行政法延伸到刑事法的领域,这也符合世界范围内企业合规发展的共同规律;三是运用暂缓起诉或相对不起诉处理企业犯罪案件、促进企业合规,与我国推进认罪认罚从宽制度背景下扩大检察官自由裁量权、强化检察官审前主导作用这一趋势相一致;四是我国社会政治经济环境的变化,包括企业犯罪问题日益突出、对企业社会责任的关注,以及对法治化与营商环境的重视等。

第二,关于企业合规的立法争议问题。熊秋红教授指出当前主要存在六大争议:一是如何处理企业自治与他治的关系,以及如何处理企业治理与国家治理、社会治理的关系?一般应奉行自治为主、他治为辅,或以他治促自治的原则,但企业的逐利性导致其容易出现失范行为、突破法治这一外在约束,因此国家权力的介入成为必要。另外,社会力量是否应当以及如何介入企业治理也是一个值得关注的问题。二是如何处理硬法规制与软法规制的关系?该问题与上一问题密切相关,因为企业以自治为主、他治为辅的治理原则,决定了应当采取以软法为主、硬法为辅的规制方式。硬法主要包括公司法、行政法、刑事法等法律;软法则主要体现为指南、指引、通知、意见等形式。三是如何处理企业民事责任、行政责任与刑事责任之间的关系?四是如何处理事后治理与源头治理的关系?企业事前合规被作为影响定罪量刑的因素,而企业事后合规被作为刑事诉讼中的出罪事由，这都与治理法人犯罪既要治标又要治本的思考相关。但就美国的实践而言，事后合规整改的成本与收益是否匹配，目前尚缺乏实证证明；在意大利，对于相关法令实施的效果也同样存在争议。五是如何处理企业责任与个人责任的关系。企业责任与个人责任有合有分，难以完全割裂。因此需要解决的关键问题不在于持一元论还是二元论，而是应该讨论在何种情况下应当合、何种情况下应当分的问题。六是如何处理严格与宽缓的关系？中庸的观点是宽严相济，但宽严相济如何准确把握，在立法和司法实践中都是一个巨大的挑战。以上六组关系都是企业合规立法中需要妥善处理的问题。

第三，关于企业合规立法模式的选择问题。首先，企业合规无论是写入刑法还是写入刑事诉讼法，对于立法者而言都只是一个选择问题，是一个可能性问题。其次，在对入法的可能性进行评估时，当前世界范围内企业合规立法发展的总体趋势是一个需要考虑的主要因素。再次，基于企业治理的政策性取向，企业合规立法需要综合评估我国当前企业治理的现状，综合考虑我国民事、行政、刑事三位一体法律体系的运作情况、我国刑事司法体制的运作现状等多种因素。以企业合规入刑事诉讼法为例，需要妥善处理起诉便宜主义与起诉法定主义的关系、起诉权与审判权的关系。因为前者涉及附条件不起诉适用的案件范围、适用的犯罪轻重、适用的企业类型等问题；后者涉及法官是否应当对检察官与企业达成的暂缓起诉协议进行监督和审查等问题。最后，关于刑事诉讼法修改与刑法修改，既可以并行，也可以分别进行。如果从法定主义原则出发，两法应同步进行修改；如果更多地考量起诉便宜主义，可先在刑事诉讼法中引入合规。

三、李本灿教授作主题发言

李本灿教授围绕企业合规的目的、合规改革的合法性、第三方监管的费用、合规方案的有效性标准这四个方面，总结了企业合规改革试点中的问题，并基于前期对于最高人民检察院试点改革情况的认识，对未来企业合规的工作进行了展望，提出了相关建议。

第一，企业合规改革的目的。中国的企业合规改革是在民营经济保护、民商环境建设这一大背景下展开的，但民营经济保护本身是一个需要通过多元手段来解决的问题，而不能仅单一地通过刑事法的手段，亦不能将企业合规改革和民营经济的保护挂钩得过于紧密。企业的发展需要遵从经济发展本身的规律，市场、企业的更新换代受到了很多因素如竞争和产业结构等因素的制约。市场经济的规律是难以通过人为干预和改变的。而过分地强调保护，与刑事合规这种宽严相济的理念并不契合。合规体系当然具有犯罪预防的功能，但从国外的情况来看，以美国为代表的一些国家对于合规体系的功能定位并不在于预防犯罪，而是为了提升司法效率。原因在于，在美国，单位犯罪的规则模式仍然为严格责任，这种严格责任就意味着公司企业员工只要实施了违法犯罪行为，公司都要为此承担责任。对于公司来说，这种责任其实是非常严苛的。

公司需要通过自我管理来避免自己的责任，即建立严密的内部控制体系，预防公司员工出现违法犯罪行为，这是公司必然要采取的措施。但美国之所以还要通过《联邦量刑指南》、"暂缓起诉"与"不起诉"等方式来进一步推动企业进行自我管理，就是因为在先前的严格责任的模式之下，激励企业建立的自我管理机制中，不包含自我报告的机制。也即，企业会进行自我管理，但自我管理得到的结果并不理想（比如内部发现了违法犯罪行为，企业不会对外进行报告，因为对外报告就意味着企业需要承担责任），加上公司犯罪案件的处理十分复杂，证据的获取非常困难，因此，美国就还需要通过《联邦量刑指南》、"暂缓起诉"与"不起诉"等另外的方式推动企业进行自我报告。

而未来企业合规的改革要追求的目标是提高诉讼效率。在如何促进企业进行有效的自我报告这一问题上，未来的制度设计或许可以设置为：最高人民检察院出台政策性的宣言，即企业需要进行自我报告，如果不进行自我报告，一旦涉案，则需从重处理。

第二，合规改革的合法性。合规的试点改革需要在现有的法律框架内进行。但某些地方的试点已经逾越了法治的框架。比如，其一，附条件不起诉的问题。我国《刑事诉讼法》明确规定，附条件不起诉只能适用于未成年人的犯罪，但在一些地方，检察院发布的内部规范性文件却明确使用了"附条件不起诉"的字眼。其二，关于个人犯罪案件的处理问题。这一问题取决于合规的监督考察问题。针对合规的监督考察的性质，在理论上存在争议。有的学者认为,这是一种准刑罚类性质的制裁;有的则持反对观点。不论怎样,合规的监督考察都具有一种惩罚性和制裁性。既然如此,就不能将此种具有制裁性的措施施加给无辜的企业。所以,在个人犯罪案件的处理中,如果该个人属于公司的核心管理层,或其正在承担相应的工作职责,此时起诉该个人会对公司产生严重影响,那么就不能因为个人犯罪而对公司施加合规考察。因为没有从个人犯罪案件中推导出公司责任。如果可以从个人推导出单位意志,当然应将其作为单位案件处理,此时与单位签订考察协议无可非议。其三,关于在侦查阶段能否启动合规监督考察的问题。在检察阶段进行合规监督确实会受到期间等条件的限制,所以实践中会考虑将其前移到侦查阶段。此种做法可以理解,但存在疑问。因为侦查阶段是一个事实建构的过程,此时完整的事实还未建立,责任也未确立,对企业施加制裁性的措施是不合适的。当然这也并不代表不能在侦查阶段做任何工作,可以适当采取轻缓化的措施。其四,关于挂案的问题,即在挂案中能否进行合规监督考察。最高人民检察院想通过上述的方式清理挂案,而挂案的类型多种多样,根据《刑事诉讼法》的规定,这些企业有权获得存疑不起诉的权利。李本灿教授认为,如果在这种权利的基础上再对其施加义务,是不合适的。

第三,第三方监管的费用。这看似是一个小问题,但其可能会决定整个制度的成败。李本灿教授认为,实践中存在激励不足的问题,因为涉案对象主要是小微企业,其没有足够的财力进行支撑,因此,可以考虑差异化的承担方式,即在某些案件(如轻罪案件)中,可以考虑由国家承担相关费用。因为在进行合规改革之前,对于轻罪案件,企业本身就有获得相对不起诉的权利,而合规改革之后,如果其还需要进行合规操作,这就增加了企业的成本,与所谓的“保护民营经济”的宗旨是相悖的。但是对于重罪案件,可能有从宽情节,依法可以减刑,可以作出相对不起诉的决定。因此,进行差异化的尝试,就能使企业和财政分担费用,从而化解监管费用的问题。

第四,合规方案的有效性标准。在李本灿教授看来,合规方案没有标准,因为合规本身就是一种最佳实践,其具有高度的个性化。公司规模、所属行业不同,合规的实践也就会有所不同,不能制定一个统一的标准要求企业按部就班行动,否则就会造成企业经营自主权的宪法权利的冲突。

但这并不意味着不可以出台指引性的文件。与此相关的是专项合规和全面合规的问题，有观点主张反对全面合规、提倡专项合规。李本灿教授并不认同。“全面合规”是一个伪命题，合规建构要遵循个别化的原则，而个别化原则的起点是风险识别，即需要通过一系列的举措了解企业所面临的风险，在此基础上建立合规机制。而要求一个小微企业建立一个面面俱到的合规机制不具有可操作性。事实上，企业的合规机制只要涵盖了应对其业务风险的措施即可。此外，专项合规虽然是在践行“头痛医头，脚痛医脚”的原则，但由于合规是在体系中运行的，而我国专项合规还缺乏运行基础，所以专项合规在我国是否适用也存疑。

四、张远煌教授作主题发言

张远煌教授提出，未来的企业合规改革中，应注意把握好基本的政治导向。因为今天讨论的有一个特定的背景，即由检察机关主动率先启动的企业合规改革，是在我国企业普遍缺乏合规管理的经验且法律界对企业合规这一议题尚属陌生的背景下展开的。这一改革主要基于防控企业刑事风险，尤其是防控民营企业和企业家刑事风险，促进企业和企业家健康成长的这一重大现实需求而展开。这是我国进行企业合规改革的根本出发点，也决定了我国不能照搬其他国家企业合规的相应规定。当下我国企业合规的改革已经不是起源于 20 世纪 30 年代的公司治理模式下的传统商事合规，而是与企业刑事责任相联系的新型企业合规问题。在西方国家，这一议题也是在 21 世纪之后才逐渐发展的，目前对这一问题的研究也并未成熟，尚处于探索阶段。因此，这也是我国在探索企业合规问题时应当重视政策导向的另一个原因。企业刑事合规问题是迄今为止我国刑事法开展的一项最为复杂、最为深刻的改革，该项改革任重道远，将处于长期探索阶段。基于此，张远煌教授认为应当从以下两个方面对这一议题进行思考：

第一，把握好企业合规改革的政策定位，这是关系企业合规改革的政策走向、构建本土刑事合规的制度性框架问题。正确认识该项改革的政策取向和价值取向，关键是两组关系：一是作为公司治理语境下的传统合规与作为国家治理企业犯罪重大策略的刑事合规的关系；二是刑事合规规范与现行罪刑规范的关系。前者集中表现在,企业刑事合规借用了传统合规中企业自我监管的核心要素;而后者,即在现行刑事制度框架下的合规,重点是企业的外部控制。现行的公司犯罪治理模式是一种事后治理模式。传统企业合规内涵是企业自我监管,可以弥补现行公司犯罪治理的不足,为其提供路径依赖和策略选择。但是我们注意到企业刑事合规并非企业传统合规模式的翻版,也不是企业传统合规模式的分支,而是对其的升级、发展。两者在合规要素、要求上有重大区别,更体现在刑事合规有着不同于传统合规的政策导向。所以我们要认识到传统的企业合规已经升级为企业刑事合规,这也意味着在司法执法领域中不能完全套用传统逻辑来理解我们面临的合规问题。

第二,未来创制我国刑事合规过程中,要紧紧对标如何充分激发企业自身的合规意愿、能力,增强企业合规的主动性。具体而言,需要解决好下述三个问题,以达成国家、企业、社会均能从企业合规过程中受益的政策效果:一是要科学设立企业有效合规的实质条件,有效合规是企业合规改革的核心问题,而有效合规的核心问题和要求目前尚缺乏研究。为此必须要回到刑事合规的本质这一问题上来,刑事合规的本质在企业层面就是主动防范风险,在国家层面就是要求企业切实承担起自觉守法的社会责任。由此有效合规的基本标准便应当是企业采取的合规计划应当具有消除、抑制企业内部犯罪的功效。二是要加强对企业有效合规的司法审查,确保帮助企业做到“更合规”。建议可以通过司法解释、判例的方式加以明确有效合规的标准。三是要注重企业的事前合规激励与事后合规激励、正向合规激励与负向合规激励的平衡性。目前司法现状侧重于事后的合规激励,这只是刑事合规激励的一个方面。另一个方面应当重视企业的事前合规,将企业合规的刑事风险化解在萌芽阶段。为此事前、事后的合规应当区别对待,事前的合规才能免除企业的责任,事后的合规原则上只能成为企业获得从宽处罚的事由。同时司法改革或立法中,应重视正向合规激励有余、负向合规激励不足的倾向。

闭 幕 式

闭幕式由中国政法大学刑事司法学院副院长王志远教授主持。王志远教授简要介绍了在会议过程中,先后有4500余人听会,线上会议受到点赞48,000余次。参会人员讨论热烈,纷纷表示这场“学术盛宴”是对中国政法大学70周年校庆的最好献礼。

最高人民检察院法律政策研究室郭立新副主任对本次研讨会给予了高度评价,并以“高端”“聚焦”“共赢”三个关键词对研讨会进行了总结。

第一个关键词——“高端”。郭立新副主任认为,出席本次研讨会的领导、主旨发言人和主题发言人均为企业合规领域最具影响力的专家、学者,研讨的话题极具前沿性,这决定了本次研讨会的“高端”属性。

第二个关键词——“聚焦”。郭立新副主任认为,企业合规涉及的问题很多,但这次研讨会聚焦“企业合规改革视野下刑事实体法的修改与完善”,探讨了单位责任与个人责任、行刑衔接、合规效率、第三方组织对涉案企业合规考察、监督和评估等在理论和实践中均充满争议的问题,此次探讨将有益于推进涉案企业合规改革实际问题的解决。

第三个关键词——“共赢”。郭立新副主任认为,本次研讨会是最高人民检察院与中国政法大学合作共建的企业合规检察研究基地的第一次学术活动,同时也是“检校合作推动合规改革”的又一次生动实践,实现了“合作共赢”的目标。